传统

Tradition
And Its
Regeneration

与
更新

中西文化的精神分野

赵林 著

九 州 出 版 社
JIUZHOUPRESS

目　录

自　序

多年以来，我的研究方向一直在西学方面。少年时恰逢十年"文革"，由于受当时社会风气的影响，自然会对西方革命导师马克思、恩格斯的著作以及作为其思想基础的西方哲学深感兴趣。改革开放后考入武汉大学，本科和硕士期间一直攻读史学，偏重于世界史，但是对西方哲学的热爱不减反增，博士攻读方向转为德国古典哲学，并进入武汉大学哲学系从事西方哲学的研究和教学，倏忽之间已历四十余载。大半生中，我的学术兴趣由单纯的西方哲学史到基督教思想史，再到近十年多来所热衷的希腊罗马古典文明，基本上是遵循黑格尔主义的历史与逻辑相统一的思想原则向前追溯的。但是在学术探究的过程中，出于一种敏感的文化身份意识，我一直都对中西文化比较问题甚为关注，毕竟作为一个生活在全球化时代的中国当代知识人，是不可能做到"两耳不闻窗外事，一心只读圣贤书"的。因此长期以来，除了对西方哲学、宗教和文化的探讨之外，中西文化比较也是我的研究领域之一。作为学习心得，近几十年来我曾发表了一些相关的学术著作，其中主要有陕西人民出版社 1992 年出版的《协调与超越——中国思维方式探讨》、武汉大学出版社 2004 年出版的《中西文化分野的历史反思》、上海人民出版社 2012 年出版的《传统氤氲与现代转型：中西文化三人谈》（本人与郭齐勇教授、温伟耀教授的思想对谈录），以及人民出版社 2015 年出版的《启蒙与重建：全球化与"国学热"张力下的中国文化》。

中华文明和西方文明一样，都有着源远流长、博大精深的文化根基和历史传统，因此要想了解中西文化乃至人类文明的发展前景，必须首先深入探索中西文化的历史脉络和精神特征。而上述几部著作，均可看作是本人考察中西文化的源流传统和基本精神的尝试。其中，《中西文化分野的历史反思》等书侧重于中西文化的主流形态——儒家伦理和基督宗教——的发生、发展过程及其对中西传统社会和各种文化形态的深刻影响，《启蒙与重建：全球化与"国学热"张力下的中国文化》则着眼于全球化背景下中西文化的启蒙历程和现代转型问题。这些著作所论及的问题都属于思想史范畴，与那些探赜索隐的专业研究相比，更加注重宏观视野和长程时域；其主旨也不在于考据某些知识节点和还原某些历史事实，而是试图揭示中西文化发展演进的历史脉络以及贯穿于各种文化形态之中的基本精神。

数十年来，本人一直游刃于哲学和史学之间，并兼爱文学艺术。大半生浸润于文史哲的浩瀚汪洋之中，筚路蓝缕，终至恍悟：人文学不同于科学（无论是自然科学还是社会科学），其最高宗旨或终极使命，并非揭示客观真理，而是提炼主观睿智、升华审美品位和净化道德情怀。一部人文学的著作，倘若能给读者带来某种哲理的感悟、美德的陶冶、眼界的拓展乃至灵魂的震撼，催生一种醍醐灌顶、豁然洞开之感，进而引发深沉的文化反思，便堪称书中精品了。

承蒙出版者美意，拟出版本人关于中西文化比较的旧著（这些旧著目前在国内图书市场上已基本绝版）。经过仔细推敲斟酌，我对《中西文化分野的历史反思》和《启蒙与重建：全球化与"国学热"张力下的中国文化》这两部旧著的内容进行了增删和修订，按照思想脉络的发展对两本书的章节体系和文字内容做了较大调整，将其合并为一本书，取名为《中西文化的精神分野：传统与更新》重新出版。在世界风云变幻无定、天灾人祸纷至沓来的当今时代，面对着波谲云诡的全球化格局新态势，梳理一下中西文化发展演进的精神脉络和变革历程，或许会有益于我们对人类文明发展前景的理性审视。

赵　林

2022 年 3 月 7 日于武汉珞珈山麓

中西文化的精神差异 ①

一 中西文化的源流传统

中国文化和西方文化都具有源远流长的历史传统。中国文化如果从夏代算起，至今已经有 4000 多年的历史。同样地，西方文化如果从克里特文明开始，至今也有 4000 年以上的历史。我们今天谈到中国文化和西方文化，当然是把它们各自当作一个统一的文化来对待。事实上，在中国文化和西方文化的漫长历史发展过程中，都汇聚了许多不同的源流传统。这些不同的源流传统，在长期的历史磨合中逐渐形成了呈现在我们面前的中国文化和西方文化。中国自汉代以来，就形成了一种以儒家思想为主导地位的伦理文化。而西方在罗马帝国时期就开始出现了基督教文化。基督教文化构成了西方文化的主脉，正如儒家伦理文化构成了中国文化的主脉一样。这两个文化本身并不是无源之水、无本之木，它们本身也有一个不断聚合、发展、成形和壮大的过程。因此，我们首先要探讨的问题，就是从历史上来追溯一下中国文化和西方文化各自的源流传统以及不同源流传统之间的相互关系。

中国自古以来，就形成了所谓"夏夷之分"。而中国文化在几千年的发展过程中，在不同的文化源流之间形成了一个基本的关系模式，这就是"以夏变夷"，即以华夏的文化来改变、同化蛮夷的文化。中国文明的发源地黄河流域中下游形成了华夏文化圈，四周则为蛮夷居住的化外之地，东边称为夷，西边称为戎，北方称为狄，南方称为蛮。夷、戎、

---

① 本文为本人 2002 年在中央电视台《百家讲坛》栏目的讲演录音稿，略有修改。

狄、蛮均为贬义词，与生番虫豸相通。中国文化自夏商周三代以来就形成了根深蒂固的"夏夷之分"的二元对立观念，中国文化基本上是循着一条所谓"以夏变夷"的路线发展下来的。秦汉以后，各种异质文化在中国的主体文化——儒家文化面前不是被同化，就是被排拒，从而使儒家文化始终能够保持一种唯我独尊的纯粹性。从商周的"鬼方、鬼戎、昆夷、猃狁、獯鬻、犬戎"，到秦汉魏晋的匈奴、鲜卑、羯、氐、羌，再到唐宋元明清的回纥、吐蕃、党项、契丹、女真、蒙古、满人，每次少数民族入侵中原的结果都是征服者反过来被华夏文化所同化。早在商代，西北游牧民族就不断地侵犯黄河流域的华夏农耕文明，《诗经·小雅·采薇》写道："靡室靡家，猃狁之故；不遑启居，猃狁之故。"西周广置烽火台，就是为了防止西北少数民族的入侵，尽管如此，西周仍然毁于少数民族的侵犯，周幽王本人也被杀死于骊山之下。秦汉时期的匈奴更是形成了中原政权的一大边患，所谓"秦时明月汉时关，万里长征人未还"，说的就是匈奴与华夏文化之间的紧张关系。南北朝时曾一度形成了"五胡乱华"的混乱局面，匈奴、鲜卑、羌、羯、氐等少数民族占据了半壁江山。唐宋以降又有契丹、女真、蒙古人的入侵和满人入关，建立了辽国、金国、元朝和清朝。然而时至今日，这些曾一度入侵中原的游牧民族都融入中华文化之中。几千年的历史证明，在中国，外来民族或外来文化要想在中国站稳脚跟，就必须以华夏文化或儒家文化为精神支柱，必须在潜移默化的历史过程中脱胎换骨，融入以儒家文化为主体的中国文化中。同样，佛教、伊斯兰教、基督教等外来宗教入华的结果也是如此，虽然这些西域的宗教是以和平渗透而非暴力入侵的方式进入中国的，但是它们要想在中国生根发芽，首先就必须接受儒家文化的改造。这种"以夏变夷"的基本模式，导致了中国文化形态的超稳定结构，培育了一种协调的现实精神。

可以说，中国文化具有很强的同化异质文化的能力。这种"以夏变夷"的文化特点，如果借用生物学的一个概念，叫作"米亚德现象"。生物学中有这样一种现象，就是两个亲本杂交以后，在它们的子代身上，往往只表现出一个亲本的性状，而另外一个亲本的性状却很少得到体现。

我认为中国文化的发展过程，比较明显地表现了生物学中的这种"米亚德现象"。不仅是游牧民族和中原华夏政权之间的冲突是如此，而且就是异域的一些高级文化，如佛教、伊斯兰教、基督教等高级宗教进入中原以后，同样也面临着这样的命运。佛教在印度原是不讲忠孝的，但是中国人自古就以忠孝为本，儒家伦理始终是把忠孝作为最基本的理念。由于儒家文化的巨大同化作用，佛教进入中原以后，就逐渐地把忠孝的思想吸收进来，形成了有中国特色的中国佛教，如禅宗、净土宗、华严宗等等。在中国僧人翻译佛经的过程中，以及对佛教的一些义理进行诠释的过程中，潜移默化地把儒家的思想援引到佛教的教理之中。中国古代信仰佛教的知识分子们，往往把佛陀比作孔老（孔子、老子），或者是比作周孔（周公、孔子）。佛教最初入华的时候，曾经依托老子的名义，有所谓"老子化胡"之说，认为老子西出阳关后变成了佛陀。这种说法无非是为了让佛教更容易被中国人所接受。在长期的历史改造过程中，像忠孝之类的思想，被深深地引入到中国的佛教教理中，最终形成了有中国特色的八个大乘宗，其中特别是民间流行的净土宗和知识分子信仰的禅宗。净土宗和禅宗，尽管一个重称念一个重顿悟，一个认为口念阿弥陀佛每日万遍乃至十万遍，就可立地成佛，一个强调不立文字直指人心，劈柴担水皆是妙道，但是这两者都与印度佛教所讲究的苦修苦行、弃绝凡尘的基本精神迥然不同。而且更重要的是，佛教传入中国以后，它在很大程度上被中国人变成了一种关注现实生活的宗教，反而对超越性的彼岸理想漠不关心了。乃至于我们今天到中国的寺庙里边去看看，老百姓们烧香磕头、求神拜佛的目的是什么呢？他们所求的绝不是一种无他无我、六根净绝的涅槃境界，而是祈求子孙满堂、祛病免灾、荣华富贵、升官发财，这些祈求全部都是入世的或现世性的。从中国文化对佛教的改造中可以明显地看到中国文化所具有的强大同化能力。

　　西方文化也有很多源流传统，但是我们发现，西方文化的各种源流传统之间的关系，与中国这种"夏夷之分"以及"以夏变夷"的基本模式是大不相同的。西方文化至少可以说有三种源流传统，一种是希腊的，一种是罗马的，一种是基督教的。这三种源流传统之间的差异非常之大，曾一度在历史中形成了尖锐的对立。希腊文化带有一种和谐的特点，它就像一个人的童年时代，具有一种天然的和谐性。在灵与肉、彼岸与现世、理想与现实之间，希腊文化力求保持一种和谐状态。所以希腊文化是非常优美的，它表现了一种矛盾尚未绽开的原始和谐。但是在其后的罗马文化中，我们却看到了一种片面性的发展。罗马文化一头扎进了功利主义、物欲主义的浑浊潮流里，其结果就导致了罗马社会中的那些骇人听闻的堕落行径。当然罗马文化也曾一度推动了世俗生活的发展，导致了帝国的膨胀和繁荣，缔造了比较健全的法律体系，确立了较为规范的财产法权关系。到了基督教时代，西方文化又发生了一个根本性的转变，如果说罗马文化是物质主义的，那么基督教文化就是唯灵主义的。基督教文化教导人们一味地沉迷于虚幻的彼岸世界，这样就导致了中世纪西欧社会的普遍的人性异化。这种人性的异化，使得人们把正常的物质享受和感性的现实生活当作一种邪恶的东西加以唾弃，人性的一切正常欲望都被视为魔鬼的诱惑，每个虔诚的基督教徒都把眼睛死死地盯着虚无缥缈的"天国"，从而导致了中世纪西欧社会的经济落后和文化愚昧。而且更重要的是，当人把眼睛盯着"天国"的时候，他的内心深处还是多多少少存有一些物欲的渴望、一些"邪恶的念头"，这样就导致了基督教文化内部的一种最可怕的现象，即理论与实践、理想与现实的二元分裂。基督教的理想是崇高圣洁的，然而中世纪罗马天主教会的行为却是卑劣龌龊的。这种崇高的精神和卑污的现实之间的痛苦分裂，最终导致了中世纪基督教社会的普遍虚伪。这种普遍虚伪的现象，大家在薄伽丘的《十日谈》、拉伯雷的《巨人传》，以及文艺复兴时期的其他大师们的著作里都可以读到，而且它也构成了引发西欧社会一系列重大变革的导火索。到了近代，西方文化又出现了一个合题，它以一种扬弃的方式把希腊的、罗马的和基督教的文化因素融合到自身之中。因此在西方近现代文化中，既有希腊文化的那种对人性的尊重、对知识的追求，又有罗马文化的那种对功利的向往、对世俗国家的热爱，同时也有基督教文化的那种对现实生活的批判和对"天国"理想的向往。各种源流传统中的一些相互对立的东西，在西方近现代文化中都有机地融合到一起了。因此我们说，西方文化的这些不同的源流传统之间，呈现出一种与中国"以夏变夷"的"米亚德现象"完全不同的关系模式，这是一种融合更新的模式，其结果导致了文化上的"杂交优势"。

在西方文化和中国文化的源流传统之间，我们可以看到两种完全不同的关系模式，一种是"以夏变夷"的模式，其结果导致了一种文化上的超稳定结构，形成了一种协调的现实精神；另一种则恰恰相反，它呈现为一种融合更新的模式，其特点就是通过不同文化的"杂交"和相互否定而产生出新的文化性状，最终的结果是导致了整个社会和历史文化的不断变迁和自我超越，形成了一种超越的浪漫精神。

二　"轴心时代"的文化变革

20 世纪上半叶，德国的著名哲学家雅斯贝尔斯提出了一个很重要的文化学概念，叫"轴心时代"。在《历史的起源与目标》一书里，雅斯贝尔斯具体解释了"轴心时代"的含义。他认为在公元前 8 世纪到公元前 2 世纪的这几百年间，在中国、印度和西方这三大文明地区，不约而同地发生了一次根本性的文化变革，这场文化变革的结果引发了世界三大宗教——儒教、佛教（及印度教）和基督教——的产生。雅斯贝尔斯强调，"轴心时代"所发生的重大精神变革及其所开创的精神资源，一直到今天仍然是我们生活世界的重要精神根基。在"轴心时代"以前，中西文化都具有浓郁的迷信色彩，鬼神崇拜是它们的共同特点，而它们之间的差别与它们的共性相比是微不足道的。但是经历了"轴心时代"以后，中西文化开始向着两个完全不同的方向发展。

我们首先来看看中国文化，中国文化在"轴心时代"经历了一个很重要的变革，我可以把它分为两步来分析。第一步是从殷商时代的"尊神事鬼"的巫觋精神向周代的"尊礼敬德"的宗法精神的转化。"巫"是指女巫师，"觋"则是指男巫师，巫觋精神是整个殷商时代非常浓郁的一种主流精神，其特点就是鬼神崇拜。从殷商时代"尊神事鬼"的巫觋精神向周代"尊礼敬德"的宗法精神的转换，这是中国文化精神的第一次大变革，它使人们开始将眼光从天上转向了人间，从祭祀占卜转向了宗法礼仪。第二步则是从周代"尊礼敬德"的宗法精神向春秋战国时期的内在自觉的伦理精神的转换，这个转化过程从孔子的"仁"和子思的"至诚"，再到孟子的"四端之心"，可以说基本上达至完成。下面我简单地谈谈这两个过程，做一点具体的分析。

在殷商时代，人们崇拜的对象非常多，从日月星辰、山川河流到先祖先妣、先王先公，人们求神问卜，尊神事鬼，迷信精神非常浓郁。孔子后来也明确指出，殷商文化的特点就是"尊神事鬼"，把神鬼的意志看得非常重要，诸事均须先卜而后行。到了周人那里，就开始表现出所谓的"敬鬼神而远之"的人文精神，"以德配天"的思想被大力宣扬，这种态度的转变是非常重要的。周人取代了殷商的政权以后，他们不仅进行了一次政治权力的转换，而且更重要的是进行了一场宗教革命，这场宗教革命的实质就是把殷商时代的"帝"和作为帝廷臣正的先祖先妣这样一些带有血缘崇拜和自然崇拜色彩的鬼神，转变为与人德直接相关的外在礼法规范。比如说周初期的时候，取代"帝"的一个很重要的概念就是"天"，周代人非常崇拜"天"，崇拜"天命"。如果说殷商人崇拜的最高神是"帝"，那么周人崇拜的最高神就是"天"。但是与殷人崇拜的"帝"不同，周人的"天"或"天命"不再具有血缘崇拜的特点和民族祖神的形象，而是一种"无亲无常"的抽象道德主宰。抽象的"天"或"天命"取决于人德，即"以德配天"，所谓"皇天无亲，惟德是辅"。而人德又表现为具体而严苛的礼法制度，因此"尊礼敬德"就可以"膺受大命"，而"不敬厥德"则会"早坠厥命"。到了春秋时代，面对着周王朝"礼崩乐坏"的混乱局面，孔子又用内在的"仁"来充实和改造外在的"礼"，并将"仁"解释为内在于人性之中的爱人之心和忠恕之道。孟子则进一步将与生俱来的人性善端作为安身立命之本，将向内发掘"仁、义、礼、智"等善端作为实现人生价值和社会理想的基本根据，从而将周代尊礼敬德的宗法精神改造成儒家内在自觉的伦理精神。对于儒家来说，人与天命的关系，或者天人合一的理想，只是一个从内向外的道德修养过程，人们只需要从内心和本性上去下功夫，就可以"成己成物""内圣外王"。《孟子·离娄上》说得很清楚:"天下之本在国,国之本在家,家之本在身。"因此一个人只需要修身养性,就可以齐家治国平天下。经过上述文化变革过程,先秦儒家开创了一条道德内敛的进路,从此以后,中国文化就专注于对人的内在道德良知的发掘,说到底,也就是专注于人的道德修养。几千年来,中国儒家文化基本上就沿着这样一条道路前进,并由此而形成了中国文化的主体精神或基本精神,即协调的现实精神。这种基本精神使得中国文化在漫长的历史过程中表现为一种伦理文化,它侧重于内在的道德修养和现实的经世致用,强调从内在心性的修养出发,通过"格致诚正,修齐治平"之道,最终实现"内圣外王"的大同理想,实现天人合一的人生鹄的。这样一个从内向外的修养过程,就是中国儒家文化的基本路向。而由商、周外在的鬼神崇拜和宗法礼仪向儒家内在的道德心性的敛聚过程,则是中国文化在"轴心时代"所发生的重大变革。

西方文化在"轴心时代"也发生了一次非常重要的变化,但这个变化恰恰是一个外在超越的过程,而不是一个内在敛聚的过程。这个外在的超越过程,简单地说,就是从自然崇拜的希腊多神教以及律法主义的犹太教向唯灵主义的基督教的转化。众所周知,希腊多神教是一种自然崇拜的宗教,充满了感性的、活泼的、欢快明朗的色彩。人们看到诸如宙斯、阿波罗、阿佛洛狄忒、雅典娜等这一类神明的时候,往往会由衷地感到高兴,我们喜爱他们,因为他们与人同形同性,他们具有人的形体,而且往往比人更健壮、更美丽;同时他们也具有人的七情六欲,像人一样有优点也有弱点。正因为如此,我们才觉得他们可亲可爱,具有鲜明的美感。就此而言,希腊诸神是童年时代的神,具有儿童的一切优美与和谐的特点。在希腊文化之外,还有一个希伯来文化,当然它不能够算西方文化,但是它却构成了基督教文化的重要渊源之一。希伯来文化在古代主要表现为一种宗教,即犹太教。犹太教是一种律法主义的宗教,充满了苦难意识和罪孽感。希伯来宗教与希腊宗教之间的差别,很可能是由于这两个民族自身的命运而导致的。希腊民族是一个自由的民族,无忧无虑地生活在爱琴海畔,这个民族的自由天性也表现在他们的神话中间，因此希腊的神给人们一种欢快明朗、无忧无虑的感觉；但是犹太民族自从公元前15世纪来到迦南以后，先是被埃及人统治，后来则相继被一个又一个的其他民族，如非利士人、亚述人、新巴比伦人、波斯人以及亚历山大时代和塞琉古王朝的希腊人，以及罗马人等等先后统治。由于犹太民族长期处在异族的统治之下，所以他们就产生了一种强烈的不幸意识。这种不幸意识，是犹太人在反思自己民族的不幸命运时产生的。由于犹太民族长期受到外族统治，他们的反抗始终是徒劳的，所以他们就把这种不幸的根源归结于自己的不洁净和不虔诚，即对上帝的不虔诚，所以就导致了一种深重的罪孽感。那么犹太人如何才能克服自己对神的不虔诚呢？只有一个办法，就是严守各种外在的律法，所以犹太教充满了律法主义色彩。这种律法主义，特别强调苛严的条文、规定，比如什么东西不能吃，什么东西不能用，什么东西必须要奉献给神。犹太教的禁忌非常之多，除了"摩西十诫"之外，还有数百条律法禁忌。

在"轴心时代"，西方文化经历了从明朗欢快的自然崇拜的希腊多神教和外在刻板的律法主义的犹太教，向鄙视现实生活、崇尚天国理想和灵魂超越的基督教的转化。这个转化过程就是西方文化在"轴心时代"完成的重大变革，它使得西方文化具有了一种形而上学的特点。从希腊的有血有肉的、神人同形的多神教，向贬抑肉体、超越现实的唯灵主义的基督教的转化，其结果，使得人们不再关心现世，不再关心肉体，不再关心物质生活。人们把眼光投注到"天国"，这样就形成了西方文化的一种基本精神，即超越的浪漫精神。在《新约》福音书中，耶稣明确地表示"我的国不属这世界"。犹太民族的罪孽感泛化为一种普遍的"原罪"意识，苦难深重的罪孽只有依靠上帝的救赎才能解除，而上帝的救恩只是针对虔信的灵魂而言的，灵魂也只有在彼岸世界才能得到彻底的解脱。因此现世生活就成为一种罪恶的象征，它和充满了人性欲望的肉体一样构成了魔鬼的采邑，人们只有彻底唾弃它，才有希望进入光辉澄明的彼岸乐园。基督教的这种基本观念导致了人与现实世界的分裂，造成了中世纪基督教文化的一种普遍的人性异化现象。

现在，让我们来归纳一下。在"轴心时代"，中国文化经过了上述两个阶段的转化，最终形成了一种关注于现世道德修养的人生态度，一种协调的现实精神，这是中国文化的主体精神。在与此大体相同的时间里，西方文化完成了从自然主义的希腊宗教和律法主义的犹太教向唯灵主义的基督教的转化，使得人们都把眼光关注于天国理想和上帝的救恩，而对现实的物质生活采取一种鄙夷的态度，至少在表面上是鄙夷的态度，这样就导致了一种超越的浪漫精神。这就是在"轴心时代"中西文化所发生的根本性变革，一个是向内敛聚的，一个是向外超越的，从而造成了中西文化的历史分野。

三　中西文化的基本精神

从"轴心时代"的文化变革过程中，我们已经看到了中国文化和西方文化的两种不同的主体精神，即协调的现实精神与超越的浪漫精神。按照现在中国学术界的观点，通常把中国文化称为伦理文化，把西方文化称为宗教文化，前者注重人与人之间的伦理规范，后者则注重人与上帝之间的信仰关系。确定了中西文化之间的这种差别，我们再来看看中国文化的基本精神是一种什么样的精神，西方文化的基本精神又是一种什么样的精神，以及这两种精神对于中西传统社会产生了什么样的重大影响。

中国文化自古以来，对于宗教就采取了一种非常理智的实用主义态度。虽然官方和皇帝常常要定期举行祭天、封禅、拜祖、祭孔等活动，但是中国儒家知识分子心中都非常清楚，祭天、拜祖、敬奉鬼神说到底都是为了教化百姓。从周公旦开始，中国的儒家知识分子就具备了这种清醒的实用理性精神，《周易》里边就有一句话，叫作"圣人以神道设教，而天下服矣"。所谓"神道设教"，就是说，信仰鬼神无非是为了劝勉大家从善，是为了教化的目的。不是为了信仰而讲道德，而是为了道德的需要，才拉出了一些鬼神，用鬼神作为幌子来吓唬老百姓。真正的儒家知识分子，大凡都是不信鬼神的；即使他们谈鬼神，也只不过是说给老百姓听的，老百姓没什么文化，当然就容易相信这些东西。而且他们往往把鬼神之事描述为一种令人恐怖的景象，一个人死了以后，善有善报，恶有恶报，此生此世不修善德，死后就要堕入十八层地狱，上刀山、下火海。这种恐怖的景象，对于一个人的现世道德行为，是具有很重要的儆戒作用的。由于大家都害怕这种死后的恐怖景象，生前当然就尽可能地向善了。这就是所谓的"神道设教"。众所周知，孔子本人就是一个无神论者，所谓"子不语怪力乱神""六合之外，圣人存而不论"，所谓"天道远，人道迩""务民之义，敬鬼神而远之"，所谓"未知生，焉知死""未能事人，焉能事鬼"等，都表明孔子和先秦儒家对鬼神之事的淡漠。孔子之所以要对生死问题、人鬼问题采取存而不论、避而不言和敬而远之的态度，并非孔子不明生死、人鬼之事，而是圣人深知无神论思想会导致"丧葬礼废"的结果，从而造成"臣子恩泊""倍死亡先"等不利于现实道德教化的恶劣后果。所以从这种意义上说，我认为中国儒家文化基本上是一种无神论的文化，信奉鬼神只是为了道德教化而已。

经历了"轴心时代"的文化变革之后，中国儒家文化将自觉的、内在的道德良知确立为安身立命之本，每个人只需向自己内心中去发掘良知，就可以成己成物，由人道而知天命。人生之要义，首先是格物、致知、诚意、正心，而后自然就能够修身、齐家、治国、平天下。这就是朱熹从《大学》中总结的儒家八条目，质言之，一切惊天动地的伟大事业都必须落实到平凡的道德修养之中，内圣而后才能外王。当年朱熹在评价周敦颐玄奥高深的太极无极之说时总结道："其高极乎太极无极之妙，而其实不离乎日用之间；其幽探乎阴阳五行之赜，而其实不离乎仁义礼智刚柔善恶之际。"因此，所有玄之又玄的东西，说到底，不过是以仁义道德和日常修养作为根基。

从这种意义上来说，中国人既然把眼光都关注于内在的道德修养和现实的经世致用活动，他就无暇去顾及那些六合之外的鬼神。这样一来，在整个中国传统文化中，人们就不至于由于过分的宗教信仰而走向迷狂。所以我们说，在中国传统社会，固然也有很多糟粕的东西，也有很多摧残人性的东西（这主要出现于宋明理学以后，由于越来越多地强调四维八德、三纲五常这些东西，所以把内在的道德变成了一些外在的刻板规范。这与先秦儒家的本意是有出入的），但是总的来说，由于人们关注现实，关注道德，关注现实的经世致用活动，而且儒家知识分子有着非常强烈的入世精神，即所谓"忧患意识"，"居庙堂之高则忧其民，处江湖之远则忧其君"，老是忧心忡忡，老是在忧国忧民，这样就使得在中国传统社会里，儒家知识分子能够投身于现实社会，投身于经世致用的实践活动中，从而就导致了中国古代社会的繁荣昌盛。可以说，相比起西方中世纪基督教文化，中国传统文化是非常辉煌、非常繁盛的。但是另一方面，由于缺乏一种超越性的宗教精神的牵引，中国传统文化也缺少一种强烈的向前追求的欲望，正如梁漱溟先生在《东西文化及其哲学》里所说的：中国人随遇而安，得到一点快乐就享受一点快乐，他从来不像西方人那样风驰电掣般地向前追逐。中国人容易满足，墨守成规，所以中国文化虽然在古代曾经繁盛，但是到了近代以后就开始衰落，尤其是当西方迅速地发展的时候，我们就相形见绌了，而且是每况愈下。所以从这个方面来说，专注于现世道德修养的儒家文化，以及中国传统文化的主体精神——协调的现实精神，既对中国传统文化的繁盛起到了积极的促进作用，同时也应该为中国文化在近代的落伍承担主要的责任。

现在我们再回过头来看看西方文化。西方文化与中国文化恰恰相反，它走向了另外一个维度，即超越的维度。我们刚才说到，基督教文化导致了人们对现世采取一种鄙夷的态度，整个眼光都盯着"天国"，这样就导致了一种宗教迷狂。这种宗教迷狂到了中世纪的中后期，达到了无以复加的地步。但是，从另一个方面来说，人毕竟是血肉之躯，毕竟有着不可抗拒的七情六欲。在基督教产生之初，当它作为一种遭受罗马帝国摧残和迫害的宗教时，确实产生了一批道德高尚、信仰坚定的圣徒，他们能够自觉地抵制种种世俗利益的诱惑，洁身自好，成为道德楷模，这不足为奇。但是当基督教成为一种占统治地位的普遍意识形态的时候，如果仍然要求所有的基督徒都像早年的那些修道士和圣徒们一样洁身自好，不食人间烟火，必然会导致普遍的人性异化和社会虚伪。维克多·雨果有一句名言："人的两只耳朵，一只听到上帝的声音，一只听到魔鬼的声音。"人生实际上就是处于上帝的声音和魔鬼的声音之间的一个撕扯过程。罗丹创作过一尊著名的雕塑，就是一个人正从动物中挣脱出来，这是对人性最好的写照。人一半是动物性的，另一半是"神性"的，"神性"的力量把我们往上拽，动物性的力量把我们往下扯，人一生的过程就是在这种痛苦的撕扯中挣扎的过程，这就是人生的真实写照。既然人处于这样一种矛盾的状态中，他就不可能像上帝那样完全超脱于物质世界，超脱于肉体。在这样的情况下，基督教的理想固然玉洁冰清、崇高典雅，但是它却不近人情、不合人性。所以当基督教成为一种占统治地位的社会意识形态以后，它的理想与现实就不可避免地要发生分裂。基督教的崇高理想极力要把人拉向光明纯洁的"天国"，而人的物欲本能却使人不可能脱离脚下那片实实在在的土地，这样一来，人就处于"神性"与人性、上帝与魔鬼两种相反力量的撕扯之中。这种无法克服的痛苦状态，最后就导致了一种权宜之计，这种权宜之计就是普遍的虚伪。所以在中世纪的中后期，基督教世界中就充满了骇人听闻的堕落腐化和令人作呕的虚假伪善。天主教的神甫和修士们，满口宣讲的都是崇高纯洁的理想，背地里却在从事一些蝇营狗苟的勾当。这就是我们在薄伽丘的《十日谈》里看到的现象。从理论上来说，罗马教会本来是上帝设在人间的一个机构，是引导人类灵魂上升到天堂的一个阶梯，然而事实上在中世纪中后期，罗马教会却蜕化为一扇引导人们通向地狱的大门。教会成为最腐朽、最黑暗的场所，用14世纪著名的文艺复兴大师彼得拉克的话来说，罗马教会成为全世界的臭水沟，世界上所有污秽肮脏的东西，莫不出自这个教会。在这种情况下，基督教既然在理想和现实之间出现了明显的二元分裂，陷入了这样一种自相矛盾的绝望境界，那么它就只能面对着一个命运，这就是从根本上改变自身。在中世纪末期，这种改变通过两个不同的途径而实现：或者抛弃那些虚无缥缈的崇高理想，理直气壮地追求物质利益和感性生活，这种人性解放的要求导致了文艺复兴和人文主义；或者真诚地信仰基督教的实质精神，这种信仰不是虚假的，而是真诚的，无须拘泥于外在的刻板戒律，而是正视人的基本需求和正当欲望，尽可能地把纯正的宗教信仰与一种合理的世俗生活结合起来，这种倾向就导致了宗教改革。这两场重大的文化变革运动 —— 文艺复兴和宗教改革，构成了西方文化从中世纪向近现代转化的一个重要枢纽，它们也是基督教文化自我更新的历史结果。

四　中西文化的现代化转型

在 15、16 世纪这个被汤因比称为"世界历史的重要分水岭"的时代，在南部欧洲发生了一场文艺复兴运动，在北部欧洲发生了一场宗教改革运动。这两场运动对欧洲的文化转型产生了不同的影响，尽管它们都把矛头指向罗马天主教和中世纪陈腐愚昧的神性文化，但是它们的历史影响却迥然不同。文艺复兴的革新意义主要局限在文学艺术和狭义的文化领域，而宗教改革却导致了欧洲社会尤其是北部欧洲在思想、政治和经济等方面的普遍变革。文艺复兴和人文主义促进了人性的复苏，但是这复苏的人性首先表现为赤裸裸的自然欲望，它局限于感性的范围之内，其结果表现为一种罗马式的情感放纵和穷奢极欲，它尤其适应南部欧洲特别是意大利人热情奔放的性格和卓越的艺术天才。文艺复兴顾名思义是对希腊罗马文化（古典文化）的复兴，人文主义者们在复兴古典文化的旗帜下创造了一大批光华炫目、雍容华贵的艺术杰作。对于有教养的意大利人来说，人文主义的那些充满了感性魅力的艺术杰作无疑具有开启人性和激发想象力的重要意义。然而对于既无古典的文化传统可以复兴，亦无良好的教养和艺术天才的北部欧洲人（日耳曼人）来说，这场充满了华贵气质和具有纵欲色彩的意大利文艺复兴运动，比起罗马天主教会的腐败和堕落来，也好不到哪里去。借用鲁迅先生的一句话来说，"贾府里的焦大是不会爱上林妹妹的"。因此，在贫穷而质朴的北部欧洲，具有平民化特点的宗教改革运动就替代了具有贵族化色彩的文艺复兴运动。

文艺复兴促进了人性的复苏，宗教改革则推动了社会的转型。在中世纪的西欧，罗马天主教会不仅牢牢地控制着精神领域，而且也操纵着社会经济、世俗政治和日常生活。正是罗马天主教会的这种专制统治，导致了中世纪各种社会弊端的产生，造成了西欧社会积弱不振的局面。在这种情况下，西欧社会的任何现实性的改革都必须首先从宗教方面着手。因此，只有宗教改革才是西欧社会转型的真正逻辑起点和历史起点。关于西方近现代文化崛起的原因，我个人认为，宗教改革起到的作用要比文艺复兴更加重要。我们仅从一个基本的事实就可以说明宗教改革的重大历史作用，这个事实就是：在宗教改革之前，欧洲的情况是南部经济发达、文化繁盛，北部经济落后、文化愚昧。但是北部欧洲各国在进行了宗教改革之后，迅速地成长为新兴的资本主义强国，而顽固抵制宗教改革运动的南部欧洲却在17世纪以后明显地失去了经济、政治和文化上的优势地位，成为资本主义世界中的二流角色。

宗教改革运动的重要历史作用，我们可以归结为如下三点，它们分别由新教的三大主流教派表现出来。

首先是马丁·路德的改革，这种改革出于对罗马天主教的虚假信仰的反抗，以及对天主教会的道德堕落的愤慨，由它产生了一种注重自由精神的新教，即路德的信义宗。这种宗教强调"因信称义"，强调个人的精神自由，每个人都可以通过自己的信仰与上帝直接交往，而不再需要教士、教阶制度以及繁缛的教会仪式作为中介。路德的宗教改革打破了罗马天主教会一统天下的格局，导致了教会的分裂，从而为信仰的精神自由和教会的民族化奠定了基础。马克思认为路德的新教破除了对权威的信仰，却树立了信仰的权威，从而把宗教信仰变成了每个人内在的精神需要。每个人凭着自己内在的坚定信仰，就可以与上帝直接交往，这样就把一种精神的自由赋予了每个信仰者，这种精神自由成为宗教宽容和政治民主化的思想前提。

其次是英国的宗教改革，这个改革导致了主张英国国王拥有至尊权力的安立甘教的产生。安立甘教又叫英国国教会或圣公会，它强调国王的权力具有至高无上的神圣性，强调世俗权力高于教会权力，从而促进了民族国家的成长和政教分离。大家知道，民族国家构成了资本主义发展的社会前提，如果没有近代民族国家的形成，资本主义是不可能发展起来的。而民族国家要发展，其前提就是国王的权力必须超越于教皇的权力，"恺撒"的权力必须高于基督的权力，世俗政治必须摆脱宗教因素的掣肘，否则民族国家就不可能摆脱罗马天主教会的控制而独立发展。如果像中世纪那样，所有的世俗国家都处于罗马教会和教皇的一统之下，那么资本主义是不可能发展起来的。

新教的第三大主流教派是加尔文教，它最初产生于瑞士的日内瓦，很快就扩展到北欧诸国，最终成为一种世界性的宗教。加尔文教的一个最重要的历史意义就在于它为资本主义的经济发展提供了一种重要的合理性根据，关于这一点，马克斯·韦伯在他的《新教伦理与资本主义精神》一书中做了充分的阐述。加尔文教所倡导的那种世俗性的禁欲主义，它所推崇的勤奋节俭的生活态度和为了增加上帝的荣耀而发财致富的新教伦理，成为推动资本主义经济发展的巨大精神杠杆。

新教的三大主流教派对于西方的精神自由、民族国家的发展以及资本主义经济的成长，起到了至关重要的推动作用。而且宗教改革打破了天主教一统天下的专制格局，使得信仰成为个人的事情，每个人都可以用自己的方式与上帝直接沟通，这样就没有必要由一个强有力的教会组织来维护宗教信仰的所谓正统性了。这样一来，就使得现实世界日益受到人们的普遍重视，世俗生活和职业劳动也获得了一种神圣性，从而产生了一种与中世纪的唯灵主义和彼岸精神相反的生活态度。由于西方内部的一系列文化变革：文艺复兴、宗教改革以及稍晚一些的启蒙运动，再加上北部欧洲的资本原始积累为资本主义提供了最初的经济动力，地理大发现为西方资本主义的发展开辟了广阔的海外市场，这一切思想领域和实践领域的变革最终导致了政治领域的革命。从 17 世纪开始，新兴的资产阶级在政治领域中逐渐取代了封建贵族的统治。在政治变革基本完成之后，又出现了经济领域中的变革高潮，这就是工业革命或产业革命。在完成了文化的、政治的和产业的这三场变革以后，到了 18 世纪，一个崭新的西方工业文明开始崛起于欧洲西北部。接下来的世界历史，就是西方工业文明如何在不断扩张的过程中，把东方那些传统的农业文明一个一个地从地图上蚕食掉的故事。

从这个时候起，中国也如同世界上其他非西方国家和地区一样，开始面临着来自西方的殖民化威胁。西方文化对中国的渗透，早在利玛窦等传教士来华传教时就已经开始，但是大规模的和正面的中西文化碰撞是在鸦片战争以后。鸦片战争不仅打破了中国闭锁了数百年的国门，而且也极大地冲击了中国人夜郎自大、唯我独尊的保守心理。作为对西方文化挑战的第一个回应，林则徐、魏源等人提出"师夷长技以制夷"的思想，这种思想导致了洋务运动的兴起。从恭亲王到李鸿章、左宗棠、张之洞等洋务派人士，主张学习西方的坚船利炮，大办实业，开煤矿，建工厂，组建北洋水师，提出"旧学为体，新学为用"，即后来人们常说的"中体西用"的主张。然而中日甲午海战一役，洋务派按照西方模式组建起来的北洋水师全军覆灭，进一步觉悟的中国人发现问题的症结不在于器物，而在于制度，于是就有了康梁变法，试图用西方的君主立宪制取代中国的君主专制。但是百日维新以失败而告终，继而爆发了辛亥革命，主张学习西方的民主政治来改变中国的专制政体。辛亥革命虽然推翻了清朝的统治，但是革命的果实很快就被袁世凯篡夺，中国不仅没有摆脱贫穷落后的状态，而且社会危机更加深重。在这种情况下，中国先进的知识分子们经过进一步的反思，最后得出结论，认为中国最根本的问题，既不在于器物，也不在于制度，而在于中国人的思想观念，在于国民性，要想富国强民，首先必须对国民性进行根本性的改革。这样一种反思，这样一种更加深入的认识，就导致了中国近代史上最蔚为壮观的一场文化变革运动，这就是五四运动以及与五四运动相伴随的新文化运动。在新文化运动中，激进的中国知识分子们认为，中国文化在各方面都不如西方文化，不仅器物不如人，制度不如人，而且道德也不如人，从而提出了彻底批判中国文化，全盘接受西方文化的主张。这种"全盘西化"的思想带有矫枉过正的明显痕迹，但是在当时，它对于中国封建文化的冲击是非常猛烈的。

然而，正当中国的启蒙运动轰轰烈烈地开展时，中国的殖民化程度却在日益加深，特别是"九一八"事变爆发之后，亡国亡种的现实威胁成为压倒一切的首要问题。中国人不得不放弃文化上孰优孰劣的争论，同仇敌忾地投身于抗日图存的斗争中。经过十四年抗战和四年内战，随着民族主义意识日益高涨，中国人对西方文化的态度发生了一种微妙的变化。一方面中国人承认，西方文化中有很多东西都比中国文化更先进；另一方面，面对着西方列强对中国的殖民侵略，中国人深切地感受到一种国格上和民族尊严方面的屈辱。这种矛盾心理由于二战后政治意识形态对立和两大阵营对垒的国际格局而进一步加深，以至于到了中华人民共和国建立之后，中国人对于西方文化的态度就由盲目崇拜转向了彻底否定。"全盘西化"的价值取向曾一度转变为"全盘苏俄化"，到六十年代初期又由于中苏意识形态方面的冲突而转变为彻底的文化孤立主义，既反"美帝"，又反"苏修"，中国人再一次陷入了明朝中叶以后的闭关锁国、孤芳自赏的封闭心态。到了改革开放以后，这种自我封闭的状态才被打破，在短短的20多年时间里，中国似乎又重复了一次近代以来先学习西方的器物文化，再学习西方的制度文化，最后学习西方的精神文化的过程。在这个过程中，中国人也再一次受到了"全盘西化"和文化保守主义这两个相互对立的幽灵的撕扯，直到今天，我们还在艰苦地探寻着一条有中国特色的现代化道路。

毋庸置疑，中国文化要想发达，要想强盛，必须广泛吸收和学习西方的先进文化。但是另一方面，我们通过对一些其他非西方国家的现代化历程的研究以及对中国近代以来种种文化变革活动的经验总结，得出了一个结论，那就是如果亦步亦趋地跟在西方文化后面走，中国文化永远都只能是一个跑龙套的二流角色。一个民族要想强盛，固然不可夜郎自大，但是同样也不可妄自菲薄，这两种极端都是应该避免的。未来的中国文化，其发展必须首先以自己优秀的文化传统作为基本的思想资源，作为坚实的精神根基。在这个基础上，广泛地吸收西方的各种先进文化，通过"和而不同"的文化互补和融合更新，实现中国文化的现代化转型。只有这样，中国文化才能立于不败之地，才能跻身于世界民族之林，使源远流长的中国文化得以发扬光大、生生不息。

第一章

中西文化分野之滥觞

一　希腊神话与中国神话的文化意蕴

每个民族的神话都可以被看作该民族文化的精神原型，它以朦胧的和朴素的形式表现了一种文化的价值取向、思维方式和审美态度。虽然各民族的神话在某些内容或主题方面具有相似性（这是因为各民族的先民们都会面临一些同样的生存挑战），但是它们各自的发展历程以及在这种发展历程中所表现出来的基本精神特征却迥然不同。各种神话所反映和面对的问题是普遍性的，然而它们对这些问题的回答却互不相同。正是从这些殊异的回答中，我们可以溯寻到各种文化最初的分野。

1. 神话与文化精神

西方文化从希腊时代起就表现出一种超越现实、追求彼岸的浪漫精神和宗教倾向，西方文化的精神巨擘苏格拉底号召人们"必须追求好的生活远过于生活"。数百年后，基督耶稣宣称"我的国不属这世界"。这种超越现实的浪漫精神和向往彼岸的宗教意识使得西方人常常把目光投注到冥冥中的另一种生存状态上，对于现实生活及其种种规范则采取一种随时准备让渡的姿态。而中国文化自春秋以来就具有专注于现实人生及人际协调的务实精神和伦理色彩，中国传统文化的重要奠基人孔子以及儒家的其他先贤明确地从理论上提出并论证了以"仁"为核心概念的价值体系和现实主义的生存原则。这种价值体系和生存原则使得传统中国人把注意力集中在现实社会中君臣父子的伦常关系上，而对于"六合之外"的形而上之本体则采取"存而不论"和"敬而远之"的态度。因此在他们那里，对生命的终极关怀就表现为对道德的现世关注。这两种迥然而异的生存态度不仅造成了西方人和中国人在个人气质和精神素养上的显著差异，而且也导致了两种文化在历史形态中的明显分野。

需要说明的是，呈现于今人面前的希腊神话与中国神话并非同一个历史层面上的东西，这是二者在历史命运方面的差异所造成的。具体地说，希腊神话是与一个特定的历史时期共存亡的，这个历史时期就是古典时代（希腊罗马时代）。在希腊城邦时期和希腊化时期，希腊神话构成了希腊人的一种主要意识形态。到了罗马时期，缺乏教养的罗马征服者又拙劣地对希腊神话进行模仿和拉丁化改造，将其变为罗马国教。但是随着古典文化的衰亡和基督教文化的崛起，希腊罗马神话就和罗马帝国一起被皈依基督教的北方蛮族埋入墓冢。在整个中世纪，基督教成为唯一的意识形态，希腊罗马多神教则被当作一种异教而遭到彻底的否定。到了文艺复兴时期，希腊神话才与古典文化一起被盲目崇古的意大利人所复活。那些与基督教世界中的人们阔别千年的希腊神灵，当他们在近代被复活时，仍然完整地保持着古典时代的风格，说着荷马和埃斯库罗斯式的语言，忠实地再现了英雄时代（或黑暗时代）和城邦时期的生活情调。总之，在希腊诸神身上，没有受到中世纪基督教文化的丝毫"污染"。这种彻底被否定而后又被重新复活的历史命运，使得呈现于今人面前的希腊神话保持着较纯正的原始形态。与希腊神话的遭遇相反，中国古代神话在后世并没有经历彻底被否定的命运，而是在漫长的历史过程中不断地被历代史官为了道德教化的目的（所谓"神道设教"）而修改，潜移默化地进行着伦理化的改造。这种滴水穿石式的改造工作虽然使中国神话在历史中避免了大起大落的厄运，然而神话的内容却在逐渐历史化和伦理化的过程中发生了脱胎换骨的变化，以至于我们今天所看到的中国神话与其原始面貌已是谬之千里了。

尽管原始形态的希腊自然神话与布满刀砍斧凿印痕的中国"古史神话"并非同一个历史层面上的神话，但是通过对二者所反映出来的一些基本文化特征进行比较，仍然可以看到中西文化在基本精神方面的重要差别。希腊神话所奠定的文化基本精神，后来在中世纪基督教文化和西方近现代文化中以一种激烈的自我否定形式而得以传承和发扬。中国神话则在其漫长的历史"变形"过程中折射出一种一以贯之的文化基本精神。

西方文化与中国文化的精神差异，在希腊神话和中国神话中即已初现端倪。在希腊神话中，我们可以发现这样一些基本特征：1. 神和英雄（半神）身上体现出一种明显的美之理想色彩，感性的和狂想的浪漫情操构成了神话的基调。2. 以宙斯为首的奥林匹斯神族组成了一个具有贵族民主制色彩的神界社会，在其中妥协精神取代了专制作风成为众神相处的基本原则。3. 导致神系发展的动力是一种不断发挥效能的自我否定机制，它的最终根据就是那种形而上的和不可知的"命运"。在中国的"古史神话"中，我们却看到一些恰好相反的特征：1. 诸神普遍具有一种历史化倾向和道德教化功能，神话传说成为一部扬善抑恶的道德教科书。2. 以"少典氏帝系"的承传为主要内容的神话故事表现了家长专制的大一统社会模式，一切反叛行为在道德上都被打上了"恶"的烙印。3. 维持神系（"少典氏帝系"）发展的契机是一种传递性和伸展性的自我肯定机制，这种机制的最终根据就是那种无形地规范着诸神行为的道德原则。

2. 美之理想与道德楷模

众所周知，希腊神话具有一个非常突出的基本特点，即神人同形同性。在荷马史诗和希腊悲剧中，希腊诸神没有被塑造成干瘪僵硬的道德偶像，而是一些具有强烈感性魅力的艺术形象，尤其是以宙斯为首的奥林匹斯神族（他们的故事构成了希腊神话的主要内容），以其健美的形体和超凡的力量而成为希腊人的理想楷模。宙斯、波赛东、哈得斯三兄弟的威猛以及太阳神阿波罗的俊美、战神阿瑞斯的剽悍、神后赫拉的美丽、智慧女神雅典娜的睿智、美神阿佛洛狄忒的妩媚、先知普罗米修斯的机智，都成为凡人所羡慕和讴歌的对象。希腊人普遍地被一种美之理想所吸引，但凡"客观的美丽的个性，就是希腊人的神祇"[1]。神对于凡

---

[1]　黑格尔著，王造时译：《历史哲学》，生活·读书·新知三联书店 1956 年版，第 288 页。

人来说是一种更高的现实，是一种美的理想。神构成了人生的另一种存在状态，在这种状态中，人超越了他自身的有限性和缺憾性。希腊人对神和英雄的崇拜不过是对自身的自然形态的崇拜——通过艺术化的改造，他对自身的自然形态（形体和力量）加以渲染和夸张，构成了作为被崇拜对象的神和英雄。通过对神和英雄的崇拜与交往（这种交往发生在诗歌和悲剧的英雄传说中），希腊人体验到一种超凡脱俗的神性生活。但是在希腊，这种神性生活并不同于中世纪基督教的唯灵主义和禁欲主义的神性生活，而是一种包含着对人的各种欲望的最大满足的、充分感性化的神性生活。神并不比人更有道德，只是比人更有力量、更加美丽，希腊神祇的这种艺术化特点使得神话成为对现实生活最具有感召力的理想。希腊神话的理想化特点在于它的感性化或艺术化，黑格尔认为，"希腊的性格是'美'的个性，它是靠'精神'产生的，它把'自然的东西'改变成自己的表现"①。丹纳指出，"在奥林匹斯与尘世之间并无不可超越的鸿沟，神明可以下来，我们可以上去。他们胜过我们，只因为他们长生不死，皮肉受了伤痊愈得快，也因为比我们更强壮、更美、更幸福。除此之外，他们和我们一样吃喝、争斗，具备所有的欲望与肉体所有的性能。希腊人竭力以美丽的人体为模范，结果竟奉为偶像，在地上颂之为英雄，在天上敬之如神明"②。

在道德方面，希腊神祇除极个别例子外（如普罗米修斯为人间盗火种），几乎没什么值得称道之处。在希腊诸神身上没有打上伦理化的烙印，他们只是一群终日在奥林匹斯山上宴饮娱乐的游手好闲之辈，而且还经常到人间来滋生是非，干些风流勾当。他们像凡人一样具有七情六欲，一样爱冲动和犯错误。他们以神的身份制定种种律法，然后又像凡人一样随心所欲地践踏这些律法。"古代希腊人既赋予他们的神以超人的力量，也赋以人的弱点。在他们眼里，宙斯既是律法的制定者，也是个调戏妇女的伟人。"③ 在希腊诗歌和悲剧中，我们不仅可以看到对神的力

① 黑格尔著，王造时译：《历史哲学》，生活·读书·新知三联书店1956年版，第283页。
② 丹纳著，傅雷译：《艺术哲学》，安徽文艺出版社1991年版，第91—92页。
③ 戴维·利明、埃德温·贝尔德著，李培茱等译：《神话学》，上海人民出版社1990年版，第12页。

量和智慧的赞美，也可以看到对神的卑劣行径的讽嘲。希腊神祇大多具有双重品质，如宙斯的威严和荒淫，赫拉的端庄与嫉妒，阿佛洛狄忒的温柔与虚荣，波赛冬的气势宏伟与心胸狭窄，等等。正是这些非伦理化的感性特点构成了希腊诸神的魅力和可亲近性，使他们为希腊人所爱慕和向往。希腊神祇既不像中国神祇那样是一些毫无个性特征的可望而不可及的伦理符号，也不像基督·耶稣那样是一个毫无感性色彩的令人望而生畏的枯槁"精神"。他们是一些活生生的血肉之躯，既融于现实生活又高于现实生活。他们在道德上的不完满性恰恰构成了他们在个性上的丰满性的前提。"荷马诗中的奥林匹斯人既不是遥不可及的也不是完美无缺的；他们是相当超人且富权力的，但并不全然善良。当他们干涉人类的事情时，他们是横蛮、喧闹、嫉妒的，但他们也是逗人喜爱和迷人的。"[①] 这种感性化的特点使得希腊神话魅力长存，成为激发西方人的浪漫情怀的永不枯竭的源泉。

如果说希腊神祇因为其感性化的特征而成为希腊人和后来的西方人所向往的美之理想，那么中国神祇则由于其历史化的变形而成为中国人世代敬仰的道德楷模。

从外在形态来说，中国古代神话与希腊神话的一个显著差别是神人不同形。在中国较早的神话典籍如《山海经》等书的记载中，诸神几乎全是形态怪异、面目狰狞的。如太昊伏羲氏"人面蛇身"，炎帝神农氏"人身牛首"，"黄帝四面"，颛顼"头专专谨"[②]，共工"人面朱发，蛇身人手足"，蚩尤"人身牛蹄，四目六手，耳鬓如剑戟，头有角"等，皆具有人兽杂糅的形体特征。然而在后来的神话历史化改造过程中——这种历史化改造是中国神话与希腊神话发生根本性分野的重要原因——诸神开始变形，并且逐渐融入人的历史。中国诸神的变形记是在一种双向的历史化改造运动中进行的：一方面是神的去怪异化过程，另一方面则

① 布林顿、克里斯多夫、吴尔夫著，刘景辉译：《西洋文化史》，第 1 卷，台湾学生书局 1984 年版，第 81 页。
② 颛顼的形象在神话典籍中虽无记载，但根据其父韩流的形象可以推知。《山海经·海内经》曰："韩流擢首、谨耳，人面、豕喙，麟身、渠股、豚止，取淖子曰阿女，生帝颛顼。"毕沅注曰："《说文》云：'颛，头专专谨也'。此文云云，疑颛顼所得名，以似其父与？"由此可以推知颛顼形似猪豕。

是神的合伦理化过程。其结果是，那些进入人的历史的正神（如黄帝、颛顼等少典氏神祇）在蜕去了怪异形象的同时，也获得了崇高的道德品行。

对神话的历史化改造过程早在先秦时期即已开始，到汉代以后，由于儒家思想成为中国文化的主导思想，按照儒家的道德观念对诸神进行历史化改造更是成为史家撰史的一条不可动摇的基本原则。"子不语怪力乱神"的结果是，部分形象诡异的远古神祇转化为德昭日月的上古帝王；而另一些神祇虽然继续保留着其怪诞的原始面目，但也经历了一番伦理化改造，作为前者的道德反衬而留存于史籍和民间逸闻中。

黄帝千百年来一直被奉为中国人的人文始祖，关于黄帝的原始形象，《山海经·海外西经》中记载道："轩辕之国在此穷山之际，其不寿者八百岁。……人面蛇身，尾交首上。"据袁珂先生解释，轩辕国为黄帝子孙相聚而成者。轩辕国人既为人面蛇身，黄帝的形象也应该大体相当。此外，在古代传说中还有"黄帝四面"（即黄帝长着四张脸）的说法。在春秋战国以后的史籍中，这些怪异色彩逐渐黯淡，黄帝的形象发生了根本性的变化。《山海经》中"人面蛇身，尾交首上"的说法，在《史记》中被改变为黄帝乘龙化仙的故事[1]。关于"黄帝四面"的传说，孔子也做了合理化的说明：黄帝并非长着四张脸，而是命四名贤臣分治四方以君临天下。[2] 这样就使黄帝身上的神话成分完全消解在历史化的过程中，因此在司马迁的《史记·五帝本纪》中，黄帝已经被改造成一个聪敏绝伦、天才独具的人间帝王——"黄帝者，少典之子，姓公孙，名曰轩辕，生而神灵，弱而能言，幼而徇齐，长而敦敏，成而聪明"。至于黄帝的怪异形象，却只字未提。

随着黄帝由面目狰狞的怪异生番变为威风凛凛的上古帝王，他也被赋予了种种高尚的道德品性。黄帝原本只是某个原始部族的祖神，后来

---

[1] 《史记·封禅书》："黄帝采首山铜，铸鼎于荆山下。鼎既成，有龙垂胡髯下迎黄帝，黄帝上骑，群臣后宫从上者七十余人。"

[2] 《太平御览》卷七九引《尸子》："子贡曰：'古者黄帝四面，信乎？'孔子曰：'黄帝取合己者四人使治四方，不计而耦，不约而成，此之谓四面。'"

竟演化为夏商周三代乃至整个华夏族的始祖神，成为德被四方、遗泽万代的帝王师表。黄帝所建立的丰功伟绩几乎可以说是空前绝后的："修德振兵，治五气，艺五种，抚万民，度四方"，伐炎帝（因炎帝不行仁道）、戡蚩尤、杀夸父、诛刑天，"顺天地之纪，幽明之占，死生之说，存亡之难。时播百谷草木，淳化鸟兽虫蛾，旁罗日月星辰水波土石金玉，劳勤心力耳目，节用水火材物"①。凡此种种，可谓德配天地、功蔽日月。

除黄帝外，另一些远古神明也在逐渐蜕去怪异形象的同时获得了崇高的德行。伏羲"始作八卦，以通神明之德，以类万物之情②"。颛顼"隔地天通"，兴礼法，首开中国伦常男尊女卑之先河。③尧"其仁如天，其知如神"，始创"修齐治平"的德治规范。④舜知人善任，四海咸服，"天下明德，皆自虞帝始"。至于大禹，更是一副"鞠躬尽瘁，死而后已"的形象，为治洪水"劳身焦思，居外十三年，过家门不敢入。薄衣食，致孝于鬼神。卑宫室，致费于沟减"⑤。

在中国神话中表现出一种浓郁的伦理精神，它的特点是侧重于现世性的道德教化，漠视彼岸性的理想追求。由于这种伦理精神的制约，中国神话中的那些具有超越色彩和宗教形而上学倾向的遐思冥想都被淡化、消除，或者被拉回伦理范畴中重新加以诠释。使得"怪力乱神"都被排除到正统文化思维的视野之外，富有原始浪漫情调的神话传说成为道德教化祭坛上的牺牲品。在中国神话的历史化改造过程中，诸神丧失了自然属性和艺术感性魅力，却被赋予了历史属性和道德教化功能。

3."兄弟联盟"与家长专制

弗洛伊德在《文明及其不满》一书中把文明的种系发生过程说成是从"原始父亲"的专制向"兄弟联盟"的民主制度转变的过程。他认

---

① 《史记·五帝本纪》。
② 《易·系辞》。
③ 《淮南子·齐俗训》："帝颛顼之法，妇人不辟男子于路者，拂之于四达之衢。"
④ 《史记·五帝本纪》："帝尧者，放勋。其仁如天，其知如神。……能明驯德，以亲九族。九族既睦，便章百姓。百姓昭明，合和万国。"
⑤ 《史记·夏本纪》。

为，在文明时代的曙期，部落中的"原始父亲"在性方面对其儿子们进行控制和压抑，当儿子们触犯了禁忌时，他们就遭到放逐的惩罚。被放逐的儿子们联合起来杀死"原始父亲"，并由他们中最强有力者取而代之，于是又导致了新的压抑和新的叛乱。如此周而复始，直到最后一个"原始父亲"被杀死以后，联合起来的儿子们不再重蹈覆辙，而是以一种民主形式的"兄弟联盟"取代"原始父亲"的权威，从而导致了新的文明统治形式的产生。弗洛伊德的这种思想无疑是从希腊神话所反映的神王统治形式的演化过程中得到启发的。在希腊神话中，神界统治权的几度易手正是通过禁忌—放逐—反叛—取代的途径而实现的。从乌拉诺斯到克罗洛斯，再从克罗洛斯到宙斯，每一次子继父业都是通过一场艰苦卓绝的战斗才完成的。当以宙斯为首的奥林匹斯神族取代了以克罗洛斯为首的提坦神族的统治之后，一种较为宽松的民主气氛出现了。宙斯对其子女不再进行强制性的压抑，虽然他也预知自己将面临与父辈一样的悲剧结局，但是他既没有像祖父乌拉诺斯那样把子女囚禁于地下，也没有像父亲克罗洛斯那样把子女吞入腹中，而是让子女们与自己一起就座于奥林匹斯山顶的神殿中，共同商议神界和人间的事务。新一代的神祇遵循一种民主原则，和睦相处，他们在神界中的地位类似于罗马元老院的元老或英国上议院的议员。而宙斯的形象也不像其父或其祖父那样是专横跋扈的专制君主（虽然在某些场合中他也表现得像一个暴君），而是更像一个有威望的元老院领袖或者议院议长。汤因比指出，宙斯"其地位很像后来立宪国家的君主，'统而不治'，不过给命运之神和自然的作用提供一种权力的象征罢了"[1]。黑格尔认为，奥林匹斯神族对提坦神族的取代标志着"东方精神"向"西方精神"的转变，即专制主义向民主精神的转变。宙斯治下的诸神关系已与克罗洛斯时代大相径庭，妥协精神取代了独断专行。"宙斯是希腊各神的父亲，但是各神都能根据自己的意志行事；宙斯尊重他们，他们也尊重他；虽然有时候他责骂他们，威胁他们，他们或者帖然服从，或者不平而退，口出怨言；但是决

---

[1]　汤因比著：曹未风等译《历史研究》，中册，上海人民出版社1966年版，第324页。

不使事情走到极端，宙斯在大体上也把诸事处理得使众人满意 —— 向这个让步一些，向那个又让步一些。"①

在荷马的不朽史诗《伊利亚特》中，我们可以看到民主精神在神界中兴起的例证。在特洛伊战争中，宙斯表面上持幸灾乐祸的态度，内心里却对特洛伊人有所偏袒。为了防止众神帮助阿卡亚人（即希腊人），他严禁诸神参战，违者将被永远打入地狱。但是赫拉、波赛冬、雅典娜等神却执意站在阿卡亚人一边。赫拉用睡眠和爱情的力量征服了宙斯，使他入眠，然后指使波赛冬去援助在战场上失利的阿卡亚人。宙斯醒来后，虽然恼羞成怒地对着赫拉叫嚷"我恨不得一个霹雳叫你自己先尝尝你这无理取闹的成果"，但是马上又改用温和的口吻来拉拢赫拉："我的牛眼睛的天后，如果从今以后我在神们的会议席上能够靠得住你支持我，那么那波赛冬无论抱着怎样不同的意见，也会马上掉转头来依顺你我的。"当宙斯派神的使者伊里斯去命令波赛冬退出战斗时，波赛冬表现了一种不屈服的精神，他对宙斯的使者叫嚷道："宙斯纵然强，我也享受着和他同样的威望，他竟说要强迫我，要我屈服他，那就全然是虚声恫吓。我们是兄弟三个，都是克罗洛斯和瑞亚所生的：宙斯，我和死人之王哈得斯。当初世界三分的时候，我们各自派到了一个领域。我们是拈阄分配的，我拈到了灰色海，作我永不让渡的国土。哈得斯拈到了黑暗的冥都，宙斯分配到广阔的天空和云端里的一所住宅。但大地是留着大家公有的，高处的奥林匹斯也是公有的。因此，我不会让宙斯来摆布我。他纵然是强，让他安安静静呆在他那三分之一的世界里面吧。"后经伊里斯的劝导，他虽然表示了妥协，但仍向宙斯发出了一个警告：如果宙斯胆敢继续帮助特洛伊人，那么在他们之间"就要发生一种永远不能弥补的仇隙了"②。由于诸神的坚持，宙斯最终不得不改变态度，先是默许众神自由参战，后来他自己也迫于"少数服从多数"的民主原则转而支持希腊人。

希腊神话所表现的这种"兄弟联盟"的民主精神是一种具有浓郁贵

---

① 黑格尔著，王造时译：《历史哲学》，生活·读书·新知三联书店 1956 年版，第 275 页。

② 参阅荷马著，傅东华译：《伊利亚特》，第 14、15 章，人民文学出版社 1958 年版。

族气息的民主精神，众神之间的民主是凌驾于尘世生活之上的，其情形正如罗马共和国时期"帕特里辛"（patricians，即贵族）的民主是凌驾于"卜内宾"（plebeians，即平民）之上的。尽管如此，这种贵族式的民主精神较之于乌拉诺斯和克罗洛斯时代的"原始父亲"专制，仍不失为一个历史进步。在希腊社会中，奥林匹斯诸神身上所体现的民主精神既是城邦民主制（尤其是雅典民主制）的一种折射形式，也是推动城邦民主制发展的一种精神动力。而在其后漫长的历史年代中，从这种奥林匹斯神族的民主精神中又衍生出种种形式的贵族共和制、市民共和制和君主立宪制的政体形式。

与此相反，在中国神话的神系发展过程中却表现了另一种社会统治模式："原始父亲"的权威并没有被儿子们的反叛所推翻，反而变得更加牢固。叛乱的失败导致了大一统的家长专制体制的确立，而试图反抗的儿子们也由于受到外在的暴力惩罚和内在的道德谴责而变得越来越循规蹈矩。"原始父亲"在临终之际挑选最遵守规则的后裔来接替自己的统治，并把他的正统性权威也遗传下来。如此世代相袭，形成了一种超稳定的、极其严苛的家长专制社会统治模式。

中国神话虽然谱系混乱，但是家长一统天下的特点却非常明显。在原始神话中，诸神之间的相属关系尚未明确，他们以不同部落的祖神形象而各自为政，互无联系。随着原始神话向"古史神话"的转化，这种散漫的现象消失了，代之以一个有着不可逾越的从属关系的严格神统。以五帝的关系为例，起初华夏与少数民族各部落集团都有自己崇拜的祖神，后来为了使这些相互独立的神符合"率土之滨，莫非王臣"的大一统社会模式，"古史神话"中就出现了中央上帝黄帝剿灭四帝，并根据五行之德重建神国的传说："黄帝之初，养性爱民，不好战伐，而四帝各以方色称号，交共谋之，边城日惊，介胄不释。……（黄帝）于是遂即营垒以灭四帝。"① 平息战乱之后，新的神国组织在一种相互协调的关系中建立起来，以黄帝为中心而形成一种有序的统治格局。"东方，木

---

① 《太平御览》卷七九引《蒋子万机论》。

也，其帝太皞，其佐句芒，执规而治春……南方，火也，其帝炎帝，其佐朱明，执衡而治夏……中央，土也，其帝黄帝，其佐后土，执绳而治四方……西方，金也，其帝少昊，其佐蓐收，执矩而治秋……北方，水也，其帝颛顼，其佐玄冥，执权而治冬。"① 黄帝成为一统天下、号令四方的天子，而四方上帝则成为听从黄帝节制的诸侯。

秦汉以后，这种四方诸侯裂土而治的统治方式仍然不符合大一统的中央集权的要求，于是共时性存在的五帝又进一步转变为历时性嬗递的五帝，从而在正史中就出现了"少典氏帝系"的承传故事。太昊伏羲氏被置于黄帝之前，与女娲、神农（一说燧人、神农）共同组成"三皇"。炎帝（神农）成为黄帝的兄长，同为少典之子，颛顼则成为黄帝的孙子。帝喾为颛顼侄子，所娶四妻姜嫄、简狄、庆都、常仪分别生子弃（后稷）、契、尧和挚（疑为少昊）。黄帝、颛顼、帝喾、尧成为正史中"五帝"之四（另一个为舜，由尧禅让而得天下），而弃和契则分别成为周人和商人的祖先。这样一来，在地域上相互抗衡的五方上帝逐渐演变为在时序上相互承传的五个一统天下的人间帝王，而且先秦诸朝的统治也由于延续了少典氏帝系而获得了正统性。

随着家长一统天下的确立，那些曾与"家长"发生过冲突的神就不可避免地走上了"恶化"的过程。以蚩尤为例，在《山海经》中，关于蚩尤的记载共有三段，文中均无贬义，纯属客观描述。其中关于蚩尤与黄帝发生战争的记载见于《大荒北经》："蚩尤作兵伐黄帝，黄帝乃令应龙攻之冀州之野。应龙畜水，蚩尤请风伯雨师，纵大风雨。黄帝乃下天女曰魃，雨止，遂杀蚩尤。"

这里只是以神话形式反映了远古可能发生过的炎、黄两个部落联盟之间的战争，对于战斗双方均未加诸任何带有伦理色彩的评价。然而，由于蚩尤攻伐的对手是被正史当作五帝之首而加以道德化渲染的黄帝，所以在经过后世史官修订的神话典籍中，蚩尤的形象就开始向"恶"的方向发展，以作为日益"善化"的黄帝的道德反衬。既然黄帝是德昭日

---

① 《淮南子·天文训》。

月的神界领袖，那么蚩尤就注定要成为大逆不道的凶煞恶魔。在汉代纬书中，善恶概念分别被加到黄帝和蚩尤身上，而且还搬出"天命"作为道德的支柱："黄帝摄政前，有蚩尤兄弟八十一人，并兽身人语，铜头铁额，食沙石子。造立兵杖刀戟大弩，威振天下，诛杀无道，不仁不慈。万民欲令黄帝行天子事，黄帝仁义，不能禁止蚩尤，遂不敌。乃仰天而叹，天遣玄女下授黄帝兵信神符，制伏蚩尤，以制四方。"[①] 在《史记》中，蚩尤又从一方部落首领变成了违抗帝命、犯上作乱的叛臣贼子，黄帝与蚩尤之间的部落战争变成了一统天下的真命天子讨伐叛臣逆子的戡乱之战。[②] 此后，蚩尤的形象就与"邪恶""贪婪"等道德概念联系起来，成为后世一切谋逆犯上者的儆戒。[③]

共工与蚩尤一样，同为炎帝苗裔，因不服黄帝之孙颛顼的统治，起而抗争，战之不胜，愤而头触不周山，演出了一场轰轰烈烈的悲剧。《淮南子·天文训》曰："昔者共工与颛顼争为帝，怒而触不周之山，天柱折，地维绝，天倾西北，故日月星辰移焉；地不满东南，故水潦尘埃归焉。"这本是一场反正统的英雄悲剧，倘若稍加渲染，就会演化成中国神话中的一部可歌可泣的悲壮史诗。然而，由于共工与之争帝的颛顼是少典氏帝系的正统传人，按照神话历史化所遵行的伦理原则，共工在后来的史籍中必定要"恶化"为怙恶不悛的逆贼。

据《山海经·海内经》记载，共工是炎帝的后裔、祝融的儿子，关于他的道德属性却丝毫未提及。到了《左传》《史记》等正史中，共工与少昊的不肖子穷奇合而为一，与驩兜、三苗、鲧一同被合称为"四凶"，成为自颛顼至禹等历代少典氏帝王竞相讨伐的对象。共工的行为也日益"恶化"，成为戕害忠良、谄媚奸邪的行家里手："闻人斗，辄食直者；闻人忠信，辄食其鼻；闻人恶逆不善，辄杀兽往馈之。"闻一多先生在谈到共工的历史形象时说道："共工在历史上的声誉，可算坏极了。他的罪

---

① 《太平御览》卷七九引《龙鱼河图》。
② 《史记·五帝本纪》："蚩尤作乱，不用帝命。于是黄帝乃徵师诸侯，与蚩尤战于涿鹿之野，遂禽杀蚩尤。"
③ 《路史·后纪四》："后代圣人著其像于尊彝，以为贪戒。"

名，除了招致洪水以害天下之外，还有'作乱'和'自贤'两项。……在《左传》中则被称为'四凶'之一。'少昊氏有不才子，毁信废忠，崇饰恶名，靖谮庸回，服谗蒐慝，以诬盛德。天下之民谓之穷奇。'注家都说穷奇即共工，大概是没有问题的。因此许多有盛德的帝王都曾有过诛讨共工的功。"[1] 而共工之所以成为"贪恶愚顽"的化身和十恶不赦的逆贼，究其根本原因，并不在于他"振滔洪水"以害天下，而是由于他"作乱"和"自贤"，欲与正统的少典氏帝王争夺天下。

鲧是中国神话中的另一个具有反叛精神的神，据《山海经·海内经》记载："洪水滔天。鲧窃帝之息壤以埋洪水，不待帝命。帝令祝融杀鲧于羽郊。"息壤是一种"自长息无限"的神土，鲧盗息壤是为了堵塞泛滥的洪水，解民于倒悬。这是一种可与希腊神话中普罗米修斯盗火种的行为相媲美的伟大业绩，那么"帝"（即舜）为什么反倒要杀死鲧呢？原因仅在于鲧"不待帝命"，擅作主张。然而即便如此，鲧的善良动机和行为也不至于使他遭受杀身之祸。因此《山海经》中的这段文字，与其说是表现了鲧的僭越犯上，不如说是表现了"帝"的赏罚不明、专断暴虐。无怪乎屈原在《离骚》中触景生情地感叹道，"鲧婞直以亡身兮，终然夭乎羽山野"。

然而，舜是少典氏帝系的正统传人，是一统天下的"家长"，鲧与舜之间发生了矛盾，过错自然不能由舜来承担。舜为君，鲧为臣，依照伦理精神来衡量，臣"不待帝命"就是不忠，就是图谋不轨、僭越名分。因此鲧注定要成为邪恶的化身，成为神话历史化过程的无辜牺牲品。于是，许多不仁不义的特征都加到鲧的身上，如"播其淫心"（《国语·周语》）、"废帝之德庸"（《墨子·尚贤》）、"负命毁族"（《史记·五帝本纪》）等。渐渐地，鲧擅取息壤为民间消灾的神话就演变成鲧野心勃勃觊觎帝位的叛乱"史实"："尧以天下让舜，鲧为诸侯，怒于尧曰：'得天之道者为帝，得地之道者为三公。今我得地之道，而不以我为三公。'以尧为失论。欲得三公，怒甚猛兽，欲以为乱。比兽之角，能以为城；举

---

[1] 《闻一多全集》第一卷，生活·读书·新知三联书店1982年版，第49页。在该卷的第53—54页中，闻一多先生还列举了许多有关颛顼、帝喾、尧、舜、禹等"有盛德的帝王"诛讨共工的史料。

其尾，能以为旌。召之不来，仿佯于野以患帝。舜于是殛之于羽山，副之于吴刀。"[1]

这种历史化的描述，与《山海经》中关于鲧的神话传说可谓谬之千里。但是如此处理，倒是符合伦理精神的要求。与蚩尤、共工等神的遭遇一样，鲧之所以成为千古罪人，并非由于他盗取息壤，而是因为他的行为不符合封建社会的伦理规范（虽然这些"神"所活动的时代远远早于封建社会），妄图破坏现存的统治秩序，犯上作乱。由于伦理精神的作用，各种形式的反叛都被不由分说地扣上了道德方面的罪名，从而就永远地决定了反叛者形象和地位的可悲性。

4. 自我否定与自我肯定

以内在的自我否定作为神系延续和发展的契机是希腊神话的又一个基本特征。从赫西俄德的《神谱》中可以看到，希腊神王的更迭是通过一种自我否定的暴力方式实现的：老一辈的神王生下儿子并囚禁或吞食他们，幸免于难的儿子在母亲的支持下反抗父亲并取代他的权威。从乌拉诺斯到克罗洛斯，从克罗洛斯到宙斯，所经历的过程都大体相同。宙斯也同样面临着被新一代神所否定的可能性[2]，尽管这种可能性由于希腊神话本身的僵化和衰落而没有实现，但是这种内在的自我否定的发展契机却是一以贯之的。由于这种否定的机制，对统治者的叛逆就成为希腊神话和悲剧中的一个重要主题。反叛有时成功，有时失败，叛逆者或者成为新一代的神王，或者受到惩罚。但是无论结局如何，叛逆的行为都没有与道德范畴相联系，叛逆者并不因为反叛正统而被斥为邪恶，反而往往因反叛而变得更加强大和富有魅力，神的家族也通过这种连续的叛逆行径而得以更新。这种维持神系更新和发展的自我否定机制使希腊神话表现出一种以变革为本质的社会进化思想。在希腊悲剧诗人埃斯库罗斯的《阿伽门农》中，我们可以看到对这种自我否定机制和社会进化思

---

[1]　《吕氏春秋·行论》。
[2]　希腊神话中有关于宙斯如果与大海女神忒堤斯结婚将产生一个取代他的权威的儿子的预言；民间也有关于宙斯与塞墨勒所生的儿子狄奥尼索斯将取代宙斯统治的传说。

想的热情讴歌：

> 往昔那号称伟大的神灵，
>
> 好大喜功，傲慢自矜，
>
> 如今再无人提起他的名声！
>
> 有别的神继之而兴，
>
> 但也遇到劲敌，终于殒倾。
>
> 谁若有过人的聪明，
>
> 谁就热烈欢呼宙斯的得胜！ ①

　　在希腊神话中，诸神都是不死的，但是老一辈神的影响力却随着他们权势的易手而消失。由于希腊神话的非伦理化特点，新旧神的对抗和权力更迭并不表现为道德范畴的对立和转换，因此我们在希腊神话传说中看到的只是神族的发展进化过程，而不是象征性的道德说教。神和英雄都是一些富有感性色彩的个体，而不是抽象的道德傀儡。对于他们来说，似乎没有什么东西是神圣不可亵渎的，更不存在什么不可撼动的道德原则。唯一凌驾于他们之上并主宰他们的，只有那神秘莫测的神谕或"命运"。这"命运"从根本上说是与自由意志无关的一种不可改变的宿命。作为众神之王的乌拉诺斯和克罗洛斯尽管知道自己的统治将被一个儿子所取代，却无法将这种命运避免；忒拜国王拉伊俄斯从神谕中得知他的儿子将杀父娶母，却无法逃脱命运的法轮。希腊诸神和英雄在道德行为方面是无所羁绊的，但是在他们的自由意志背后却潜藏着一种更为深刻的决定论——命运决定论，从而他们的自由意志就成为命运自我实现的中介和手段。这种以暴力方式表现出来的自我否定机制在超越了道德的合理性之后就获得了一种更高的合理性，即命运的合理性。

　　在希腊神话传说中，命运是高悬于神和英雄头顶上的达摩克利斯之剑，乌拉诺斯、克罗洛斯、宙斯等神如同阿伽门农、俄狄浦斯等英雄一

---

① 埃斯库罗斯著，灵珠译：《奥瑞斯提亚三部曲》，上海译文出版社1983年版，第55页。

样不能主宰自己的命运，命运作为一种外在的必然性高于一切神灵。自由尚未作为一种至高无上的"神性"被确立起来，相反，我们看到的只是一种不可知和不可逆转的决定论在起作用。诸神在这种外在的决定论面前如同上帝的弃民在滔天的洪水面前一样惶恐不安。埃斯库罗斯在《被缚的普罗米修斯》一剧中描写了命运对于神明的绝对支配性，当歌队长劝告被缚的先知普罗米修斯向宙斯吐露谁将取代他的统治，以免遭受皮肉之苦时，普罗米修斯回答道：

> 但是呀，支配一切的命运不容许
> 有如此结果，我必须受尽屈辱，
> 受尽千灾百难，才能摆脱缚束；
> 技艺的力量远远胜不过定数。[①]

由此可见，在希腊，一切神明只是次等的存在，在他们之上还有一个更高的东西，即命运。命运是自在自为的、不可知的、超验的，是真正的和唯一的神。这种命运或定数的决定论是希腊神话中真正具有宗教形而上学色彩的东西，罗素说道："在荷马诗歌中所能发现与真正宗教感情有关的，并不是奥林匹克的神祇们，而是连宙斯也要服从的'运命'、'必然'与'定数'这些冥冥的存在。"[②]它成为后来希腊哲学中形而上学范畴（如赫拉克利特的"逻各斯"、巴门尼德的"存在"和柏拉图的"理念"等）的一朵含苞待放的蓓蕾，成为中世纪基督教的"上帝"概念的一颗刚刚萌芽的种子。但是在希腊神话这块感性的土壤中，它仍然处于一种扑朔迷离的、尚未分化的状态中，仍然与诸神和英雄们的直观感性活动纠结在一起，仅仅是通过神系发展的自我否定过程朦胧地表现着自身。

从内在的角度来看，维系希腊神系发展的自我否定机制体现了命运的神秘而不可抗拒的决定论；从外在角度来看，这种自我否定机制则表

---

① 埃斯库罗斯著，灵珠译：《奥瑞斯提亚三部曲》，上海译文出版社 1983 年版，第 306 页。
② 罗素著，何兆武、李约瑟译：《西方哲学史》上卷，商务印书馆 1963 年版，第 33 页。

现了一种不断超越现实、不断发展更新的社会进化思想。

在中国"古史神话"中，由于远古祖祇被历史化为上古帝王，使得诸神不像希腊神灵那样具有不死的本性。既然诸神或上古帝王都难免一死，那么帝位的更迭就无须像希腊神话中那样通过暴力的途径来实现，而可以通过家族内部的继承或者禅位让贤等方式来进行。因此"力"的原则在中国神系的发展演变中几乎不起作用，而"德"则成为承袭帝位的唯一准则。

在"少典氏帝系"的传说中，充满了让贤举能的传位故事。黄帝有二十五子，却传位于他的孙子颛顼，因为颛顼"静渊以有谋，疏通而知事"。颛顼不传位于其子穷蝉、老童、梼杌等，却禅位于其侄帝喾，因为后者"顺天之义，知民之急。仁而威，惠而信，修身而天下服"①。帝喾死后，长子挚继位，挚虽无大仁大智，却具有礼贤下士的谦谦美德，执政九年而禅位于尧。尧有子丹朱，凶顽不仁，尧不传位丹朱而禅位于"能和以孝"的山民舜。舜晚年亦不传位其不肖子商均而禅位于治水有功的禹。这些关于帝位承传的传说几乎同出一辙，说到底无非是为了突出一个"德"字。既然禅位者和受禅者都是德昭日月的圣人，他们的统治当然就是天经地义的了。而对于反叛者来说，这种建立在"德"之基础上的正统性本身就成为一个难以撼动的坚固堡垒。由于帝位更迭的根据不是力而是德，所以任何借助武力的反叛都是徒劳的，到头来只能落个身败名裂、遗臭万年的下场，如蚩尤对黄帝的反叛，共工对颛顼的反叛，房王对帝喾的反叛，鲧对舜的反叛，等等。

"少典氏帝系"的出现是中国神话历史化改造的一个辉煌硕果，它并非考古学和古文献学的发掘成果，而是出于中国封建社会的历代史官论证先秦诸朝帝王统治的正统性的政治需要。按照正史所传，秦人祖先大业、夏人祖先鲧以及虞舜均出自颛顼；周人祖先后稷（弃）、殷人祖先契，以及唐尧皆出自帝喾。颛顼与帝喾又是叔侄关系，都是黄帝的后

---

① 《史记·五帝本纪》。

裔，而黄帝和炎帝同出于少典氏①。因此，以黄帝为男性始祖的少典氏神族为中国历史提供了一大批圣贤帝王。先秦每个朝代的统治者都把自己的祖先与"少典氏帝系"联系起来，以证明自己统治的合理性和权威性。《国语·鲁语》引《展禽》曰："有虞氏禘黄帝而祖颛顼，郊尧而宗舜；夏后氏禘黄帝而祖颛顼，郊鲧而宗禹；商人禘舜而祖契，郊冥而宗汤；周人禘喾而祖稷，郊文王而宗武王。"他们承袭的不仅仅是正统的血缘和名义，更是正统的德行和睿智。神祇们在神话中播下了"龙种"，长出了历史中的帝王。帝王们既为"天子"，他们的世俗统治也就获得了现实合理性。到了秦汉以后，过于偏狭和具体的"少典氏帝系"又让位于宽泛而抽象的"天命"，奉天承运的哲学思维取代了"攀龙附凤"的神话直观，成为现实的政治统治和道德秩序的坚实基石。

在经过了合伦理化修整或历史化改造的中国神话故事中，神系或帝系的更迭发展只能通过一条合法的途径——传位或禅让来实现，除此之外的一切僭越和篡夺行为都在道德上注定为"恶"。在传位和禅让的过程中，承继大业者之所以被"先王"选中，是因为他与"先王"在德行方面是一脉相承的，他全盘继承了"先王"的事业和品行。因此，他只是"先王"精神的另一个化身，与"先王"以及"先王"的"先王"一样代表着同一种道德精神和行为规范，同一种社会秩序和文化模式。这样一种历史延续过程不是以现实对往昔的否定为其发展机制，而是以现实对往昔的肯定为其发展机制的。既然每一个环节都是对上一个环节的肯定，那么所有的环节就共同构成了一条伸展性和传递性的自我肯定长链。在这条长链的一端，是被伦理精神精雕细琢以淳教化的上古帝王的丰功伟绩和崇高德行；在长链的另一端，则是事事处处恪守祖制陈规的现实社会。在这条长链中，得以遗传和延续的不仅仅是祖宗之法，而且还有自我肯定这种机制本身。由于一味执著于自我肯定而贬抑任何试图超越现实秩序的否定倾向，在历史化的中国神话中就已经埋下了以协调

① 关于少典氏，学者们多认为这是一个母系氏族，附宝感电光而生黄帝的传说即可为证。《绎史》卷五引《新书》："炎帝者，黄帝同母异父兄弟也。"亦可见母系社会一妻多夫现象。后因"同母异父"不合封建伦常，在较晚的史籍中改为"同父异母"。

的现实精神来制约超越的浪漫精神、以伦理规范来压抑宗教理想的种子。这种倾向一方面导致了传统中国人的"天不变道亦不变"和"信而好古"的保守文化心态，另一方面则造成了他们轻视宗教生活和自然探索、专注于现世道德修养和人伦关系的现实主义生活态度。

希腊神系发展的自我否定机制以一种悲剧形式自在地展现着命运的决定论；中国神系发展的自我肯定机制则以一种正剧形式自觉地实现着道德的决定论。

5. 两种神话的历史命运

希腊神话以其感性之美而著称于世。神话中虽然已经内在地包含着理想与现实、"天国"与现世、灵魂与肉体的差别，但是这种差别在希腊时代（尤其是城邦文化的全盛时期）尚停留在潜在阶段，并没有发展为直接的对立。正是这种童稚式的原始和谐，使希腊神话呈现出感性之美的特点。事实上，在一切未经历史化改造的神话传说中（包括中国的原始神话传说），我们都可以发现同样的特点。这种原始和谐在后来的历史过程中可能面临着两种迥然不同的命运，一种是像中国神话的遭遇那样，在以后的历史化改造过程中由于人为的因素（即历代史官的修改）而逐渐从原始和谐转化为道德和谐，从中引申出现实教化的功能，从而使神话与历史融为一体；另一种命运则是由于神话自身的发展而使潜在的差别逐渐转化为现实的矛盾，从而由原始和谐过渡到尖锐的二元对立，使神话本身在历史中被另一种更高的意识形态彻底取代。后者就是希腊神话的历史命运。

由于希腊神话借以延续发展的自我否定机制在奥林匹斯神族接替了提坦神族的统治之后日趋衰微，因此在城邦文化的极盛时期，希腊神话就已经显示出僵化的趋势。自我否定的机制既然已经不能在内部发挥作用，于是希腊神话就面临着被另一种"新神话"从外部根本否定的命运，这种"新神话"起初表现为以另一种方式来追问自然和人类起源的希腊哲学，而后又经过罗马人对希腊神话的拙劣复活，最终表现为对希腊神话采取彻底否定态度的基督教。

　　虽然从表面上看，基督教与希腊神话是格格不入的，但是二者之间的内在精神联系却是毋庸置疑的。希腊神话自身潜在地包含着的现实与理想、肉体与灵魂等一系列矛盾，在罗马文化和基督教文化中分别以两种极端化的形式呈现出来，并且形成了一种尖锐的对立。从某种意义上可以说，片面地发展了肉体的权利的罗马文化和片面地发展了精神的权利的基督教文化，都不过是那种曾经以原始和谐的形式表现在希腊文化（特别是希腊神话）中的西方文化基本精神自我发展和自我实现的必要环节。西方文化基本精神在历史过程中是以一种激烈的否定之否定方式呈现出来的，其中每一个环节似乎都是对前一个环节的否定：首先是罗马文化单纯的物质主义对希腊文化的原始和谐的否定和超越，然后是中世纪基督教文化极端的唯灵主义对罗马物质主义的否定和超越，最后则是西方近现代文化的二元主义对基督教唯灵主义的否定和超越①。

　　与希腊神话所具有的单纯性恰成对照，中国神话布满了后世刀砍斧凿的痕迹。中国古代神话由于派系繁杂，分散凌乱，因此在整饰修改的过程中发生了巨大的变化。在这个过程中，伦理精神就如同希腊神话中普洛克儒斯忒斯的那张床，历代史官根据这张"床"来抻长或削短神话的原始含义。于是在秦汉以降的史籍中，诸神失去了原始浪漫的神话学意义，成为一些矫饰苍白的道德偶像。在一袭袭宽松肥大的道德罩袍里面，蜷缩着一个个毫无感性光泽的干瘪神祇，他们说着儒家的语言，按照三纲五常的伦理规范来行事，一言一行俨然是堪称楷模的道德圣贤。他们被抽象为一些枯燥乏味的伦理概念，成为现实社会中人们模仿的"善"之理念；而他们的对立面（即那些曾经与之抗争的原始神祇）则同样被抽象为"恶"的理念。于是感性十足的神话传说就被改造成一部记载"善"与"恶"的斗争的道德哲学史。

　　这种潜藏在历史的表象之后，却始终操纵着历代史官对神话进行历史化改造的伦理精神，构成了中国传统文化的基本精神，它以现世性和实用性为基本特征，以儒家的伦常纲纪为基本规范，始终有效地调整着

---

① 这种二元主义表现为肉体的权利与灵魂的利益、人性的要求与"神性"的祈望、现实主义与理想主义等一系列对立面在一种相对宽容的环境中的彼此共存。

传统中国人的思想方式和行为方式。与注重人和超验的上帝之间关系的宗教精神相反，伦理精神始终着眼于经验世界，着眼于现实社会中人与人之间的血缘道德联系和政治道德联系，它的价值取向不是未来的千年王国，而是当下的太平盛世。作为对不那么令人满意的现实社会的补充，它从"昔日的光荣"中寻找各种道德支撑点。而这种"昔日的光荣"本身就是伦理精神杜撰的杰作，伦理精神编造出一个光荣的往昔，是为了论证现实秩序的合理性。因此，那些流传于民间的散兵游勇般的神灵鬼怪就被带到伦理精神面前接受拣选，挑中的被涂抹上道德的脂粉，戴上冕旒，穿上龙袍，成为上古历史中的明君贤王。挑不中的则有两种命运：或者被冠以恶名，作为上古明君贤王的道德反衬；或者被逐出正史的视域，在民间的酒肆茶坊中自生自灭。

对民间流传的那些神灵鬼怪的历史化"拣选"始终遵循伦理精神的一个基本功能，即道德教化功能。被选中的神灵们不仅进入了历史领域，而且也进入了道德领域。他们不仅被确信为曾经在人间生活过，而且被确信为人们的道德生活的伟大奠基者。因此他们不像那些不食人间烟火的希腊神明一样，是一群终日游手好闲、饮酒作乐、偶尔还到人间滋生是非的超脱之辈，而是兢兢业业为生民消灾造福、制定规范的道德圣贤。他们不是高高在上和逍遥法外的，而是直接参与生活，终日忙碌于制定礼法、治理庶民、平定疆域、疏浚水道等安邦治国之道。神的业绩就是社会的历史，他们的丰功伟绩作为道德遗产流传后世，成为不可动摇和不可超越的圭臬，彪炳千古。

在现存的许多神话史料中，到处可见伦理精神之"刀"留下的疤痕。伦理精神的一些基本规范如"三纲五常""四维八德"等，也在神话的历史化改造过程中逐渐由模糊到清晰、由抽象到具体、由胚胎状态的一般性原则演化为无所不在的行为规范。这是一个漫长的改造过程，它始于春秋时期，至汉代基本定型，到宋代以后才最终完成。

相较而言，希腊神话中的神是不死的，但是在以后的人的历史中他们却销声匿迹了，仅仅作为一种童年的梦幻呼唤着人们的遐思冥想。中国神话中的神都终不免一死，然而他们的阴魂却一直笼罩着以后的社会历史达两千年之久。希腊神话留给后世的是一种美的理想，中国神话留给后世的则是一些道德规范。希腊神话表现了"兄弟联盟"的贵族民主制政体形式，中国神话则反映了"家长专制"的大一统社会模式。希腊神话最终以自我否定的方式转化为奉守信、望、爱三原则、向往彼岸灵魂世界的基督教；中国神话则以自我肯定的方式展示了遵行三纲五常规范、维护现实道德秩序的伦理观。

二　从殷商巫觋精神到儒家伦理精神

在学术界有一种观点，即把中西文化的区别看作伦理文化与宗教文化之间的差异。这种差异滥觞于世界历史的"轴心时代"，自中国秦汉以降和西方基督教产生之后日益明朗化。在"轴心时代"之前，旧大陆各文明地区的初民们在生活样式和文化特征方面具有很大的相似性，在经历了所谓"哲学的突破"或精神变革之后，中国与西方（此外还有印度、西亚等古代文明）之间的文化分野才开始凸现出来。在中国，这种"哲学的突破"导致了殷商的巫觋文化向秦汉以后的儒家伦理文化转变。这一过程产生于殷周之际，基本完成于春秋战国时期，它可以分为两个阶段：第一阶段是商周交替之际发生的政治-宗教改革，这场改革使得殷人带有生殖崇拜和自然崇拜色彩的"帝"转化为周人的与宗法礼仪紧密相关的"天"和"天命"，由此迈出了尊礼崇德、敬鬼神而远之的第一步。第二阶段是孔子及其弟子所进行的文化思想革命，它的实质是把外在性的"天"和"天命"内化为自觉的"仁"，直指个人的道德心性，从而完成了从巫觋精神向伦理精神的转化。这两场变革确立了中国传统伦理文化的基本性状，它们不仅对于中国古代思想史，而且对于整个中国文化都具有划时代的重要意义。

1. "尊神事鬼"的巫觋精神

被发掘出来的大量甲骨文资料可以证明殷商文化是一种崇鬼神、重祭祀的文化。据郭宝钧先生在《中国青铜器时代》一书中的统计，甲骨文中关于宗教方面的字虽然只占总字数的 3.6%，但是由于甲骨文绝大多数都是关于占卜的记载，因此这一类字的使用频率极高。先秦时期的许多文献资料也证实了这一点，如"殷人尊神，率民以事神""国之大事，惟祀与戎""夫祀，国之大节也"等记载，均表明了殷商时代宗教迷信气息之浓郁。殷人的祭祀活动非常频繁，祭祀对象也庞杂广泛，既有天神地示，亦有先祖先妣。《礼记·礼运》曰："祭帝于郊，所以定天位也；祀社于国，所以列地利也；祖庙，所以本仁也；山川，所以傧鬼神也；五祀，所以本事也。"陈梦家先生认为，卜辞所祀可分为三类：1. 天神，包括上帝、日、东母、西母、云、风、雨、雪等；2. 地示，包括社、四方、四戈、四巫、山、川等；3. 人鬼，包括先王、先公、先妣、诸子、诸母、旧臣等。[①]其中尤以祭祖为盛。商人的"祭祀周"以旬为单位，每旬十日均以天干甲乙丙丁为序，分别祭祀先王先妣。"到了殷末，死去的祖先多了，按祀统轮祭一周要十二旬，而在十二旬中，要祭先王三十四次，祭先妣二十二次，一年要轮祭三周，共祭先王先妣一百六十八次，约平均二天就要祭祖先一次。"[②]可见祭祀活动在商代如同欧洲中世纪的祈祷一样，构成了日常生活中必不可少的内容。

殷人所祭之先公先王是与他们有着血缘关系的祖先，这种祭祀活动表现了一种物质性的交换关系，即以牺牲换取先公先王的护佑。人以牛羊、奴隶为牺牲献祭于先祖，以求氏族的兴旺发达。殷人极重祭祀，有时一次所献牺牲可达数百头牛羊或数十名奴隶。卜辞中大量记载了这种赤裸裸的物质交换关系：

芍（辜）十人又五，王受又。玫，王受又。（粹编 593）

甲寅卜，贞三，卜用血，三羊，卅，伐廿。毕卅，牢卅，艮二，肉于妣庚。（前八卷，12，6）

然而殷人认为，最终决定其命运的并非先公先王，而是一种更高的

---

① 陈梦家：《殷墟卜辞综述》，中华书局 1988 年版，第 562 页。
② 朱天顺：《中国古代宗教初探》，上海人民出版社 1982 年版，第 285 页。

神灵——“帝”。“帝”在卜辞中出现得极为频繁，通常都表示一种令风雨、降祸福的至上神，有时也表示殷人的始祖（“帝俊”）和先王（“帝乙”“帝辛”等），此外亦作动词，包含祭祖的意义，与“禘”通。郑玄注《大传》说：“凡大祭曰禘。”《国语·鲁语》引《展禽》说：“商人禘舜而祖契，郊冥而宗汤。”这里所用的“禘”字皆指对祖神的祭祀。徐旭生先生指出：“祭帝的礼也叫帝，将来加示旁作禘，在卜辞中则原属一字。”[①] 陈梦家先生总结道：“卜辞的帝字共有三种用法：一为上帝或帝，是名词；二为禘祭之禘，是动词；三是庙号的区别字，如帝甲、文武帝，名词。”[②]

虽然“帝”字有不同含义，但其作为殷人崇拜的至上神却是无可怀疑的，卜辞中大量记载了殷人对帝的畏惧、依赖和敬仰。帝不仅是殷人的至上神，同时也是衍生万物之根本，它与祖、妣等字一样带有明显的生殖崇拜痕迹。“祖”在甲骨文中作“”，如男性生殖器之形；“妣”在甲骨文中作“”，如女性生殖器之形；“帝”在甲骨文中写作“”，如花蒂之形，象征着植物生生不息之本根。王国维曰：“帝者蒂也。”[③] 郭沫若认为，“”之上部如子房，中部像萼，下部像花蕊之雄雌，对帝的崇祀说明殷人的生殖崇拜已超出了自身而转向农作物：“知帝为蒂之初字，则帝之用为天帝义者，亦生殖崇拜之一例也。帝之兴必在渔猎牧畜已进展于农业种植以后，盖其所崇祀之生殖已由人身或动物性之物而转化为植物。古人固不知有所谓雄雌蕊，然观花落蒂存，蒂熟而为果，果多硕大无朋，人畜多赖之以为生。果复含子，子之一粒复可化而为亿万无穷之子孙。……天下之神奇更无有过于此者矣。此必至神者之所寄，故宇宙之真宰即以帝为尊号也。人王乃天帝之替代，因而帝号遂通摄天人矣。”[④] 上述看法与《易·睽》注“帝者，生物之主，兴益之宗”，《礼记·郊特牲》疏“因其生育之功谓之帝”等记载相印证，足以说明帝已

① 徐旭生：《中国古史的传说时代》，文物出版社1985年版，第199页。
② 陈梦家：《殷墟卜辞综述》，中华书局1988年版，第562页。
③ 王国维：《观堂集林》，中华书局1959年版，第一册，第283页。
④ 《郭沫若全集》考古编第一卷，科学出版社1982年版，第53—54页。

超出了殷人始祖的狭隘含义，成为化育万物之本根。

在殷人心中，帝的地位要远远高于具体的先公先王。帝是在冥冥中操纵一切的终极力量，是大自然的化身。它可以调理风雨，降福致祸（"帝隹癸其雨""帝其降堇"），也可以决定人们的胜败得失（"伐舌方，帝受我又""贞帝若王""贞帝弗若王"），但是它却与人的道德行为毫无关系。殷人的"帝"天马行空且不近人性，《商书·伊训》曰："惟上帝不常，作善降之百祥，作不善降之百殃。"人与帝的联系是间接的，要通过先公先王的中介。先公先王死后宾于帝，成为帝臣（"王宾帝史""下乙宾于帝"）。人与帝相通，不是靠德行，而是靠祭祀和占卜活动。人以牛羊、战俘奴隶为牺牲献祭于先公先王，并通过后者与帝沟通。因此人与帝之间仍然是一种物质性的交换关系，不带有丝毫的伦理色彩。陈梦家先生认为帝是自然力量的化身，"殷人的上帝虽也保佑战争，而其主要的实质是农业生产的神。先公先王可以上宾于天，上帝对于时王可以降祸福、示诺否，但上帝与人王并无血统关系。人王通过了先公先王或其他诸神而向上帝求雨祈年，或祷告战役的胜利。……殷人的上帝是自然的主宰，尚未赋以人格化的属性"①。郭沫若先生则认为："由卜辞看来可知殷人的至上神是有意志的一种人格神，上帝能够命令，上帝有好恶，一切天时上的风雨晦暝，人事上的吉凶祸福，如年岁的丰啬，战争的胜败，城邑的建筑，官吏的黜陟，都是由天所主宰……但这殷人的神同时又是殷民族的宗祖神，便是至上神是殷民族自己的祖先。"②陈、郭二先生虽然在关于帝是否具有人格和是否为殷人祖先等问题上存在着分歧，但是有两点却是一致的：1. 至上神具有自然崇拜的特点；2. 至上神与人之间并无道德联系。

如同一切处于文明萌发阶段的社会一样，殷商文化也具有泛神论和自然崇拜的特点，这种特点造成了殷人尚鬼的文化特征。由于天地山川和先祖先妣都被赋予了灵化色彩，因此殷人无时无刻不处于一种疑神疑鬼、提心吊胆的氛围中。"殷人诚惶诚恐地奉祀祖先，是因为他们确信

① 陈梦家：《殷墟卜辞综述》，中华书局1988年版，第580页。
② 《郭沫若全集》历史编第一卷，人民出版社1982年版，第324页。

在冥冥上界，祖先的亡灵时时刻刻都在监视着人间的事务，随时随地准备予以训诫和惩罚。殷人尚鬼，成为一大特殊的文化现象。日常起居，诸多禁忌，神经紧张，疑神疑鬼，几乎到了无处不祟，动辄得咎的程度。"①人与先祖先妣和帝的沟通，主要通过祭祀和占卜进行。殷人事无巨细，均须通过占卜而定，这样就突出了专事祭祀占卜活动的巫觋集团的社会地位。巫觋集团是殷商时代唯一拥有知识的社会阶层，他们把每次祭祀占卜活动的人物、时间、内容及其效验都记载于龟甲兽骨之上，从而就构成了对殷商社会生活的历史记录。另一方面，由于祭祀和占卜活动通常是在一种与神相通的迷狂状态中进行的，而酒则是使人进入迷狂状态的最直接途径（酒本身也是殷民族由畜牧走向农耕的产物），因此殷人有嗜酒的风习。《尚书》的"微子"和"酒诰"等篇中记载了殷人"沈酗于酒""荒腆于酒"的社会风气，并将殷商失国归咎于此："诞惟民怨，庶群自酒，腥闻于上。故天降丧于殷。"②这种嗜酒风习与宗教迷狂之间有着内在的联系，它与后来周人"尊礼尚施"的文化品性和儒家文化审慎的伦理精神是格格不入的。"酒与殷人的宗教结下不解之缘，'群饮'、'崇饮'已成为当时条件下的宗教政治性聚会。"③在古希腊的酒神祭中，我们也可以看到同样的宗教迷狂，罗素认为那是一种"又美丽而又野蛮"的宗教仪式，它所体现的精神"酣醉"部分是由于酒力，但更多是由一种神秘性的力量所致。弗雷泽谈到对酒神狄奥尼索斯的崇拜时指出："对他的狂热的崇奉，通过纵情的舞蹈，激动的音乐和极度的醉酒而表现出来……这种宗教对于热爱神秘并自然地倾向于复返原始状态的大多数人都很有吸引力，因此它就像野火似的很快传播于整个希腊。"④由此可见，在"轴心时代"之前的殷商文化中，中国人也曾经体验过"西方式"的宗教迷狂。只是到了周代以后，随着宗法制度和"尊礼敬德"思想的出现，那种狂热的宗教精神才让位于刻板的礼仪规范和审慎

① 冯天瑜等著：《中华文化史》上卷，上海人民出版社1990年版，第325页。
② 《尚书·酒诰》。
③ 谢选骏：《神话与民族精神》，山东文艺出版社1986年版，第362—363页。
④ 弗雷泽著，徐育新等译：《金枝》上卷，中国民间文艺出版社1987年版，第561页。

的伦理精神。

2. "尊礼敬德"的伦理精神

周人接替殷人的统治，并非只是一次政治权力的易手，而且也伴随着一场意义深远的宗教改革运动。这场运动的实质就是对殷人的鬼神崇拜进行人文化和宗法化的改造，它的结果就是用道德感应的"天"代替自然崇拜的"帝"，用尊礼敬德代替祭祀占卜，用伦理精神代替巫觋精神。

按照徐中舒先生的说法，"周人本是白狄之一支，并不是农业民族。周人初居邠，后来公亶父迁于岐山下的周原，才称为周"①。迁居周原后，周人开始承袭殷商文化，并于王季和文王两代迅速发展起来，及至武王，前后仅数十年间即灭掉殷商。取代殷祀后，周朝的统治者们开始用一种现实主义的态度重新审视殷人的文化思想。他们看到曾经"何天之休""如火烈烈"的殷商转瞬即招致"大丧"，深感"天命靡常"。由于"殷鉴不远"，周初的统治者曾一再告诫自己和后人，"宜鉴于殷、骏命不易。命之不易、无遏尔躬"②。针对殷人"尊神事鬼"的巫觋精神，周人树立了"尊礼敬德"的伦理精神，把注意力集中在现实的宗法等级关系上，而对彼界的鬼神采取敬而远之的态度。

伦理化的"天"代替自然性的"帝"，是殷周之际宗教改革的核心。郭沫若先生在进行了大量的考证以后认为，卜辞中称至上神为帝或上帝，但是决不曾称之为天。"天"字在甲骨文中作呆，表示人的头顶，引申义为高、上，并无至上神的含义。把"天"与至上神联系起来，那是周人的创造。③在《周书》的一些篇章中，可以看到"帝"与"天"并存的现象，这恰恰表明了殷周之际宗教观念的融合和转化。然而周人与殷人宗教观念的差别并不在于"帝"与"天"作为至上神在字面上的不同，而在于二者内涵上的根本区别。在周人心目中，"天"已经不是一个令风

---

① 徐中舒：《先秦史论稿》，巴蜀书社 1992 年版，第 115 页。

② 《诗经·大雅·文王》。

③ 参见《郭沫若全集》历史编第 1 卷，人民出版社 1982 年版，第 321 页。

雨、降祸福的自然之神，更非与自己有血缘关系的祖神，而是"监下民，厥典义"，无亲无常的抽象主宰。确切地说，天是一种道德性的监护者，是对人行的儆戒力量。实际上，早在周公那里就已经表现出一种借天敬德的无神论思想和以天道摄民、以德政操持的实用理性精神。周人的"天"只是一个威慑性的外壳，"尊礼敬德"才是真正的实质。人与"天"之间的沟通，也不再靠供献牺牲的祭祀和占卜，而是靠人在现实生活中的道德实践。《礼记·表记》所说的"周人尊礼尚施，事鬼敬神而远之"，对于周人疑鬼敬德的文化精神，可谓一语道破。

敬德思想是周人对中国文化的一大贡献。"'德'的出现是中国文化史上里程碑式的事件。它对于中华民族文化心理的建构，文化形象的塑造，都起到基础和骨架的作用，它的主要发明人周公，也因此而成为后世志士仁人心中的偶像。"① 敬德思想是否由周公发明尚可存疑，但是在《周书》的许多文章里，敬德思想却确实构成了一个主旋律。例如《君奭》中的"天不可信，我道惟宁王德延"，《召诰》中的"王敬作所，不可不敬德……肆惟王其疾敬德？王其德之用，祈天永命"等，都表现了"天命靡常""惟德是辅"的思想。徐复观先生认为敬德思想是中国古代人文精神产生的动力，它体现了一种与殷人的宗教虔敬截然不同的"忧患意识"，这种忧患意识"乃人类精神开始直接对事物发生责任感的表现，也即是精神上开始有了人地自觉的表现"。周人的敬德思想"是直承忧患意识的警惕性而来的精神敛抑、集中，及对事的谨慎、认真的心理状态。这是人在时时反省自己的行为，规整自己的行为的心理状态。周初所强调的敬的观念，与宗教的虔敬，近似而实不同。宗教的虔诚，是人把自己的主体性消解掉，将自己投掷于神的面前而彻底皈归于神的心理状态。周初所强调的敬，是人的精神，由散漫而集中，并消解自己的官能欲望于自己所负的责任之前，凸显出自己主体的积极性与理性作用"②。

据罗振玉先生的《殷墟书契后编》所载，"德"字在卜辞中作𢛳，意

---

① 冯天瑜等著：《中华文化史》上卷，上海人民出版社 1990 年版，第 329 页。
② 徐复观：《中国人性论史·先秦篇》，台湾商务印书馆 1984 年版，第 21—22 页。

思是人站在路口往前看，视线很直，与"直"通。①到了周人那里，这个字被赋予了全新的内容，具有了伦理意义，并且与"天"的观念相呼应（"以德配天"），成为人王能否承受天命的关键。商汤"明德恤祀"，所以得到天命垂青，取代夏祀；纣王"诞淫厥泆"，故而"昊天大降丧于殷"，乃至失国。而周文王"明德慎罚……闻于上帝，帝休。天乃大命文王，殪戎殷"。《周书》几乎篇篇不离德，充满了劝人"明德""崇德"的说教和"以德配天"的实用理性精神：

> 丕显文武，皇天弘厌厥德，配我有周，膺受大命。（《毛公鼎》）
> 皇天无亲，惟德是辅。民心无常，惟惠之怀。（《蔡仲之命》）
> 惟不敬厥德，乃早坠厥命……王其德之用，祈天永年。（《召诰》）
> 天不可信，我道惟宁王德延，天不庸释于文王受命。（《君奭》）

殷人的"帝"是直观性的，它既是大自然的化身，也是殷人的始祖（帝俊、帝喾、帝舜、帝高祖等）和保护神。它通过帝廷臣正即殷人的先公先王接受殷人的牺牲祭品，但却不理会殷人的道德品行。而周人的"天"却是抽象的，它无形无定，却又威严无比，且与世人无血缘关系。它不再是某一氏族的祖神，而是对祖神的根本否定；它也不再是大自然的化身，而是一种与人的德行休戚相关的社会主宰。它是一种形而上的、威慑性的道德监督，无亲无私，公正不偏，无论对于殷人还是周人都一视同仁。陈梦家先生曾对殷、周的帝、天观念进行了如下比较：

> 殷　上帝；帝令；宾帝；在帝左右；敬天；王与帝非父子关系
> 周　帝，天；天令；配天；其严在上；畏天；王为天子

陈梦家先生认为："其中最主要的分别，在周有天的观念而以王为天

---

① 参见孙叔平：《中国哲学家论点汇编》第一册，上海人民出版社1986年版，第29页。

子。"①我认为"帝""天"之分只是形式上的区别，殷周宗教思想的实质性差异在于"尊神事鬼"与"尊礼敬德"的文化精神分野。"天"作为一种形而上的威慑力量只不过是周公等周初统治者所虚设的，它看上去神秘莫测，其实却并不像殷人的"帝"那样独立于人的德行而存在，它的实体是具有实践意义的"德"。表面上看，是"天"授命于王，降德于人，"天"制约人；实际上，"天命"却依人德而转移，人通过调整自己的德行来左右天命——敬德保民是配天受命的充分必要条件。这种以人德为基础的天命观蕴含着一种无神论的伦理精神，在"天命"这张吓唬人的虎皮后面，掩饰着以"人德"为基本内容的现实伦理规范和教化功能。"配天""畏天"说到底是要人"明德""崇德"；人王之为天子也并非因为血缘关系，而是由于德行方面的原因。

在周人那里，"德"与"行"相通，只是指一些具体的、外在的行为（这些行为通常是以文王、周公等人作为楷模的），尚未直指人内在的道德良心，亦未形成具体的德目体系。"德"的具体内容就是对宗法礼仪的遵守，如果说膺受"天命"的关键在于"敬德"，那么"敬德"的实质则在于"尊礼"。因此，"礼"（周代盛行的宗法之礼）就成为周文化的最核心和最重要的概念。

"礼"字在卜辞中作"豊"，原义为盛有两串珠子的奉神的器物。王国维先生解释道："盛玉以奉神人之器谓之曲，若豊，推之而奉神人之酒醴亦谓之醴，又推之而奉神人之事通谓之禮。"②杜国庠先生指出："'礼'这个名词，最初就是用来称呼祭神的仪式，后来才普遍地用于一般的仪式。《说文》中还保存着这一古训。《说文·示部》云：'礼：履也。所以事神致福也。'"③可见"礼"在殷人那里专指祭神之仪式，"最古之礼，专重祭祀"④。到了周代，从"礼"中才引申出诸多含义，由祭神之礼演化而为宗法之礼、人伦之礼。郭沫若总结道："大概礼之起，起于祀神，

① 陈梦家：《殷墟卜辞综述》，中华书局1988年版，第581页。
② 王国维：《观堂集林》，中华书局1959年版，第一册，第291页。
③ 《杜国庠文集》，人民出版社1962年版，第273页。
④ 柳诒徵：《国史要义》，中华书局1948年版，第6页。

故其字后来从爪，其后扩展而为对人，更其后扩展而为吉、凶、军、宾、嘉的各种仪制。"①

在周人那里，礼成为德的客观规范，"礼是由德的客观方面的节文所蜕化下来的，古代有德者的一切正当行为的方式汇集了下来便成为后代的礼"②。礼的内容由祭神转为敬德，由祭祀鬼神的仪式演变为规范人行的宗法制度和等级规则。据《左传·昭公七年》所载，西周时期"人有十等"，即"王臣公，公臣大夫，大夫臣士，士臣皂，皂臣舆，舆臣隶，隶臣僚，僚臣仆，仆臣台"。人的等级地位不同，其行为规范、礼仪标准也互不相同。遵守这些规范标准，就是尊礼敬德；逾越这些规范标准，就是罔德非礼。《礼记》中记载了从天子到庶人（士以下）在各方面应遵守的种种礼仪规定：

> 天子之堂九尺，诸侯七尺，大夫五尺，士三尺。（《礼器》）
>
> 天子死曰崩，诸侯曰薨，大夫曰卒，士曰不禄，庶人曰死。（《曲礼下》）
>
> 天子之妃曰后，诸侯曰夫人，大夫曰孺人，士曰妇人，庶人曰妻。（《曲礼下》）
>
> 天子七庙，三昭三穆，与大祖之庙而七。诸侯五庙，二昭二穆，与大祖之庙而五。大夫三庙，一昭一穆，与大祖之庙而三。士一庙。庶人祭于寝。（《王制》）

凡此种种，不胜枚举。《左传》中记载，庄公十八年，虢公和晋侯朝见周天子，天子各赐二人白玉五双，好马三匹，竟成为非礼之举。因为公、侯名位不同，所受赏赐也应不同。③概而言之，周人的"德"和"礼"始终表现为外在性和强制性的礼仪规范，尚未成为一种内在的道德

---

① 郭沫若：《十批判书》，人民出版社 1954 年版，第 82—83 页。

② 《郭沫若全集》历史编第一卷，人民出版社 1982 年版，第 336 页。

③ 《左传·庄公十八年》："十八年，春，虢公，晋侯，朝王，王飨醴，命之宥，皆赐玉五毅，马三匹，非礼也，王命诸侯，名位不同，礼亦异数，不以礼假人。"

要求。它规定了尊卑贵贱的等级秩序，但是却没有把这种外在的秩序与人心内在的"道德律令"联系起来，而只是用"天威""天罚"作为推行德行和礼仪的后盾。人们尊礼敬德，不是发自内心的道德自觉，而是迫于外在的天命威慑。因此周人的"德"和"礼"是被动的和消极的，伦理精神尚处于不自觉的萌芽状态。

3. 伦理精神的自觉与内化

随着周王朝的衰落，外在性的苛刻的周礼开始崩溃。春秋时期出现的百家争鸣和思想解放的局面，开创了一种自由宽松的社会风气，各种新思想在对刻板僵化的周礼进行改造的过程中应运而生。当时的诸子百家都以各自的方式参与了这场文化重建活动，纷纷提出自己的思想纲领："老聃贵柔，孔子贵仁，墨翟贵廉，关尹贵清，子列子贵虚，陈骈贵齐，阳生贵己，孙膑贵势，王廖贵先，儿良贵后。"① 所崇虽异，但却都是对陈腐的周礼的突破。在百家的思想中，对后世中国文化影响最大者当推孔子。由孔子及其弟子所创立的具有浓郁人文主义色彩和实用理性精神的儒家思想，成为两千多年来中国传统文化的主体精神；孔子本人也因此成为中国文化史上无人能出其右的圣贤师表。

孔子生活在"居乱之世"，面对着"礼崩乐坏"的现实秩序，孔子像人类历史上的一切文化圣贤（释迦牟尼、苏格拉底等）一样，深切地感受到一种义不容辞的责任，即在分崩离析的旧文化废墟上重构新的时代精神。为此孔子不惜四处游说诸侯，劝当时的权势者们"克己复礼"，重建理想的礼乐制度。"礼"是孔子憧憬的最高目标，孔子所执着的"礼"是带有人文主义色彩的人伦之礼，而非具有宗教迷狂气息的祭祀之礼。孔子对殷、周的文化思想进行了比较："殷人尊神，率民以事神。先鬼而后礼，先罚而后赏，尊而不亲。其民之敝，荡而不静，胜而不耻。周人尊礼尚施，事鬼敬神而远之。近人而忠焉，其赏罚用爵列，亲而不尊。其民之敝，利而巧，文而不惭，贼而蔽。"② 周人虽然也有一些弱点，

① 《吕氏春秋·不二》。

② 《礼记·表记》。

但是其文化特点总体来说却是"尊礼尚施",因此孔子做出了自己的文化抉择:"周监于二代,郁郁乎文哉! 吾从周。"①

孔子虽然在文化思想上做出了"从周"的抉择,但他并非一个一味沉溺于"三代盛世"的恋旧情结中的顽固守旧派,而是一个具有进化思想的革新者。他虽然以周礼相标榜,但是却把"仁"的概念引入"礼"中,用发自内在道德人心的"仁"对拘泥于外在刻板形式的周礼进行了伦理化改造,从而把"礼"从强制性的外在仪制变成了内在心性的自觉要求,变成了建立于亲情心理之上的普遍人性意识。

在周人那里,"礼"已经具有了"亲亲"的伦理萌芽,《周书·康诰》中就有关于孝慈悌友的思想。《礼记·丧服四制》在记述周人的丧礼时,除了指出礼出于天,也把礼与人情联系在一起:"凡礼之大体,体天地,法四时,则阴阳,顺人情,故谓之礼。"在《左传》中,天道已经由人伦来诠释,父子长幼之亲成为"天明",君臣上下之尊成为"地义",礼则成为"天经""地义""民行"的共同规范,成为尊尊亲亲的结果。《左传·昭公二十六年》曰:"君令臣共,父慈子孝,兄爱弟敬,夫和妻柔,姑慈妇听,礼也。"在礼发生内化转变的过程中,礼与仪也日益分开。外在的形式只是仪,内在的道德才是礼。礼需要仪的形式,但是礼并不等同于形式。《左传·昭公二十五年》中有一段关于礼与仪的体用关系的谈话:"子大叔见赵简子,简子问揖让周旋之礼焉,对曰,是仪也,非礼也,简子曰,敢问何谓礼,对曰……夫礼,天之经也,地之义也,民之行也。"礼为仪之体,仪为礼之用。二者的区别使礼成为一种超越外在形式的道德本体,并具体化为忠、信、仁、义、孝、懿、友、悌等一系列内在的道德范畴。②这种不同于周礼的内在化的"礼"的核心和基础就是"仁"。可以说,如果没有孔子及其弟子把"仁"的概念引入"礼"中,"礼"就会与周王朝的宗法制度一起被历史所摈弃。

"仁"字始见于《尚书·周书·金滕》的"予仁若考能,多材多艺,能事鬼神"。在《诗经·郑风·叔于田》中也有"不如叔也、洵美

---

① 《论语·八佾》。

② 《国语·周语》:"且礼所以观忠、信、仁、义也。"

且仁"之句。在此，"仁"字均作"柔顺""仁厚"解。在孔、孟的言论中，"仁"是出现得最频繁的字眼，究其含义，通常解为"爱人"，其根据是《论语·颜渊》中的"樊迟问仁，子曰：'爱人。'"作为"礼"之具体化的种种道德范畴，无一不是以"爱人"为基础。孟子把"仁"看作人的一种亲情本性，"仁之实，事亲是也"，"孩提之童，无不知爱其亲者也……亲亲，仁也"①。由这种建立于亲情心理上的爱人之心扩展为"泛爱众"，即所谓"老吾老以及人之老，幼吾幼以及人之幼"。通过由己及人、由亲及疏的外推，建立起一个以"仁"为核心的泛爱辐射网。从父子之间的血缘伦理关系（核心为"孝"）中引申出君臣间的政治伦理关系（核心为"忠"）以及夫妻间的姻亲伦理关系（核心为"贞"），最终形成完备的封建伦常网络。除了"爱人"这一基本含义之外，"仁"在孔子那里也指人的一种"自觉的精神状态"，它包括两个方面："一方面是对自己人格的建立及知识的追求，发出无限的要求。另一方面，是对他人毫无条件地感到有应尽的无限的责任。……仁的自觉的精神状态，即是要求成己而同时即是成物的精神状态。"②由此就引出了"内圣外王""天人合一"的人生理想，成为自觉的伦理精神的逻辑起点。

在孔子那里，"仁"与"礼"密切相关。《论语·颜渊》曰："颜渊问仁，子曰：'克己复礼为仁。一日克己复礼，天下归仁焉。为仁由己，而由人乎哉？'颜渊曰：'请问其目。'子曰：'非礼勿视，非礼勿听，非礼勿言，非礼勿动。'"看起来"复礼"是前提，"归仁"是结果，实际上"仁"是"礼"的基础，"人而不仁，如礼何？"③"克己"本身就是"仁"的表现，而"为仁由己"，则更是转向人的心性本体，将成己成物的功夫全融于一念之中。故而孔子说："仁远乎哉？我欲仁，斯仁至矣。"④天下皆蕴涵于仁德中，而仁德则取诸自身。仁德已先验地具备于心性之中，

① 《孟子·尽心上》。
② 徐复观：《中国人性论史·先秦篇》，台湾商务印书馆1984年版，第91页。
③ 《论语·八佾》。
④ 《论语·述而》。

人只需向生命之内去开辟，无须求诸外在条件，即可克己复礼，使天下归仁。有仁在心，才能做到"非礼勿视"等。可见礼不过是仁之外现，仁则为礼之内涵。

到了子思、孟子那里，更是进一步把仁德与心性联系起来。子思把"天道"和"人道"均集于"诚"，而"诚"为"圣人之性"。"诚"与"道"皆发自本心，人只需修身养性，恪守"至诚"，即可成己成物，尽仁尽义，上通天命，下兴礼乐，达到"性命合一"的至高境界。《中庸》曰："唯天下至诚，为能经纶天下之大经，立天下之大本，知天地之化育，夫焉有所倚？"孟子干脆把"礼"与"仁""义""智"一起归诸人心所固有，"恻隐之心，人皆有之；羞恶之心，人皆有之；恭敬之心，人皆有之；是非之心，人皆有之。恻隐之心，仁也；羞恶之心，义也；恭敬之心，礼也；是非之心，智也。仁义礼智，非由外铄我也，我固有之也"①。一切道德规范均发自内心，为仁由己，以仁为基础，自然就能做到尊礼敬德，从而配享天命。

用"仁"对"礼"进行内在化改造，使礼由外铄于人而变为人心固有，这是中国文化史上的重大变革。周礼原本是一套依托于"天命"威慑的外在规范，由于孔子把"仁"确立为"礼"的核心，使"礼"发生了内化转变，成为一种发自人的亲情心理和道德本性的自觉要求，从此以后，人们才真正地把目光由彼岸世界的鬼神转向现实社会的人伦。注重人道而远离神道是中国古代文化的基本特点，也是"仁"的基本要求。胡适先生指出："'仁者人也'，只是说仁是理想的人道，做一个人须要能尽人道。能尽人道，即是仁……成人即是尽人道，即是'完成人格'，即是仁。"②

在传统中国人看来，人生在世最要紧的是"知命""知生""事人"，而无须胡思乱想身后之事。所谓"天道远，人道迩""未知生，焉知死""未能事人，焉能事鬼""六合之外，圣人存而不论"等，都是叫人安身立命于现实社会，专注于人伦规范，对自然现象不予深究，对"怪

---

① 《孟子·告子上》。

② 胡适：《中国哲学史大纲》，上海古籍出版社1997年版，第81—82页。

力乱神"置之不语。"存而不论"或"不语"并非予以否定，而是一种聪明的、实用主义的不可知论，"六合之外"的东西均依其是否有利于现实伦理教化而取舍，此即所谓"神道设教"。在孔子及其后世儒学弟子那里，实用主义的宗教观背后都掩饰着无神论的思想。《论语·八佾》曰："祭如在，祭神如神在。"《论语·雍也》曰："务民之义，敬鬼神而远之。"孔子有一次生病，子路请祷神，孔子回答说他祷神已久，言中之意是祈求神灵于病无补。①《说苑》卷十八记载了孔子对死后是否有知的实用主义态度："子贡问孔子：'死人有知无知也？'孔子曰：'吾欲言死者有知也，恐孝子顺孙妨生以送死也；欲言无知，恐不孝子孙弃不葬也。赐欲知死人有知将无知也？死后自知之，犹未晚也！'"可见在孔子看来，有鬼与无鬼在两可之间，孝道却不可移易。汉代思想家王充对孔子的这种实用主义不可知论所掩饰的无神论思想一语道破："孔子非不明死生之实，其意不分别者，亦陆贾之语指也。夫言死无知，则臣子倍其君父。故曰：'丧祭礼废，则臣子恩泊；臣子恩泊，则倍死亡先；倍死亡先，则不孝狱多。'。圣人惧开不孝之源，故不明死无知之实。"②正是这种"神道设教"的思想和实用理性促进了伦理精神的发展，造就了中国传统文化重此生轻来世、重伦理轻宗教的基本倾向。

　　至此，外在的神秘性的鬼神观完全转化为内的伦理化的天命观。殷人的原始宗教性的"帝"在周人那里被赋予了"德"的内容，变成抽象的和威慑性的"天"。对于周人来说，"天"的形象如同一个手执"天罚"皮鞭的德行监护者，人不是以内在心性与"天"相映照、相感应，而是通过遵守外在强加的种种礼仪来承受"天命"。"德"和"礼"在周人那里都还只是一些外在性的东西，并非发自人心的内在要求和自觉意识，它们是借着天罚的威慑而维系着的。"德"体现于"礼"中，"礼"则与"仪"密不可分，仅仅是一套协调人际宗法关系的伦理形式，而非内在的道德律令。这种外在性的"德"和"礼"到了春秋时代经孔子等

①　《论语·述而》："子疾病，子路请祷。子曰：'有诸？'子路曰：'有之。《诔》曰：祷尔于上下神祇。'子曰：'丘之祷久矣。'"
②　《论衡·薄葬篇》。

人的改造而内化为人的自觉意识，它附着于"仁"之上，而"仁"则是人的天赋的道德秉性，是与生俱来的良知律令，无须任何外在性的监督和强制。"仁"基于人的亲情爱人之心，具体化为孝悌忠义等德目体系和礼之规范，它虽源于内在之人性，却与外在之天命相契相通。因此先验性的道德"心性"与超验性的"天命"就在经验性的道德活动中实现了"性命合一""天人合一"的和谐，开创了儒家"成己成物""内圣外王"之人生理想的坦荡大道。

直观性和自然性的"帝"抽象为超验性和威慑性的"天"，而后又内化为先验性和自觉性的"仁"，这两个转化过程就是中国古代文化在"轴心时代"所经历的"哲学的突破"。它导致了重人伦、轻鬼神的伦理精神的兴盛，这种伦理精神构成了中国传统文化的基本性格和主体精神。到了汉代，董仲舒等汉儒对先秦儒家所开创的伦理精神进行了系统化的理论论证，在"天人感应""阳尊阴卑"等思想的基础上建立起"五行相胜"的宇宙观和"三纲五常"的道德观。针对先秦诸子百家争鸣、未定一尊的思想混乱局面，董仲舒在给汉武帝的《举贤良对策》中倡导罢黜百家、独尊儒术的大一统思想："春秋大一统者，天地之常经，古今之通谊也。今师异道，人异论，百家殊方，指意不同，是以上亡以持一统；法制数变，下不知所守。臣愚以为诸不在六艺之科孔子之术者，皆绝其道，勿使并进。邪辟之说灭息，然后统纪可一而法度可明，民知所从矣。"[1]从而促使汉武帝确立起儒家伦理思想一统天下的独尊地位。稍后，谶纬之说兴起，并与今文经学相结合，通过《白虎通义》一书将"六经"（《诗》《书》《礼》《乐》《易》《春秋》）神学化和系统化，使儒家伦理思想成为一套完备的理论体系和实践纲领。《白虎通义》也因此而成为中国传统社会权威的"圣谕广训"。

两千多年来，这种发端于"轴心时代"的儒家伦理精神深深地渗透于中国文化的各个领域，如哲学、宗教、法律观念、科学思想和政治经济理论中，并在人们的日常生活和行为方式中随处可见。普遍弥漫的伦

---

[1] 《汉书·董仲舒传》。

理精神具体表现为"重实际而黜玄想"的务实倾向、浓郁强烈的家国观念和"忠孝"意识、充满人文色彩的现实主义生活态度、对异质文化的强大同化功能和拒斥功能、环境认同的坚韧精神和生生不息的顽强意志、因循守旧的保守主义和惯性巨大的复古心理等。这种伦理精神所具备的现世性和实用性特点，使得传统中国人把脊背朝向大自然和虚无缥缈的彼岸世界，专注于个人的道德修为，这种倾向一方面导致了传统中国人科学意识和宗教意识的淡漠，另一方面则造就了具有浓郁人文色彩的封建世俗文化。

三　"两希"传统与基督教

基督教之于西方文化的重要意义，完全可以与儒家伦理之于中国文化的重要意义相提并论。一千年的中世纪文化姑且不论，即使是在科学技术高度发展的今天，基督教信仰仍然是西方人最主要的精神支柱和最根深蒂固的意识形态。从起源上看，基督教既与希伯来文化的犹太教有着直接的渊源关系，也与希腊多神教和希腊唯心主义哲学有着内在的精神联系，可以说，希伯来文化和希腊文化分别构成了基督教的"母本"和"父本"。基督教作为一种高级宗教虽然产生于公元之初，但是作为它的根基和灵魂的彼岸意识与唯灵主义，却早在"轴心时代"的开端即已发萌于希腊民间流行的奥尔弗斯神秘祭，并在希腊唯心主义哲学的土壤中滋生壮大。尽管基督教的圣教历史、律法规范大多来自犹太教，但是它的基本精神和神学思想却发轫于希腊神秘主义。从宗教形式方面来看，基督教脱胎于犹太教；然而从宗教内容方面来看，基督教与犹太教有着本质性的差别。首先，基督教已经具备了真正的彼岸意识和唯灵主义精神，它克服了犹太教的此岸性和直观性，成为一种关于彼岸世界的福音。其次，基督教以内在的信仰代替了犹太教外在的律法和祭祀，以灵魂得救和精神自由代替了犹太教的肉体得救和"末世论"思想，并发展了一种动机论的道德观。正是由于这些本质性的精神差异以及其他一些历史方面的原因，基督教逐渐与犹太教分道扬镳，后来竟然发展成一个敌视犹太教的宗教。基督教的本质精神说到底就是灵魂对现实世界的超越，就是空灵幽邃的唯灵主义。这种发源于希腊神秘主义宗教（奥尔弗斯教）和唯心主义哲学的唯灵主义，成为基督教借以挣脱犹太教母体的重要思想基础。

1. 奥林匹斯神话与奥尔弗斯精神

以奥林匹斯神话和英雄传说为主要内容的希腊多神教是从迈锡尼时期开始流行于希腊大地和爱琴海世界的宗教，这是一种产生于"轴心时代"以前的自然宗教，它的基本格调是自然崇拜（包括对外在自然物和对人的自然形体的崇拜）。在荷马史诗和希腊艺术中，我们可以看到这种自然崇拜的多神教更多地具有一种美学意义上的感性魅力，而不是像基督教那样充满了令人肃然起敬的道德威慑力量。以宙斯为首的奥林匹斯诸神对于希腊人来说并不是超验的或形而上的"灵"，而是与希腊人的生活休戚相关的、有血有肉的感性生灵。他们与其说是神，不如说是更健壮、更美丽的理想化超人。神与人同形同性，不同之处仅在于神永远不死，而且比人更有力量。在希罗多德的《历史》中，这些神被看作希腊人不死的祖先。希腊人坚信，神的历史和人的历史是连结在一起的，他们通过把自己的家族渊源与传说中的英雄（神与人结合而生的后代）相联系，从而与诸神接上了血缘关系。埃斯库罗斯等城邦时期的剧作家都认为，希腊人就生息在荷马和赫西俄德所描绘的诸神世界中。

自然性和直观性（或感性化）是希腊多神教的主要特点。希腊诸神大多是某种自然力量的化身，如宙斯是雷电之神、波赛冬是海洋之神、阿波罗是太阳神，等等。在希腊诸神身上虽然表现出理想的倾向，但是这种理想始终停留在物、停留在自然形态中——神尚未摆脱形体，而只是更美、更完善和更理想的形体。从这种意义上说，希腊诸神并没有获得纯粹的"神性"，他们只不过是比人更强大的自然，或者象征着某种社会现象（商业、战争、智慧、美、婚姻等），而不是抽象的"精神"。黑格尔指出："希腊人的神祇还不是绝对的、自由的'精神'，而是在一种特殊方式里的'精神'，还是一种依赖外在的各种限制的个性。"①这种自然性的特点使得希腊多神教缺乏一种抽象力量，人与神的交往是借助于自然和社会的中介来进行的。希腊多神教以分散的城邦制度为依托，奥林匹斯神族在很大程度上是各城邦、各地区所信奉的神灵的集合。因此随着希腊城邦制的衰落和马其顿帝国、罗马帝国的相继崛起，多神教就日益失去了存在的根基。

其次，从直观性的方面来说，希腊诸神始终未能超越有形的此岸世界，他们的存在不是对现实生活的否定，而是以一种理想的方式对现实生活的赞美。神灵的优势不在于他的精神崇高，而在于他的感性魅力；不在于他的神性特点，而在于他的人性特点。神在道德上没有什么值得称道的，他们和人一样有情欲、有弱点。宙斯常常会像帕里斯王子一样陷入情网，赫拉的嫉妒和偏狭往往令街头悍妇自愧弗如，阿佛洛狄忒的风流轻佻时时撩拨着希腊人冲动的心弦。神与人的差别就如同贵族与平民的差别（奥林匹斯多神教本身就代表着希腊社会中的贵族精神），神的生活对于人来说不过是此岸世界中的另一种更好的生活。希腊多神教因其直观性或感性化特点而成为美的故园和艺术创作永不枯竭的源泉，它体现着一种美之理想。

但是在有形的、自然的诸神背后，却始终潜藏着一种无形的、抽象的神秘力量，这种神秘力量一旦发动起来，连众神之王宙斯也对之无可奈何。这种不可抗拒的力量就是命运。无论是在荷马史诗中，还是在希腊悲剧中，我们都可以看到命运作为一种高于一切神灵和英雄意志的绝对必然性所表现出来的可怕威力。神和人都毫无例外地受到命运的支配，乌拉诺斯、克罗洛斯、宙斯等神界统治者如同阿伽门农、俄狄浦斯等凡人一样不能主宰自己的命运。在希腊，自由尚未被确立为一种至高无上的"神性"，相反，我们只看到一种不可知的、严格的决定论在起作用。罗素认为，在荷马诗歌中所能发现的真正与宗教感情有关的东西，就是这种连宙斯也要服从的"命运""必然"和"定数"等"冥冥的存在"。

---

① 黑格尔著，王造时译：《历史哲学》，生活·读书·新知三联书店1956年版，第288页。

这种神秘的力量后来成为否定希腊多神教的"特洛伊木马"。

希腊多神教的上述特点同时也是它的弱点，因为宗教的真正本质就在于对现实生活的否定和超越，而不是对现实生活的讴歌和赞美。如果说希腊多神教表现了感性之美与和谐，那么后来以否定姿态出现的基督教则表现出灵魂的痉挛与痛苦，这种痉挛与痛苦唯有灵魂彻底抛弃了感性的现世生活才能得到解脱。从希腊多神教向基督教的转化是一个漫长而艰难的历史过程——最初是那些遭到正统的奥林匹斯教贬抑的希腊民间神秘信仰怯生生的反抗，然后是那些带有形而上学色彩的唯心主义哲学思想的挑战，最后才是基督教具有强烈复仇情绪的毁灭性清剿。

希腊城邦制时期，在民间流传着一种与正统的奥林匹斯神话相对立的神秘祭，即奥尔弗斯教。这种神秘而又粗野的宗教是否与多利亚人的入侵有关，现在已经无法考证。但是它显然与迈锡尼时期阿卡亚人所信奉的奥林匹斯宗教有着完全不同的旨趣，其基调是反奥林匹斯宗教的。对酒神狄奥尼索斯的崇拜是奥尔弗斯教的一种较为原始和粗浅的形式，酒神祭是希腊人的一种自我迷狂和放纵活动，它与情欲的宣泄直接相关。这是一种既美丽又野蛮的宗教仪式，参加这一仪式的多为妇女，她们头戴常青藤冠，身披兽皮，手持酒神杖，狂欢滥饮。与象征着理性原则的奥林匹斯诸神相对立，狄奥尼索斯代表着遭到压抑的情感与欲念。对他的崇拜或许更具有原始意味，但是同时也更多地包含着超越现实的冲动。它煽动起一种回归混沌的忘我迷狂，使灵魂与肉体一同沉醉于晕眩和轻扬中。它冲垮了一切法规、禁忌的藩篱，使精神情感得以绝对自由地宣泄，因而它是肉体与精神的共同放纵。尼采评论道："这些庆典之中心观点乃是一种纯粹的性之乱婚；蹂躏了每一种业已建立的部落宗法。所有这些心中之野性的冲动，在这些机会里都得到解放，一直到他们达于一种欲望与暴戾之感情激发的顶峰。"[1]

但是狄奥尼索斯崇拜毕竟是原始而粗野的，它所导致的精神迷狂是在肉体迷狂、性的迷狂中实现的。这种迷狂一开始就遭到了代表审慎原

---

[1]　尼采著，李长俊译：《悲剧的诞生》，湖南人民出版社1986年版，第27—28页。

则的贵族阶层的反对，在民间也受到了种种非议。因此在后来的发展演变过程中，这种肉体迷狂就逐渐转化为精神沉醉，纵欲主义转化为禁欲主义，狄奥尼索斯崇拜被奥尔弗斯崇拜所取代。

奥尔弗斯教可能是西方最早的禁欲主义宗教，教徒们对酒神祭的狂欢显然采取一种冷漠的态度。相传奥尔弗斯本人因为拒绝参加酒神的狂欢秘祭而激怒了狄奥尼索斯的崇拜者，"他被狂怒的色雷斯妇女们撕成碎片"[①]。由于相信灵魂的轮回转世，奥尔弗斯教严禁杀生和食肉，因为在动物身上可能附有人的灵魂。入教者必须行一种净洗礼，并且要严守教规，这样才能达到灵魂的"纯洁"。与热情狂放的酒神狄奥尼索斯相反，奥尔弗斯是一个忧郁悲观的琴手，时时沉湎于他的音乐之中。对物质生活采取的禁欲主义态度从在音乐中达到的精神欢愉和解脱的境界中得到了补偿，肉体的狂欢让位于精神的沉静。梦幻、冥想、万劫的宁静和灵魂的永生，这就是奥尔弗斯向往的境界。我们可以把奥尔弗斯看作是狂热的狄奥尼索斯崇拜的改革者，他用一种禁欲的苦行主义代替了狄奥尼索斯纵欲的享乐主义，用"与神合而为一"的精神沉醉代替了肉体沉醉。这种禁欲主义的思想尤其投合希腊下层民众的口味，对于那些生活在不幸之中，同时又对上层社会的骄奢淫逸深怀不满的人们来说，现实生活本身是痛苦和无聊的，唯有通过精神的沉醉才能达到灵魂的净化，获得永恒的福祉。

奥尔弗斯教对希腊哲学以及通过希腊哲学对基督教的影响主要在于，它提出了一种精神与肉体相对立的二元论思想，以及灵魂轮回转世直至永生的观念。现实世界与肉体只是束缚灵魂的暂时的、虚幻的泥淖，是堕落和罪恶的根源，精神或灵魂在几经肉体的熬炼（轮回）之后将彻底抛弃这有限的定在形式，达到永恒的归宿地（这归宿地据说在星辰上）。此生的德行将决定来世的生活，苦行的有德者仍将转世为人，如此循环往复，终至于神。古墓中发掘出的奥尔弗斯教书版上写着："欢迎你，忍受了苦难的人。……你将由人变为神。"而纵欲的恶徒则将投生为禽兽，

---

① 赫伯特·马尔库塞著，赵林译：《爱欲与文明》，农村读物出版社 1987 年版，第 132 页。

如此每况愈下，最后沦入地狱。

可以说，这种灵魂与肉体的二元论使奥尔弗斯教有了一些形而上学的成分，从而与深陷于直观的自然形态中的奥林匹斯神话区别开来。这是发生在古希腊社会中的一场自发的宗教改革，它构成了从希腊神话向希腊哲学过渡的一个重要环节。通过奥尔弗斯教的中介，希腊神话中的那些具有形而上学色彩的概念（"命运"等）与希腊唯心主义哲学范畴连接起来，并最终汇入基督教神学。

2. 柏拉图哲学与神秘主义

在希腊城邦时代，第一个公开宣扬唯灵主义神学思想并因此成为新宗教福音的殉道者的人，就是苏格拉底。苏格拉底因提倡新神而被崇奉奥林匹斯多神教的雅典人处死，这新神与希腊城邦所信奉的诸神的不同之处在于它是一个"灵"。苏格拉底所表现出来的宗教殉道精神和对待生死的超然态度，使他成为西方文化史上最大的思想圣徒和道德典范。即使在后来的基督教徒眼里，苏格拉底之死的重要性也仅次于耶稣受难。苏格拉底的死之所以对后世产生如此大的影响，并不在于他对死亡的无畏，而在于他对死亡的超然。他在面对死亡时阐述了许多关于灵与肉的关系的思想，这些思想构成了基督教信仰的理论来源。早期基督教的使徒（保罗等）和教父们的神学思想，大部分都直接或间接地来自柏拉图和柏拉图笔下的苏格拉底。鼓励苏格拉底去死的那个"灵"与基督教所宣扬的三位一体的上帝同出一辙，诚如希腊教父查斯丁所指出的："鼓舞着苏格拉底的理性（即'道'），自那时以后便化为人形，托生于耶稣·基督。所以，基督教徒是与苏格拉底及柏拉图崇拜同一个上帝。"[1] 可见在西方人眼里，苏格拉底就是基督的殉道原型。

柏拉图哲学是古希腊神秘主义思想的集大成者，同时也构成了基督教神学理论的主要来源。柏拉图是苏格拉底的弟子，他在许多著作中都记载了苏格拉底与别人的辩论，他的许多思想也都是借着苏格拉底之口

---

[1] 摩根·罗伯逊著，宋桂煌译：《基督教的起源》，生活·读书·新知三联书店 1958 年版，第 252 页。

说出来的。柏拉图神学思想的基础是实体与现象、理念世界与感觉世界相对立的二元论哲学。柏拉图认为，可感觉的现象世界是虚幻的世界，它只是唯一真实的世界即理念世界的摹本或影子。这种哲学理论的特点是把主观抽象的概念当作客观世界的依据，把思维的结果当作实存的前提，这样就走向了绝对唯心主义，使理念成为一种形而上学的本体。按照这种理论，在任何感性的具体存在物后面，都有一种更真实、更原始的一般存在，前者只是由于分享了后者才得以存在。既是分享，当然是不完满的，正如分享了基督的肉和血的信徒们远不如基督本身完满一样。然而，尽管不完满，诸多具体事物也唯有当其作为理念的摹本时才能存在，它们如同众星拱月一样围绕和趋向理念。这种理念本体论后来转化为众信徒由于基督的蒙难和分享基督的"神性"而获救的基督教神学理论，也成为经院哲学中实在论的理论来源。另一方面，这种本体论也导出了一种唯理论的认识论——可感觉的现象世界既然是不完满的摹本或影子，唯有理念世界中才有真理，因此感性认识只能使我们陷入谬误，理性认识才是达到真理的唯一途径。

基于这种二元论的哲学思想，柏拉图在神学观点上必然宣扬一种鄙夷肉体的灵魂不朽论。既然感觉世界是不真实的、不可靠的，肉体和现世的物质生活当然也就是不值得留恋的囹圄。灵魂或精神可以达到理念世界，但是只有在挣脱了肉体的束缚后才能真正实现这一目标。肉体具有双重的罪恶，它一方面用粗俗的欲望来引诱暂居于它之中的灵魂堕落，另一方面又构成了妨碍灵魂认识真理的"歪曲的媒介"。因此我们可以理解为什么苏格拉底对死亡采取一种视死如归的超然态度——按照雅典城邦的法律，虽然在受审判时他可以为自己选择一种较轻的惩罚来代替死刑，但苏格拉底却没有那样做，因为他确信死后灵魂将进入一个与希腊先哲们为伍的"彼界"，在那里他可以自由自在地讨论哲学、追求真理。正是由于怀着坚定的唯灵主义信念，苏格拉底以一种常人不可理解的欢欣之情慨然赴死。在柏拉图笔下的苏格拉底看来，灵魂若是处在肉体的束缚中就不能获得纯粹的知识，真正的知识只有在死后才能获得。因此，死亡并非一件痛苦的事，从某种意义上来说倒是一件值得庆幸的事情。

在灵魂不朽的问题上，柏拉图深受奥尔弗斯教和毕达哥拉斯的影响，同时也表现出一种超越轮回转世的直观性的倾向。他认为，一个人死后灵魂的归宿由他生前的德行所决定，善者的灵魂将升入"天国"，恶者的灵魂入地狱永受折磨，居中的则进入炼狱，以求净化。这种观点与基督教的教义更为接近。

柏拉图对基督教最重要的影响在于，他提出了一种系统化的理念世界与感觉世界、灵魂与肉体相对立的二元论，这种二元论后来成为基督教神学最基本的内容。"天国"高于俗国，来世优于现世，这本是许多宗教的共同信条。但是，认为现世只是"天国"的一个"叛逆的省份"，人只有在对这个"叛逆的省份"再次叛逆后才能进入"天国"，认为肉体只是灵魂的魔沼，灵魂只有在摆脱和唾弃这个魔沼后才能获得永福——这种思想则是柏拉图哲学和基督教神学的核心。这种灵肉二元论思想在实践上导致了禁欲主义的生活态度，尽管柏拉图本人并不奉行禁欲主义生活态度，但是他的哲学却造就了成千上万个基督教禁欲主义者。

柏拉图哲学具有一种神秘主义性质，这种性质也深深地渗透于基督教中。柏拉图的二元论与其说是理论论证的结果，不如说是出于热忱的信仰，它表现了主观性的妄自尊大的轻狂。然而基督教需要这种主观的轻狂，正如它也需要亚里士多德主义的客观审慎一样。柏拉图哲学构成了基督教神学的基本内容，而由毕达哥拉斯开创，由亚里士多德系统化的那种数学方法或逻辑学则构成了基督教神学的基本形式。柏拉图主义为基督教神学提供了信仰的内容，亚里士多德主义则为它提供了论证的形式。没有柏拉图，基督教就会变为一种无聊的烦琐哲学；没有亚里士多德，基督教就会流于一种空泛的神秘主义。在基督教发展的早期阶段，从教父派一直到安瑟伦的时代（公元 11 世纪），柏拉图主义明显占了上风；但是到了经院哲学中，亚里士多德主义则后来居上。在整个中世纪基督教文化中，这两种势力始终在对立中相互消长、彼此促进。海涅评论道："柏拉图和亚里士多德！这不仅是两种体系而且也是两种不同人性的典型，他们自远古以来，就披着各种不同的外衣，或多或少地互相敌对着。特别是经过整个中世纪，一直到今天为止，斗争还是这样进行着，而这场斗争也是基督教教会史的最根本的内容。"①

柏拉图哲学是通过普罗提诺的新柏拉图主义而与基督教神学相联系的。普罗提诺除了受柏拉图的影响外，也吸取和发展了斯多亚派的一些观点。这些观点大体上可以归纳为两点。第一，斯多亚主义在人对上帝的责任和人对国家的责任之间做出了明确的划分，认为后者应该服从于前者。这种见解对于基督教后来解释上帝的王国和"恺撒"的王国的关系具有很重要的作用，最终发展为9世纪左右的"君士坦丁赠礼"和12世纪的"两把剑"理论。第二，斯多亚主义侧重于一种内在的道德生活，即灵魂对上帝的专注和虔诚。这是一种超肉体的灵性生活，马可·奥勒留常常说："人就是一点灵魂载负着一具尸体。"在对待肉体的态度上，斯多亚派比柏拉图更悲观、更阴郁，而且他们还身体力行，奉行一种恬淡寡欲的禁欲主义。斯多亚派的福音是"忍受的福音"，一个有德的人必须克制肉体的种种激情和欲望，倾心于神，唯有这样灵魂才能与神合为一体，达到善的境界。

普罗提诺生活在公元3世纪左右的罗马帝国，罗素把他称为"古代伟大哲学家中的最后一个人"。他生活的时代恰恰处于被爱德华·吉本称为"黄金时代"的安东尼王朝刚刚结束，而戴克里先和君士坦丁的新秩序尚未建立的混乱状态中，当时的罗马帝国成为军队手中待价而沽的商品，日耳曼人和波斯人不断骚扰边境，国内瘟疫和战乱不息，财政和经济陷入崩溃的边缘。罗马帝国已显示出衰亡的迹象，罗马人开始像希腊化晚期的人们一样龟缩于自我享乐，把脊背转向现实世界。传统的罗马国教摇摇欲坠，基督教却仍然受到官方的压抑。面对悲惨的现实，普罗提诺像一个真正的柏拉图主义者所能做的那样，把眼光集中于那个在现象背后的唯一真实的理念世界，集中于善与美的超感的永恒之域。如果说斯多亚主义者是一些不断哀叹着现实的痛苦、满脸愁云的悲观主义者，那么普罗提诺则是一个始终赞美着超现实的神明之国的信心十足的乐观

---

① 亨利希·海涅著，海安译：《论德国宗教和哲学的历史》，商务印书馆1974年版，第63页。

主义者。

普罗提诺的形而上学建立在"太一""努斯"和灵魂这三个概念的神秘统一之上，三者的关系就如同基督教三位一体的圣父、圣灵和圣子的关系一样。"太一"是一个无法言说的神秘概念，它超越了一切规定性，普罗提诺有时称它为"神"，但是它的涵义似乎比神更为广阔、更为原始。"努斯"（nous）是对神秘玄奥的"太一"进行规定的结果，是"太一"的具体化和定形化，或者用普罗提诺自己的话来说，"努斯"是"太一"的影子。"努斯"是体现为一的"太一"，它是一种整体性的精神，是一般的精神。当它分化为多时就产生出诸多的"灵魂"，这些灵魂居住于它们所创造的物质世界中，每一种生物或非生物都有自己的灵魂。这是一种万物有灵的泛神论，每个灵魂都通过与"努斯"的联系而窥见"太一"和分享"太一"。众多的灵魂与单一的"努斯"相结合，就达到了至高无上的不可定义的"太一"。显然，对"太一"的领悟已达到一种神秘状态，超乎于"理智、心灵和感情之上"，与其说是一种认识，毋宁说是一种顿悟。唯有在神秘的顿悟状态中，有限而具体的灵魂才能"窥见"玄奥而无限的"太一"。物质世界和肉体是灵魂的创造物，然而灵魂必须在摆脱和超越了它的创造物以后才能与"太一"相合一。这里包含着一种灵魂的"苦肉计"，灵魂只有经历了痛苦的异化（创造物质世界并囚居于其中），然后扬弃异化，才能与"努斯"相融合，达到领悟"太一"的"最崇高的境界"。普罗提诺的这种神秘主义哲学成为基督教摈绝肉体享受、侧重灵魂自由的神学思想的重要根源，并为超理性的信仰提供了理论支持。

普罗提诺的三位一体的形而上学具有浓厚的思辨色彩，同时也带有明显的神秘主义成分。在一个基督教徒看来，普罗提诺的"太一"就是上帝，"努斯"就是圣子，"灵魂"则是渗透于每个信徒的信仰中的圣灵。"太一"通过自我规定而呈现为"努斯"，这就是上帝的道成肉身；"努斯"通过分化为"灵魂"而与"太一"重新合一，这就是基督救赎和灵魂复活。无怪乎奥古斯丁认为，如果普罗提诺再晚生一点，只需"改动几个字句，就是一个基督徒了"。

3. 斐洛的"隐喻"神学与诺斯替教派

希腊唯心主义哲学和犹太教的圣教历史一样构成了基督教的思想来源。但是希腊哲学却具有与犹太教正好相反的趋向，它带有浓厚的形而上学性质，这恰恰是犹太教所缺少的。对于基督教来说，希腊哲学过于玄奥，犹太教却又过于直观，基督教走的是一条中间道路，总的倾向是用希腊唯灵主义哲学来改造犹太教。在基督教刚刚产生的时代，一个希腊化的犹太人就已经开始做这种工作，这个人就是亚历山大的斐洛。

在希腊化世界中，可能没有一个人比斐洛对基督教产生过更大的影响了。斐洛生活在约公元前 30 年至约公元 40 年间，是一个深通希腊文化的犹太人（当时埃及的亚历山大是希腊文化的中心，柏拉图主义盛行）。斐洛深切感受到希腊哲学的高深精邃和犹太教的民族狭隘性，因此决心用希腊哲学来改造犹太教，使它成为一种具有形而上学理论的宗教。他像当时许多希腊化的犹太人一样，用隐喻的方式来解释犹太教经典，从而使《旧约》从一部记实性较强的历史典籍变成一部具有象征意义的寓言启示。"按这些解释者的意见，整个《创世记》第一章全是叙述上帝所创造的、存在于善行之中的净化的理性的历史。上帝按照这个样子创造了更加世俗性质的理性（亚当），并且给了这种理性以感情（夏娃）作为必要的帮助和支持。理性则由于这种感情而陷入魔途，并且使自己陷入淫乐（蛇）。《创世记》的其他部分都是描述人类怎样通过各种各样的方法重新变成纯洁的理性的历史；家长恰恰体现了恢复纯洁理性的三种可能的方法：即禁欲的方法（雅各），说教、启发的方法（亚伯拉罕）或天赋的和自然的神恩的方法（以撒）。"[①]这样一来，《圣经·创世记》就成为一部讲述"理性"堕落和重归纯洁的精神发展史。

斐洛对基督教的重大贡献在于：他提出了基督教教义的基本思想——"道成肉身"——的理论雏形。斐洛从"道"或"逻各斯"的概念出发，认为"道"是唯一先验的上帝与他所创造的世界及人类交往的媒介，是一种世界理性，上帝的创造性和意志都体现于其中。"道"

---

① 布莱赫：《哲学史》，转引自沙利·安什林著，杨永等译：《宗教的起源》，生活·读书·新知三联书店 1964 年版，第 168 页注释。

或"逻各斯"并不是与上帝分离的某种独立实体，而是上帝的一种存在形式或属性。而且"'逻各斯'不仅仅是上帝的一种属性而已，斐洛将它人格化，称它为'上帝的长子'、'第二个上帝'、上帝和人间的'中保'，把天粮分配给好人的经手者。如摩西等圣者都是具有肉体的'逻各斯'"①。斐洛自己说道："上帝的肖像和映相就是逻各斯，就是思维的理性，就是支配和统治世界的初生圣子。"②犹太教的上帝耶和华和各个先祖、先知都是感性直观的，斐洛通过把希腊哲学中的"逻各斯"概念引入其中，从而使犹太教的上帝和先知具有了形而上学的性质。《约翰福音》中所说的"太初有道，道与上帝同在，道就是上帝""道成了肉身，住在我们中间""正是父独生子的荣光"等观念显然是受了斐洛上述思想的影响。

除了"逻各斯"的概念和"道成肉身"的理论外，斐洛还提出了另一些对基督教教义有影响的学说。例如当他用隐喻方式解释《旧约》时显然已经包含着"原罪"和"救赎"的思想，亚当的堕落即理性或"道"的堕落，只有通过"道"的重新纯洁才能解救。在基督教中这种"原罪"通过基督的蒙难而得到救赎，"在亚当里众人都死了。照样，在基督里众人也都要复活"③。斐洛还谈到过童贞女受"道"感应的问题，他说："'逻各斯'，大祭司，只能娶永不变为妇人的处女为妻子，这是令人难以相信的，可是事实相反，在她与丈夫的关系中并没有由少女变为妇人。"④这种思想与东方原始宗教中关于处女受神感应而怀孕的传说共同构成了基督教中童贞女玛丽亚受圣灵感应而生基督的原型。此外，斐洛还反对犹太教以献祭和牺牲来换取神恩的做法，强调真正的虔诚在于内心的纯洁和信仰。布鲁诺·鲍威尔把斐洛称为"基督教的真正父亲"，恩格斯对此说道："在斐洛名下流传到现在的许多著作，实际上是讽喻体的唯理论的犹太传说和希腊哲学即斯多亚学派哲学的混合物。这种西方观点和

---

① 摩根·罗伯逊著，宋桂煌译：《基督教的起源》，生活·读书·新知三联书店1958年版，第127页。
② 黑格尔著，贺麟、王太庆译：《哲学史讲演录》第3卷，商务印书馆1981年版，第165页。
③ 《哥林多前书》，第15章，第22节。
④ 斐洛：《论神的一致》，转引自沙利·安什林著，杨永等译：《宗教的起源》，生活·读书·新知三联书店1964年版，第170页。

东方观点的调和，已经包含着基督教全部的本质观念 —— 原罪、逻各斯（这个词是神所有的并且本身就是神，它是神与人之间的中介）、不是用牺牲而是把自己的心奉献给神的忏悔……"①

　　一些研究基督教的学者认为，斐洛属于诺斯替教派。诺斯替教派是希腊罗马时期流传于地中海地区的一支秘传宗教，公元初年该教的一些派别接受新兴的基督教思想，成为基督教最原始的支派之一。诺斯替教的许多观点与斐洛的思想非常相似，只是比后者更玄奥神秘，带有显著的东方宗教特点。海涅认为诺斯替教的世界观是从古印度得来的。该教最主要的思想是精神与物质、光明与黑暗相对立的二元论（在这方面它显然受到柏拉图和古波斯宗教的影响），以及关于灵魂超度的理论。"二元论在诺斯替教中占有统治地位；邪恶起源的问题，黑暗统治与光明统治的关系在这里占主要的地位。灵魂出自上帝，但是原罪却使灵魂堕落，这是一个悲剧。只有在那能够指出灵魂来自何处，并且应该回到哪里去，以便获得真正幸福的、具有人形的圣子的帮助下，灵魂才可能断绝与肉体的联系，摆脱肉体，在世界末日以后得到解脱。"②在诺斯替教派的神秘主义世界观中，已经具备了基督教神学的主要教义的理论基础。虽然诺斯替教派后来由于过分强烈的灵化倾向而被基督教会斥为异端，但是恰如海涅所指出的，作为"基督教观念的最纯正的花朵"的上帝道成肉身、克服肉欲、精神的自我内省等教义以及那种禁欲的、沉思的僧侣生活，都是来自诺斯替教派。③

4. 从犹太教"末世论"到基督教"救赎说"

　　基督教的基本精神虽然源于希腊唯灵主义，但是它与犹太教仍有着密切的渊源关系。基督教在许多方面保持了犹太教的特点，尤其是它的圣教历史、律法和部分道德观念与犹太教更是一脉相承。与希腊哲学一样，犹太教构成了基督教的一个重要根源，而且从表面上看，犹太教与

---

① 《马克思恩格斯全集》第 19 卷，人民出版社 1963 年版，第 328—329 页。
② 沙利·安什林著，杨永等译：《宗教的起源》，生活·读书·新知三联书店 1964 年版，第 185 页。
③ 亨利希·海涅著，海安译：《论德国宗教和哲学的历史》，商务印书馆 1974 年版，第 15—16 页。

基督教之间的联系似乎比希腊哲学与基督教之间的联系更为直接。

犹太民族是一个苦难深重的民族，自从犹太人的祖先希伯来人在公元前 2 千纪中叶由沙漠侵入巴勒斯坦以来，在数千年的历史中它几乎没有摆脱外族人的统治和奴役，曾先后受制于埃及人、非利士人、亚述人、新巴比伦人、波斯帝国、马其顿帝国、埃及托勒密王朝、叙利亚塞琉古王朝以及罗马帝国，长期以来一直处于失国状态。

经历了如此悲惨的历史磨难，自然会产生出浓厚的不幸意识。在现实世界中得不到幸福和安宁，就只能到宗教中寻找安慰。在犹太教最早的经典"摩西五经"或"律法书"（即《旧约》中的《创世记》《出埃及记》《利未记》《民数记》《申命记》，约于公元前 444 年前编集）中，犹太人表述了这种基于不幸意识的宗教思想。他们不把失落家园的原因归于外族的侵略，而是归咎于自己祖先的不洁，归结为天罚的结果。《旧约》中所记载的犹太人的圣教历史是一部充满负罪感的苦难史，祖先和族人对上帝的不诚始终像梦魇一般笼罩在犹太人头上，形成了一种沉重的"原罪"意识或罪孽感。

犹太教的核心是律法和祭祀，主要表现为"摩西十诫"[①]；基督教的核心则是道德和信仰。基督教也尊重律法，但是却认为，仅有律法是不够的。耶稣始终教导信徒们超出律法，不要拘泥于此。"人称义是因着信，不在乎遵行律法。"[②] 在四大福音书中，耶稣与法利赛人的一个重大冲突就在于是否拘守律法。至于祭祀，在基督教中完全被取消了，而代之以信徒发自内心的信仰。耶稣说："我喜爱怜恤，不喜爱祭祀。"[③] 从祭祀走向信仰，从外在的仪式走向内心的虔敬，这标志着从原始宗教向高级宗教的转化。

基督教在礼仪方面与犹太教迥然而异，如割礼制度、守安息日、禁

---

① "摩西十诫"包括：1.崇拜唯一的上帝而不可拜别的神；2.不可制造和敬拜偶像；3.不可妄称上帝的名；4.须守安息日为圣日；5.须孝敬父母；6.不可杀人；7.不可奸淫；8.不可偷盗；9.不可作假见证陷害人；10.不可贪恋别人的妻子和财物。"摩西十诫"成为犹太人不可违背的基本行为规范和犹太教的律法基石。

② 《罗马书》，第 3 章，第 28 节。

③ 《马太福音》，第 12 章，第 7 节。

食和洁净等习俗与礼仪，本为犹太教世代相传的行为规范，基督教却进行了根本性的变革。这些变革对于基督教日后突破犹太教的地域性和民族性而成为一种世界性宗教，起到了重要的推动作用。在道德观方面，基督教也有许多改进，把犹太教的现实主义生活态度转化为一种禁欲主义道德观。这种禁欲主义道德观后来在教父派和修道运动中发展到极端，导致了一种反人性的生活姿态，同时也造成了教会实践与教义之间的尖锐矛盾。基督教与犹太教在道德观上的差别还表现在对待仇敌的态度上，犹太教要求教徒对敌人采取"以命偿命，以眼还眼，以牙还牙，以手还手，以脚还脚，以烙还烙，以伤还伤，以打还打"[①]的态度。然而耶稣却在著名的"山上训众"中说道："你们听见有话说，'以眼还眼，以牙还牙'。只是我告诉你们，不要与恶人作对。有人打你的右脸，连左脸也转过来由他打，……你们听见有话说，'当爱你的邻居，恨你的仇敌'。只是我告诉你们，要爱你们的仇敌，为那逼迫你们的祷告。"[②]不过耶稣的这种非暴力主义思想并没有被后来的基督教徒所坚持，在基督教的历史上还是发生了种种残酷的杀戮行为以及对异教徒的宗教战争。

犹太教的律法虽然也包含着道德的成分，但它明显地带有强制性，它是通过否定的方式（即惩罚）来规范人的行为的，它注重的是人们的外在行为及其后果。而基督教的道德则更多地基于人的内心自觉，它通过一种肯定的方式（即自我良心）来协调人的行为，它强调内心动机与外在行为效果的一致。基督教创立了一种动机论的道德观，正如耶稣所说："凡看见妇女就动邪念的，这人心里已经与她犯奸淫了。"[③]这显然是一种圣徒式的道德观，在凡夫俗子的世界中是难以实现的，然而它却提出了一种崇高的道德境界。它把善从外在行为归诸内心动机，使道德成为一种信仰，具有浓重的宗教色彩，从而使人的内心道德生活获得了一种超越外在现实规范的倾向。

这种动机论的道德观反映到宗教信仰上，就是对上帝和基督的信。

---

① 《出埃及记》，第 21 章，第 23—25 节。
② 《马太福音》，第 5 章，第 38—44 节。
③ 《马太福音》，第 5 章，第 28 节。

这信是属于内心的，外在的形式并不能取代它。在四福音书中都强调了信的力量。"在信的人，凡事都能"①。上帝的国并不出现在这个世界上，而在于信者的心中，凡是信者就可以得到永生。律法和诫命固然要遵行，但这并不是最重要的，最重要的是信，是对上帝的爱戴之心。在基督教中，有两条诫命是最大的，即"你要尽心、尽性、尽意、尽力爱主你的上帝。其次就是说，要爱人如己。再没有比这两条诫命更大的了"②。这两条诫命分别构成基督教的最基本的教义和最基本的道德。这是基督教的真义和精髓，其他一切教义和教规都是在此基础上发展出来的。尽心、尽性、尽意、尽力地爱上帝，是要人执着于宗教信仰，轻视世俗的物质生活，潜心于精神修养，超越现世，追求彼岸。神谕的迷信被取消了，信仰成为宗教的标准和权威。对上帝之爱构成了一种绝对的自由的基础，自由不再是对外在的命运和律法的依赖和屈从。爱人如己则是宣扬一种平等的理想，传播世界大同的福音。早期基督教正是凭借这两点战胜了深陷于颓靡的物质泥沼中的罗马帝国，战胜了沉溺于直观的自然形态中的希腊罗马多神论和囿限于外在的律法主义藩篱中的犹太教，为"精神"的发展铺平了道路。

从弥赛亚运动的"末世论"到基督教的"救赎说"的发展是基督教最终摆脱犹太教，成为一种独立的世界性宗教的重大标志。在公元前2世纪犹太人处于塞琉古王朝统治下时，预言著作盛行，汇集成《先知书》八卷，即《旧约》中的《约书亚记》《士师记》《撒母耳记》《列王记》《以赛亚书》《耶利米书》《以西结书》和《十二小先知书》。在这些著作中，民间的"先知"一方面叙述了犹太民族在外族统治下的历史，另一方面又预言了犹太人未来的获救。当时民间流传着一种说法：上帝将指派一位"受膏者"来复兴犹太国③，这"复国救主"被称为弥赛亚。据说弥赛亚的降临将把公义带到人间，让耶和华的选民获福，降罪于那些压迫犹太人的外邦统治者。这种信念在公元之交的犹太人中流

---

① 《马可福音》，第9章，第23节。
② 《马可福音》，第12章，第30—31节。
③ 古代犹太人拥立君王时，要在受拥戴的人头上浇香膏，"受膏者"意指君王。

传很广，犹太人普遍相信，苦难的世纪已经到头（"末世论"），上帝的国临近了，弥赛亚不久将降临，给犹太人带来"一千至福年"（"千禧年"）。这种"末世论"的信念反映了犹太民族强烈的不幸意识和渴望解放的心理。当时在中下层犹太人中，屡次掀起了弥赛亚运动，反对塞琉古王朝和罗马帝国的统治。基督教既然脱胎于犹太教，因此它产生伊始也接受了弥赛亚主义的"末世论"影响。在犹太人的基督教（即彼得派）中，对人间天国或"一千至福年"的向往是非常强烈的。信徒们相信，上帝的国不久就要降临在这个悲惨的世界上，使受苦受难的人脱离灾难，在肉体和精神上都获得解放。但是，随着公元 1 世纪外邦人基督教（即保罗派）的崛起，弥赛亚主义的"末世论"逐渐被基督教的"救赎说"所取代。"一千至福年"的理想消失了，上帝的国不再在这个世界上出现，而是在另一个世界（即彼岸世界）中存在，或者在信者的心中存在。进入"天国"的也不再是具有身体的人，而是超脱了肉体的精神。《路加福音》记载："法利赛人问上帝的国几时来到，耶稣回答说，上帝的国来到，不是眼所能见的。人也不得说，看哪，在这里。看哪，在那里。因为神的国就在你们心里。"① 耶稣的名言"我的国不属这世界"，成为基督教区别于犹太教的一个重要标志，它体现了基督教的唯灵主义和超越精神。"末世论"是肉体获救的福音，它使人期待不久将至的人间幸福，它并没有超越此岸或现世 —— 犹太教徒们相信在有生之年即可进入上帝之国。因此"末世论"只是对一种社会改良运动的承诺，它宣扬的与其说是一种宗教理想，毋宁说是一种社会理想。基督教的"救赎说"则通过耶稣的蒙难和复活而传播了一种精神获救的福音，它告诉人们，幸福不在此岸此生实现，而是在肉体死后实现于复活的灵魂中。基督已通过死而复活救赎了人类祖先亚当犯下的原罪，只要在心中信基督、信上帝，人人都可以像基督一样在彼岸的"天国"中获得灵魂的永生。"救赎说"使基督教具有一种唯灵主义的性质，把犹太教所缺少的形而上学赋予它，从而使基督教成为一种神学。在基督教中，此

① 《路加福音》，第 17 章，第 20—21 节。

岸与彼岸、人间与"天国"彼此对立，肉体与灵魂相互分离，耶稣通过殉难和死而复活救赎了世人的罪过，成为灵魂获救的初熟之果。"基督·耶稣化成了一个能使凡人化为不朽的神灵。他把"天国"从现世搬到了来世。"[①]基督的救赎说到底是对信者的救赎、对灵的救赎。基督作为上帝子，作为灵，与上帝同在，对上帝的信仰变成了对基督救赎的信仰，"信子就是信父"。这种上帝与基督一体的观点在公元 325 年的尼西亚宗教会议上得到确认，最终发展为"三位一体"的教义。这种灵与肉、彼岸与现世的二元对立构成了基督教的基本思想，同时也是基督教与犹太教的最大不同之处。

在早期基督教中，存在着观点对立的两派，即彼得派和保罗派。前者带有犹太教的深刻烙印，具有低级宗教的朴素性；后者则已摆脱了犹太教的影响，成为一种形而上的神学。以后的整个基督教都是在保罗派的基础上发展起来的，许多神学家都认为，保罗才是基督教的真正创始人，他创立了一个以基督·耶稣的救赎为中心的宗教。彼得派与保罗派的一个显著区别在于对待犹太人的态度上。在彼得派看来，耶稣是犹太人的王，敌视和迫害耶稣的只是犹太上中层阶级的祭司、长老和法利赛人。到了保罗派那里，耶稣不再承认自己是犹太人的王，而是宣称"我的国不属这世界"，迫害耶稣的就成为整个犹太人。基督教本是从犹太教中发展出来的，但是到了外邦人的保罗派那里，开始出现敌视犹太人的倾向。保罗在给帖撒罗尼迦人的信中写道："这犹太人杀了主耶稣和先知，又把我们赶出去。他们不得上帝的喜悦，且与众人为敌。不许我们传道给外邦人使外邦人得救，常常充满自己的罪恶。上帝的愤怒临在他们身上已经到了极处。"[②]犹太人基督教开始被当作一种异端遭到排斥，基督教的中心逐渐移到罗马。公元 2 世纪，灵智派把这种倾向推至极端，把基督教与犹太教截然对立起来，试图完全割断基督教的犹太教根源。这种做法虽然遭到基督教会的否定，但基督徒对犹太人的仇恨却深深地埋藏下来，成为后来基督教世界仇视和迫害犹太人的重要历史

---

① 摩根·罗伯逊著，宋桂煌译：《基督教的起源》，生活·读书·新知三联书店1958年版，第133页。
② 《帖撒罗尼迦前书》，第 2 章，第 15—16 节。

根源。

　　尽管基督教的许多具体仪式和教义可以追溯到犹太教和其他的古老宗教中，但是基督教作为一种以内心信仰为基础的高级宗教，与那些以祭祀活动为基础的原始宗教是截然不同的。其根本区别在于，基督教体现了一种唯灵主义的浪漫精神，即灵性生活对现实世界的超越。它的目光不是朝向现世，而是投向彼岸。任何原始宗教都是为了人而祈求神，而基督教则是为了神而超越人；原始宗教都相信在"天国"中人的肉体将享受快乐，基督教则专注于人的灵魂（精神）自由；原始宗教的哲学基础是朴素唯物主义和感觉主义，基督教的哲学基础却是形而上学的唯心主义和唯灵主义。正因为基督教具有形而上学的特点，所以它逐渐培养出一种超越性的彼岸意识和一套博大精深的神学体系；而公元之交的犹太教却如同其他原始宗教一样，未能超出图腾、祭祀、巫术和心灵感应的直观窠臼。

　　希腊唯心主义哲学思想因其强烈的形而上学性而与直观性的犹太教截然对立，基督教则是在这对立的两端之间的一种妥协。希腊哲学构成了基督教的思想根源，犹太教则构成了基督教的历史载体。如果没有圣教历史，基督教就会成为一种枯燥乏味的玄学，失去群众基础；如果没有形而上学，基督教就不能成为一种具有严密神学体系的高级宗教，不能构成一种具有深层理论基础的文化。基督教的礼仪和圣事主要基于对犹太教典仪的修改，而它的教义和神学却更多地来源于希腊哲学。因此，早期基督教的精神基本上是希腊式的，只是更少具有审慎色彩和理性和谐，更多具有浪漫倾向和神秘狂热。形象地说，基督教的创立本身就体现了"道成肉身"的过程，犹太教是基督教的"肉身"，希腊唯灵主义则是基督教的"灵魂"，二者的结合最终导致了基督教的产生。这个结合过程就是西方文明在"轴心期"所经历的精神变革。

第二章

天人合一与灵肉对立

一 利命保生与舍身殉道

中国传统文化所独具的基本精神是一种协调的现实精神，这种精神在历史过程中体现为一种浓郁的伦理意识，它始终指向现实性的人伦关系，形成并不断完善种种现实行为规范，从血缘姻亲之间的家庭行为规范到社会国家的政治行为规范，无一不是贯穿着伦理意识这条主线。这种协调的现实精神一方面培养了中国人修养有素的内在道德品性，建立了一种充满人文色彩的封建世俗文化；另一方面则导致了中国传统文化自我更新和自我否定机能的退化，使中国传统社会自宋代以来逐渐陷入停滞不前和腐朽僵化的泥沼。西方文化所固有的基本精神是一种超越的浪漫精神，这种精神在历史中体现为一种强烈的宗教意识，它始终不渝地指向彼岸性的理想生活，用人与宗教对象之间的信仰关系来超越人与人之间的现实关系。这种超越的浪漫精神一方面导致了西方历史发展的跳跃性和极化特点，使西方文化成为具有较强的自我更新功能的开放性文化系统；另一方面也导致了西方人在追求理想的过程中对直接的现实生活的让渡和否定，使扭曲人性的宗教迷狂和禁欲主义在相当长的历史时期里成为占主导地位的观念形态和行为方式。中西这两种迥异的文化基本精神形成于世界历史的"轴心时代"，而典型地表现在孔子和苏格拉底的生存原则的分野中。孔子和苏格拉底分别构成了中国和西方的文化圣人，他们对中西文化的影响是无人可以望其项背的。他们两人生活的时代大致相同，身世遭遇亦有许多相似之处，生前均有郁郁不得其志之感。更重要的是，他们两人都生活在新旧历史时代更迭的枢纽点上，他们都在批判现实社会的基础上提出了新的文化理想。面对残酷的命运，他们各自以其思想和行为阐发了截然不同的生存原则，这两种生存原则或生存价值取向极大地影响了中西文化的历史面貌，并造成了两种文化的强烈反差。质言之，孔子的生存原则是一种利命保生的现世协调精神，苏格拉底的生存原则是一种舍身殉道的理想超越精神。

1. 利命保生与协调的现实精神

孔子生活在"礼崩乐坏"的时代，他虽然时常感叹时运不济，但却对用"礼"来改造沉沦的现实社会充满信心。他毕其终生精力以实践这种理想，辗转游说于四方诸侯，劝当时的权势者们"兴灭国，继绝世，举逸民"，"克己复礼"。然而，孔子并非一个顽固的守旧派，而是一个具有进化思想的革新者。他虽然以周礼相标榜，但是却把"仁"的概念引入"礼"中，以发自内在道德人心的"仁"对周代拘泥于外在刻板形式的"礼"进行了伦理化改造，从而把形式主义的周礼变成了一套现实伦理规范。孔子的进化思想表现在他的三代"损益说"中："殷因于夏礼，所损益，可知也；周因于殷礼，所损益，可知也；其或继周者，虽百世可知也。"[①]孔子本是殷人后裔，他不从殷而从周，是由于"周监于二代，郁郁乎文哉"。孔子心中的"礼"并非曾经存在过的周礼，而是一套崭新的封建伦理规范。因此孔子只是托古之名以完善现实，并非一味要恢复"三代盛世"。"克己复礼"也并不是要弃今复古，无非是以"礼"为感召，想把现实社会改造得更有道德一些。只要世人能做到"君君、臣臣、父父、子子"，天下就归于"仁"，就是太平盛世了。孔子绝不是一个冥顽不化的周文化孑遗，而是一个能够冷静地审时度势的现实主义者。

由于孔子把"仁"确立为刻板僵化的周礼的核心，从而使"礼"发生了内化转变，成为一种发自人的亲情心理和道德本性的人性意识。

---

① 《论语·为政》。

"仁"是对孝悌信义等德目的概括和抽象，是协调人际关系之根本法则（"仁者爱人"），因此孔子的目光始终投向现实社会的伦理关系，从而培养了一种专注于现世人生的协调的现实精神。注重人道和现世道德修养、远离神道和彼岸灵性生活是中国传统文化的基本特点，对于传统的中国人来说，人生在世最要紧的是"知命""知生""事人"，而无须去胡思乱想身后之事。孔子说："不知命，无以为君子也。"①他本人五十岁而知天命，称得上是君子了。君子知生达命，安贫乐道，中庸为德，不尚偏颇。"道之将行也与，命也；道之将废也与，命也。"②君子应始终抱着一种听天由命的生活观，安贫乐道和当仁不让都是君子的美德，逾矩而求则是愚蠢而徒劳的行为。孔子始终以一种知足乐观的态度来对待现实中的顺境和逆境，一方面决不放弃能得到的享受，"食不厌精，脍不厌细"③，对美好的现实生活决不采取禁欲主义态度；另一方面则毋庸刻意追求享乐，"君子食无求饱，居无求安"④，知足常乐，不沉溺于穷奢极欲的享乐主义。在这方面，孔子最引以为豪的是他的得意门生颜回，他夸耀道："贤哉回也！一箪食，一瓢饮，在陋巷，人不堪其忧，回也不改其乐。"⑤人穷志不移，这是中国人传统的美德和骨气，在这一点上孔子和颜回堪称楷模。尤其难能可贵的是，对于逆境不仅任之，而且乐之。不义之财不取，嗟来之食不食，以苦为乐，其乐无穷。"饭疏食饮水，曲肱而枕之，乐亦在其中矣。不义而富且贵，于我如浮云。"⑥

这种知生达命的生活态度固然造就了中国人的崇高气节，但是它也窒息了中国人向前探索和追求的精神。梁漱溟先生指出："中国人的思想是安分、知足、寡欲、摄生，而绝没有提倡要求物质享乐的；却亦没有印度的禁欲思想。不论境遇如何他都可以满足安受，并不定要求改造一个局面。""中国人虽不能像孔子所谓'自得'，却是很少向前要求有所

①《论语·尧曰》。
②《论语·宪问》。
③《论语·乡党》。
④《论语·学而》。
⑤《论语·雍也》。
⑥《论语·述而》。

取得的意思。他很安分知足，享受他眼前所有的那一点，而不作新的奢望，所以其物质生活始终是简单朴素，没有那种种发明创造。"①中国近代物质文化的落后和制度文化变革的艰难塞滞，固然有种种政治经济原因，但是从根本上来说，这种发端于孔子的安生知足的保守文化心理难辞其咎。

兼济天下和独善其身是中国传统知识分子一贯奉行的两种互补的行为方式，在孔子的"有道则见，无道则隐"、孟子的"穷则独善其身，达则兼济天下"等言论中就已经表现出进以取势、退以养晦的思想。孔子在游说诸侯"克己复礼"时也做好了两手准备，他曾表示："道不行，乘桴浮于海。"②颇有出世的味道。这种进可攻、退可守的处世哲学由于道家"清静无为"思想的补充变得更加完善，结果就造成了中国儒家士大夫见机行事的灵活性和利命保生的生存原则。得遇明主时则跻身朝政、叱咤风云；时运不济时则退隐山林、自寻慰藉，并且待价而沽，伺机东山再起。偶有一两个不识时务敢于直言犯上者，虽然博得了"刚肠鲠直"之美誉，却终不免被人讥笑为"腐儒"。所以为人之道应奉行"小不忍则乱大谋""可以死，可以无死"的随机应变原则。这种随遇而安、隐忍为怀而又伺机待出、以退为进的处世态度一方面使中国古代知识分子念念不忘"家事国事天下事"，"居庙堂之高，则忧其民；处江湖之远，则忧其君"，在乐观主义的生活态度之中始终掺杂着难以排遣的忧患意识。但是另一方面，它又使中国人缺乏为追求真理而殉道的精神，缺乏一种宗教式的迷狂和执着。性命第一，信仰是次要的。鲁迅先生指出："中国人自然有迷信，也有'信'，但好像很少'坚信'。我们先前最尊皇帝，但一面想玩弄他，也尊后妃，但一面又有些想吊她的膀子；畏神明，而又烧纸钱作贿赂；佩服豪杰，却又不肯为他作牺牲。崇孔的名儒，一面拜佛，信甲的战士，明天信丁。宗教战争是向来没有的，从北魏到唐末的佛道二教的此仆彼起，是只靠几个人在皇帝耳朵边的甘言蜜语。"③一

---

① 梁漱溟：《东西文化及其哲学》，商务印书馆 1922 年版，第 65、151 页。

② 《论语·公冶长》。

③ 鲁迅：《且介亭杂文·运命》，《鲁迅全集》第 6 卷，人民文学出版社 1958 年版，第 102 页。

切均视利命保生和现实功利为转移，只有迂腐之辈才一意孤行地去追求真理、坚持信仰。孔子讲仁义，上台却杀了少正卯；王莽礼贤下士，到头来却篡了汉室的江山。洪承畴假作气节，最后还是做了清室的官，掉过头来镇压抗清义军，杀了黄道周、夏完淳。袁世凯原是慈禧太后的死党，摇身一变却做了民国大总统，废了清王朝。汪精卫早年不惜性命去刺杀清廷的摄政王，其志在于"驱除鞑虏，恢复中华"，曾几何时，却变成了比鞑虏更为鞑虏的日本人的傀儡。孔子以降的中国儒家知识分子本来就没有对彼岸某一终极存在的信仰，因此也就谈不上坚持信仰和背叛信仰了。孔子开创的儒学既然专注于协调现实的人际关系，审时度势、随波逐流就成为彼此心照不宣的人生要诀。虽然孔子也曾说过"志士仁人，无求生以害仁，有杀身以成仁"①，但是这种"杀身成仁"的思想在实践中却常常被利命保生的生存原则所取代。②两千年来，尽管儒家的忠君思想家喻户晓，尽管自称"儒学君子"的人多如牛毛，但是真正如岳飞、文天祥那样把忠君思想贯彻到底的实在不多。至于像谭嗣同那样为理想而殉道的人，更是屈指可数。反之，如"忍辱负重""韬光养晦""曲线救国""君子报仇十年不晚"等说法却堂而皇之地成为利命保生的生存原则的冠冕招牌。

从积极的方面来看，这种追求自保的倾向和协调的现实精神也使个体的人格易于完成，心灵易于满足，从而导致人际关系的和谐和社会秩序的安宁，同时也使中国人不至于染上神秘迷狂、"原罪"悔恨、变态般的自我摧残、孤独、凄凉以及"上帝死了"以后所出现的困惑焦虑等古代文化病和现代文化病。就这一点而言，中国人的个体心态和人格是比较健全的。李泽厚先生认为，由孔子所奠基的仁学思想和执着于现世人际关系的心理结构，不仅使中国在过去摆脱了宗教神学的统治，而且在将来也会使中国避免出现反理性的神秘迷狂和现代资本主义异化世界中深切感受到的畸零孤单。它们或许能够开创一种全新的生存图景，"也许

---

① 《论语·卫灵公》。
② 在墨子的门徒中，倒是颇多为信仰"赴汤蹈刃，死不旋踵"的豪侠之士，但是墨家的这种为理想殉道的文化精神在中国传统社会中却一直受到儒家利命保生原则的排斥，仅居陪衬地位。

能够在使人们愉快而和谐地生活在一个既有高度物质文明又有现实精神安息场所这方面，做出自己的贡献？以亲子血缘为核心纽带和心理基础的温暖的人情风味，也许能够使华人社会保存和享有自己传统的心理快乐"①。

2. 舍身殉道与超越的浪漫精神

与孔子所倡导的利命保生的协调的现实精神迥然而异，在苏格拉底身上，表现了一种为理想而殉道的超越的浪漫精神。

苏格拉底生活的时代，正是古代希腊城邦制度由盛转衰的时代。希腊多神教文化和雅典民主制（前者是后者的精神根基）在埃斯库罗斯、索福克勒斯、欧里庇得斯、阿里斯多芬、希罗多德和伯里克利等人那里发展到了顶峰，它们的光芒已经焕尽，在这个光辉的顶峰前面就是万仞深渊。然而，无论是索福克勒斯、伯里克利等杰出人物，还是一般的雅典人民，都没有而且也不愿意认识即将出现的文化危机，他们都把雅典民主制和希腊多神论文化当作一种永恒的理想生活状态，沉溺于"现实的光荣"的梦境中。在这种普遍陶醉的氛围中，出现了一个伟大的叛逆者，他对后来西方文化的影响远远超过了上述那些希腊人。这个人就是苏格拉底。

孔子是奠定现实伦理规范的师表，苏格拉底则是预示宗教福音的先知。孔子所制定的伦理规范与社会的现实秩序和人的亲情心理相吻合，而苏格拉底预示的新宗教则由于其超越性和神秘性而与雅典人的宗教习惯格格不入。因此，孔子虽然常常感叹时运不济，却也寿终正寝；苏格拉底则为了他的新宗教而以身殉道。

苏格拉底有一种强烈的使命感和宗教热忱，他坚信自己作为一个神所派遣的使者所应履行的职责，这个职责就是孜孜不倦地探索智慧和听从神的呼唤。苏格拉底之所以被雅典人控诉，也是由于这两个罪名：一是苏格拉底喜欢探索天上地下的各种事物，并以此传授他人；二是苏格拉底蛊惑青年，不信传统宗教（奥林匹斯多神教）而引进新神。对于这

---

① 李泽厚：《中国古代思想史论》，人民出版社 1986 年版，第 39—40 页。

种使命或"罪名"，苏格拉底在作申辩时并不讳言，他宣称："甚至如今，我仍然遵循神的旨意，到处察访我所认为有智慧的，不论本邦人或异邦人；每见一人不智，便为神添个佐证，指出此人不智。为了这宗事业，我不暇顾及国事、家事；因为神服务，我竟至于一贫如洗。"[①] 面对着诬告他和审判他的雅典人，苏格拉底用一段流传百世的名言表达了他的宗教意识和爱智之心："雅典人啊！我尊敬你们，爱你们，但是我将服从神而不服从你们，我一息尚存而力所能及，总不会放弃爱智之学，总是劝告你们，向所接触到的你们之中的人，以习惯的口吻说：'人中最高贵者，雅典人，最雄伟、最强大、最以智慧著称之城邦的公民，你们专注于尽量积聚钱财、猎取荣誉，而不在意、不想到智慧、真理，和性灵的最高修养，你们不觉惭愧吗？'"[②]

与孔子的利命保生的知足人生态度不同，苏格拉底表现了一种不倦地追求理想乃至为之献身的精神。对于现实生活，苏格拉底不是去附和与协调，而是无情地针砭。他把自己比作一只马虻，奉神的旨意不停地叮咬雅典这匹"肥大而懒惰迟钝"的"良种马"，以对雅典人进行"唤醒、劝告、责备"。当雅典人不听从他的劝告和责备，宁愿在"昏昏沉沉的生活"中消磨时光时，苏格拉底没有采取"穷则独善其身"的避世态度，而是坚持不渝地叮咬刺激那匹"良种马"，终致被雅典人送上了审判台。控诉苏格拉底的人要求判处他死刑，按照雅典的法律，被告可以为自己提出一种较轻的惩罚来代替死刑，法官将根据双方的要求而做出一个折中的判决。但是苏格拉底却坚持认为自己不仅无罪，而且比竞技场上的得胜者更有功于雅典人民。他的这种不妥协的态度进一步激怒了雅典人，法庭最终判处他死刑。对于这个判决结果，苏格拉底丝毫也不感到畏惧和恐慌，因为他心中的神并没有做出任何征兆来阻止他赴死。他对法庭表白道："告诉你们：神灵暗示所发生于我的好事，以死为苦境的人想错了。神灵已给我强有力的证据，我将要去的若不是好境界，经常暗示于我的眺兆必会阻我。"正是由于怀着这样一种坚定的信念，在申

---

① 柏拉图著，严群译：《游叙弗伦·苏格拉底的申辩·克力同》，商务印书馆1983年版，第9节。
② 同上，第17节。

辩失败后苏格拉底坦然地说道："分手的时候到了，我去死，你们去活，谁的去路好，唯有神知道。"①　在等待行刑期间，他的好友克力同出于对朋友的爱护，来狱中劝说他逃走。苏格拉底断然拒绝，因为他确信，人"必须追求好的生活远过于生活"，死亡虽然使他离开了"生活"，但是却把他引向一种"好的生活"。

柏拉图在《斐多篇》中描述了苏格拉底临死前对灵魂与肉体关系的见解和对死亡意义的阐述，苏格拉底确信："哲学家的职责恰恰在于使灵魂脱离肉体而获得自由和独立"，"灵魂这个不可见的部分，离开肉体到了一个像它自己一样实在、纯粹及不可见的地方去，即去冥王哈德斯的属地或不可见的世界去谒见至善和至明之神"，因此，"一个真正将一生贡献给哲学的人，面对死亡时应该心情快乐，并坚信当他生命结束时，他能在另一个世界找到神赐予的最大幸福"②。

许多世纪以后，一位基督教的牧师说道："无论是在古代还是近代的任何悲剧里，无论是在诗歌还是史乘里……没有一件事是可以与柏拉图书中苏格拉底的临死时刻相媲美的。"在后来的西方历史中，我们不止一次地看到苏格拉底殉道原型的再现——耶稣在预知自己将蒙难时对门徒们说："时候将到，且是已经到了，你们要分散，各归自己的地方去，留下我独自一人，其实我不是独自一人，因为有父与我同在。我将这些事告诉你们，是要叫你们在我里面有平安。在世上你们有苦难，但你们可以放心，我已经胜了世界。"③　宗教改革的先驱胡斯面对天主教会的火刑架毫无畏惧地宣称："我的布道、学说、撰述及我的其他一切行为的第一个念头，是希望把人们从罪孽中拯救出来。今天，我愿意高高兴兴地为了我教导过、写到过和宣讲过的上帝的法律、圣徒及其他学者解释的这一真理而死。"④　热衷于法国革命的丹东获知自己将被送上断头台时，面

---

① 柏拉图著，严群译：《游叙弗伦·苏格拉底的申辩·克力同》，商务印书馆 1983 年版，第 31、33 节。

② 柏拉图著，余灵灵译：《斐多篇》，载《苏格拉底最后的日子》，生活·读书·新知三联书店 1988 年版，第 130、161、122 页。

③ 《约翰福音》，第 16 章，第 32—33 节。

④ 董进泉：《黑暗与愚昧的守护神——宗教裁判所》，浙江人民出版社 1988 年版，第 181 页。

对着好心劝他出逃的人们大义凛然地说道："难道我能够把祖国系在脚跟上带走吗?"终于慷慨赴死,为自己的理想而殉道。

苏格拉底的肉体失败了,但是他的精神却胜利了。他不仅预示了一种新宗教,而且更重要的是,他表现了一种超越现实和为理想而殉道的浪漫精神,这种浪漫精神对于西方文化的发展和自我更新起了至关重要的作用。由于把目光投向理想、投向另一种"好的生活",所以生活的意义就表现为对生活的超越而不是对生活的固守。自保的倾向让位于保种的倾向,每一个文化分子都在追求一种永恒存在的过程中放弃自己的有限存在,各种各样的"神"的灵光交替笼罩着历史 —— 罗马人为了国家和法而自我牺牲,中世纪的西欧人为了上帝而自我牺牲,近代西方人则为了科学、民主和各种社会理想而自我牺牲。每个人的这种自我否定过程可能是不自觉的,但是这种超越的浪漫精神在整体上却是一种贯穿西方文化之始终的历史自觉。在这种精神的感召下,西方人两眼盯着天空中的各种幻象往前走,在两千多年的时间里超越了一种又一种的社会制度,在身后留下了一片片色彩斑驳的文化遗迹,其中既有闪光的金子,也有刺目的沙砾。

这种发轫于苏格拉底的为理想而殉道的超越的浪漫精神,使西方文化成为一种"宗教文化"。

然而,这种超越的浪漫精神也给西方人的心灵带来了无穷烦恼。由于无止境地追求,对现状始终不满足,所以使得感性的现实生活成为痛苦的源泉,成为一种随时准备让渡和放弃的东西,成为无尽欲望的牺牲品。西方人在内心生活方面远远不如中国人那样恬然自得,那些纠缠不休的理想、刻骨铭心的罪孽意识、难以抗拒的欲望和种种莫名其妙的骚动与诱惑,像螯夹一样时时撕扯着疲惫不堪的心灵,无法回避,无处逃遁。虚幻的理想成为生活的目的,而生活本身则成为一种无关紧要的手段。于是在西方文化中就出现了严重的异化 —— 人成为他自身生活的否定者。同时,西方文化也始终摆脱不了内在动机与外在效果之间的分裂和对立,从而导致了一种具有强烈讽刺意义的悲剧后果 —— 人们倾心向往的东西往往得不到,而得到的东西却并非他们刻意追求的。例如,最充分地满足了世俗欲念的资本主义恰恰是最具有对上帝的奉献精神的新教伦理的意外收获[①]，而资本主义本身又是一座把人当作牺牲奉献于金钱偶像的巨大祭坛。这种动机与效果、理想与现实之间的异化状况一方面造成了西方社会"疯狂旋转"的历史外观，另一方面也给西方人的精神世界带来了永难排遣的焦虑困窘。

3. 两种迥异的生存价值取向

孔子与苏格拉底，这两个伟大的文化圣人分别奠定了两种迥异的生存价值取向——孔子用昔日的光荣来协调现实，苏格拉底则用未来的理想来超越现实。现世生活对于孔子来说是目的和归宿，对于苏格拉底来说却是手段和起点。在孔子身上体现着一种实用色彩浓郁的伦理精神，现世的自我道德修养是人生的基础和核心，利命保生是至高无上的生活原则。在苏格拉底身上则体现了一种神秘气息浓重的宗教精神，追求理想和为之殉道是人生的更高宗旨，现世生活成为"好的生活"的必要牺牲品。由于这两种截然不同的文化精神和价值取向的影响，我们在中国文化图卷中看到的是历史的保守和个人内心生活的怡然自得，在西方文化的图卷中看到的却是历史的嬗变和个人内心生活的焦虑不安。

梁漱溟先生总结道："中国人以其与自然融洽游乐的态度，有一点就享受一点，而西洋人风驰电掣地向前追求，以致精神沦丧苦闷，所得虽多，实在未曾从容享受。"[②] 作为个人来说，中国人淡泊的心态和悠闲的生活态度为西方人所神往；而作为历史来说，西方在近几百年间确实走到了中国的前面。

西方人的思维始终为一种难以调和的价值二元分裂和对立所困扰，人夹在上帝和魔鬼、天堂和地狱、理想和现实、灵魂和肉体等永无休止的冲突之间，受着来自双方的诱惑和折磨。因此西方人始终是自我矛盾的，处于一种无法排遣的内在冲突和困惑焦虑之中。莫名的烦恼和焦虑等心理体验并非西方现代派的产物，即使在中世纪和近代的许多最虔诚

---

① 关于这一点，可参阅马克斯·韦伯的《新教伦理与资本主义精神》一书。

② 梁漱溟：《东西文化及其哲学》，商务印书馆 1922 年版，第 152 页。

的宗教信徒和道德贤哲身上，我们都可以看到这种焦虑体验的典型表现，如基督教的圣徒安东尼、杰罗姆、奥古斯丁和本尼狄克，近代文化巨人卢梭、尼采、克尔凯郭尔等等。以基督教修道运动的主要创建者之一的本尼狄克为例，他为了献身于上帝，清除自己内心的种种邪念，远离人烟，到荒野中披着兽皮去过野兽一般的修道生活。然而即使这样仍然不能彻底摆脱欲念的诱惑和内心的冲突，于是他只得通过折磨肉体的方式来达到净化灵魂的目的。教皇大格里高利在 593 年所写的《对话集》中对这件事描写道：

> 　　恶魔使他忆起从前见过的一个女人，这个回忆在上帝仆人的灵魂中，唤起了强烈的淫念。它有增无已，几致使他屈服于享乐，并兴起了离开荒野的念头。然而在上帝恩惠帮助下，他突然清醒过来了；当他看到附近长着许多茂密的荆棘和丛生的荨麻时，他立即脱下衣服，投身在内翻滚了许久，以致当他爬起来之后，他已可怜地弄得全身皮开肉绽；他就这样借着肉体的创伤医治了灵魂的创伤。[①]

　　西方近代的思想大师卢梭同样被心灵的矛盾折磨得几近疯狂，用休谟对他的形容来说："他在整个一生中只是有所感觉，在这方面他的敏感性达到我从未见过任何先例的高度，然而这种敏感性给予他的，还是一种痛苦甚于快乐的尖锐的感觉。他好像这样一个人，这人不仅被剥掉衣服，而且被剥掉了皮肤，在这种情况下被赶出去和猛烈的狂风暴雨进行搏斗。"[②]

　　这种价值的二元分裂和对立不仅表现在西方人的精神世界中，而且也表现在西方历史形态的更迭中。纵观整个西方文化史，除了在希腊文化时期各种价值范畴由于处在一种尚未分化的原始和谐状态，还没有呈现出显著的对立之外，其后的每一种文化形态都偏执于对立的某一端，并且表现出一种相互否定的特点。罗马人推崇那种刚劲豪放的世俗英雄

---

① 转引自罗素著，何兆武、李约瑟译：《西方哲学史》上卷，商务印书馆 1963 年版，第 466 页。
② 参见罗素著，马元德译：《西方哲学史》下卷，商务印书馆 1976 年版，第 232 页。

主义，把建功立业和肉体享乐当作生活的要旨，其结果使得功利主义和物质主义发展到登峰造极的地步。这种片面发展物欲的倾向最终遭到了基督教文化的唯灵主义的酷烈报复。与人欲横流的罗马文化相反，基督教文化把禁欲主义推向了极端。在一个虔诚的基督徒眼里，一切美好的自然对象和社会对象都是魔鬼的诱惑，因而是道德行为的禁地。上帝是一个形容枯槁的"绝对精神"，被钉在十字架上的基督是一副令人沮丧的痛苦面容，而圣母玛丽亚则是一个丝毫不具有女性的性感特征的"抽象"女人。基督教文化的崇高感和美感恰恰产生于这种唯灵主义的偏执和"痛苦的极乐"之中。对这种反人性的禁欲主义的否定就导致了西方近现代文化的那种纸醉金迷、声色犬马的纵欲主义，西方社会中出现的性解放运动、吸毒以及富裕阶层的种种穷奢极欲的无聊和颓丧，都是这种矫枉过正的放纵的必然结果。尽管现代西方文化所固有的各种机制可以减轻这种疯狂的纵欲主义对社会肌体的侵害，但是却避免不了由此而导致的一次又一次的"世纪末综合征"对人们心灵的摧残。这种从一个极端到另一个极端的相互否定和跳跃运动，是西方文化演进的一个显著特点，它一方面成为推动历史发展的巨大动力，另一方面也成为西方人的不幸意识和生存困惑的深刻根源。

在中国人的价值体系中，没有这种二元对立的冲突和困扰。西方人的那种灵魂不安和自我折磨在传统中国人看来完全是一种不可思议的精神病现象。内在的"心性"修为固然重要，但是一个人的身体发肤亦受之于父母，岂可随意作践？圣人固然应该"坐怀不乱"，然而"食色，性也"，正人君子偶尔动动淫念也并非什么大不了的罪过，更何况在中国传统社会中一个男人拥有三妻四妾甚至三宫六院七十二嫔妃都是堂而皇之的。中国人关注的不是内在的矛盾冲突，而是外在的礼教规范。"中国人把整个青年时代用在学习这种礼教上，并把整个一生用在实践这种礼教上。"① 中国传统价值观念始终是一元性的，它只有一个维度，即指向现实的道德人生和伦理规范，一切对立的观念都在现实的伦常关系中

---

① 孟德斯鸠著，张雁深译：《论法的精神》上册，商务印书馆1961年版，第313页。

得到无矛盾的统一（绝对同一）。那些原本是对立的范畴一经无差别地同一，就失去了任何客观的规定性，于是就由人们根据统摄一切的伦理规范来加以界说。这种以现实的道德人生规范为核心来调和一切矛盾的结果，导致了思维的否定机制的退化。它使人陶醉在一种灵魂无纷扰的幸福意识中，心安理得，不思超越；而历史却屈从于一种平滑的惯性，步履蹒跚地在洋洋得意的自我肯定中循环。历史不作跳跃，从而使2000多年的中国传统社会成为雨果所说的"保存胎儿的酒精瓶"。

利命保生和舍身殉道，这两种分别由孔子和苏格拉底所代表的生存价值取向极大地影响了中国人与西方人的思维方式和行为方式，导致了协调的现实精神与超越的浪漫精神之间、现世伦理意识与彼岸宗教意识之间的对立，并且构成了中西文化截然不同的精神特质。由于这两种迥然而异的生存价值取向的范导作用，在长达2000多年的中国社会中出现了人文色彩浓重的世俗文化、修养有素的内在道德生活和因循守旧的历史惰性；在西方社会中则出现了长期在精神和物质两端之间来回摆动或相互否定的异化现象、混杂着希望与焦虑的外在宗教理想，以及不断更新的社会历史面貌。

二 儒家的"四端之心"与基督教的"原罪"

从文化研究的角度来说，人们通常习惯于把中国传统文化称为儒家文化，而把西方传统文化称为基督教文化。这两种文化之间虽然存在着许多重大的差异，但是它们都非常关注道德问题。与商代"尊神事鬼"的巫觋精神和周代崇尚外在天命的礼法制度相比，春秋以降的儒家文化以强调内在的道德心性为其基本特点。同样，与恪守外在律法的犹太教和偏重自然崇拜的希腊多神教相比，基督教文化也以突出道德论而著称。儒家道德学说以"四端之心"为基本理论预设，从人心固有的恻隐、羞恶、恭敬、是非等四种良知端绪出发，强调向内发掘善良本根，通过由内而外的道德修为来成就人生鹄的和社会理想，最终达到天人合一的至高境界。基督教道德学说则以"原罪"思想为基本理论预设，从人类与生俱来的先验罪性出发，祈求神秘性的上帝恩典，通过虔诚的信仰和深沉的忏悔来完成脱胎换骨式的灵性提炼，最终使灵魂超越人世而升入天国。这两种殊异的道德理论各有其形成、发展的历史过程，并且导致了中西文化对于人性的不同解释，塑造了两种文化迥然而异的基本品格。

1."四端之心"与道德的内在化

在前面的章节中（参见本书"从殷商巫觋精神到儒家伦理精神"一节），我们可以看到，从殷商时代的巫觋文化向儒家伦理文化的转化经历了两个阶段，第一阶段是商周之际发生的宗教-政治改革，这场改革的结果使得殷人的带有自然崇拜和血缘色彩的"鬼神"转化为周人的与宗法礼仪休戚相关的"天命"，迈出了从"尊神事鬼"到"尊礼敬德"的第一步。第二阶段是孔子、子思、孟子等人所进行的文化思想革命，它的实质是把自在的"天命"内化为自觉的"人性"，直指每个人的道德本心，将外在的天命威慑转变为内在的道德良知，从而完成了从鬼神崇拜向伦理精神的转化。这个转化过程使中国传统社会的伦理文化得以确立，并且培育了一种专注于内在道德修养和世俗社会生活的"实用理性精神"。

殷商文化是一种尊鬼神、重祭祀的文化，《礼记·表记》曰："殷人尊神，率民以事神。"殷人崇拜的鬼神不仅仅是自然的主宰者，而且也是殷人的祖先和保护神，它们与殷人之间有着直接或间接的血缘关系，接受殷人的牺牲祭品，对殷人的利益予以关照。无论是令风雨、降祸福的至上神"帝"，还是"宾于帝"的先祖先妣、先王先公，都带有明显的生殖崇拜的色彩。从根本上说，这些鬼神只是殷民族的祖神，它们只庇护殷民族，而不关心殷人的道德状况。无论殷人是为善还是作恶，只要向它们祭献牺牲，就一视同仁地予以保护。殷人与鬼神之间的联系，不是通过道德感应，而是通过祭祀活动。这一点表明殷商时代的鬼神崇拜是一种处于前道德状态的原始宗教文化，它的根基是血缘关系和生殖原则，它的实质是祖先崇拜和自然崇拜。

到了周代，随着一场政治-宗教变革活动的完成，道德性的"天"

取代了自然性的"帝"。"天"不再是一个单纯的自然主宰，亦非与周人有着血缘关系的始祖神，而是一个"监下民，典厥义"的道德监护者。"天"作为一种客观性的抽象命运，与人们的主观性的道德行为密切相关。人与"天"之间的沟通，也不再靠奉献牺牲的祭祀活动，而是靠人在现实生活中的道德实践。《周书·蔡仲之命》曰："皇天无亲，惟德是辅。"而"德"则体现在对宗法礼仪规范的遵从之中。这样一来，"尊礼敬德"就取代了殷人的"尊神事鬼"而成为周文化的基本精神。

然而，在周人那里，"天"仍然是一种与人相对的"自在之物"，虽与人德相呼应，但它主要还是作为一种强制性的道德监督而对人形成威慑。以"敬德"取代"尚鬼"标志着伦理精神的产生，然而伦理精神在周人那里还仅仅停留于宗法等级体制的种种礼仪上。正如殷人的"尚鬼"精神体现于祭祀占卜活动中一样，周人的"敬德"精神表现在尊礼守仪的宗法制度中。周人的"礼"主要是指一些僵化刻板的等级秩序和行为规则，与"仪"紧密联系在一起。因此周人的道德活动更侧重于外在的礼仪规范，而不是内在的道德良知。到了春秋时期，周人尊礼敬德的天命观才经由孔孟等人的改造而内化为以"仁"为核心、以心性修养为基础的"天人合一"思想。

孔子在对周文化进行肯定的同时，也对其进行了深刻的变革。孔子虽然以周礼相标榜，但是却把"仁"的概念引入"礼"中，用发自内在孝悌之情的"仁"对拘泥于外在刻板形式的周礼进行了改造，从而把"礼"从强制性的外在仪制变成了人性的自觉要求，变成了建立于亲情心理之上的普遍人性意识。在孔子那里，"仁"与"礼"密切相关，"仁"构成了"礼"的基础，"克己复礼"本身就是"为仁"的表现。而"为仁由己"，从而将尊礼敬德、膺受天命的根本融于个人内在的道德修养之中。孔子曰："仁远乎哉？我欲仁，斯仁至矣。"①"仁"字在孔子的言论中虽然有不同的具体内容，但其基本含义是"爱人"和"忠恕"。"爱人"是"仁"的一般原则，"忠恕"则是"仁"的具体表现，而"恭、宽、

---

① 《论语·述而》。

信、敏、惠"等道德条目，亦无一不是以"爱人"为基础。用"仁"对
"礼"进行内在化改造，使"礼"从周人的"天道"转化为儒家的"人
伦"，这是孔子的历史功绩。由于"仁"被理解为普遍的人性良知（孝
悌之情或爱人之心），这样就使得作为一切德目之总汇和体系的"礼"
内化为人心的道德自觉。李泽厚先生指出："'礼'由于取得这种心理学
的内在依据而人性化……由'神'的准绳命令变而为人的内在欲求和自
觉意识，由服从于神变而为服从于人，服从于自己，这一转变在中国古
代思想史上具有划时代的意义。"①

孔子把"仁"奠定为礼和各种德目的基础，从而开辟了一条将外在
之天命和刻板之周礼聚敛于内在之心性的道路。但是需要指出的是，孔
子本人并没有明确地把"仁"说成是与生俱来的先验人性。虽然孔子将
"仁"理解为爱人之心、孝悌之情和忠恕之道，并且强调"为仁由己"，
但是爱人之心、孝悌之情和忠恕之道究竟是"生而知之"的先验本性，
还是"学而知之"的修养结果，孔子却未曾明言。此外，孔子也没有直
接论及人性与天命之间的关系问题，"夫子之言性与天道，不可得而闻
也"②。虽然孔子曾经表述了通过行仁弘道、下学上达而知天命的观点，
认为"不知命，无以为君子也"，并且表示自己"五十而知天命"，但是
天命与仁德在孔子那里的统一主要还是停留在认识论意义上，尚未达到
本体论上的统一。在孔子那里，天命仍然具有某种自在自为的外在性，
人固然可以通过行仁弘道来认识天命，但是仁德与天命并非同一本体，
而是一种二元性的关系。因此，在孔子的言论中既表现了一种"守死善
道""杀身成仁"的道德精神，也流露出一种"道之将行也与，命也；道
之将废也与，命也"③的宿命论思想。孔子所经历的坎坷生涯使他面对不
尽如人意的命运时采取一种"不怨天，不尤人"的知命达观态度，并且
为了弘扬仁道而"知其不可而为之"。就此而言，孔子虽然在理论上承
认天命的外在性和不可抗拒性，但是在实践中却表现出一种行仁弘道、

---

① 李泽厚：《中国古代思想史论》，人民出版社 1986 年版，第 20—21 页。
② 《论语·公冶长》。
③ 《论语·宪问》。

尽性而为的自由精神。

在先秦儒家中，明确地将仁、义、礼、智等道德品性界定为人的先验本性，并且把人性与天命在本体论意义上联系起来的，是子思和孟子。虽然根据不久前发掘出来的郭店楚简，表明在孔子之后、思孟之前已经有人关注到这个问题，例如，楚简《性自命出》篇写道："性自命出，命自天降；道始于情，情生于性。"从发生学的意义上阐述了天、命、性、情、道之间的内在联系。但是，《性自命出》所言之性乃"喜怒哀乐之气"的自然人性，并非孔子所首倡、思孟所发扬光大的仁义道德之性。此外，"性自命出，命自天降；道始于情，情生于性"的说法虽与《中庸》的"天命之谓性，率性之谓道，修道之谓教"的观点在形式上相近，其实质却殊异。前者从天命中衍生出人性，后者则将天命本身定义为人性；前者从发生学意义上将天命与人性联系起来，后者则从本体论意义上将天命与人性联系起来，将人性提升到天命的高度。《中庸》对于性的解释完全不同于《性自命出》，子思将"诚"作为人性和天命的共同内涵或本性，"唯天下至诚，为能尽其性；能尽其性，则能尽人之性；能尽人之性，则能尽物之性；能尽物之性，则可以赞天地之化育；可以赞天地之化育，则可以与天地参矣"[①]。由"诚"出发，不仅可以成己，而且可以成物；成己为仁，成物为知，二者均已先天地根置于人的道德本性之中。因此，人只需修身养性，恪守"至诚"，即可以成己成物，尽仁尽知，下修人道，上通天命，达到"天人合一"的至高境界。

从外在天命向内在人性聚敛和转化的最终思想结晶是孟子的"四端之心"。孟子在与告子的争论中明确地将仁、义、礼、智界定为人的先验本性："恻隐之心，人皆有之；羞恶之心，人皆有之；恭敬之心，人皆有之；是非之心，人皆有之。恻隐之心，仁也；羞恶之心，义也；恭敬之心，礼也；是非之心，智也。仁义礼智，非由外铄我也，我固有之也，弗思耳矣。故曰：求则得之，舍则失之。"[②]在《孟子·公孙丑上》中，孟子又将仁、义、礼、智说成人性之四端，与人体之四肢一样与生俱

---

① 《中庸》。

② 《孟子·告子上》。

来。由于"仁义礼智根于心"，因此人性本善。"人性之善也，犹水之就下也。"① 人之为恶，乃是由于后天迷失了善良本性，正如水往上流只是由于外力激迫所致一样。反之，如果固守其善良端绪，并将其发扬光大，人人皆可以成为尧舜。

孟子把仁、义看作人的亲情本性："仁之实，事亲是也；义之实，从兄是也。"② "孩提之童，无不知爱其亲者；及其长也，无不知敬其兄也。亲亲，仁也；敬长，义也。无他，达之天下也。"③ 另一方面，仁义本性必然要从"亲亲""敬长"扩展而为"泛爱众"，推己及人，由亲至疏："老吾老，以及人之老；幼吾幼，以及人之幼。"④ "亲亲而仁民，仁民而爱物。"⑤ 从父子兄弟之间的血缘伦理关系引申出人与人之间的一般性的社会伦理关系，乃至人与万物之间的普遍性的自然伦理关系。

从"四端之心"和人性本善的理论出发，孟子将孔子"为仁由己"的思想进一步加以发挥，突出人的意志自由和道德自觉的重要性。孟子不仅强调人之善端"求则得之，舍则失之"，而且主张通过自身的道德修养来把握天命，由尽心知性扩充而为兼善天下，由内圣之性开出外王之道。"尽其心者，知其性也。知其性，则知天矣。"⑥ 心、性、天本为一体，天道落实在人道之中，天命体现在人性之中，通过养性修身就可以事天立命。一切道德规范均内在地蕴涵于人的本性之中，人无需向外驰求，只需向内下功夫。求仁得仁，仁至而义尽，义尽而礼备，礼备而知天命，从而万物也就皆备于我矣。仁义礼智"四端"，内求为修身之道，外扩则为治国之道。"天下之本在国，国之本在家，家之本在身。"⑦ 因此，由修身养性开始，进而齐家、治国、平天下，"身正而天下归之"。从内心之仁而达及天下之仁，从个人的道德修养中开辟出社会的大同理想。

孟子的"四端之心"和性善论把成己成物、天人合一的根据由外

---

① 《孟子·告子上》。
② 《孟子·离娄上》。
③ 《孟子·尽心上》。
④ 《孟子·梁惠王上》。
⑤ 《孟子·尽心上》。
⑥ 同上。
⑦ 《孟子·离娄上》。

在的天命转化为内在的人性，将人的意志自由和道德自觉提升到至高无上的地位，确立了修齐治平的人生实践和内圣外王的社会理想。外在的"天"或"天命"成为被动的存在，它以人心固有的仁义礼智作为参照和根本，与人构成了一种以自我心性修养为前提的"天人感应"关系。人性之"仁"成为万物之实体、宇宙之本原，外在之"天"则成为实体或本原的表现形式。徐复观先生对孔孟所开创的这种将天命内敛于人之心性，而后又外扩于天下国家的文化性格的重要意义总结道：

> 天是伟大而崇高的客体，性是内在于人的生命之中的主体。若按照传统的宗教意识，天可以从上面，从外面，给人的生活行为以规定；此时作为生命主体的人性，是处于被动的消极的状态。但在孔子，则天是从自己的性中转出来；天的要求，成为主体之性的要求；所以孔子才能说"我欲仁，斯仁至矣"这类的话。对仁作决定的是我而不是"天"。对于孔子而言，仁以外无所谓天道。他的"天生德于予"的信心，实乃建立于"我欲仁，斯仁至矣"之上。性与天道的贯通合一，实际是仁在自我实现中所达到的一种境界……孟子是以心善言性善，所以当孟子说"仁，人心也"（《告子上》）的话时，实等于说"仁，人性也"，这正是继承孔子人性论的发展。由于孔子对仁的开辟，不仅奠定了尔后正统的人性论的方向，并且也由此而奠定了中国正统文化的基本性格。这是了解中国文化的大纲维之所在。

> 　　孟子所说的性善，实际便是心善。经过此一点醒后，每一个人皆可在自己的心上当下认取善的根苗，而无须向外凭空悬拟。中国文化发展的性格，是从上向下落，从外向内收的性格。由下落以后再向上升起以言天命，此天命实乃道德所达到之境界，实即道德自身之无限性。由内收以后再向外扩充以言天下国家，此天下国家实乃道德实践之对象，实即道德自身之客观性、构造性。从人格神的天命，到法则性的天命；由法则性的天命向人身上凝集而为人之性；由人之性而落实于人之心，由人心之善，以言性善：这是中国古代

文化经过长期曲折、发展，所得出的总结论。[①]

由外在天命向内在心性聚敛而后再外扩的过程不仅是中国古代文化演化发展的历史过程，而且也是中国传统人格，尤其是儒家人格的基本品性，它导致了强调现世道德修养、贬抑彼岸宗教信仰的儒家伦理精神的兴盛。这种重人伦轻鬼神、近人道远天道的伦理精神构成了中国传统文化的基本性格和主体精神，同时也把道德修养的根基置于个人内在的自由意志和自觉意识之上。

2. "原罪"理论与道德的超越化

"四端之心"和性善论的道德思想是先秦儒家对殷商鬼神观和周代天命观进行内在化改造的结果，与此相应，基督教的"原罪"理论和性恶论的道德思想也是罗马时代的使徒、教父对犹太教和希腊多神教进行改造的结果。

众所周知，基督教脱胎于犹太教，它继承了犹太教的一神崇拜、创世传说、圣教历史和罪孽意识。但是从精神实质上来说，基督教与犹太教有着本质性的差异。基督教超越了犹太教的此岸性，成为一种关于彼岸世界的福音。基督教以内在的信仰和道德代替了犹太教的外在的律法和祭祀，以唯灵主义的"救赎说"取代了犹太教的社会解放的"末世论"预言，并且大力渲染决定论的"原罪"思想和神秘主义的恩典学说。正是这些本质性的精神差异以及某些历史方面的原因，使得基督教逐渐与直观性的犹太教分道扬镳，发展成为一种具有形而上学内涵的精神宗教。

基督教不仅废除了犹太教行割礼、守安息日、禁食、洁净等习俗仪式，突破了犹太教的狭隘的民族局限性，而且用以内在信仰为基础的道德取代了犹太教的以外在惩罚为基础的律法。基督教创立了一种动机论的道德观，它把善从行为效果归诸到内心动机，并且把信仰奠定为道德的基础，从而赋予道德以浓厚的超越性色彩。基督教道德的要义集中

---

① 徐复观：《中国人性论史·先秦篇》，台湾商务印书馆 1984 年版，第 99—100 页、第 163—164 页。

地体现在两条最大的诫命之中，即"你要尽心、尽性、尽意、尽力，爱主你的上帝。其次就是说，要爱人如己。再没有比这两条诫命更大的了"①。这两条诫命构成了基督教的核心和精髓，表达了基督教最基本的信仰和道德。"尽心、尽性、尽意、尽力地爱上帝"，就是要人执着于宗教信仰，轻视世俗的物质生活，潜心于精神修养，超越现世，追求彼岸。"爱人如己"则是宣扬一种仁爱为本的道德思想，与孔子所主张的"己欲立而立人，己欲达而达人""己所不欲，勿施于人"的忠恕之道同出一辙。

我在前面已经指出，从犹太教"末世论"到基督教"救赎说"的发展是基督教最终摆脱犹太教，成为一种独立的世界性宗教的重大标志。基督教的"救赎说"将"天国"与人世、灵魂与肉体对立起来，基督的救赎说到底是对信者的救赎，对灵魂的救赎。基督作为上帝子、作为灵，与上帝同在，对上帝的信仰变成了对基督救赎的信仰，"信子就是信父"。"救赎说"使基督教具有了形而上学的色彩，使其成为一种唯灵主义的神学，它所大力宣扬的灵魂与肉体、彼岸与现世之间的二元对立，构成了基督教的最本质的精神特征。

"救赎说"与"原罪"观念是联系在一起的，基督的救赎就是对亚当所犯"原罪"的救赎。在犹太教的《旧约》中，虽然讲述了亚当、夏娃偷食禁果而堕落的"原罪"故事，但是并没有刻意渲染"原罪"意识。《旧约》的"摩西五经"（即《旧约》中的《创世记》《出埃及记》《利未记》《民数记》《申命记》）中，把犹太人遭受不幸的原因主要归咎于祖先和族人们对上帝的不敬和不洁，即归咎于犹太人所犯之本罪，而不是归咎于亚当所犯之"原罪"。但是在基督教的《新约》福音书和保罗书信中，"原罪"意识变得越来越突出，成为人的罪性的先验根据。由于亚当一次滥用自由意志而犯下的罪过，人类在本性上被注定了一种罪的宿命。这种决定论意义上的罪并不能通过人的自身努力或善良意志而得到解脱，亚当所犯的形而上学性质的"原罪"只能靠"第二亚当"（即基督

---

① 《马可福音》，第 12 章，第 30—31 节。

耶稣）来救赎。"原罪"的决定论特点使得"救赎"的恩典意义得到了彰显，由于"原罪"，我们都成为万劫不复的负罪之身；由于"救赎"，我们重新被赋予了新生的希望。"基督已经从死里复活，成为睡了之人初熟的果子。死既是因一人而来，死人复活也是因一人而来。在亚当里众人都死了，照样，在基督里众人也都要复活。"[①]"救赎"的前提是信仰，"救赎"只针对有信仰的人，而信仰的实质就是让圣灵充溢于心间。"如果上帝的灵住在你们心里，你们就不属肉体，乃属圣灵了。人若是没有基督的灵，就不是属基督的。基督若在你们心里，身体就因罪而死，心灵却因义而活。"[②]这样一来，就把信仰提高到首要的位置，使在信的基督徒取代了犹太人而成为上帝的选民或拯救的对象。

"原罪"意识所具有的形而上学的决定论性质显然与犹太教无关，而是来自希腊悲剧中的"命运"意象和希腊哲学（尤其是柏拉图哲学和新柏拉图主义）中的"逻各斯""理念"等形而上学概念。在希腊悲剧如埃斯库罗斯的《被缚的普罗米修斯》、《奥瑞斯提亚》三部曲和索福克勒斯的《俄狄浦斯王》中，我们可以看到一种高悬于英雄和神灵头顶之上的"命运"在决定着整个悲剧情节的发展，它那不可逆转、不可抗拒的巨大威力使它成为希腊悲剧中最神秘的形而上学因素。这种决定着剧中主人公的悲剧性结局的"命运"，往往与基督教的"原罪"思想具有同样的内涵——某一位原始祖先的罪过注定了他的后辈子孙们的不可逃遁的悲剧性命运[③]。在希腊民间流行的奥尔弗斯秘祭中，也有一个更具有强制色彩的"Aváykŋ"（即"必然"），他往往表现为一个手执皮鞭为命运开道的形象。稍后，希腊哲学家们对希腊悲剧中的"命运"和奥尔弗斯秘祭中的"亚男克"等扑朔迷离的神秘意象进行了抽象的提升，结果就导致了毕达哥拉斯的"数"、赫拉克利特的"逻各斯"和柏拉图的"理念"等形而上学概念。这些概念的内涵虽然不尽相同，但是它们都是作为一

---

① 《哥林多前书》，第 15 章，第 20—22 节。

② 《罗马书》，第 8 章，第 9—10 节。

③ 典型的例子是伯罗奔尼撒家族的悲剧，这个家族的始祖坦塔罗斯和其子珀罗普斯由于罪过而遭到神的诅咒，这诅咒像达摩克利斯之剑一样永远高悬在伯罗奔尼撒家族之上，酿成了阿特柔斯、阿伽门农、奥瑞斯提斯等后辈英雄们的一个又一个悲剧故事。

种形而上学的一般本质而决定着现象世界中的具体事物，正如"原罪"是作为一种形而上学意义上的罪恶而构成了现实世界中一切具体罪恶的抽象根据一样。因此，当希腊和拉丁的教父们运用希腊哲学思想尤其是柏拉图主义来建构基督教神学理论时，他们注入基督教中最多的东西就是希腊哲学所独具而犹太教所匮乏的形而上学。

然而，虽然从希腊悲剧和哲学中可以引申出形而上学的"原罪"决定论，在整个希腊文化中我们却很难发现关于"救赎"的思想。希腊人是现实主义者和人文主义者，他们虽然承认"命运"的不可抗拒性，但是他们却并不因此而对现实生活采取悲观主义的态度，而且也从来不把希望寄托于虚无缥缈的彼岸世界。希腊人对现实生活充满了热爱，尽管生活中也会有种种磨难和痛苦，但是现实生活仍然是最好的生活。用希腊大英雄阿喀琉斯的话来说："我宁愿活在世上做人家的奴隶，侍候一个没有多少财产的主人，那样也比统率所有死人的魂灵要好。"① 希腊人以乐观的态度来对待生活中的悲剧，他们根本就不需要"救赎"，即使是在面对着类似于"原罪"的"命运"的时候。这种对待现实生活乃至悲剧命运的乐观主义态度构成了希腊文化与基督教文化的根本差异。尽管基督教借鉴了希腊文化的许多东西，但是它的本质精神和基本价值取向却与希腊文化迥然而异甚至截然对立。因此，基督教不仅运用希腊哲学对直观朴素的犹太教进行了形而上学的改造，而且也用信仰激情和唯灵主义取代了希腊文化的自然崇拜和感觉主义。

上帝论、基督论和人性论是早期基督教会以及教父派所关注的三个主要问题，其中人性论问题是以"原罪"理论作为基础的。对基督教的"原罪"理论进行了最透彻的阐释，并且将决定论思想贯穿于"原罪"理论和"救赎"学说之中的，是著名的拉丁教父奥古斯丁。罪恶问题是奥古斯丁一生关注的焦点，早年信奉摩尼教的奥古斯丁曾经把罪恶看作是与善良同样具有本质性的实体。在皈依基督教之后，他改变了早年的观点，认为只有善才是本质和实体，它的根源就是上帝，而罪恶只不过是

---

① 荷马著，杨宪益译：《奥德修纪》，上海译文出版社 1979 年版，第 144 页。

"善的缺乏"或"本体的缺乏"。上帝作为至善，是一切善的根源，上帝并没有在世间和人身上创造罪恶。但是人的自由意志却引诱人背离上帝而自甘堕落，因此，罪恶的原因是人的自由意志，它的实质是对上帝或善之本体的背叛。奥古斯丁说："我探究恶究竟是什么，我发现恶并非实体，而是败坏的意志叛离了最高的本体，即是叛离了你天主，而自趋于下流。"[①] "事实上我们所谓恶，岂不就是缺乏善吗？在动物的身体中，所谓疾病和伤害，不过是指缺乏健康而已……同样，心灵中的罪恶，也无非是缺乏天然之善。"[②]

奥古斯丁认为，自由意志是罪恶的根源，但是自由意志作为上帝赐予人的一种高贵禀赋，其本身并不是罪恶。上帝赋予人自由意志是为了让人正当地生活，积极向善，而不是为了让人犯罪。因此严格地说，罪恶乃是人滥用自由意志的结果。由于始祖亚当对自由意志的滥用，导致了人类的永恒的罪性，即"原罪"；因此，尽管最初的人性是纯洁无邪的，但是自从亚当堕落以后，人性就被注定为有罪的和邪恶的。作为对"原罪"的公正惩罚，上帝使人由原来和上帝一样不朽而变成有死的。由此可见，正是"原罪"的决定论注定了人类的先验罪性、邪恶本质和必死的命运。

晚年的奥古斯丁在与不列颠隐修士贝拉基的争论中，赋予了"原罪"理论和"救赎"学说更加浓厚的决定论色彩。贝拉基及其追随者泽列斯蒂乌等人否认"原罪"的决定论意义，认为亚当滥用自由意志所犯的罪过只能由亚当本人负责，而不应该由他的后代来承担恶果；尽管有许多人由于后天的原因而堕落，但是从本性上来说人类完全有可能不犯罪，而且人们也完全可以仅凭着自己的自由意志而无须依靠基督的救赎来解除自身的罪恶。面对着贝拉基派的这种自由意志说，奥古斯丁一方面大力渲染"原罪"的决定论特点，认为亚当、夏娃的一次堕落就注定了作为其子孙的全人类的罪恶本性，因此世界上没有一个人可能是无罪的；另一方面则强调上帝恩典对于救赎的决定性意义。奥古斯丁指出，人的

---

① 奥古斯丁著，周士良译：《忏悔录》，商务印书馆1963年版，第7卷，第16节。
② 奥古斯丁：《教义手册》，第30章，参见《奥古斯丁选集》，香港基督教文艺出版社1986年版。

先验罪性（"原罪"）和必死的命运虽然是由于自由意志而导致的，但是却不能通过人的自由意志而得到解除。因为自从"原罪"产生之后，人的意志已经被罪恶所控制，它已经不再是真正意义上的"自由"意志了。在这种情况下，只能依靠上帝的恩典才能使一部分人的意志重新获得自由向善的能力，摆脱必死的惩罚而获得灵魂的永生。奥古斯丁写道："但那一部分得到上帝允许、蒙赦免、被复生、承受上帝之国的人，怎样得救的呢？他们能靠自己的善行得救吗？自然不能。人既已灭亡了，那么除了从灭亡中被救出来以外，他还能行什么善呢？他能靠意志自行决定行什么善吗？我再说不能。事实上，正因为人滥用自由意志，才使自己和自由意志一起毁灭了。一个人自杀，自然必须是当他活着的时候。到他已经自杀了，他就死了，自然不能自己恢复生命。同样，一个人既已用自由意志犯了罪，为罪所胜，他就丧失了意志的自由。"[1] 因此，"既然我们志愿堕落时不可能志愿爬起来，请让我们带着完全的信，抓住那已从高天伸向我们的上帝的右手吧，那就是我们的主耶稣基督。让我们以坚定的望等待他，以热切的爱渴慕他吧"[2]。

奥古斯丁认为，上帝的救恩已经通过基督代替人类蒙难和死而复活的奇迹而昭示给我们，这恩宠的实质就是把信、望、爱注入我们的心中。贝拉基在坚持自由意志说时也极力突出信仰的重要性，强调"因信称义"是得救的唯一途径。在坚持信仰是救赎的前提这一点上，奥古斯丁与贝拉基并无分歧，但是问题的关键之处在于，信仰的根据又是什么？贝拉基认为是人的自由意志，奥古斯丁则认为信仰本身就是上帝恩典的结果。上帝在创世之初就已经根据他自己的理由 —— 这理由是我们人类无法理解的奥秘 —— 预定了哪些人将被拯救，哪些人将受到惩罚。惩罚表现了上帝的公正，因为人类应该为始祖所犯的"原罪"承受惩罚；拯救则表现了上帝的仁慈，因为它是上帝白白赐予的恩典。倘若我们未被上帝所拣选而遭受死亡的惩罚，就应该服膺于上帝的公正，因为"罪的

---

① 奥古斯丁：《教义手册》，第30章，参见《奥古斯丁选集》，香港基督教文艺出版社1986年版。

② 奥古斯丁：《论自由意志》，第2卷，第20章，第54节，参见奥古斯丁著，成官泯译：《独语录》，上海社会科学院出版社1997年版。

代价是死"；倘若我们被上帝所拣选而获得灵魂的永生，则应该感谢上帝的仁慈，因为我们的得救不是由于我们自身的功德，而是由于上帝的恩典。"按公义论，世人都该受刑罚，假若他们都被定罪受到该得到的刑罚，无疑，这是按公义而行的。所以，凡靠着神恩得蒙拯救的人，不得称为'功劳的器皿'，而应称为'怜悯的器皿'。这是谁的怜悯呢？岂不是上帝的吗？他差遣耶稣到世界来拯救世上的罪人。这些罪人，是他所预知，所预定，所选召，并称他之为义，使之得荣耀的。"① 作为预先拣选的印证，上帝把信仰和德行赋予我们，然后使我们因信而称义，因德行而蒙恩。看起来得救似乎是我们主观努力的结果，实际上上帝是躲藏在幕后操纵一切结局的导演。恩宠的结果是得救，恩宠的实质则是使圣灵充溢于心间，从而使人在内心中必然树立起坚定而热诚的信、望、爱，在行为上必然表现出美德和善功。因此不是由于我们具有信仰和功德所以被上帝所拣选 —— 上帝作为全知全善的绝对存在者决不会因为我们的所作所为而改变他的预先拣选 —— 而是由于我们被上帝所拣选所以必然具有信仰和功德。"信仰是被注入的；罪，不论是原罪还是本罪，都在受洗时被赦免。'这种我们藉以成为基督徒的信仰是上帝所恩赐的。'正因为这样，信仰可立即使人成义……恩宠是圣灵把爱注入（人心）。它使被奴役的意志得到自由，去选择使上帝喜悦的事……上帝通过我们做好事，他又为此报答我们，好像这些好事是人自己做的，并把这些功绩归于我们。"②

这种具有浓厚决定论色彩的"原罪"理论和"救赎"学说使得基督教的道德思想充满了形而上学的特点，从而将神秘性的上帝恩典、基督救赎以及对此的信仰确立为道德行为的根基。人的自由意志遭到了贬抑，人的邪恶本性使他不可能依靠自身的力量而向善，只有上帝的恩典才能使人重新获得善良意志，并最终得到拯救。如果说犹太教把外在性的律法当作道德的基础，希腊人把内在性的知识当作道德的基础，那么基督

① 奥古斯丁：《论本性与恩典》，第 5 章，参见《奥古斯丁选集》，香港基督教文艺出版社 1986年版。

② 威利斯顿·沃尔克著，孙善玲等译：《基督教会史》，中国社会科学出版社 1991 年版，第 210 页。

教则把超越性的信仰当作道德的基础。基督教的这种以恩典决定论为前提的道德观，对于像奥古斯丁这样少数的信仰坚定的圣徒来说，固然能够增强其蒙受神恩的信心，从而使其在道德行为方面达到极高的境界；但是对于大多数平信徒而言，却容易导致一种"道德废弃论"的后果，诚如康德所指出的，这种"祈求神恩的宗教"使得"人或者谄媚上帝，认为上帝能够（通过赦免他的罪责）使他永远幸福，而他自己却没有必要成为一个更善的人；或者，如果这在他看来不可能的话，认为上帝能够把他变成为更善的人，而他自己则除了为此而祈祷之外，没有必要为此再做什么。由于祈祷在一位洞悉一切的存在者眼中不外是愿望，所以，祈祷实际上是什么也没有做。"① 尽管如此，这种形而上学决定论的道德观对于维护中世纪基督教信仰来说却是十分必要，它培育了一种注重天国理想、贬抑现世生活的超越性的宗教精神，这种超越性的宗教精神构成了中世纪基督教文化的基本品格和主体精神。

综上所述，儒家的"四端之心"立足于人性本善的理论预设，强调内在的良知发现，发掘人之初的善端根源，通过正心诚意、修身养性等道德实践活动，由内向外地逐渐实现修齐治平、内圣外王的人生鹄的，最终完成人皆舜尧、天下为公的大同理想。基督教的"原罪"理论则基于人性本恶的先验罪性，强调神秘的上帝救恩，通过信仰的中介来完成道德的更新和人性的净化，最终使灵魂超脱现实世界而升入光明纯净的"天国"。儒家道德思想侧重于人之本性的自我肯定，在灵肉和谐的关系中实现人性的复归；基督教道德思想侧重于人之本性的自我否定，在灵肉对立的张力中实现人性的超越。由此决定了中西传统文化在价值取向上的根本区别：前者向内在的人性本根下功夫，注重以个体自由意志为前提的道德反省，将眼光投注于现实性的人伦规范；后者向超越的灵性世界求解脱，注重以上帝决定论为基础的救赎恩典，将希望寄托于彼岸性的宗教理想。

---

① 　康德著，李秋零译：《单纯理性限度内的宗教》，香港汉语基督教文化研究所 1997 年版，第 50 页。

三　中世纪基督教文化的灵肉关系和精神遗产

　　与希腊罗马文化所呈现出来的单纯性特点相比，中世纪基督教文化始终处于一系列尖锐对立的矛盾之中。罗素指出："中世世界与古代世界对比之下，是具有不同形式的二元对立的特征的。有僧侣与世俗人的二元对立，拉丁与条顿的二元对立，天国与地上王国的二元对立，灵魂与肉体的二元对立等等。"[①] 在基督教文化中，现实与理想、此生与来世、"恺撒"与上帝、国家与教会、属世的生活与属灵的生活等各种对立面常常处于不可调和的激烈冲突状态中，从而使基督徒们无时不受到来自两个方面的力量的撕扯，听到来自上帝和魔鬼的不同呼唤。对于中世纪的基督徒来说，上帝代表着人的灵魂和信仰，魔鬼则代表着人的肉体和情欲，因此上述一切矛盾在每一个基督徒身上最直接、最尖锐地体现为灵魂与肉体之间的对立。

　　中世纪基督教文化的最显著的特点就是以灵肉对立为核心的二元对立，而基督教的精神实质则是灵魂战胜肉体并最终超越肉体的唯灵主义。众所周知，基督教具有"两希"文化（希伯来文化和希腊文化）的历史渊源，然而基督教的这一显著特点和精神实质不仅不同于希腊宗教，而且也与犹太教大相径庭。

1. 希腊多神教和犹太教关于灵肉关系的温和态度

　　与中世纪基督教的二元对立和唯灵主义形成鲜明对照，希腊多神教以灵肉和谐的理想而著称。神人同形同性是希腊多神教的基本特点，宙斯、阿波罗、阿佛洛狄忒、雅典娜等奥林匹斯诸神和阿喀琉斯、阿伽门农、赫拉克勒斯等英雄（或半神）之所以受到人们的崇拜，并非由于他们具有超越的精神，而是由于他们具有令人羡慕的健美肉体。希腊诸神不是抽象化的人类精神，而是理想化的人类形体。希腊诸神不仅具有与人相同的感性形体，而且也具有与人相同的自然性情（"同形"与"同性"这两个特点是不可分割地联系在一起的），神与人一样有喜怒哀乐、

---

① 罗素著，何兆武、李约瑟译：《西方哲学史》，上卷，商务印书馆1963年版，第377页。

七情六欲，有着人性的各种优点和弱点。希腊诸神在精神和道德方面并无任何值得称道的地方，宙斯作为希腊多神教中的众神之王，并非一个超凡绝俗、全知全善的抽象精神，而是一个有血有肉、富有人情味的鲜活生灵，他既是一个威风凛凛的神界领袖，也是一个刚愎自用的暴戾角色和拈花惹草的风月老手。这种感性化和非道德化的特点恰恰构成了奥林匹斯诸神的可爱之处，同时也成为希腊多神教的基本特点。形象化而非概念化、人的感性特征的理想化而非人的理性本质的抽象化，这正是希腊宗教不同于基督教的最重要的特点之一。

在希腊宗教中，灵魂与肉体尚处于一种未曾分离的原始和谐的"青春"状态中，黑格尔认为希腊诸神就是"具有肉体的精神"或"精神化了的肉感"。希腊人无法想象一个脱离了肉体的灵魂是什么样的，基督教所向往的那种灵魂彻底摆脱肉体而凌空狂舞的唯灵主义理想，对于希腊人来说只能是一种不可思议的谵言妄语。如果阿波罗不具有健美魁梧的身躯，他还能引起人们的敬仰吗？如果阿佛洛狄忒不具有丰满性感的肉体，她还能受到人们的热爱吗？在希腊世界里，灵魂与肉体在一种原始的自然状态中和谐相处，精神自由地绽放于自己的家园——感性形体之中，从而形成了一种充满了纯真的童稚之情的和谐之美，这就是希腊宗教所体现出来的文化精神。

希腊多神教在罗马世界里得以延续，但是粗鄙的罗马人却把灵肉和谐的希腊宗教推向了功利主义和物欲主义的极端。原始的和谐之美被打破了，战无不胜的罗马人沉溺于现世的物质利益和肉体享受，而将精神和灵魂的超越倾向湮灭于声色犬马的肉欲之中。正是在这种人欲横流的绝望境况中，基督教的彼岸性的救世福音和禁欲性的唯灵主义理想应运而生。海涅在论及基督教文化取代罗马文化的历史必然性时说道："唯物主义在罗马帝国发展到惊人可怕的地步，大有摧毁人类精神的一切辉煌成果之势，基督天主教的世界观作为克制这种唯物主义的一剂灵药，是必不可少的。……在这罗马人的世界里，肉身已变得如此肆无忌惮，看来需要基督教的纪律，来使它就范。吃了一顿特利马尔奇翁的盛宴之后，是需要一次基督教似的饥饿疗法的。"① 作为一种历史性的报复，在血与火的苦难洗礼中成长起来的基督教对现世的物质利益和肉体享乐采取了一种矫枉过正的仇视态度，将灵性生活与尘世生活截然对立起来，一头扎进了超凡脱俗的唯灵主义理想之中。

　　在作为基督教的另一个重要渊源的犹太教中，虽然也与基督教一样长期弥漫着由于痛苦的现实生活而形成的罪孽意识，但是在灵与肉的关系上，却并未过分渲染二者的对立。对现世生活的绝望和对来世生活的向往，以及由此而产生的深沉的负罪感，这是希伯来文化与希腊罗马文化的根本差异所在。正是对美好未来的殷切期望和对祖先罪孽的深沉悔恨，使犹太人恪守严酷刻板的诫命律法，悲切地期盼着复国救主弥赛亚的降临。然而在自公元前 4 世纪以来兴起的犹太教弥赛亚运动中，犹太人从来就没有把即将降临的"千禧年"看作是单纯灵魂得救的福音，而是将其看作是肉体与灵魂的共同解放。根据犹太教《先知书》所宣扬的"末世论"理想，犹太人的苦难世纪已经到头了，复国救主弥赛亚很快就要降临，他将把犹太人带入幸福的"千禧年"。这里的关键之点在于："末世"就在此生到来，弥赛亚就在有生之年降临，犹太人将在生前（而不是死后）进入"千禧年"，因此最终的得救是灵魂与肉体的共同得救。显而易见，这种"末世论"的信念和犹太民众中蓬勃兴起的弥赛亚运动，其实质并非灵魂超越肉体的宗教救赎福音，而是期盼摆脱塞琉古王朝和罗马帝国的统治、获取政治独立的社会解放理想。

　　基督教从犹太教中脱颖而出之后，随着它的普世主义对犹太教的狭隘民族主义的超越，基督教的唯灵主义的宗教救赎理想也开始取代犹太教的"末世论"的社会解放理想。在《新约》中，耶稣虽然就是弥赛亚（或基督，即救世主），但是他已经不再是犹太民族的复国救主，而是一切信仰者的灵魂引渡人。尤其是在《约翰福音》中，道成肉身的耶稣甚至不再承认自己是犹太人的王，而是明确宣称："我的国不属这世界。"当犹太先知摩西在西奈山上代表犹太人与上帝订立和约（《旧约》）时，

———————————
① 亨利希·海涅著，张玉书译：《论浪漫派》，人民文学出版社 1979 年版，第 6—7 页。

上帝承诺的是对其"选民"——犹太人的拯救；而当耶稣在十字架上承担起全人类的苦难与上帝订立和约（《新约》）时，上帝承诺的是对全人类一切有信仰者的灵魂的救赎。在基督教的救赎福音中，犹太教的灵肉共同得救的"千禧年"理想消失了，上帝的国不再在这个世界上出现，它只存在于属灵的彼岸世界，或者只存在于基督徒的信仰中。进入"天国"的也不再是具有血肉的人，而是摆脱了肉体羁绊的灵魂。此生与彼岸对立起来，灵魂与肉体相分离，耶稣通过受难和复活已救赎了世人的罪孽，成为灵魂得救的"初熟之果"。因此，基督徒只要在心中信基督、信上帝，就可以像基督一样在光明纯粹的"天国"获得灵魂的永生。由此可见，基督教的救赎说把犹太教"末世论"的社会解放理想改造为一种灵魂得救福音，把上帝的国从现世搬到了来世，把基督（或弥赛亚）从犹太人的复国救主变成了道成肉身的"灵"，而整个基督教的"救赎说"无非就是一部灵魂沉沦于肉体并且最终摆脱肉体的"苦肉计"和忏悔录。

2. "上帝之城"与"尘世之城"

虽然灵肉二元对立和唯灵主义是基督教的显著特点和精神实质，但是在基督教产生伊始，这种特点和实质并没有明显地凸现出来。基督教毕竟脱胎于犹太教，因此原始基督教还难免带有犹太教的深深烙印，唯灵主义的色彩并不浓厚。只是在经过了保罗派和稍晚的教父们的神学化改造之后，尤其是在引入了柏拉图哲学和新柏拉图主义的神秘主义思想之后，基督教才逐渐确立了灵肉二元对立的特点和唯灵主义的实质。

从《新约》福音书关于耶稣身份的变化过程中可以看出唯灵主义确立的基本脉络。在《马太福音》《马可福音》和《路加福音》这三部"同观福音书"中，耶稣的灵化色彩并不明显。在《马太福音》中，耶稣是亚伯拉罕的第 42 代孙；在《马可福音》中，耶稣在约伯河受洗之后才从天上感受到圣灵，成为上帝之子；在《路加福音》中，天使加百利奉上帝的旨意向童贞女玛丽亚传达了圣灵受胎的福音，不久后耶稣降临人间。关于童贞女受胎的故事，虽然包括一些神秘主义的成分，但是在东方和西亚的古老神话故事中都可以找到它的原型。因此，在"同观福音书"里，耶稣只是被描述为犹太人的王和复国救主，并没有将其直接等同于"灵"。然而在《约翰福音》中，一开始我们就看到了这样的语言："太初有道，道与上帝同在，道就是上帝。""道成了肉身，住在我们中间，充充满满的有恩典有真理。我们也见过他的荣光，正是父独生子的荣光。"[①] 在这里，耶稣由蒙恩神化的人子变成了道成肉身的圣灵，唯灵主义的逻各斯基督论取代了自然主义的基督嗣子论而成为福音书的基调，并且由此奠定了基督教关于三位一体说和基督论等神学教义的思想基础。

按照《约翰福音》和保罗书信的说法[②]，基督不仅是人子，也不仅是上帝子，而且本身就是道，就是逻各斯，就是圣灵。基督是道成肉身的"灵"，是呈现为人形的上帝，上帝（圣父）、基督（圣子）和道（圣灵）虽然呈现为三种不同的位格，其实质却是同一的。"上帝是个灵"，而"从灵生的，就是灵"，因此，作为上帝之子的基督就是"灵"。基督的死是承载着"道"的肉体的死亡，而"复活的是灵性的身体"。基督从降生到死而复活是上帝的"道"的否定之否定，这"道"或精神只有通过异化为肉体然后再抛弃肉体才能实现自身和认识自身。在保罗派的神学中，已经内在地包含了这种黑格尔式的精神辩证法。

基督既然是个"灵"，他的救赎当然也就只针对人的属灵的世界。因此，基督的救赎说到底是对信者的救赎、对灵魂的救赎。从而在基督教的神学中，人的存在就被二元化了，精神或灵魂成为基督救赎之光普照的永生之地，肉体则成为受魔鬼罪恶支配的死亡之壑。保罗在《罗马书》中明确指出："随从肉体的人，体贴肉体的事；随从圣灵的人，体贴圣灵的事。体贴肉体的就是死，体贴圣灵的乃是生命平安。原来体贴肉体的，就是与上帝为仇，因为不服上帝的律法，也是不能服。而且属肉体的人，不能得上帝的喜欢。如果上帝的灵住在你们心里，你们就不属肉体，乃属圣灵了。人若没有基督的灵，就不是属基督的。基督若在你

---

① 《约翰福音》，第 1 章，第 1 节、第 14 节。
② 保罗书信包括《新约》中的《罗马书》《哥林多书》《帖撒罗尼迦书》等十余篇书信，它构成了《新约》和整个基督教神学的理论基石，乃至于有人认为，基督教的真正创始人不是耶稣，而是保罗。

们心里，身体就因罪而死，心灵却因义而活。"① 一个人如果服从肉体的律，而无视心中圣灵的呼唤，他就已经将自己交付给魔鬼、罪恶和死亡了；反之，如果他听从心中的律，听从基督的灵，他就摆脱了肉体的罪而获得了永生。基督是向死而生的，他通过肉体之死彰显出圣灵之生，因此，在信的基督徒也同样应该向死而生。对于一个基督徒来说，向死而生具有双重含义：第一，他的灵魂只有在肉体死亡之后才能得到真正的永生，因此他必须对基督的救赎怀有坚定不移的信心；第二，在肉体自然死亡之前，他必须始终以心中的律来克制肉体的律，将整个生命过程看作是一场灵魂与肉体之间的残酷斗争。第一点体现了基督徒的虔诚信仰，第二点体现了基督徒的坚贞道德。而这两点都是建立在灵肉二元对立的神学理论基础之上，这种神学理论的实质就是把灵与肉的关系上升为一种形而上学高度的对立，上升为上帝与魔鬼、"天国"与地狱之间的不可调和的矛盾冲突。海涅一针见血地指出："邪恶的撒旦和善良的基督对立着，基督代表精神世界，撒旦代表物质世界；我们的灵魂属于精神世界，肉体属于物质世界；从而，整个现象世界，即自然，根本是恶的；撒旦，这黑暗的主宰者，就想用它来引诱我们堕落；因此，必须谢绝人生中一切感性快乐，对我们的肉体，这个撒旦的采邑，加以折磨，这样才能使灵魂越加庄严地升到光明的'天国'，升到基督光辉灿烂的国度。"②

早在罗马帝国崩溃之前，奥古斯丁就在《上帝之城》一书中对"上帝之城"与"尘世之城"做了明确的区分。奥古斯丁认为，自从人类祖先亚当、夏娃因犯罪而被贬人间以来，现实世界就被划分为两座城。一座是"上帝之城"，它是上帝的"选民"即预定得救的基督徒所组成的社会，是灵魂忏悔的净土。另一座是"尘世之城"，它是魔鬼撒旦所控制的异教徒的世俗社会，是肉体淫乱的渊薮。这两座城在现实世界中是相互交织、混合在一起的，它们并非两个泾渭分明、彼此独立的政治实体或社会群体，而是人们对待同一种现实生活的两种截然不同的态度，

① 《罗马书》，第 8 章，第 5—10 节。
② 亨利希·海涅著，海安译：《论德国宗教和哲学的历史》，商务印书馆 1974 年版，第 16 页。

是人们面对着同样的世间利益和承受着同样的世间磨难时所表现出来的不同的信、望、爱。"两种爱组建了两座城，爱自己、甚至藐视上帝者组成地上之城，爱上帝、甚至藐视自己者组成天上之城，前者荣耀自己，后者荣耀上帝。"① 因此，两座城的对峙不过是两种不同的人性倾向的对立，是向善之心与为恶之心的对立，是受上帝感召的信仰与受魔鬼驱使的情欲之间的对立，说到底是一个人自身的灵魂与肉体之间的对立。

在这种内在性的对立中，人类的历史就直接地体现为人性的历史，"上帝之城"与"尘世之城"相分离并最终战胜后者的人类救赎史就表现为灵魂与肉体相分离并最终战胜肉体的人性净化史。因此，对于基督徒来说，放弃现世的感性生活就是与"尘世之城"决裂，摆脱肉体的诱惑则意味着对"上帝之城"的皈依。通往光明纯粹的"上帝之城"的道路是建造在深沉忏悔和禁欲主义的苦难血泪之上的，从罪孽深重的现世走向崇高圣洁的"天国"的绝对前提就是灵魂对肉体的彻底唾弃。

这种灵肉激烈鏖战的二元对立状态，这种灵魂向着肉体之死而重生的唯灵主义理想，构成了中世纪基督教文化的无可逃遁的宿命，并且酿成了中世纪西欧社会中种种骇人听闻的邪奸大恶和普遍虚伪。

3. 基督教文化的内在矛盾与自我异化

当新生的基督教在罗马帝国的残酷迫害下顽强地生长时，它的根须中就已经饱含着对罗马社会穷奢极欲的生活方式的刻骨仇恨。基督教作为一种发轫于无缘享受现世幸福的苦难阶层的宗教，从一开始就对五光十色的现实世界和物欲享乐采取了彻底否定的态度。在基督教获得合法性之前，它一直作为一个傲然屹立的道德壁垒与腐败淫乱的罗马社会相抗衡，并且因此而赢得了越来越多的生活失意者和现实批判者的信仰。使徒时代和教父时代的基督徒们，面对着日益堕落的罗马社会，以洁身自好而著称，他们拒绝一切有损于道德纯洁性和信仰纯正性的奢华、享乐、情欲和俗务，对金银财宝、美食艳服、光华之色、靡靡之音以及各

---

① 奥古斯丁：《上帝之城》，第14卷，第28章，转引自赵敦华：《基督教哲学1500年》，人民出版社1994年版，第176页。

种舒适的生活一概嗤之以鼻，甚至对服兵役这种基本义务也公然加以抵
制。"他们妄图模仿天使的完美，竟然厌恶或装作厌恶，一切尘世和肉体
的欢乐。……不仅要抗拒味觉或嗅觉这类平凡的诱惑，而且还应闭目不
听世俗的和声，并以冷漠的态度来看待人类艺术的最完美的成就。华丽
的衣服、豪华的住宅、优美的陈设，都被看作是具有骄奢和荒淫双重罪
恶的象征。"① 在奥古斯丁的《忏悔录》中，我们可以看到一位虔诚的基
督教徒抵御各种肉体欲望的坚定意志和痛苦磨难，他甚至把"美丽的形
象、鲜艳的颜色"也看作是一种罪恶的诱惑。② 而圣杰罗姆抛弃了美食佳
肴和富裕生活，只身一人来到叙利亚沙漠中，以粗布蔽体，以野果为生，
终日以泪洗面，诚心忏悔，却仅仅由于迷恋西塞罗和普劳图斯等罗马作
家的著作而遭到基督的斥责，最终毅然决然地将这些异教徒的作品付之
一炬，皈依正果。③

　　这种为了保持纯正的信仰和道德而刻意弃绝享乐和折磨肉体的禁欲
主义生活态度，在《米兰敕令》颁布之后，变得更加坚决。当基督教从
一个备受压抑的邪教突然变成一个人人趋之若鹜的合法宗教时，一直准
备着为信仰而殉道的基督徒们陷入了一种不知所措的迷惘之中 —— 当时
代不再需要殉道者时，如何才能成为一个真正的基督徒呢？面对着信徒
成分的复杂化和随之引起的基督教道德水平日益下降的局面，严肃而虔
诚的基督徒们开始寻找另一种符合时代特点的新殉道形式，这就是与人
欲横流的世俗社会彻底决裂。在基督教合法化的时代，基督徒的敌人由
手执利剑的罗马统治者变成了自身之内蠢蠢欲动的肉体欲望。"抵抗肉体
诱惑的人也是殉道者"，这句话在君士坦丁以后的时代里颇为流行。这
种把肉体的欲望当作魔鬼的陷阱的观点驱使许多追求崇高道德境界的基
督徒远离喧嚣的城市，隐遁到人迹罕至的荒野中去苦修苦行，结果促进
了标榜独身、贫穷和自我摧残的修道运动的蓬勃发展。

　　教皇大格里高利曾经在一部《对话集》中记载了西方修道制度的主

---

① 爱德华·吉本著，黄宜思、黄雨石译：《罗马帝国衰亡史》，上册，商务印书馆1997年版，第
267—268页。
② 参见奥古斯丁著，周士良译：《忏悔录》，商务印书馆1963年版，第10卷，第34节。
③ 参见罗素著，何兆武、李约瑟译：《西方哲学史》，上卷，商务印书馆1963年版，第422页。

要奠基者、本尼狄克修道僧团的创始人圣本尼狄克与种种物欲诱惑——这些诱惑都被视为魔鬼撒旦的阴险试探——进行顽强斗争的高尚事迹。这位基督教历史上最伟大的圣徒与圣安东尼、圣杰罗姆等修道运动的先辈一样，为了灵魂的利益而抛弃了殷富的家财和异教徒的学问，只身来到荒野中过着与世隔绝的隐士生活，并成功地抵御了魔鬼的各种引诱。有一次，他与炽烈燃烧的肉欲进行了惊心动魄的搏斗，这位意志坚强的圣徒终于在上帝恩典的帮助下战胜了魔鬼的诱惑，并因此而成为中世纪基督徒们敬仰和效法的楷模。[①]

从海涅讲述的巴塞尔夜莺的故事中，我们也可以从另一个角度看到中世纪基督教唯灵主义的灭绝人性的本质。在1433年，巴塞尔宗教会议期间，一群信仰纯正、学识渊博的主教和修士们在巴塞尔附近的森林中散步，他们热烈地讨论着各种深奥而抽象的神学问题。突然，一只栖立在菩提树上的夜莺的美妙啼鸣声打断了他们的讨论。这声音是如此悠扬婉转，充满了不可抗拒的魅力，竟然使这些博学而严肃的神父顿足不前。他们那饱受经院教条束缚的心灵陶醉在春光一般明媚的曲调中，那些枯燥晦涩的神学教义全被抛弃到九霄云外，而压抑已久的自然情感从冬眠状态中苏醒过来。他们彼此以惊愕雀跃的心情互相注视着，一时间竟不知道自己置身于何处。终于有一位"神性"根基最为深厚的修士觉察到此事的蹊跷，他意识到这只夜莺可能是妖魔的化身，它正试图用惑人心智的悦耳歌声来引诱他们离开神圣的基督教真理而坠入声色享乐的罪恶深渊。为了驱除这可怕的精灵，这位修士念起了当时通行的赶鬼咒语。据说就在这个时候，那只鸟儿竟然回答道："是啊，我就是一个邪恶的精灵！"然后笑着飞走了。所有陶醉于夜莺的悠婉歌声的神父在当天都病倒了，并且在不久之后相继死去。这个悲惨的故事表明，面对着现实世界中的种种诱惑，一个基督徒稍不留意就会跌入魔鬼的陷阱。海涅对此评论道："这个故事不需要什么注解了。它整个儿带着一个把一切甜蜜的可爱的东西都当作妖魔来加以咒骂的时代的凄惨印记。甚而连一只夜莺也要遭受诬陷，当它唱歌时，人们便在自己身上画十字。真正的基督徒就

---

① 参见罗素著，何兆武、李约瑟译：《西方哲学史》，上卷，商务印书馆1963年版，第466页。

这样战战兢兢，闭目塞听，活像一个抽象的阴魂，漫游在鲜花盛开的大自然中。"①

　　从理论上来说，基督教的唯灵主义无疑是崇高典雅、玉洁冰清的，它试图把罪孽深重的人提升到一尘不染的神的境界。它要求基督徒们与现实世界中的种种物质诱惑和声色享乐彻底决裂，将属灵的信仰作为人生的第一要义，将灵魂不朽的彼岸理想当作现世生活的唯一目标。就此而言，唯灵主义表现了一种极高的精神境界，它向人展示了一种神灵世界的道德标准。然而，这种崇高的精神境界往往只有极少数圣徒——如奥古斯丁、本尼狄克等——才能达到，对于绝大多数凡夫俗子来说，它只能是一种可望而不可及的空中楼阁。基督徒也是有血有肉的鲜活生命，在他们用信仰筑成的灵性生活堤岸上，任何一个微小的缝隙——对异性的爱恋、对财富和权力的向往、对大自然景色的赞美、对丰富多彩的异教文化的热爱——都可能成为邪恶欲念长驱直入的突破口，从而致使整个"神性"堤防土崩瓦解。特别是在基督教成为中世纪西欧社会唯一合法的宗教信仰、教会成为凌驾于一切世俗王权之上的最高权力机构、神职人员成为整个社会中最显贵的阶层的时候，那种标榜贫穷、贞洁、服从三大信誓并且坚决抵制现实世界中一切物欲诱惑的唯灵主义就日益由崇高典雅变得滑稽虚伪了。教会既然是上帝设在人间的一个救赎灵魂的机构，它就难免在"一个软弱和堕落的人类"中受到种种恶习的污染，尤其是当它开始在一个坍塌的帝国废墟之上贪婪地扩张自己的世俗权力时，这种被腐蚀的危险更是成倍地增长。而主教们作为"基督的代理人"和"使徒的继承者"，一旦教会取代帝国成为教俗社会的最高权力机构，他们也就相应地由谦卑恭顺的宗教殉道者而跃居于飞扬跋扈的社会显贵之列。美德往往只有在险恶的逆境中才能被保持，而权力则是滋生邪恶的沃土。由于主教们具有"上帝代理人"的特殊身份，因此他们所犯的一切罪恶都获得了冠冕堂皇的借口。于是在唯灵主义的崇高圣洁的精神旗帜下面，各种卑劣邪恶的欲念如同雨后春笋一般萌生出来，从而使神

① 亨利希·海涅著，海安译：《论德国宗教和哲学的历史》，商务印书馆1974年版，第18—19页。

圣的基督教文化陷入了一种无法克服的内在矛盾和普遍虚伪的状态之中。

基督教最初大力渲染灵魂与肉体的二元对立，其目的正是确立精神世界对物质世界的绝对优势，以便在唯灵主义的高度上最终超越灵肉对立。然而不幸的是，当中世纪天主教会试图把人类的灵魂拽出污秽不堪的物欲泥淖时，它自己却由于过多地沾染上了这个泥淖中的污浊之气而越来越深地陷足于其中，难以自拔。因此，基督教文化就无可避免地陷入了自我分裂的痛苦之中，一边是圣洁无瑕的理想，一边是丑陋邪恶的现实；一边是拯救灵魂的崇高使命，一边是肮脏龌龊的卑鄙勾当。二者之间的反差是如此巨大，如此触目惊心。然而另一方面，尽管分裂的双方是如此形同水火，中世纪基督教文化却又以一种骇人听闻的虚伪方式将二者熔铸为一体，从而使最圣洁的灵性生活与最粗鄙的肉体放纵、最虔诚的宗教信仰与最疯狂的情欲发泄公然堂而皇之地并行不悖，形成了一种神圣与罪恶齐飞、崇高与卑鄙一色的奇特文化现象。这种触目惊心的自我分裂和骇人听闻的普遍虚伪，构成了中世纪基督教文化的最深刻的内在矛盾和本质特征。

由灵魂与肉体、"神性"与人欲之间的这种尖锐对立所导致的彻心透骨的痛苦，必然会把人引向最无耻的虚伪和最无情的残忍。在二者酷烈的鏖战中，圣洁的"神性"一旦被奔涌的情欲所突破，它就会立即转变为一种不顾廉耻的狂暴和极度贪婪的占有欲，就如同一个从死囚牢中逃出来的罪犯的疯狂心态一样。正是这种不顾廉耻的恣意放纵造成了中世纪天主教社会的道德堕落和各种令人作呕的邪奸大恶，使教会和修道院成为贪婪、淫邪和兽行茁壮生长的罪恶渊薮。

另一方面，为了表示与这种世俗化的浊流划清界限，为了捍卫岌岌可危的"神性"堤防，一些自命信仰坚定的修道士就把对"天国"的向往表现为对人间生活的铭心刻骨的仇恨。他们试图通过消灭引起情欲的对象的方式来保持内心的纯洁，因此就毫不怜悯地把人世间各种美丽的东西当作牺牲品奉献到"神性"的祭坛上。在中世纪基督教文化中，这种令人毛骨悚然的狂暴和虚伪不断地出现在神圣的十字架下，其典型表现形式就是对"女巫"的疯狂迫害。当那些面色阴沉的修道士把美丽的

"女巫"当作魔鬼的化身绑在火刑架上时，他们实际上是把自己内心深处痛苦呻吟的人性欲望投入熊熊燃烧的大火之中。这些可怜的禁欲主义者，这些自我摧残的伪君子，当他们看到自己情欲的替代品在火焰中痛苦地辗转呼号时，他们从血腥的气味中体验到一种被扭曲的灵魂净化的快感。一个人如果不敢坦然地面对自己的正常情欲，他就必然会对别人的正常情欲怀着一种刻骨的仇恨，必然会对一切可能引起情欲的对象抱着一种撕心裂肺的矛盾心态——他那被扭曲的阴暗心灵对于这对象爱得越疯狂，他就越要残酷地折磨这对象。这种变态的自虐-施虐狂暴由于借用了神圣的名义，结果就表现为一种必须通过火与血的献祭才能够最有效地加以表达的宗教虔诚。[①]在这血与火的祭坛上，绽开出中世纪基督教文化的一朵阴森诡谲的花朵——宗教裁判所。这个作为中世纪基督教文化的巨大怪胎的宗教裁判所，既是基督徒的一切野蛮、残忍、疯狂的可怕结晶，同时也凝聚着他们的最深沉、最内在的痛苦体验。它是他们的崇高"神性"、变态人性和狂暴兽性的奇妙混合物，在这个怪物的血管里流淌着一种黑色的液体，这液体的名字就叫作"神圣的虚伪"！

灵与肉的二元对立和唯灵主义的神性理想最终导致了基督教文化自身的内在分裂，这种内在的自我分裂一方面导致了教士们的最粗野的放纵和最无耻的堕落，另一方面导致了修士们的阴险歹毒的变态疯狂和灭绝人性的血腥暴行。"一边到了最严酷的束缚，另一边到了最不道德的放纵过度——每一种感情都是放任到了野蛮的极度。"[②]

中世纪基督教文化的最深刻的内在矛盾和本质特征就在于它的理想与现实、理论与实践、原则与事实之间的自我分裂以及为了克服这种自我分裂而导致的普遍虚伪。基督教的唯灵主义理想是如此崇高圣洁，它的组织机构和神职人员的实践行为又是如此卑劣邪恶，而这尖锐对立的两个方面又是如此虚伪地糅合在一起，从而造成了一种彻心透骨的文化痛苦。面对着这种神圣而邪恶的文化痛苦，可能的解决方案只有两

---

① 关于宗教裁判所的修道士们对"女巫"的变态的残酷迫害，请参阅董进泉：《黑暗与愚昧的守护神——宗教裁判所》，"捉拿'巫女'的血腥事业"一节，浙江人民出版社1988年版。

② 黑格尔著，王造时、谢诒微译：《历史哲学》，商务印书馆1936年版，第547页。

种 —— 要么理直气壮地承认人性的合理性，撕破一切虚假的神性生活的面纱，像希腊人那样将灵魂的愉悦寓于肉体的快乐之中，热情而坦然地享受丰富多彩的现实生活；要么自觉地奉守神性原则，追求真正的内心圣洁和精神自由而无须拘泥于外在的宗教形式和禁欲藩篱，将正常的人生享乐和平凡的世俗工作都提升到"神性"的高度。这两种方案在表面上看来似乎是针锋相对的，但是它们都是超越中世纪基督教文化的自我分裂和普遍虚伪、扬弃异化的唯灵主义理想、寻求灵魂与肉体和谐相处的有效方案。在15、16世纪，这两种解决方案分别引发了两场划时代的文化运动，前者导致了南部欧洲的文艺复兴，后者导致了北部欧洲的宗教改革，二者共同构成了中世纪基督教文化与近代西方文化的历史分水岭。而基督教本身也在经历了痛苦的历史异化过程之后，走上了一条回归人性的复乐园之路。

4. 崇高典雅的骑士精神

在中世纪，基督教会的实践活动与基督教的本质精神处于尖锐的矛盾中，罗马教会权势膨胀的过程同时也是基督教的信、望、爱等三大美德发生异化的过程。关于中世纪基督教文化的二元分裂的"痛苦"及其这种"痛苦"所导致的普遍虚伪，我在前面已经做了较为细致的分析；至于中世纪西欧基督教社会的黑暗、愚昧、落后状况，几乎所有的教科书上都予以了充分的揭露。但是，中世纪基督教文化除了这些深刻的内在矛盾和触目惊心的糟粕之外，也为后世留下了宝贵的文化成就和精神遗产。虽然中世纪基督教文化所创造的文化成就与古典文化的辉煌成就相比微不足道，但是使西方古典文化免于湮灭的主要功劳还是应当归于基督教会，正是由于基督教会在普遍蒙昧的中世纪早期保存了古典文化的火种（即使是以一种歪曲的方式保存的），才使得蛮族入侵者的文明教化过程成为可能。如果说西欧在罗马帝国灭亡之后的那几个世纪里陷入了一片鸿蒙未开的愚昧状态，这并非基督教的过错，而是蛮族入侵的结果。但是将蛮族从普遍的蒙昧状态中带入文明生活，使西方文化不至于因为一场蛮族入侵的浩劫而彻底湮灭，换言之，使古典文化的柔嫩根芽能够在蛮族的铁蹄践踏之下坚韧地生存下来，并最终以异化的形式开出一朵惊心动魄的苦难之花，这却是基督教文化的历史功绩。在中世纪，当入主西欧的蛮族们试图用从北方森林中带来的野蛮习俗替代罗马世界的文明制度时，是基督教会这个唯一的有教养的教师，以上帝的名义把被扭曲了的古典文化因子注入蛮族的体内，从而使后者逐渐放弃原始的野性，慢慢走上了文明化的道路。更为重要的是，中世纪基督教文化为后来的西方文化奠定了重要的精神根基，培育了西方人的理想与情操、德性与习俗。纵观整个历史过程，西方文化的基本精神——超越的浪漫精神——从古典文化到现代文化的发展是一气贯通的，在这个漫长的历史接力过程中，基督教文化充当了一个必不可少的重要环节。不承认这种相互承接的内在逻辑关系，一味强调西方近代文化对基督教文化的否定性，就无法说明整个西方文化发展的连贯性和有机联系。

在用基督教的唯灵主义圣水所浇灌的蛮族文化园圃里，生长出来一枝绚丽夺目的花朵，这就是在中世纪骑士文学中所表现的那种忠诚、勇敢、高尚、纯洁的骑士精神。中世纪的骑士阶层是一个居于封建领主与平民之间的社会集团，和贵族一样，骑士的身份通常是由其家世和血统而决定。他们扮演着世俗统治者的军事保护人的角色，常常因为出色的忠诚和勇敢而上升为贵族阶层，因此许多贵族同时也是骑士。骑士的前身是蛮族统治者的军事仆从——武士，这些武士最初是非常粗野的，在他们的身上打上了北方蛮族的骄横暴虐的深深烙印，但是对于他们的蛮族首领，武士却表现出极强的忠诚精神。当他们皈依基督教之后，他们也把这种忠诚精神转向上帝。但是武士精神更多的还是表现了武士与首领（国王、诸侯等）之间的忠诚和互助的关系，这种关系最初完全是私人性的，是主仆之间的一种服务与保护的直接的个人联系。它产生于日耳曼人对罗马帝国的征服和建立蛮族王国的过程中，一开始就体现出效忠主人、珍视荣誉、视死如归和强烈的复仇精神等特点。

到了加洛林王朝取代墨洛温王朝以后，粗野的武士集团逐渐发展演变为骑士阶层，并且由于基督教的教化作用而日益变得文明化。特别是在十字军东征的时代，骑士阶层被注入了新的精神，这种新精神与基督

教的理想密切相关。这时在骑士身上表现出来的已不仅仅是对世俗首领
（国王）的忠诚，而且更有一种对"天国"首领（上帝）的虔敬。骑士不
仅是一位视死如归的英雄，也是一位虔诚高尚的殉道者。"对战争首领的
个人忠诚的古代蛮族的动因受到了更高的宗教动因的影响，结果，骑士
最终成为受到崇奉的人，他不仅发誓效忠于其主人，而且立誓成为教会
的卫士、寡妇和孤儿的保护人。"① 这些新赋予的宗教和道德方面的美德
（如宗教虔诚、扶弱济贫等等），与武士集团原有的那种罗马式的荣誉感
以及北方蛮族的忠诚、勇敢精神结合在一起，就构成了基督教文化中的
骑士理想或骑士精神的基本内容。

　　在十字军东征的过程中出现了庞大的基督教骑士团，这些骑士团构
成了世俗社会与教牧社会之间的一座桥梁。基督教的骑士们胸怀着崇高
的宗教理想，为了从异教徒手中夺回圣寝而进行殊死战斗。这些骑士团
由于已经成为一种独立的团体，因此骑士们以往所承担的封建义务已不
复存在，然而他们却通过发愿服从基督教会而使自己义无反顾地承担起
宗教义务。骑士由封建领主的斗士转而成为教会的斗士，他们自觉地遵
守一种与修道士们所遵循的同样严格的宗教观念和组织原则，从而使骑
士团成为上帝的牢不可撼的坚固堡垒。"于是，庞大的各骑士团特别是圣
殿骑士团的兴起与衰落成了中世纪基督教世界中统一趋势的发展与衰落
的指示器。"②

　　与此同时，当骑士团把古老的骑士理想完全置于宗教光环的笼罩之
下时，在法国南部的封建社会中，又出现了一种与之迥异的世俗骑士理
想。这种新兴的骑士理想专注于罗曼蒂克的爱情和高雅优美的言行，它
构成了中世纪盛期骑士文学的主要内容和基本格调。道森认为这种新型
理想的渊源可以在西班牙穆斯林社会中找到。这种充满了浪漫情调的南
国骑士风度虽然与基督教条顿骑士团的刻板严苛的作风形成了鲜明的对
照，但是它很快就把基督教的唯灵主义思想融入自身之中，从而创造了

---

① 克里斯托弗·道森著，长川某译：《宗教与西方文化的兴起》，四川人民出版社 1989 年版，第
166 页。

② 同上，第 170—171 页。

一种绝对圣洁的理想爱情模式。

这种最初源于蛮族武士的粗鲁野性，后来却在基督教的熏陶之下变得文明高雅的骑士精神，成为中世纪盛期文学作品讴歌的主要对象，其结果就产生了名噪一时的骑士文学[①]。骑士文学的题材大多来自日耳曼人、凯尔特人和诺曼人的民间英雄传说，如《贝奥武夫》《罗兰之歌》《尼伯龙根之歌》，反映北欧神话与英雄传说的"埃达"和"萨迦"叙事系列，以及在凯尔特人中间广泛流传的关于亚瑟王的传奇故事。此外也还掺杂着一些源于古代异教世界的英雄传说。但是这些古代或中古时期的民间故事在骑士文学中已经按照基督教的基本精神作了很大的修改，骑士文学把民间传说中的种种离奇古怪的经历（其中特别是关于英雄与恶龙或魔鬼战斗的故事）与基督教的虔诚精神以及对理想女性的"罗曼蒂克的爱情"联系在一起，从而培养了一种富于幻想和怪诞色彩的浪漫情调，即罗曼蒂克（或罗曼斯）情调。约翰·麦茜写道："当时的罗曼斯，叙事诗、传说以及民谣，大半是关于骑士在战争及恋爱上胜利的故事。这些故事大体又为各种集群，以亚历山大大帝，或恺撒，或查理曼，或亚瑟等等虚构或真正的王为中心。冒险则大多雷同，大多互相因袭，不是遇龙，就是救遭难的女人，不是保障好人，就是惩罚罪人。其中所穿插的神话，则是基督教与非基督教的混合物。罗曼斯中的理想骑士，总是一个基督徒。"[②]

骑士精神是基督教用信仰和灵性的圣水对法兰克王国的粗野鄙俗的武士风尚进行净化的结果，海涅将骑士称为"受到基督教灵化的蛮力"在中世纪发展出来的"最稀奇的现象"。由于基督教的文雅风气的濡染，骑士们虽然仍然保留着为荣誉而献身的英雄气概，但是在其他方面却变得越来越文质彬彬了。优美典雅的礼仪逐渐掩饰了豪放不羁的举止，对理想女性的赞美和爱恋——这是一种纯粹精神性的或柏拉图式的、不掺杂任何肉欲成分的爱情——成为对领主的忠诚和对上帝的虔信之外的第

[①] 我在这里所说的骑士文学，是指包括中世纪英雄史诗、民间歌谣、骑士传奇和骑士抒情诗在内的广义的骑士文学，即一切以骑士或骑士的前身（民间英雄）为故事主人公的中世纪文学作品。

[②] 约翰·麦茜著，由稚吾译：《世界文学史》，世界书局 1935 年版，第 145 页。

三个主题。"骑士精神培养出'罗曼蒂克的爱情'，对一个理想的女人所产生的爱，一种做不到的，非尘世的和精神上的爱。这个理想的女人是可以使崇拜者高贵起来。这种爱不是常被抒情诗人唱出的肉欲之爱，而是对典型女性美德近乎宗教式的挚爱。"[①] 武士的忠诚、基督徒的谦恭，以及对理想中的女性的纯洁无瑕的爱情，这是每个骑士必须具备的三种美德。一个优秀的骑士应该既是一个视死如归的战士，又是一个谦卑虔诚的基督徒，同时还是一个行为高尚的情人。在骑士文学中反映出来的这种心心相印和纯洁得近乎神圣的爱情，既是对中世纪的缺乏爱情基础的封建政治婚姻的一种反抗呼声，也是虔诚的基督徒对圣母玛丽亚的精神之爱的一种折射形式。在《尼伯龙根之歌》中，尼德兰王子西格弗里为了对勃艮第王妹克琳希德的爱情，不惜降贵纡尊到勃艮第国王手下当一名待从，费尽千辛万苦，最终与心上人结为眷属。在关于亚瑟王的系列故事中，兰斯洛特对亚瑟王后桂妮维亚的爱情、特里斯坦对伊索尔德的爱情，都充满了纯洁而高尚的情调。心灵高尚的骑士们为了心目中的理想女子宁愿舍身捐躯，从而表演了一幕幕令人潸然泪下的浪漫故事。

骑士文学的浪漫情调由于与基督教的彼岸理想相结合而显得格外动人，那些勇敢、虔诚和纯情的骑士，终因其高尚的品德而获得了灵魂的永生。在《罗兰之歌》中，当高傲而威猛的罗兰侯爵终于因寡不敌众而壮烈牺牲时，他头枕着查理曼所赐的宝剑，面向被伊斯兰教徒所占领的西班牙而死，表现出坚贞不屈的精神。罗兰的形象成为中世纪骑士理想的楷模和典范，而他的世俗生活的悲壮结局也转而成为灵性生活的崇高起点——当黑暗降临到他的眼帘中时，圣洁的天使们就簇拥着这位高贵骑士的灵魂上升到光辉灿烂的"天国"。

基督教已经把古代日耳曼人的"粗犷的荣誉感"净化为中古时代法兰西人的文雅的荣誉感，新生的罗曼蒂克的骑士精神在法国找到了最广阔的驰骋场所。骑士精神从德国的蛮荒的旷野来到了法国的富丽堂皇的

[①] 布林顿、克里斯多夫、吴尔夫著，刘景辉译：《西洋文化史》第三卷，台湾学生书局 1986 年版，第 296 页。

宫廷中，成为一种标志着贵族身份的昂贵的装饰品。在中世纪后期，举止优雅的骑士们越来越注重虚浮矫饰的荣誉和罗曼蒂克的爱情，乃至于使这些个人情感方面的要求有时候甚至与忠诚、虔信等骑士精神的基本原则相悖逆。到了中世纪文化衰落的时期，火药的传入虽然"把骑士阶层炸得粉碎"，但是骑士文学所大力渲染并加以理想化润色的骑士精神却在近代西方文化中得以保存，它后来逐渐演变为一种多情的（而不是像罗马人一样无情的）个人英雄主义，尤其能适合热情奔放、珍惜名誉并且爱向妇女献殷勤的法国人和西班牙人。结果就产生了法兰西式和西班牙式的矫揉造作而又优美典雅的贵族风度，这种贵族风度构成了近代欧洲文明教化的典范和17、18世纪古典主义文学的主旋律。

正如基督教的神秘主义在近代德国意识形态中留下了深深的烙印一样，基督教培育的骑士精神对近代法国上流社会的行为方式产生了巨大的影响。无论是在法国古典主义的戏剧中，还是在大仲马等人的传奇小说中，我们都可以看到中世纪骑士的身影，这些身影成为巴黎的贵族们极力仿效的榜样。个人英雄主义和热忱的献身精神、强烈的荣誉感（它导致了近代法国和西欧各国上流社会中盛行的决斗风气）、对妇女的尊重和罗曼蒂克的爱情、对弱者的同情和侠肝义胆，以及讲究仪表潇洒和言辞文雅的风气，这一切近代的贵族风范都是中世纪骑士精神在法国的产物，并从法国宫廷扩及整个欧洲。丹纳认为，17世纪的法兰西成为全欧洲的文明教师，它教会了一切开化和半开化的民族一套行礼、微笑和说话的艺术。[①]贵族阶层作为西方封建社会的特权阶层，其行为规范在很大程度上受制于崇高典雅的基督教理想和浪漫热情的骑士精神，对上帝和国家的责任，个人和家族的荣誉，以及罗曼蒂克的爱情，成为与生命同等重要，甚至比生命更为重要的东西。正是这种精神方面的教养和追求，使得西欧的贵族们往往表现出一种优雅的行为方式和崇高的精神面貌。诚如布林顿等人所言："骑士精神对于规范中古人类活动的影响仍然很大很大，尤其是对那些易于冲动、制造灾难的特权贵族阶级的约束，

---

① 参见丹纳著，傅雷译：《艺术哲学》，安徽文艺出版社1991年版，第107页。

功效卓著。骑士精神也将肉欲的冲动升华作精神上的爱慕。此外，这种'骑士爱'中的非现实主义传统已经纳入我们西方文化了。这种罗曼蒂克爱情的传统是我们西方社会所独有，中国人、印度人以及许多其他民族都没有。"①

5. 哥特式建筑与唯灵主义

然而中世纪基督教文化的最杰出的文化成就还不是骑士文学，而是哥特式建筑，这种惊天地、泣鬼神的唯灵主义杰作能够一下子把人的灵魂带入彻心透骨的谦卑和深沉悲切的忏悔之中。"中世纪的艺术天才，不表现于我们目前所讨论的文学，而表现于建筑及其与建筑有关的艺术。当时的哥特式寺院，如果不能使一个近代人觉得自己的渺小，至少也可以打击他的傲慢，使他不敢对他的中世纪祖先取鄙视的态度。"②

"哥特式"（Gothic）一词最初源于哥特人，文艺复兴时期的艺术家们用这个词来形容一切野蛮、陈旧和丑恶的东西，特别是用来指称中世纪出现的那些诡异神秘的建筑形式。然而到了 19 世纪，西方人才逐渐发现这种被指称为野蛮的中世纪建筑风格自有其独特的艺术魅力和精神内涵。从 12 世纪以后，哥特式艺术 —— 它的最高成就表现在哥特式建筑中 —— 作为一种熔铸了浓厚的基督教神秘主义意韵的新颖形式，成为风靡欧洲的最典雅的艺术风格。现今在西方仍然屹立着的许多气势恢宏的大教堂，如巴黎圣母院、亚眠大教堂、兰斯大教堂等，都是哥特式艺术的杰作。哥特式艺术的产生和发展最充分地体现了精神对物质、基督教唯灵主义对粗野的蛮族文化的征服过程，它以一种外在性的固化形式形象地反映了中世纪西欧人内心深处汹涌激荡着的神秘诡谲的宗教感受。在哥特式建筑的典型作品 —— 天主教堂中，不仅是那高耸入云的尖顶、充满了怪诞和夸张特点的巨大肋拱、五光十色的花窗隔屏，甚至连每一块石头、每一片玻璃和每一个精雕细镂的局部都在宣扬着基督教的彼岸

---

① 布林顿、克里斯多夫、吴尔夫著，刘景辉译：《西洋文化史》第三卷，台湾学生书局 1986 年版，第 296 页。

② 约翰·麦茜著，由稚吾译：《世界文学史》，世界书局 1935 年版，第 144 页。

精神和灵性理想。海涅赞叹道：

> 我们在教堂里感到精神逐渐飞升，肉身遭到践踏。教堂内部就是一个空心的十字架，我们就在这刑具里走动；五颜六色的窗户把血滴和脓汁似的红红绿绿的光线投到我们身上；我们身边呜呜地唱着丧歌；我们脚下满是墓碑和尸骸，精神沿着高耸笔立的巨柱凌空而起，痛苦地和肉身分裂，肉身则像一袭空乏的长袍扑落地上。从外面来看，这些哥特式的教堂，这些宏伟无比的建筑物，造得那样的空灵、优美、精致、透明，简直叫人要把它当作大理石的布拉邦特花边了：你这才真正体验到那个时代的巨大威力，它甚至能把石头都弄得服服帖帖，石头看来都鬼气森森地通灵会意似的，连这最顽强的物质也宣扬着基督教的唯灵主义。[1]

哥特式建筑是从罗马式建筑中发展出来的，但是它却与罗马式建筑有着巨大的形式上的差别，而且二者代表着全然不同的精神气质。罗马建筑风格的教堂出现于中世纪早期即"黑暗时代"，盛行于 11 世纪和 12 世纪初期，它的前身是古典的罗马长方形会堂建筑，即一种有着长方构形和柱廊拱券的建筑物。罗马式教堂的建筑构件以圆拱为主，整个建筑结构坚固厚实、四平八稳，强调整齐壮观和粗犷有力，于朴实无华的艺术风格中蕴涵着庄重肃穆的神圣感，显示出一种凝重威严的精神气质。"罗马式建筑尽管有其多样化的特征，而主要是表达早期基督教信念的庄严性及武功歌的粗犷力量；相反地，哥特款式却富于戏剧性，高耸云端，引人入胜，它含有人们所向往的高度浪漫色彩的意境。"[2]

与风格硬朗的罗马式建筑不同，哥特式建筑以纤柔华丽的艺术风格和怪异夸张的浪漫气质而著称于世，它卓越地反映了中世纪盛期人们痛苦绝望的现实生活与奇思异想的浪漫激情之间的那种惊心动魄的巨大反差和令人惊异的强烈渴望。"那种微妙而病态的诗意，夸张的程度正好

---

[1] 亨利希·海涅著，张玉书译：《论浪漫派》，人民文学出版社 1979 年版，第 16—17 页。

[2] C.沃伦·霍莱斯特著，陶松寿译：《欧洲中世纪简史》，商务印书馆 1988 年版，第 286 页。

反映奇特的情绪，骚乱的幻想，强烈而又无法实现的渴望，这都是僧侣与骑士时代所特有的。"① 到了 12 世纪以后的时代里，哥特式建筑不仅以肋弓拱顶和尖形拱门取代了罗马式建筑的圆顶和拱券，以五彩缤纷的玻璃花窗、轻盈纤巧的飞扶壁、玲珑剔透的雕塑和色彩斑斓的教堂内饰取代了罗马式建筑的笨重厚实的石头护墙、呆板僵硬的长方结构、单调朴素的回廊装饰和阴暗压抑的室内气氛，而且更以一种大胆而怪诞的浪漫风格和疯狂而病态的诗意想象力，取代了罗马式建筑的严谨而凝重的实用风格。哥特式教堂的整个建筑风格、色彩配置和内部雕镂，都是为了烘托一个基本思想，就是空灵幽邃的天国意识；都是为了激发一种感受，就是深沉痛悔的罪孽感。一个虔诚的基督徒，一旦他走进这种按照十字架模式和基督教精神而设计的巨大建筑物中，他的灵魂立即就会被这唯灵主义的精巧躯壳所震慑。哥特式教堂就是一个向信仰者敞开的"天国的窗口"，透过色彩斑斓、令人目眩神迷的玻璃花窗，光彩照人的上帝正在把他那充满慈爱和柔情的目光投向诚惶诚恐的虔信者；而在教堂正中高耸的十字架上，基督的痉挛的肌躯和痛苦的面容又不由分说地把人们的灵魂带入了无尽的痛悔之中。这是一个庞大的精神与肉体的分离器，在充溢于高远的教堂空间的绝望与希望、悔罪与祈求的矛盾氛围里，精神在自我超越的迷狂中沿着高高的穹顶上升到明净的"天国"，肉体却如同沉滓一般匍匐在地。在经历了这样的痛心疾首的忏悔之后，当人们从教堂中走出去时，他的灵魂无疑已经在这座哥特式的"炼狱"中经受了一次脱胎换骨式的净化过程。

　　这种具有极其强烈的宗教寓意和象征特点的建筑风格到中世纪后期越来越疯狂地朝着单纯形式化的方向发展，一些教堂由于片面地追求装饰的精美华艳和外观的纤巧怪异，完全不顾结构的坚固。这种一味讲究形式的做法导致了所谓"火舌式"建筑的出现，如斯特拉斯堡、米兰、纽伦堡等地的教堂。这些教堂从整体造型到局部装饰都力图表现一种向上升腾的意境，犹如熊熊燃烧的火舌，象征着焦灼不安的灵魂企图超越

---

① 丹纳著，傅雷译：《艺术哲学》，安徽文艺出版社 1991 年版，第 100 页。

苦难的现实生活而趋向光辉灿烂的彼岸世界的强烈愿望。哥特式建筑在其发展的过程中，与骑士文学一样宣泄着一种虚饰浮夸和矫揉造作的病态情绪。这种娇艳而又怪诞的病态情绪，一方面抒发着痛苦的呻吟，另一方面则昭示着光明的理想。在这里所表现出来的那种惊世骇俗的强烈反差、奔涌狂放的奇思异想，以及朦胧迷离的梦幻神韵，则由于时代的距离感和夸大作用而变得美妙无比，竟成为近代浪漫主义，尤其是德国浪漫主义的灵感源泉。当施莱格尔兄弟等 19 世纪的德国浪漫派在诗歌中呼唤着"中世纪月光朦胧的魔夜"和日耳曼式的阴森可怖的古堡幽灵时，他们正是从哥特式建筑和骑士文学所表现的诡异神秘的中世纪艺术风格中汲取精神养料的。海涅在谈到德国浪漫派的特点时一针见血地指出："它不是别的，就是中世纪文艺的复活，这种文艺表现在中世纪的短歌、绘画和建筑物里，表现在艺术和生活之中。这种文艺来自基督教，它是一朵从基督的鲜血里萌生出来的苦难之花。"[1]

　　哥特式建筑构成了中世纪基督教文化的标志性成就，它一方面典型地反映了基督教崇高典雅的圣洁理想，另一方面又表达着世俗社会躁动不安的痛苦现实。它那纤巧怪诞的艺术形式将玉洁冰清的唯灵主义理想与苦难深重的禁欲主义生活紧紧地联系在一起，使人在哥特式教堂这幽邃神秘的巨大十字架内部深切地感受到灵魂与肉体之间惊心动魄的战斗，感受到一种超凡脱俗的精神迷狂。它是神圣纯洁的天国境界在人间的直接呈现，以一种"痛苦的极乐"的方式宣扬着基督教的救赎福音和纯净理想。在充满了卑污的人欲的世俗世界里，哥特式教堂就如同一座承担着崇高使命的人间炼狱，艰难而痛苦地从事着净化灵魂的神圣工作。"从发展的普遍看，哥特式建筑的确表现并且证实极大的精神苦闷。这种一方面不健全，一方面波澜壮阔的苦闷，整个中世纪的人都受到它的激动和困扰。"[2]

　　到了中世纪后期，随着基督教文化向着虚伪和腐败的方向迅猛发展，哥特式建筑本身也成为一种莫大的讽刺，它那崇高圣洁的形式与罗马教

---

① 亨利希·海涅著，张玉书译：《论浪漫派》，人民文学出版社 1979 年版，第 5 页。
② 丹纳著，傅雷译：《艺术哲学》，安徽文艺出版社 1991 年版，第 101 页。

会腐化堕落的现实之间形成了鲜明的反差，从而使其日益蜕化为一个缺乏灵魂的空洞躯壳，一个丧失了精神内涵的抽象形式。直到特兰托宗教会议大力整饬教会道德和革除教会腐败之后，哥特式建筑才重新恢复了名副其实的神圣性和庄严性。时至今日，哥特式建筑已经成为一个精神苦恼时代的文化象征，它那精美绝伦的艺术形式令我们赞叹不已。

在哥特式建筑诡异怪诞的艺术风格中，处处都表现着一种空灵神秘的唯灵主义，这种唯灵主义尤其能够感召日耳曼人"野蛮的暗晦"的心灵。在整个中世纪，这种空灵神秘的唯灵主义培育和净化了质朴鲁钝的日耳曼人的虔诚信仰，并且在德国人那里发展为一种高深莫测的神秘主义。这种神秘主义从埃克哈特、陶勒尔、苏索等人的"心灵之光"一直发展到马丁·路德的"因信称义"，其实质都在于强调个人灵魂与上帝的神秘同一。稍后，出现了黑格尔称之为"第一个德国哲学家"的雅各·波墨。这个劳西茨的鞋匠把神秘主义的直觉和感情当作表述哲学的形式，就如同他通过走针缝鞋的方式来领受圣灵一样。据海涅介绍，英王查理一世对这种神秘的接神术表现了强烈的兴趣，他派了一个使者到德国去向波墨学习。后来当查理一世在英国被克伦威尔砍掉头颅时，他的使者则由于学习波墨的接神术而丧失了理智。波墨把神理解为精神，表述为"永恒太一"，并用皮鞋匠的行话把这种精神或"永恒太一"称为"伟大的硝"。尽管波墨哲学在形式上粗俗不堪，但是在思想内容上却极其深刻，黑格尔评论道："雅各·波墨是第一个德国哲学家；他的哲学思想的内容是真正德国气派的。波墨哲学中优秀的、值得注意的东西，就是上述的新教原则，即把灵明世界纳入自己固有的心灵，在自己的自我意识里直观、认识、感觉过去被放在彼岸的一切。"[①] 将外在的上帝转化为内在的精神，从精神、意志、自我意识等主体性原则出发来说明整个外部世界，这是德国哲学的根本特征和典型风格。这种精神的神秘化历程正是在基督教唯灵主义的滋润下发生的，由于唯灵主义的影响，从波墨以后，整个德国近代哲学都染上了一股艰深晦涩的神秘气息。

---

① 黑格尔著，贺麟、王太庆译：《哲学史讲录》第四卷，商务印书馆1978年版，第34页。

基督教唯灵主义是孕育着近代唯心主义的母腹，中世纪灵魂与肉体的直观对立到了近代哲学中，发展为精神与物质的抽象对立。由于唯灵主义是中世纪时日耳曼人的最典型的世界观，所以唯心主义在近代德国人那里获得了最精致、最完美的表现形式。正如英国是近代唯物主义的故乡一样，德国是近代唯心主义的故乡。唯心主义在德国具有一种压倒一切和睥睨一切的疯狂精神，近代德国分散落后的社会现实恰恰成为唯心主义茁壮成长的良好土壤，物质的贫困造成了精神的傲慢，因此德国唯心主义表现出一种破落贵族式的孤芳自赏和妄自尊大。在德国"这个庞大的奥吉亚斯的牛圈"里盛开着唯心主义的鲜花，这朵鲜花自认为是世界上最美丽的花朵，它把整个人类历史都看作是德国"精神"的外化形式——把法国大革命看作是德国哲学的印证，把拜伦当作浮士德的私生子，把拿破仑说成"骑在马背上的绝对精神"。近代欧洲的任何一次物质进步，都加深了德国人自惭形秽的感觉，但是德国唯心主义却能够迅速地把这种自惭形秽之感转化为不屑一顾的狂妄和自鸣得意的孤傲，然后继续关起门来在纯粹的灵性世界中剔精究微。

这就是德国式的疯狂！海涅评论道："发起德国疯来，带有一种无与伦比的咬文嚼字的神气，令人生畏的仔细认真的样子，并且有一种肤浅的法国呆子们所不能理解的彻底精神。"[1] 德国人之所以会陷入这种执迷不悟的疯狂，与那种萦绕着他们心灵的灵性世界的永恒的神秘感召是分不开的。每一个仔细研究过德国近代哲学、文学和艺术的人，都能够明显地感受到那个空灵神秘的灵性世界对德国人思维方式的深刻影响。唯灵主义是如此紧密地与德国人的思维方式联系在一起，乃至于可以说，没有基督教的唯灵主义，就没有近代的德国文化。

6. 自我超越的"天国"理想

除了骑士文学和哥特式建筑这些有形的文化成就之外，基督教文化还给后世的西方文化留下了宝贵的精神遗产，其中最重要的就是一种对

---

[1]　亨利希·海涅著，张玉书译：《论浪漫派》，人民文学出版社1979年版，第28页。

于理想生活或"天国"状态的不渝追求。这种意欲超越现实的躁动早在苏格拉底关于"追求好的生活远过于生活"的思想中和柏拉图"理想国"的模式中就已初现端倪，基督教文化的贡献在于它以一种明确的理论形式使"天国"与尘世、理想与现实的差异变成了对立，并且使这种对立深深地渗透进基督徒直接的生活实践。更重要的是，基督教用它的一整套神秘主义的教义、教仪煽动起现实世界中的人们对更高更好的彼岸生活的坚定信念，从来没有哪一种文化像基督教文化那样使人们如此普遍和如此痴迷地陷入对理想境界的渴望中。在中世纪，想象中的彼岸生活方式构成了现实生活的重要内容（甚至是主要内容），在人的生活中到处映现出神性生活的影像。整个中世纪的基督教社会就是一所培训彼岸生活方式的预修学堂，每个人从生到死都在进行着单调乏味的演习，为来世进入另一种生活状态做准备。这种唯灵主义的理想虽然导致了生活的异化，但是它同时也培育了一种超越现实的宗教意识和批判精神。

　　这种非人性的生活状态虽然是愚昧的，但是能够使人们如此普遍和心甘情愿地沉溺于这种愚昧状态，绝非"强制""欺骗"等字眼所能解释的。毫无疑向，在中世纪基督教信仰中确实掺杂着不少强制的成分，但是这些外在性的强制因素之所以能够普遍奏效，是由于西方人尤其是日耳曼民族在漫长的历史文化过程中逐渐形成的内在宗教情感。这种积淀为一种天性或集体无意识的宗教情感，是史前生活状态和文明历史共同作用的结果。传统中国人处于大千世界之中，始终以协调人与人的伦常关系为安身立命之本，这种强烈的伦理意识使中国文化呈现出一种力求和谐和中庸的特点。传统的西方人则始终关注人与上帝之间的信仰关系，常常处于准备让渡现实生活去追求更高的生存状态的躁动不安中。这种强烈的宗教意识致使西方文化时常处于两极对立和嬗变更迭的状态。梁漱溟先生谈及中西文化的差别时指出："生活的根本在意欲而文化不过是生活之样法，那么，文化之所以不同由于意欲之所向不同是很明显的。"他在对中西文化的特点进行了研究后总结道："西方文化是以意欲向前要求为其根本精神的"，"中国文化是以意欲自为调和，持中为其根本精神的"①。梁先生所说的"意欲"实指一种主体性的文化意识，借用梁先生的这一概念，我们可以说，驱动中国文化发展的"意欲"是一种伦理意识，而驱动西方文化发展的"意欲"则是一种宗教意识。

在整个西方文化发展的历史长河中，基督教文化成为宗教意识生长的温床。虽然宗教意识在希腊唯心主义哲学中就已经萌发，但是它从少数先知者的"圣徒意识"转化为平民大众的普遍意识却是在罗马帝国的物质主义坍塌之后，尤其是在基督教的唯灵主义与日耳曼蛮族"真的性情和心灵"相结合之后。中世纪教会虽然把宗教意识束缚在种种外在化的形式中，但是它仍然使这种意识深入人心，使其成为西方人精神世界中根深蒂固的基质。而16世纪宗教改革的目的就是要扬弃那些扭曲宗教意识的异化形式，使基督教信仰重新树立在内在而纯正的宗教意识之上。如果一味强调基督教文化的异化形式，不去探讨基督教文化的内在本质，把一千年之久的中世纪文化史说成仅仅是强制和欺骗的结果，从而否认在这些表面现象背后始终潜藏着一种深沉的和发自内心的信仰（虽然它常常通过一些扭曲的形式来表现），那么这种见解倘若不是一种有意的偏见，就必定是一种浅薄的臆断。

基督教文化不仅提出了一种与不完满的现实生活相对立的理想生存状态，而且还把对立本身作为一种抽象的原则确立起来，从此以后，对立就取代了希腊罗马世界的单纯性而成为西方文化的本质。如前所述，基督教的本质特征就是一系列矛盾范畴之间的对立。这种深刻的二元对立，正是基督教文化留给西方文化的最重要的精神遗产，西方人的思维为难以调和的观念之间的二元分裂和对立所困扰，人夹在上帝和魔鬼、天堂和地狱、理想和现实、灵魂和肉体的永无休止的冲突之间，受着来自双方的诱惑和折磨。因此西方人始终是自我矛盾的，处于一种永无休止的自我冲突和困窘焦虑之中。从杰罗姆、本尼狄克等基督教圣徒的可怕的自我折磨，到卢梭、尼采等近代文化巨人的疯狂般的内心痛苦，这一切对于习惯于"天人合一"的内在和谐的中国人来说，完全是一种不可理解的精神病现象。然而，这种激烈的内在冲突和痛苦的自我拷问却

---

① 梁漱溟:《东西文化及其哲学》，商务印书馆1922年版，第53—55页。

是西方文化的一个显著特征。西方人在内心生活方面远远不如中国人那样怡然自得，那些刻骨铭心的罪孽意识与魅力无穷的崇高理想，难以抗拒的卑劣欲念与净化心灵的高尚情操，人性的躁动与"神性"的呼唤，这一切矛盾都如同犀利的螯夹一般时时撕扯着疲惫不堪的心灵，令人无法回避，无处逃遁，同时也造成了西方文化跌宕起伏、两极跳跃的历史面貌。

另一方面，基督教的理想——那个超越和否定现世的"天国"，则成为感召西方文化发展的永不陨落的太阳。"天国"的内容虽然在每个时代都在不断地变化，但是它作为一种理想的生存状态，至今仍然对于落魄失意的人们和愤世嫉俗的心灵具有强烈的感召力，并且因此而构成了推动西方历史发展的重要精神动力。在西方近代文化的种种社会理想和乌托邦蓝图中，不断展现着名义相异、实质相同的"天国"景象，那些为了美好的理想图景奔走疾呼甚至殉道的先驱者，成为西方近代文化的精神圣徒。而那些跟在这些圣徒身后坚持不懈地进行战斗的集团、阶层和阶级，则坚信自己是唯一有资格进入"天国"的上帝"选民"。这种脱胎于中世纪基督教"天国"理想和上帝"选民"的坚定信念和使命意识，不仅成为催生了近代资本主义的巨大精神杠杆，而且也孕育了对近代资本主义采取激烈批判态度的浪漫主义和共产主义。

"天国"理想可能完全是一种虚无缥缈的幻象，也可能是一种可以部分实现的社会蓝图。但是"天国"的重要意义并不在于它能否成为现实，而在于它构成了西方文化的永恒动力和终极目标，构成了不安于现状的叛逆者们的精神归宿和灵魂慰藉。它使人们不断地对现实的生存状态进行否定，从而为进入一种理想的生存状态创造条件（尽管这种理想的生存状态一旦成为现实往往与它在仅仅作为理想时相去甚远）。"天国"就如同呈现在天边的一道海市蜃楼，人们的目光被那千奇百怪的幻象所吸引，不顾一切地追逐它。在这个追逐的过程中，人们不知不觉地在身后留下了一排斑驳的足迹，而这些斑驳的足迹就是现实的文化和历史。

因此，基督教不仅使西方文化深深地陷入了二元对立之中，而且也为克服对立提供了一种精神上的动力。它不仅造成了种种尖锐的矛盾，而且也为矛盾的扬弃创造了可能性。基督教一方面把西方人的心灵抛入了永恒的痛苦分裂之中，另一方面也使西方文化在各种超验的理想感召下不断地以自我否定的姿态实现着更新和发展。

在希腊人那里，"天国"与尘世、理想与现实虽然有差别，但这些差别尚未发展为对立，反而经常被统一于一种原始的和谐或单纯性中。历史在希腊文化阶段呈现出一种平稳的惯性，矛盾尚处于未分化的状态。希腊神话中虽然包含着否定思想，但这只是一种单纯性对另一种单纯性的否定，是一种历时性的相继否定，每一种单纯性本身仍处于无矛盾的和谐状态。尽管在苏格拉底和柏拉图的思想中出现了对立的萌芽，然而对立在希腊历史中并没有成为现实。这种原始的统一使得整个希腊文化呈现为一种和谐之美。在罗马人那里，"天国"和理想完全被淹没在尘世和现实中，对立不仅没有出现，而且连差别也消失了，物质主义以不可抵抗的磅礴之势吞噬了一切异在的东西。罗马文化从创始之初到灭亡始终都表现为一种同质的单纯性，表现为一种物质的暴戾。从哲学的观点来看，在罗马共和国和罗马帝国之间并没有任何真正意义上的质的差别，整个罗马文化只经历了一次否定，即它自身的被否定。基督教文化虽然从本质上来说是唯灵主义的，但是它却明确地展现了一系列二元对立的范畴，而且它的实践完全走向了唯灵主义的反面——罗马天主教会深深地陷入"感觉主义"的泥淖中。因此基督教文化不仅在理论上展现了对立，而且在历史过程中通过它的本质精神与教会实践之间的二律背反表现出一种深刻的二元对立。在这里，对立表现为一种内在的冲突，它不再是一种单纯性对另一种单纯性的外在的和历时性的相继否定，而是同一事物内部两个对立面之间的共时性的相互否定，是互以对方为自己存在前提的两个极点之间的相互碰撞。基督教文化不仅以其唯灵主义的本质否定了罗马的物质主义，而且也以它的本质与现象、理想与现实之间的二元对立否定了整个希腊罗马世界的单纯性。因此从严格的意义上来说，只有在基督教文化产生之后，内在的矛盾才取代外在的矛盾而成为西方文化发展的主要动力。基督教文化以前的西方诸文化形态的更迭，都是借助于外在的力量最终完成的；而在基督教文化确立之后，内在矛盾着的对立双方之间的相互否定和彼此超越构成了西方文化发展的根本动力。无论是人文主义还是宗教改革，都是从基督教文化内部来进行变革的一种尝试，而非从外部彻底否定基督教文化的一种颠覆。中世纪基督教文化培育了西方人的理想与情操，铸造了西方社会的德性与习俗。对于一个现代的西方人来说，希腊罗马文化只是一种能够引起无限遐想的"辽远故乡"，而基督教文化却无疑是他所栖居的现实家园。正因为如此，充分世俗化的西方人至今仍然把他们的文化称为基督教文化。

除了上述文化成就和精神遗产之外，基督教文化对于西方的社会制度、意识形态和日常生活也产生了重要的影响，赵复三先生在《基督教与西方文化》一文中把这些影响归结为四个方面：第一，基督教文化加强了欧洲统一的意识，这种精神上的统一意识与中世纪早期分散的封建状态和中世纪后期出现的民族意识是针锋相对的，它在当今的西欧世界中起着越来越重要的作用。第二，基督教文化间接地承传了西方法学的传统，11世纪至13世纪的政教之争使罗马法得以复活，从而对西方法律体系和政府机构的形成产生了深远的影响。第三，基督教文化对西方人的世界观、人生观和道德观均产生了深刻的影响，而西方近代艺术如绘画、建筑、雕塑、音乐等更是直接脱胎于基督教文化的母腹。第四，基督教的一些节庆、仪式和语言深入人心，至今仍然不可取代，构成了西方社会生活中的重要内容。[①]此外，基督教对于欧洲大学的建立和教育的普及也产生过重要的促进作用。

时至今日，基督教信仰在西方社会中仍然保持着不衰的势头，尤其是对于正在经受着国际格局的动荡、艾滋病的威胁、道德沦丧的恐慌和工具理性的暴虐的现代西方人来说，基督教仍然具有巨大的精神感召力。基督教信仰虽然经历了自启蒙运动以来的数百年磨难，但是在今天仍然能够牢牢地吸引住西方人的心灵，这不能不说明它本身所具有的魅力和价值。对于现代西方文化来说，基督教已经成为一种不可缺失的文化土壤和精神资源；对于现代西方人来说，基督教信仰已经成为一种文化习

---

① 　参见赵复三：《基督教与西方文化》，载《中国社会科学院研究生院学报》1987年第4期。

俗和心理惯性。在科学技术高度发达的今天，基督教的意义已经不在于解释自然界，而在于支撑人们的道德信念和抚慰人们的内心情感；它为人们提供的不是外部世界的精确说明，而是内在世界的终极关怀。恰如海涅所言："这个宗教在过去一千八百多年中对于受苦受难的人们曾是一种恩惠，它曾是出自天意的、神灵的和神圣的。这个宗教使强横者温顺，使温顺者坚强，通过共同的感情和共同的语言把各民族结合在一起，它对文明做出的全部贡献，以及护教论者所称颂的许多事情，如果和这一宗教亲自施予人们的那种伟大的安慰相比，还是微不足道的。受难的神，头带（戴）荆冠的救世主，钉死在十字架上的基督（他的鲜血有如渗入人类伤口的镇痛的乳香），这种象征应该享有永恒的荣誉。"[①]

四　儒家伦理对三大外来宗教的同化及其文化冲突

与旧大陆西部不同宗教之间你死我活的激烈冲突场面恰成对照，在整个封建时代，除了极短暂的时期外，旧大陆东部呈现出一片不同宗教融洽相处与和平交流的景象。从东汉时期开始，中国在与西域各国进行商业交往的过程中不断地受到外来宗教的渗透。外来宗教首先会影响中国传统的意识形态，而如果正统的儒家意识形态发生了偏离，必将引起政治、经济体制的变动和危机，最终造成整个社会结构的解体和根本性变革。这种结果是恪守祖制陈规和具有强烈的现实伦理意识的传统中国人难以接受的，因此外来宗教一开始就受到了中国儒家伦理思想的严格审查和筛选，流入中国后又屡经修正和补充。那些能够适应和强化伦理规范和现实秩序的成分被保存下来，并被打上中国化的烙印，使其为现实的政治生活和道德生活服务；那些有离经叛道、伤风败俗之嫌的成分则被排拒在国门之外，或者在潜移默化的同化过程中无声无息地消匿。中国儒家伦理对外域宗教的改造是在长期的和平氛围中进行的，这种柔性的潜移默化过程虽然不像旧大陆西部不同宗教体系——基督教与伊斯

---

① 亨利希·海涅著，海安译：《论德国宗教和哲学的历史》，商务印书馆1974年版，第17—18页。

兰教——之间的暴力冲突那样惊心动魄，但却比后者更深刻和更具有持久性效应。它不仅同化了与世无争的佛教，培育出具有中国特色的禅宗、净土宗等佛教宗派，而且也驯服了暴戾刚烈的伊斯兰教，使其接受儒家的伦理观念。只有天主教是一个例外，它由于坚持反对祭天、祀祖和拜孔活动，除上帝之外不承认其他任何偶像，因此始终与中国儒家伦理价值系统处于格格不入的对立之中，从而在其入华传教的过程中伴随着许多坎坷磨难和暴力龃龉。总而言之，一部中国外来宗教史，就是一部外来宗教被儒家伦理所同化的历史。

1. 儒家伦理对佛教的改造

关于佛教入华的最初时间，众说纷纭。有人认为周末中国人即已知西方有佛陀，依据是《列子》中的一段记载："孔子动容间，曰：'西方之人，有圣者焉，不治而不乱，不言而自信，不化而自行，荡荡乎人无能名焉。'"这种说法不太靠得住，一则因为今本《列子》是魏晋时人的伪作，二则孔子所言西方圣人未必就是佛陀。另有说法认为佛教为秦代传入，《历代三宝记》引《朱士行经录》说："秦王政四年，西域沙门室利房等十八人，始赍佛经来华，王怪其状，捕之系狱，旋放逐国外。"而汉代传入的说法最盛，尤以东汉明帝时代的"金人感梦"说流传最广。《四十二章经》曰："昔汉明皇帝，夜梦见神人。……明日问群臣，此为何神也？有通人傅毅对曰：'臣闻天竺有得道者，号曰佛。轻举能飞，殆将其神也。'于是上悟，即遣使者张骞、羽林郎将秦景、博士弟子王遵等十二人至大月氏国，写取佛经四十二章。"早年从西域来中国传播佛教的外国僧人如安世高、佛图澄、鸠摩罗什、佛陀跋陀罗等都是活动于东汉末年至东晋年间，故而佛教为东汉时期传入中国的说法较为可信。

佛教初入中国时，因其教义、组织及行持仪式与中国文化习惯相去甚远，因而只能暂托于道教的荫护，故有"老子化胡"的说法，即以佛陀为老子的弟子，将佛教与道教混为一谈。这种误解一方面是由于佛教在中国尚未站稳脚跟，需要依附于中国固有的黄老之术；另一方面也是因为佛教的"清净离垢，少欲知足"思想与老子的"绝圣弃智，无为无欲"主张颇为类似。所以牟子把佛教称为"佛道"，《四十二章经》自称为"释道"，学佛则被称作"学道"，浮屠道术，相互结合。而且在最初的时候，佛教在一般中国人眼里无非是一种旁门左道之术，西域的僧人被视为能卜未来、善为妖法的魔术师。汉代人把佛陀的形象看作是"恍惚变化，分身散体，或存或亡。能小能大，能圆能方，能老能少，能隐能彰。蹈火不烧，履刃不伤，在污不染，在祸无殃。欲行则飞，坐则扬光"[①]。到南北朝以后，佛教在中国开始迅速发展，然而它所宣扬的出世思想与儒家积极入世的人生态度大相径庭，于是以儒家思想对佛教进行筛选改造的工作就逐渐开展起来。这种筛选改造工作大致可以分为两个步骤：首先是"开宗判教"，其次是援儒入佛。

"开宗判教"的过程大体上如下：首先从西域佛教的各个教派中选择具有入世舍身、普度众生的大乘佛教，抑制苦修苦行、出世自救的小乘佛教。对于中国人的忠君孝亲的伦理意识来说，小乘佛教的"灰身灭智"、弃世苦修的教义过于晦涩玄奥，且不近人情。相形之下，大乘佛教的大慈大悲、成佛度世的思想与儒家"仁者爱人""内圣外王"的精神倒有几分相近。第二步是从众多的大乘教派中进一步精选出更投合中国人心理和行为规范的宗。这项工作到唐代方告完成，结果是判出了八个大乘宗，即三论宗、天台宗、华严宗、净土宗、法相宗（唯识宗）、禅宗、律宗、密宗。第三步是从这八个大乘宗中再进行雅俗两派的选择，雅派即儒学知识分子的选择，主要为天台、华严、禅宗三派，其中尤以"不立文字，直指人心"的禅宗最能迎合中国知识分子的口味。钟钟山先生指出："八者之中，亦惟天台、华严、禅宗三者，于异日儒学理气心性之谈，颇多资益。"[②]俗派则为民间百姓的取向，文化水平低下的平民百姓多选择"一心专念"、简单易行的净土宗。"从其化者至有诵《弥陀经》十万至五十万卷者，念佛日课万声至十万声者。"[③]如此简便的佛法对于未具慧根的芸芸众生，颇有吸引力。禅宗重参禅，净土重诵经；禅

---

① 《弘明集》，卷一。

② 参见张曼涛主编：《佛教与中国文化》，上海书店 1987 年影印版，第 80 页。

③ 《佛祖统纪》，卷二十六。

宗讲究"顿悟"，净土讲究"称念"；禅宗认为"心即真如"，净土宗主张"欲得净土，当净其心"。二者貌似相异实质相同，均是直指人心，轻视外在修行。"一切声色，尽是佛事"，"举足下足，常在道场"。诸凡神秘的东西都被世俗化，而世俗的东西又都被神秘化。佛为虚形，心为实体。"心生，种种法生；心灭，种种法灭。一心不生，万法无咎。"①这种注重内在心性而非外在苦行的教义与儒家伦理所培育的协调的现实精神以及修心养性的道德修为并不矛盾，与后来的宋明理学的"心性"之学更是相契相合。到了唐代以后，各宗归禅，净土宗亦融入禅宗，禅净双修，"念佛即是参禅，参禅乃生净土"②。至此，"开宗判教"的过程遂告结束。

与"开宗判教"相比，援儒入佛的工作则要漫长和艰难得多。佛教初入中国时，它的教义与儒家伦理颇多悖逆。儒家伦理以忠孝为本，把忠君事亲作为家庭关系和社会秩序的基础；佛教却主张割爱舍亲，剃度出家，不娶妻生子，不拜君王。对于这种尖锐的矛盾，一位学者评论道：

　　佛教与中国传统文化，如冰炭之不相容的，要算是中国文化保守的儒家了。他们讲敦伦，讲"父子有亲，君臣有义，……夫妇有别"，讲"不孝有三，无后为大"，以及"溥天之下，莫非王土，率土之滨，莫非王臣"等的儒教伦理。他们以家庭为社会的基本单位。一个人的职责是在家尽孝，出外尽忠。若他出家为僧，那当然是不孝不忠而放弃其应尽的天职。依按儒家的君臣关系论，所有的国民都是国王的臣属，他应当以礼敬君。沙门既然是国民之一，所以也应当对国王礼拜。因此，遂有沙门是不是应礼拜王者的问题发生。③

---

① 《镇州临济慧照禅师语录》。
② 《憨山老人梦游全集》，卷五。
③ 巴宙：《论中印佛教与中印文化》，载张曼涛主编：《佛教与中国文化》，上海书店1987年影印版，第173页。

为了缓和这些矛盾，佛教进入中国后不久就开始了儒学化或者伦理化的改造过程。

最早调和儒家伦理与佛教教义的当推东汉末年的牟子。牟子早年博览经书，然而总觉未得其实，后接触佛经，则如茅塞顿开，豁然贯通。他在《理惑论》一书中极力调和儒佛，对佛教教义作伦理化的解释，认为"道之为物，居家可以事亲，宰国可以治民，独立可以治身"。对于时人认为沙门削发废伦违孝的诘难，牟子反驳道："苟有大德，不拘于小。沙门捐家财，弃妻子，不听音，不视色，可谓让之至也。何违圣语不合孝乎？"牟子之后，有沙门康僧会，力图熔儒佛为一炉，认为"儒典之格言，即佛教之明训""周孔示其迹，佛教详其言"。东晋儒士孙绰，更进一步把佛教与儒学等同起来，断言"周孔即佛，佛即周孔，盖内外名之耳。……周孔救极弊，佛教明其本耳，共为首尾，其致不殊"[1]。深通儒学的佛教大师庐山慧远说道："道法之与名教，如来之与尧孔，发致虽殊，潜相影响。出处诚异，终期则同。"[2]东晋僧人道安则主张："释教为内，儒教为外"，释教治心，儒学治国。降至北齐，大儒颜之推以儒家五常来附会佛教五戒，对佛教进行伦理化解释。"内外两教，本为一体，渐极为异，深浅不同。内典初门，设五种禁，外典仁义礼智信，皆与之符。仁者，不杀之禁也；义者，不盗之禁也；礼者，不邪之禁也；智者，不酒之禁也；信者，不妄之禁也。"[3]唐代华严宗五祖宗密又以《周易》"乾"卦四德（元、亨、利、贞）配佛身涅槃四德（常、乐、我、净），以儒家五常配佛教五戒。北宋天台宗智圆自号"中庸子"，称晚年所作以"儒学为本"，明确表示："国不治，家不宁，身不安，释氏之道，何由而行哉？"[4]被尊为明代"四大高僧"之一的憨山德清竟认为："孔老即佛之化身。"

禅宗是中国境内流传最广、影响最深且中国化色彩最浓的佛教宗派。

---

[1]　参见张曼涛主编：《佛教与中国文化》，上海书店1987年影印版，第282、283页。

[2]　《沙门不敬王者论》。

[3]　《颜氏家训·归心篇》。

[4]　《闲居编》，卷十九。

禅宗参照儒家伦理规范来制定自己的教义，它并不坚持佛门出家离弃父母，以尽孝道；它反对沙门见王者不跪拜，以全忠义。故而在禅宗中多孝僧、忠僧。宋仁宗时禅宗云门宗的著名僧人契嵩主张"三教合一"，宣扬忠孝思想。他在所著的《辅教编·孝论》中"拟儒《孝经》发明佛意"，认为："夫孝，天之经也，地之义也，民之行也。至哉大矣，孝之道也夫！"在《辅教编·原教》中，他又倡导正心、诚意、修身、齐家、治国、平天下的儒家理想，提出"佛之道""亦有意于天下国家"的观点。两宋之际的禅宗大师大慧宗杲把学佛与忠君相提并论，认为"菩提心则忠义心也，名异而体同。但此心与义相遇，则世出世间一网打就，无少无剩矣"①。表明自己虽为学佛之人，但忠君忧国之心与士大夫并无毫厘之差。"师虽为方外士，而义笃君亲。每及时事，爱君忧时，见之词气。"②

由于禅宗把儒家的忠孝思想援入佛教教理中，故而颇受中国古代士大夫和知识分子的喜爱。在唐宋时期士大夫多与佛门有千丝万缕的联系，帝王们对佛教也采取容忍和扶持的态度。佛学修心性，儒学治国民，二者互济，相得益彰。因此唐代的"三教并立"到了宋代就成为"三教合一"。许多儒家士大夫起初力主排佛，但是一旦领悟中国佛学的伦理内容，马上一改初衷，援佛入儒。如唐韩愈，排佛最力，曾上表唐宪宗称："佛本夷狄之人……况其身死已久，枯朽之骨，岂宜令入宫禁？……乞以此骨付之有司，投诸水火，永绝根本。"由此引起笃信佛教的宪宗盛怒，被贬为潮州刺史。到潮州后，韩愈闻大颠禅师之名，前往造访，数番交谈，茅塞顿开。方知自己前此排佛实为不谙佛之真谛，从此遂皈心于佛。再如宋代欧阳修，早年效法韩愈排佛，认为"佛教为中国患""千年佛老贼中国"等等，因此渐失皇上恩宠，贬官出京。一次途经九江，游庐山东林圆通寺谒拜祖印禅师。经后者点通，欧阳修肃然诚服，竟至于"耸听忘倦，至夜分不能已"，往日的排佛之心荡然无存，在圆通寺流连数日不忍去。此后欧阳修诚心向佛，自号"六一居士"，所作文集名曰《居士集》。晚年息心危坐，屏却酒肉。临终前数日，还去附近寺

① 《大慧语录》，卷二十四。

② 张浚:《塔铭》。

庙借阅《华严经》，读至八卷，倏然而逝。此外如周敦颐、张横渠、二程、朱熹等理学大师，亦是表面排佛，实际上却深受禅宗思想影响。顾炎武认为，理学实为禅学；梁启超也提出，理学为儒表佛里。清人江藩评论道："儒生辟佛，其来久矣，至宋儒辟之尤力。然禅门有语录，宋儒亦有语录；禅门语录用委巷语，宋儒语录亦用委巷语，夫既辟之，而又效之，何也？盖宋儒言心性，禅门亦言心性，其言相似，易于浑同，儒者亦不自知而流入彼法矣。"① 言心性还只是形式相同，更重要的是这"心性"皆以忠孝等伦理规范为其基本内容。

至此，儒、道、佛三家由相互攻讦而达到内在默契和彼此融合。宋代以后的知识分子，往往以儒学为治世之学，佛教为修心之学，道教为养身之学。宋代禅宗大师佛印了元向王安石提出三教合一的口号："道冠儒履释袈裟，和会三家作一家。"大觉琏开堂演法，宣道曰："若向迦叶门下，直得尧风浩荡，舜日高明，野老讴歌，渔人鼓舞。当此之时，纯乐无为之化。"俨然一派儒老的口吻。与佛教的积极倡导相呼应，道教也宣扬"红花白藕青荷叶，三教原来是一家"。

佛教入华以后，其教理中的止恶向善、净意修德、因果报应、轮回转世等思想与儒家伦理观念以及中国民间迷信相符合，因此很快就为中国人所接受，并衍生出悔罪植福、修德禳灾、设供祈愿、延寿荐亡等功能。而印度佛教原有的出世精神和涅槃思想，由于与儒家的入世建功、尽孝尽忠的人生原则相悖逆，故而仅为中国极少数具"慧根"者所领悟，于大多数国人无涉。中国的佛教寺庙成为人们祈求现世功名利禄的场所，进香请愿者多为求子求财及求升迁发达、官运亨通、婚姻美满、家人平安，而极少有求灵魂得救者。与佛教教理的伦理化和现世化转换相应，佛门僧侣和寺院生活也日益世俗化。根据佛教的三藏教理，佛门弟子当"勤修戒定慧，息灭贪嗔痴"。《别译杂阿含经》卷十一说："能生贪欲、嗔恚、愚痴，常为如斯三毒所缠，不能远离获得解脱。"佛教刚入中国时，佛门弟子尚能洁身自好，远离"三毒"，潜心修道。然而随着援

---

① 参见张曼涛主编:《佛教与中国文化》，上海书店 1987 年影印版，第 321 页。

儒入佛过程的深化，沙门僧侣也如同玄门道士一样开始跻身朝政和兼并土地。这种恶性膨胀的世俗化倾向虽然曾一度导致了"三武一宗"的灭佛事件，但仍未能杜绝。究其根本，这种倾向也是由中国人根深蒂固的入世精神所培育的。

总之，"开宗判教"和援儒入佛使得佛教在中国日益伦理化和世俗化。"开宗判教"完成了佛教这种异质文化的"取我所是，去我所非"的筛选工作；援儒入佛则把初选的坯模进一步精加工，塑造成既具有深刻的伦理内容又具有精美的宗教形式的中国佛教。梁漱溟先生曾认为，中国文化与印度文化有着截然不同的"意欲之所向"："中国文化是以意欲自为调和、持中为其根本精神的"，而"印度文化是以意欲反身向后要求为其根本精神的"[①]。但是，"意欲反身向后要求"的印度佛教在入华后不得不同化于"意欲自为调和、持中"的中国儒家伦理，舍此则无法在中国立足。因此偏重于出世苦修和"深且偏"的宗教形而上学的印度佛教，在中国就逐渐被改造成侧重于现世道德修养和直观因果报应的人间佛教。

2. 伊斯兰教的中国化

关于伊斯兰教传入中国的具体年代，有种种不同说法。据《天方圣教序》记载："文帝慕其风，遣使至大西天，求其经典，开皇七年，圣命其臣塞尔帝、斡歌士等，赍奉天经三十册，传入中国，由南海达广东省，首建怀圣寺，遂遍于天下。"除"隋开皇中"传入的说法外，还有"唐武德中""唐贞观初""唐永徽二年"传入等各种说法。到 8 世纪初，许多什叶派教徒因逃避倭马亚王朝的迫害，辗转来到中国境内定居。伊斯兰教传入中国的路线可分为陆路和海路两支：陆路由阿拉伯（大食）经波斯、阿富汗到新疆，再由青海、甘肃抵达长安；海路则由波斯湾和阿拉伯海经孟加拉湾、马六甲海峡至中国南海，到达广州、泉州等地。伊斯兰教初传入时，仅限于中国西北一隅和东南沿海，在中原和江南并无

---

① 梁漱溟：《东西文化及其哲学》，商务印书馆 1922 年版，第 54—55 页。

根基，且多为阿拉伯商人在经商的过程中无意传播。在公元 8 世纪时，阿拉伯帝国和大唐帝国分别雄踞于西亚和东亚，两者之间由于有一些小国相隔，故而未能像阿拉伯帝国与东罗马帝国那样形成剑拔弩张的对峙局面，而是更多地采取了和平交往（主要是商贸活动）的形式。但是在和平交往的主旋律之外，偶尔也会有一些小摩擦发生。唐玄宗年间，康国（撒马尔罕）、安国（布哈拉）、吐火罗（巴克特里亚）等国因为不堪阿拉伯人的威逼和压迫，纷纷遣使至长安求援，请求大唐出兵"处分大食"。750 年，唐安西节度使高仙芝攻打石国（塔什干），俘斩其王车鼻施，石国王子亡走阿拉伯乞援。次年，阿拉伯人在怛逻城击败高仙芝，俘获唐军近 2 万人，其中有一些制纸工人，从此就使中国的造纸术传入阿拉伯帝国。安史之乱时，穷途末路的唐廷为了平定叛乱，曾借用大食西域之兵 20 余万。[①]其中有许多信奉伊斯兰教的胡人在战后"客入长安"，并被获准世居中国。到了宋太祖建隆年间，布哈拉教主索非尔因避难率其家族数百人来到开封，后又移居淮河流域，此后伊斯兰教才开始向内地渗透。但其势力范围仍只限于狭小的穆斯林聚居区（即所谓"蕃坊"），画地为牢，由中国政府任命的伊斯兰教判官（"蕃长"）依伊教风俗进行治理，在"蕃坊"之外并无大影响。到了成吉思汗及其后裔们建立起庞大的蒙古帝国之后，伊斯兰教在中国的传播势头迅猛增长，来自中亚的色目人（广义的西域人）纷纷拥入中原和江南，而他们多为伊斯兰教信徒。据《明史·西域传》记载："元时，回回遍天下。"伊斯兰教信仰由唐朝时期中亚商贸交往的副产品，发展为一种如同佛教一样根基牢固的中国化宗教，广大外域穆斯林也变客为主，与中国各土著民族杂居融合，并于元代以后开始形成中国的回回民族。

对伊斯兰教教义的儒学化改造早在其传入时即已开始。唐宋之际，穆斯林读书应试者屡见不鲜，登科取士者也不乏其人。广州和泉州等地还专门设置了"蕃学"，以供诸蕃弟子研习儒学。到了 14 世纪以后，伊斯兰教的附儒倾向越来越明显，儒家伦理规范与伊斯兰教教义日益融合。

---

① 《旧唐书·肃宗本纪》。

元顺帝至正年间，杨受益在其所写的《重建礼拜寺记》中，认为伊斯兰教的教义与儒家思想并无殊异，二者皆"奉正朔，躬庸租"，维护纲纪伦常。明孝宗弘治五年，王鏊曾在为净觉、礼拜二寺撰写的碑铭中认为穆罕默德与孔子"其心一，故道同也"。伊斯兰教中的"如沐浴以洁身，如寡欲以养心，如斋戒以忍性，如去恶迁善而为修己之要，如至诚不显为格物之本"等，都体现了"千圣一心，万古一理"的道理。① 伊斯兰教教义与儒家伦理思想的融合，在明末清初出现的中国伊斯兰教寺院经堂教育以及其后的大规模译著活动中达到高潮。明嘉靖年间，陕西经师胡登洲率先倡导用经堂教育制度来取代以往的口头传授经文教义的做法。随着经堂教育的开展，对伊斯兰教经文的翻译和理论研究工作也被提到日程上来，从而形成了以王岱舆、马注、刘智等人为代表的译著热潮。这些翻译者一方面深受儒家伦理思想的熏陶，另一方面虔信伊斯兰教教义，因此在译经的过程中不可避免地把二者融为一体。他们提出："无论何教，在于以儒律之。近于儒则为正，远于儒则为邪。斯千古不刊之论矣。"② 明清之际被誉为"学通四教"（儒、道、佛、伊教）的王岱舆在其所译的《清真大学》中"会同东西"，把孔圣与穆圣相提并论，"用儒文传西学"，以伊斯兰教教义"与孔孟之言相印证"，提出忠于真主、忠于君、孝于亲是"人生之三大正事"。孟子的性善论，董仲舒的性三品说、阴阳五行说，宋明理学的"理""气""格物致知""存天理，灭人欲"，佛教的"佛性"等概念和理论也被援入中国伊斯兰教典籍（如刘智所撰《天方典礼》《天方性理》，蓝子羲所撰《天方正学》等），用以解释伊斯兰教中的"真主独一""真赐""正道"等教义。在刘智的《天方典礼择要解》中，儒家的君臣之义、父子之亲、夫妇之别、长幼之序、朋友之信等五伦被称为"五典"，成为中国伊斯兰教的伦理原则，与"五功"（念功、拜功、斋功、课功、朝功）并列。而"五功"也与身、心、性、命、财联系在一起，其目的无非是"尽其礼以达乎天"。学者们指出："自明末清初开始出现的中国伊斯兰教的经堂教育及以后形成的大规模的

---

① 参见刘国梁：《宗教与中国传统文化》，教育科学出版社1990年版，第74—75页。

② 《清真释疑补辑·唐晋徽叙》。

译著活动，使伊斯兰教在宗教理论上涂上了中国的色彩，而这一宗教理论变化的实质在于：中国的伊斯兰教大量吸收和改造了儒、释、道各家的概念，摄取和运用了儒、释、道各家的思想，从而完成了伊斯兰教在教义学上同中国以儒家为主的传统思想的结合，并使伊斯兰教的教义得到了丰富和发展。"[①]

除了教义之外，中国伊斯兰教在宗教活动、宗教习俗和宗教建筑等方面也都被打上了浓重的中国化烙印。例如伊斯兰教两大传统节日之一的古尔邦节（即宰牲节），被中国穆斯林称为"忠孝节"，其儒化色彩从称谓上即可见一斑。随着民族融合过程的深化，大量入华穆斯林在语言、服饰、姓名等方面均已汉化，尤其是丧葬仪制，由穆斯林传统的"薄葬"逐渐演化为中国儒家伦理所倡导的"重孝"之礼。在寺院建筑方面，也由阿拉伯和中亚的圆顶尖塔式风格转变为中国传统的殿宇式四合院风格。院内楼阁栉比，雕梁画栋。明洪武年间修建的西安化觉寺即为其典型，该寺不仅建筑风格已全然中国化，而且寺内所悬匾联也均具有极其明显的儒化倾向，诸如"书为治世之珍追百韵；德乃传家之宝效三公"之类的字句随处可见。

自从伊斯兰教入华以来，在漫长的历史过程中，除了清朝发生的几次伊斯兰教叛乱遭到政府的镇压之外，很少出现像"三武一宗"灭佛那样的大规模迫害穆斯林的事件。究其原因，主要是中国穆斯林们能够谨遵儒家的伦理规范，维护纲纪伦常，顺应现实秩序。王治心先生指出，伊斯兰教"在中国，更有一发皇的原因，就是对于儒家思想的容纳与尊崇。……特别是尊敬孔圣人，读儒书应科举，以孔子的伦理道德为最高道德"。王治心先生还引用了中国穆斯林评论儒、道、释三教的一首诗来说明他们对儒家思想的推崇：

> 僧言佛子在西空，道说蓬莱住海东。
>
> 唯有孔门真实事，眼前无日不春风。[②]

---

① 曹琦、彭耀编著：《世界三大宗教在中国》，中国社会科学出版社1991年第2版，第244页。

② 王治心：《中国宗教思想史大纲》，上海三联书店1988年版，第145页。

所谓"春风"，自然是指伦理教化之春风；而孔门之所以得到推崇，乃是因为它不远求虚无缥缈的"西空"和"海东"，而是专注于眼前的"真实事"。由此可见，在注重伦理教化和现世生活方面，中国的伊斯兰教已经与儒家思想基本合拍了。

3. 天主教入华传播的坎坷历程

与佛教、伊斯兰教不同，天主教在中国的传播过程则要艰难蹇滞得多。天主教最初入华传教和建立教堂是在元朝忽必烈统治时期。[①] 在此之前，当成吉思汗的金戈铁马横扫亚欧大陆、威逼西欧时，罗马教皇和欧洲各国君主深感惊恐不安。他们一方面组织"抗蒙十字军"准备抵御来自亚洲的所谓"黄祸"，一方面则打算派遣传教士来东方，试图以上帝的名义来感化蒙古入侵者。1245 年在法国里昂召开了全欧主教会议，决定派遣以方济各会修士柏郎嘉宾为首的三人使团出访蒙古大汗驻地哈拉和林，以说服成吉思汗的继任者窝阔台放弃对西欧的觊觎之心。柏郎嘉宾随身携带罗马教皇英诺森四世致蒙古大汗的信函，在信中教皇谦虚地自称为"天主仆役之仆役"，他用上帝的天罚来威慑蒙古大汗，抱怨蒙古人"所犯罪恶多而且重，必遭天主所谴"，并警告大汗"急宜忏悔，使天主满意"，"以后王及部下亟宜停止暴行，须知天主可畏也。骄横跋扈之人，固有时幸逃天主法网。然若怙恶不悛，始终不知迁善谦让，天主未有不严刑惩罚者也"[②]。

柏郎嘉宾携此书信到达和林时，窝阔台已经去世，大汗位由元定宗贵由接任。英诺森四世的这封以天主相要挟的恐吓信，对于信奉原始萨满教的剽悍勇猛的蒙古人，丝毫也不能奏效。定宗贵由虽然对柏郎嘉宾等人以礼相待，但是却以极其骄慢的口吻给英诺森四世写了一封回信，表现出对西方人所信奉的基督教上帝不屑一顾的态度：

---

① 唐代贞观年间经由波斯传入中国的景教虽然也是基督教的一支（即聂斯脱利教派），但是由于聂斯脱利教派在公元 5 世纪左右（431 年以弗所公会议）就被罗马皇帝和正统的西派教会贬为异端，不得不向东逃亡，数百年后才经由叙利亚、波斯等地辗转传入中国，其思想信仰已发生较大变化。因此，正统的罗马天主教会对中国真正意义上的传教活动，应该从元朝算起。

② 参见江文汉：《中国古代基督教及开封犹太人》，知识出版社 1982 年版，第 130 页。

长生天气力里，贵由大汗，全人类之君主圣旨：咨尔大教皇，尔及西方基督教人民，遣使携国书，远来与朕讲和。朕召见使者，听其言，阅其书，知尔等之意，确欲讲和。然既欲讲和，尔教皇、皇帝、国王及各城市之有权势者，皆须火速来此议和，听候朕之回答及朕之意旨。尔之来书，谓朕及臣民皆须受洗，改奉基督教。朕可简略告尔，朕实不解，为何必须如此也。……尔等居住西方之人，自信以为独奉基督教，而轻视他人。然尔知上帝究将加恩于谁人乎？朕等亦敬事上帝。赖上帝之力，将自东徂西，征服全世界也。朕等亦人，若非有上帝之力相助，何能成功耶？[①]

英诺森四世谦卑地自称为"天主仆役之仆役"，贵由却狂妄地自尊为"全人类之君主"；前者的谴责信，却被后者当作求和书；前者试图在蒙古人中推行基督教，后者则对此大惑不解；前者以天主之名威胁蒙古大汗停止侵略行为，后者则以"上帝之鞭"自居，认为自己的征服行为是在代天行罚。这是一次非常有趣的东西文化交锋，它表明天主教在首次东渐时，就碰上了一个硬钉子。

忽必烈入主中原、建立元朝以后，可能是由于受到中华礼仪之邦文化的熏陶，对待天主教的态度也变得温和多了。通过马可·波罗父子两度穿针引线，忽必烈 1269 年写信给罗马教皇，请他选送 100 名通晓"七艺"（文法、逻辑、修辞学、算学、几何学、音乐、天文学）的传教士来华传教。20 多年以后，方济各会修士孟高维诺奉教皇尼古拉四世之命来到元大都（北京），开始了天主教在中国的传教活动，几年以后又建立了教堂。据孟高维诺所述，当时"受洗者达六千余人"。稍后又有西方传教士安德鲁在泉州修建了天主教堂，从此北京和泉州就成为元代天主教传教活动的两个主要据点。

元朝统治者之所以对天主教采取宽容政策，大概是出于两个原因：一是由于天主教渗入伊始，势力有限，还没有与中国传统的儒家伦理规

[①] 参见江文汉：《中国古代基督教及开封犹太人》，知识出版社 1982 年版，第 131 页。

范发生明显的冲突；二是因为剽悍野蛮的元朝统治者们（蒙古人和色目人）本身也正在经历一个被先进的儒家文化所同化的过程，他们不像唐、宋等前朝统治者们那样满脑子儒家思想。由于缺乏根深蒂固的文化传统和系统化的文化教养，而且本身就是外来者，所以蒙古人对于异源文化的敏感性远远比不上久受儒家文化传统濡染的汉族子民。这两个原因使得天主教在元代尚能在中国立足，而不至于像后来那样遭受种种磨难。

天主教在元代被称为"也里可温"教（"也里可温"为蒙古语，原意为"有福缘的人"），它曾一度被某些蒙古显贵所信奉，故而发展势头较佳。但是随着元朝的灭亡，天主教在中国的首次传教活动也迅速低落下去。推翻了异族统治的明朝人以正统的大汉子民自居，对于一切外来文化均采取排拒态度，从而导致了数百年之久的闭关自守。同时由于中亚帖木儿帝国的崛起和穆斯林对红海与波斯湾的控制，欧洲到中国的陆路和海路交通中断，客观上也阻止了天主教势力的东渐。乃至于到耶稣会修士利玛窦 1582 年（明万历十年）再度来华传教时，天主教几乎已不复闻于中国。元代"也里可温"教的传教活动和唐代的景教一样，与中国儒家伦理规范并未发生正面的碰撞，对于中国文化亦未造成任何深远的影响，因此可以说是一次无声无息和毫无结果的文化接触。

利玛窦来华传教是天主教东渐的第二个里程碑，也是天主教与中国传统文化发生激烈冲突的开端。15 世纪以后，随着地理大发现和航海活动的开展，海上交通大开，西方人士皆视中国、印度为"天方夜谭"故事中的富庶宝地，争相扬帆东来，天主教的海外传教事业也随之兴旺起来。继沙勿略等耶稣会修士登陆印度传播上帝福音之后，利玛窦等传教士也开始踏上了中国的土地。利玛窦在意大利时就饱览群书，精通西学。来华后又数十载苦心钻研六经子史等书，参透儒学精义；且在京中广结贤能，讲学译书，深得京都名公巨卿之欢心。利玛窦深谙异源文化交流荟萃之微妙，故而能入境随俗，广引儒学思想印证《圣经》之言。张维华先生指出："利玛窦宣教中国，除以结纳时贤，介绍西学为门径外，对于中国习尚，亦极注意。其所论教义之书，以《天主实义》《畸人十篇》《辩学遗牍》为最著。而究其所言，则以迎合儒道排斥释教为要旨。以是于《天主实义》中，常取六经中上帝之说，以合于天主。又取《论语》'己所不欲勿施于人'，及《中庸》'施诸己而不愿，亦勿施于人'诸语，与《圣经》之言相比附。至于祭天、祀祖、拜孔等仪节，教中称为拜偶像者，亦听教徒参加，不予禁阻，且善为之说辞。"[①] 这样就使得天主教易于为时人所接受，利玛窦本人也深得京都贤达的欢心，被誉为"深契吾儒理""飘然自儒风"的雅士。

利玛窦进京前，即从瞿太素的劝告，改易儒服。其言谈举止，飘逸洒脱，具有典型的儒士风度；且"性好施，能缓急"，"人亦感其诚厚，无敢负者"。因此在其苦心经营下，教会势力在中国得以兴盛。到利玛窦去世时，中国开教之地已有北京、肇庆、南雄、南昌、韶州、南都等地。然而即便如此，时人仍认为天主教不过是一种能使奇技淫巧的旁门左道，存之无碍，去之无妨，偶尔有之，亦无伤大雅。《万历野获编》说道："盖天主之教，自是西方一种释氏所云旁门左道，亦自奇快动人，若以为窥伺中华，以待风尘之警，失之远矣。"正如佛教初入华时被看作道教的一支，景教初入华时被看作佛教的一支一样，明万历时期的中国人把天主教当作了"西方一种释氏"。

利玛窦死后，耶稣会修士龙华民继掌中国教务。他一改利玛窦的宽容政策，拘泥于《圣经》诫命和天主教教规，禁止中国信教者参加祭天、祀祖和拜孔仪式。罗马教廷也时时严令天主教徒不许敬拜偶像。这样一来，天主教信仰势必就与儒家伦理规范处于尖锐的对立状态，从而引起了中国天主教徒的极大不满。那些本来就视天主教为异端邪说的反教人士，更是以维护儒家纲纪伦常为由对天主教进行猛烈抨击，一时之间反教呼声大作。有南京礼部侍郎沈淮上疏列举了天主教会的四大罪状：其一是西洋人士借传教之名散处中国，有窥伺之嫌；其二是天主教主张毁弃祖宗祭祀，教之不孝，有背名教；其三是西人私习历法，有乖律例，创立邪说，混淆视听；其四是天主教会中擦圣油、洒圣水，混聚男女于一室，伤风败俗，扰乱纲纪。该上疏在朝野中引起了强烈反响，促使朝

---

① 张维华：《明清之际中西关系简史》，齐鲁书社 1987 年版，第 121 页。

廷于万历四十四年（1616 年）颁发禁教令，迫令西方传教士归国，天主教在华的势力一落千丈。是为著名的南京教案。

到天启、崇祯年间，中国天主教会又死灰复燃，在民间悄无声息地发展和扩散。据《破邪集》所载崇祯年间黄贞的《请颜茂猷先生辟天主教书》云："今南北两直隶，浙江、湖广、武昌、山东、山西、陕西、广东、河南、福建、福州、兴、泉等处，皆有天主教会堂，独贵州、云南、四川未有耳。呜呼！ <u>堂堂中国，鼓惑乎夷邪，处处流毒，行且亿万世受殃。</u>"可见虽经禁止，中国天主教会仍然顽强地在民间求生存。一些西方传教士怀着虔诚的宗教情感深入民间，以吃苦耐劳的精神和救死扶伤的慈善活动作为传教手段，在下层民众中赢得了一定的信徒。到了清代以后，天主教势力在朝廷中时盛时衰 —— 顺治曾对西洋传教士汤若望宠信有加，康熙却因历法之争和教仪之争对汤若望以及在华天主教势力进行了严厉打击。

康熙年间的教仪之争是中西文化之间的一场激烈正面交锋，这场冲突的焦点就是对待祀天、祭孔和拜祖问题的态度。"自中国社会习尚及伦理观点言之，祀天、祭孔和拜祖三者，为最隆重之典礼。有一不从，则视为背经叛道，必遭世人之唾弃。然就天主教之教义及仪式论之，则视为拜偶像，触犯十诫之一，为天主教绝对所不容许者。二者本互相背驰，不易调和。"① 从表面上看来，这场冲突发生在同属西方传教士的不同派别之间 —— 早先入华且已被儒家伦理规范同化了的耶稣会修士主张尊重中国传统习俗，不必过分拘泥于"不许敬拜偶像"的教规；而刚刚入华不久欲图严饬教规的多明我会修士却执意恪守天主教教义和教皇禁令，坚持中国天主教徒必须与传统宗法礼仪和伦理观念彻底决裂。但是在直接冲突的双方背后，却分别站立着中国朝廷与罗马教廷。因此这场冲突的实质是中西文化两种截然不同的价值系统之间的正面较量。

1704 年，罗马教皇克莱门特十一世针对在华两派传教士的教仪之争颁布了教廷敕令，明确禁止中国天主教徒进行敬天、祭孔和拜祖活

---

① 张维华：《明清之际中西关系简史》，齐鲁书社 1987 年版，第 137 页。

动，要求废除丧葬之礼和其他宗法礼仪，不许供奉各种神位灵牌。该敕令大大地激怒了康熙皇帝，他针锋相对，以强盛的国力作为后盾，对一切反对敬天、祭孔、拜祖礼仪的西洋传教士毫不留情地予以驱逐和囚禁。1720 年，当罗马教廷的使节卡洛向康熙出示教廷禁令时，康熙批复道："览此告示，只可说得西洋人等小人，如何言得中国之大理。况西洋人等，无一人同（通）汉书者，说言议论，令人可笑者多。今见来臣告示，竟是和尚道士异端小教相同，比此乱言者莫过如此。以后不必西洋人在中国行教，禁止可也，免得多事。"[①] 明确表示要禁止天主教在中国的传教活动。但是康熙在有生之年并未将此决心付诸实施。雍正继任皇位后，因其同宗政敌苏努（曾帮助八阿哥胤禩与雍正争夺皇位继承权）父子均信奉天主教，故而对天主教甚有恶感；又因西洋传教士有参与八卦教阴谋逆叛之嫌疑，以及各地官员的反教呼声，所以决定对传教活动严加限制，听任各地官府禁止信教，封闭教堂。对于西洋传教士则从宽处理，不加于害，只是逐出国境，不许其在中国传布天主教。经此一劫，中国天主教会（无论是多明我会、方济各会，还是耶稣会）元气大伤，传教活动再度转入地下，直到乾嘉之世，亦无起色，总是在朝廷时紧时松的政策夹缝中苟延残喘。若非道光以后西方列强以坚船利炮作为后盾强行推广基督教信仰，天主教以及稍后传入的基督新教在中国也只能落得与唐代之景教、元代之"也里可温"教一样无声无息自行消匿的下场。

明清两代统治者之所以要禁止天主教的传教活动，主要是担心它悖逆纲纪伦常，有伤教化，此外也怀疑天主教有"窥伺中华""谋为不轨"之嫌。"最足以激动人的地方，就是说教士们的行动，都是含着不可测度的危险，包括于'谋为不轨'四字，于是帝王也受了激动，要扑灭它了。"[②] 为了渲染其邪恶，种种无稽之谈也就附会而生，把西方传教士说成是恶魔生番、道德沦丧之辈。曾国藩在《湖南阖省公檄》中列举西方传教士的"七妄十害"，其中竟有"取童精，剜目制药，取黑枣，探红

①　陈垣编：《康熙与罗马使节关系文书》影印本，第十四。
②　王治心：《中国宗教思想史大纲》，上海三联书店 1988 年版，第 193 页。

丸"等罪名。其实，这些都不过是种种遁词，反教的主要原因还是天主教教义与中国儒家伦理价值系统相忤逆，而天主教又不像佛教和伊斯兰教那样甘于委曲求全，尤其是后来入华的多明我会修士，在祀天、祭孔、拜祖等问题上始终不肯让步，这种不愿被同化的强硬态度决定了天主教在中国不可能兴盛。张维华先生总结道：

> 吾国二千余年之思想，尊贤莫甚于孔子，举善莫先于孝亲，决非任何外来教派所能更易。……基督教自至中国之后，其所遭受之困难，不在其他，即在中国崇奉儒家正统思想。清入主中国，深知非接受汉人思想，必不可以为治，故清初两帝，濡染汉风已深。观康熙帝对西洋教士所论各节，亦是由此，其必以儒家思想排斥基督教者，盖亦时势所必然。耶稣会士深明此理，故尽量以儒家思想，与基督教之教义相调和，其意即欲避免攻击。倘此方法得长行于中国，则基督教对于中国文化，或有较大之影响可言。惜其他宗派之教士见不及此，必欲以西洋固定不变之方式，强迫中国接受，故直至今日，基督教之在中国，未尝立有深固之基础，而国人亦未尝目之为中国之宗教也。故言基督教在中国之失败，当自教仪之争，罗马教廷坚持其态度始。[1]

五　中西哲学的精神分野

中国哲学的诸范畴始终具有浓重的道德色彩，古代的中国思想家很少能够脱离道德因素的影响而独立地去探索存在、思维、实体、本体等哲学范畴，以至于有人认为，在中国传统社会中，"哲学从未独立成学"[2]。中国古代哲学说到底是一种道德哲学，它所关注的问题，与其说是对客观对象（自然、上帝等）的认识，毋宁说是人的主体性的道德实

---

[1]　张维华：《明清之际中西关系简史》，齐鲁书社 1987 年版，第 150—151 页。
[2]　陈荣捷：《中国哲学之理论与实际》，载刘小枫编：《中国文化的特质》，生活·读书·新知三联书店 1990 年版，第 90 页。

践。因此，一切抽象的哲学范畴最终都具体化为实用性的道德规范和现实性的政治秩序。与此相反，西方哲学一直把形而上学问题当作自己的根基和灵魂，并且形成了现象与本体、现实与理想之间的深刻对立。从古希腊哲学开始，西方哲学就奠定了一种"本质先于存在"和"本质决定存在"的思维惯性，这种把抽象本质看得比感性现象更加真实的哲学态度导致了西方传统文化重理想轻现实、尚超越贬实用的浪漫精神和宗教情怀。

1. 中国哲学的道德化进路

中国哲学所具有的现实伦理性功用，造成了中国哲学的两个特点：一是主客体的"绝对同一"，二是各种形而上学范畴的经验化和具体化。这两个特点也是密切联系在一起的，主客体的"绝对同一"是在经验性的道德实践活动中完成的。具体地说，即一切形而上学的本体或实体，如"气""天""道""理"等，都在现实的、经验性的道德实践活动中与人心固有的先验道德本性合二为一，"这样在客体和主体之间，心灵与肉体之间，人与神之间，便没有一种绝对的分歧"[①]。形而上学范畴的伦理化是中国传统哲学的一个显著特点，它使得中国哲学中除了道德本体之外，再无任何真正意义上的哲学本体和独立的本体论。一切形而上学的存在都必须成为认识的对象（绝对的"自在之物"是不存在的），一切认识的对象又都必须具有实践性的道德内容，而实践性的道德内容又是人心先验固有的。从而认识活动就把同样以"德"为本质的外在"天理"与内在"人心"结合起来。认识活动同时即是道德实践活动，"知行合一"，它一方面把"天理"之"德"融入"人心"，另一方面又使"人心"之"德"溢于万物。通过"德"的这种双向流动，就实现了"天人合德"，达到"物我合一""命性合一""天人合一""理心合一"的理想境界。

中国哲学范畴的道德内化过程既是一个逻辑发展过程，也是一个

---

① 成中英:《中国哲学的特性》，载《中国文化的特质》，生活·读书·新知三联书店 1990 年版，第 49 页。

历史发展过程。这个过程从先秦儒学的创立时期即已开始，到宋明理学最终完成。从根源上看，"儒"的前身是殷、周之际主管巫术祭祀活动的巫师和术士，章太炎《国故论衡·原儒》曰："明灵星午子吁嗟以求雨者谓之儒。"李泽厚认为："'儒'、'儒家'之'名'虽晚出，但其作为与祭祀活动（从而与'礼'）有关的巫、尹、史、术士……之'实'却早存在。"[①] 周代原儒既为巫师、术士，其关注的对象自然就是高高在上、主宰祸福的"天"，因此，"天"或"天命"就成为先秦儒家最早关注的哲学范畴。这个"天"或"天命"在周人那里只是一种以抽象的"德"为内容的外在的、超验的形式，经过孔子以"仁"为核心概念所进行的内在化转变，到了子思、孟子那里已经成为内在的道德"心性"（"诚""仁义礼智"等）的消极对应物。并非"天"通过种种外在的强制来规范人，而是人通过修身养性而通达于"天"。"天"是被动的，人是主动的，人并非遵从"天道"而与"天"合德，而是遵从"人道""心性"达到"天人合一"。在这个"合德"的过程和天人关系中，人处于中心地位，"天道"围绕着"人性"，以道德心性为转移。因此，周人的"以德配天"实际上已经转变为先秦儒家的"以天配德"。德是实体，天与人都是"样式"。人如果具备了种种美德，就可以成为圣人，与天地并立，制"天命"，奉"天时"，"从心所欲，不逾矩"。恰如《易经》所云："大人者，与天地合其德，与日月合其明，与四时合其序，与鬼神合其吉凶，先天而天弗违，后天而奉天时。"

这样一来，人的主观能动性就被提高到一个显著的位置上。但是这种能动性既非认识的能动性，亦非创造的能动性，而是道德秉赋和道德实践方面的能动性。它使人以一种自由的而非被决定的姿态立于天地之间，由自觉的"养性"而达到"知命"，再达到"与天地参"。在这种由内及外的"天人合一"过程中，先秦儒家完成了对外在性的形而上学本体"天"或"天命"的道德内化改造。

哲学范畴的道德内化过程同样典型地表现在宋明理学中，下面我们

---

① 李泽厚：《中国古代思想史论》，人民出版社 1986 年版，第 11 页注释①。

就来看看在宋明理学中儒家的哲学范畴是如何变化的。众所周知，从宋代一直到清初，理学在中国思想界始终占有无可动摇的独尊地位，而宋明理学，无论是程朱学派还是陆王学派，核心的思想范畴都是一个"理"字。由于儒家重实用而黜玄想的伦理意识的影响，宋明理学的"理"也同先秦儒学的"天"一样，经历了一个伦理化和内在化的转化过程，由一个形而上学的哲学范畴转变为一个实践性的道德概念。

"理"在先秦哲学中意指事物的形式或规律，《庄子·天地》曰"物成生理谓之形"。《荀子·正名》曰"形体、色理，以目异"。《韩非子·解老》曰"理者，成物之文也"。不同的事物各有其理，因质而异。这种原本离不开质体的形式或规律到了北宋程颢、程颐的哲学中，被抽象化为形而上学的实体或本体："惟理为实。"①"理者，实也，本也。"② 对于二程来说，"理"是无形无定之本原，是万物之所以然的根据，心与物、用与事均由"理"生成：

> 实有是理，故实有是物；实有是物，故实有是用。实有是理，故实有是心；实有是心，故实有是事。是皆原始要终而言也。"③

万事万物皆是"理"的现象，名义不同，实为一理。与先秦儒家基于"德"的"天"相比，二程的这种唯"理"论思想似乎具有更多的形而上学色彩，与柏拉图的"理念论"颇为相似。但是对于二程来说，"理"不仅仅是万物的本体，而且也是人之本性，"性即是理"。天命、义理、人性或人心，实为一体："在天为命，在义为理，在人为性，主于身为心。其实一也。"④ 这样一来，"理"作为形而上学（或超验）之本体同时也就构成了人的先验之心性，而"理心合一""天人合一"的契机则落实在纲纪伦常等经验性的道德实践中。故曰"视听言动，非理不为，

① 《二程粹言》卷一。
② 《二程遗书》卷十一。
③ 《程氏经说》卷八。
④ 《二程遗书》卷十八。

即是礼，礼即是理也"①。

　　虽然二程也糅合了一些道德的成分于"理"中，但总的看来，二程的"理"是中国哲学史中较为少见的自在自为的形而上学实体。在认识论上，二程也追求"理与心一"的主客体同一境界，这种同一过程的实现主要是靠心的外张，即通过人对外在的"理"的认识（虽然他们有时也认为致知止于至善），以"格物"为手段，穷究物理，达到"致知"，从而实现"理与己一""理与心一"的至高境界。

　　尽管二程的"义理之学"昭示了中国哲学发展的一个新方向，然而由于中国文化中长期积淀的伦理意识的作用，由于经验性思维习惯的影响，一切企图超越实用性的道德范畴的纯粹哲学本体都难以产生和持续。这些纯粹的哲学本体或者被置于"存而不论"的"六合之外"，成为不具有任何道德意义，因而也就不具有任何意义的东西；或者被赋予"德"的功能，与人的心性在经验性的道德实践活动中合而为一。中国古代哲学诸范畴如阴阳、五行、气、道、神、理、心等，无论是唯物的还是唯心的，大多是功能性的，而非实体性的。中国哲学重视的是事物的性质、功能、作用和关系，而不是事物构成的元素和实体。而且这些性质、功能、作用和关系，无一不带有浓厚的道德色彩，它们绝非自在自为的形而上学本体，而是与人德相呼应的伦理范畴。如果抽掉了道德性的内涵，上述中国哲学范畴都将成为一些无法理解的空洞概念。

　　因此，二程哲学中具有纯粹形而上学萌芽的"理"在其后的发展中就难免要向经验性的道德范畴转化，从而丧失了发展为独立的哲学本体论的可能性。

　　承袭二程衣钵的朱熹在承认"理"的客观性上与二程一脉相承，认为"心外之理"为万物之本，而且他借鉴佛教"月印万川"的比喻而阐发的"理一分殊"思想也颇有点类似于柏拉图的"理念论"。但是他却把"理"与"仁义礼智"相等同，从而使得"理"与"德"相融，一方面使"理"之本体道德化，另一方面则将道德范畴本体化。他在解释

——————
① 《二程遗书》卷十五。

"理"时说道："性是太极浑然之体，本不可以名字言，但其中含具万理，而纲领之大者有四，故命之曰仁、义、礼、智。"①"理"既是物之本，亦为心之性。心是主动的，物是被动的，通过格物，可以使物之理融于心之理中，从而使得"心包万理，万理具于一心"②。心之所以能"格物穷理"，是因为心于"在物之理"以外已先验地具有了"在己之理"。"理"虽浩瀚深邃，却尽融于此心之中。"物理"与"心理"的二元对立最终在道德心性中得到统一，从而在朱熹的客观"理学"体系的身后就长出了一条"理不离知觉、知觉不离理"③的主观"心学"的尾巴。

朱熹的"心外之理"在陆九渊那里转化为"心即是理"；"理不离知觉，知觉不离理"则被干脆说成"宇宙便是吾心，吾心即是宇宙"。"心"成为万物万事之本体，既蕴含"理"，又生发物，并且充盈着尊尊、亲亲之"极""彝"。郁郁万象，皆包孕于"方寸"之间，"满心而发，充塞宇宙"。这"心"又不同于西方主观唯心主义者的理智之心，而是源之于先验、见之于经验的道德之心："恻隐，仁之端也。羞恶，义之端也。辞让，礼之端也。是非，智之端也。此即是本心。"④说到底，还是"仁义礼智"的道德本体。陆九渊与朱熹虽然在出发点上各持一端，方向相反（从"心"到"理"和从"理"到"心"），但两者的终点相同，殊途同归，均止于"理心合一"的至善道德。黄宗羲一语道破朱陆二人哲学的同源性："二先生同植纲常，同扶名教，同宗孔孟。即使意见终于不合，亦不过仁者见仁，知者见知，所谓学焉而得其性之所近，原无有背于圣人，矧夫晚年又志同道合乎？"⑤

及至明代，王阳明又熔铸先秦思孟学派的"尽心知性知天"和陆九渊的"宇宙便是吾心，吾心即是宇宙"等思想于一炉，创立了"心外无物""心外无理"的心本体论宇宙观，把宋明理学发展到极端。王阳明在陆九渊的"心即是物"的基础上，提出"物理不外于吾心，外吾心而

---

① 《答陈器之》。
② 《朱子语类》卷九。
③ 《朱子语类》卷五。
④ 《宋元学案·象山学案》。
⑤ 黄宗羲：《象山学案》按。

求物理，无物理矣"的唯"心"独断论观点，从根本上否定了心外之物和心外之理的存在。万事万物均由"众理"产生，而"众理"又仅存于"心"中。天理就是纯正的人性，它的内容无非就是忠孝仁信：

> 心即理也。此心无私欲之蔽，即是天理，不须外面添一分。以此纯乎天理之心，发之事父便是孝，发之事君便是忠，发之交友治民便是信与仁。只在此心去人欲存天理上用功便是。[①]

王阳明将朱熹、陆九渊"理心合一"的认识论转化为心包蕴理、理化生物的本体论和伦理学。认识（"知"）是"心"的本性，认识只是对心中之"理"的认识。当认识超出心外时，认识也就成为心本体的物化过程，成为道德的外溢过程。不是人心格物以致知，而是心"致良知"于物，这"良知"就是忠、孝、信、悌，就是人心所固有的"天理"。从而心本体的认识活动就成为宇宙规律（物之"理"）的创造过程，同时也是道德规范的外化实践。认识论、本体论和伦理学三者合一，融合为一种实践性的道德哲学。王阳明把这种"致良知"的过程表述如下：

> 若鄙人所谓致知格物者，致吾心之良知于事事物物也。吾心之良知，即所谓天理也。致吾心之良知天理于事事物物，则事事物物皆得其理矣。[②]

广袤天地之间本来只有一个"心"，"无心外之物"，"意之所在便是物"；"一念发动处便即是行"，"行"即是"修身正心"和"致良知"，而"致良知"则是赋"天理"于万物。因此，"心"的认识过程和修为过程也就是宇宙万物及其规律的生成过程。这种物我、理心、知行的动态同一过程与黑格尔的"绝对精神"的辩证发展过程看起来有些相似，二

---

① 《传习录》上。

② 《答顾东桥书》。

者都把"精神"的自我认识过程与客观世界的生成发展过程辩证地统一起来。不同的是，二者的出发点大相径庭，黑格尔哲学的起点是一种通过自否定过程而不断实现自我认识的客观逻辑精神，王阳明哲学的起点则是一种通过持续的实践活动而使自身流溢贯注于万事万物的主观道德良知。

在宋明理学的整个发展过程中，外在的客观"物理"逐渐转化为内在的主观"心性"，或者反过来说，内在的主观"心性"日益扩张为外在的客观"物理"。而在这貌似对立的客观"物理"与主观"心性"背后，有一个绝对的、主客观相同一的实体或本体，这就是源之于先验、见之于经验、终之于超验的道德良知。这同一个道德本体表现为两种不同的存在样式，一个是客观物理，一个是主观心性。二者形式殊异，实质相同，无非都是仁义礼智、忠孝信悌等道德规范。唯一实在的道德本体在客观物理和主观心性这两个样式之间的双向流动过程，就构成了中国传统哲学思维的永恒主题。哲学范畴的舞台上不断涌现出新角色（如"天""道""气""阴阳""五行""理""心"等），但是所有这些角色都是由同一个演员客串的，这个唯一的演员就是"德"。

由于中国哲学思维的最高对象是道德实体，所以整个中国哲学都带有浓厚的伦理色彩。伦理学或道德哲学具有强烈的实践性，它的基础既不是以逻辑为起点的纯粹知识，也不是以彼岸为目的的宗教信仰，而是现实社会的行为规范。中国哲学诸范畴都具有实践性的道德功能，被赋予了浓重的伦理化色彩，中国哲学的本体论就其实质而言，始终都是道德本体论。

《周易·系辞上》曰："形而上者谓之道，形而下者谓之器。"中国哲学诸范畴如"天""道""理"等，就其形式而言，应该属于形而上学的范畴。然而由于这些形而上学的范畴常常被赋予具体的道德含义，因此从内容上看，它们仍未超出经验（即形而下）的范围。道德具有显著的实践性特点，它直接体现在人们的日常行为中。忠孝仁义等德目，不仅仅是与生俱来的人性良知，也构成了具有形而上学色彩的"天""道""理"等范畴的实质内容，而这些良知、天理又实实在在地落实到人的经验性道德实践中。学术界有人认为，中国哲学的本体概念是既"实"又"现"的（既是实体又是现象）。同样，中国哲学诸范畴也同时兼具形而上学和经验的双重特点。恰如道德本体在客观的"天理"和主观的"心性"之间进行双向流动一样，道德本体也填平了形而上学和经验之间的巨大沟壑。因此在中国哲学中，一切形而上学的范畴最终都消融在经验性的道德实践中，形而上学从来没有被当作一种独立的、与经验活动或实用目的无关的学问来加以探讨过，那种与实用目的完全无关的形而上学通常被视为一种屠龙之术而无人问津。中国哲学始终与伦理学纠缠在一起，中国哲学思维的一个基本特点就是消融形而上学，即把高深的形而上学范畴消融在经验性的道德实践之中。

在"德"的基础上实现的客观天理与主观心性的统一，形而上学实体与经验性实践活动的融合，就是所谓的"天人合一"。这种合一过程表面上是通过"心"对"天"的"知"而实现的，实际上"知"就是"行"，就是道德实践。"知之真切笃实处便是行，行之明觉精察处便是知。"① 人在修身养性的行为过程中"知天命"，因此，"天人合一"的过程同时也就是"知行合一"的过程。

"天人合一"是在实用性的德目（仁义礼智忠孝信悌等）基础上完成的，这样就摈弃了或消融了虚无缥缈的形而上学，造成了中国哲学范畴的普遍经验化和实用化的特点。"知行合一"是在具体的道德实践（"反身而诚""修身养性"）中实现的，从而就限制了超越直观感性活动的思辨理性的发展，致使中国哲学中缺乏纯粹而独立的本体论。因此，中国哲学既无神秘主义的色彩，亦无逻辑思辨的特点，而是具有显而易见的实用理性精神和道德主义倾向。它使得中国人既不关心"六合之外"的超验世界，也不热衷于纯粹自然的客观真理，而只偏重于此生此世的道德修养（"内圣"）和建功立业（"外王"）。超验的天理与先验的心性最终在经验的道德实践中统一起来，"修齐治平"的道德–政治理想成为中国哲学思维关注的焦点。

---

① 王阳明：《全书》卷六《答友人问》。

朱熹在评价周敦颐高深玄奥的"太极"学说时指出："其高极乎太极无极之妙，而其实不离乎日用之间；其幽探乎阴阳五行之赜，而其实不离乎仁义礼智刚柔善恶之际；其体用之一源，显微之无间，秦汉以下，诚未有臻斯理者，而其实不外乎《六经》《论语》《中庸》《大学》《七篇》之所传也。"① 这段话对于中国哲学的真谛，可谓是一语道破。再高深玄奥的哲学范畴，最终都必须落实在现实的道德规范中，哲学无非就是伦理学。诚如黑格尔对中国哲学所评价的："当我们说中国哲学，说孔子的哲学，并加以夸羡时，则我们须了解所说的和所夸羡的只是这种道德。这道德包含有臣对君的义务，子对父、父对子的义务以及兄弟姊妹间的义务。"②

"大学之道，在明明德，在亲民，在止于至善。"③ 大学之道的根本在于修身养性的道德实践。这种实用性的和现世性的哲学思维取向对于中国知识分子和一般民众的心理产生了深刻而持久的影响。它一方面使中国人对形而上学意义上的本体漠不关心，远离自然和神，轻视科学和神学；另一方面则使中国人始终面对此生此世的现实生活，专注于个人的道德修养和经世致用之道，培养了中国人内在的精神品性，并在此基础上营造了一种稳定而繁荣的封建世俗文化。

2. 西方哲学的形而上学倾向

中西文化的差异在中西哲学思维和哲学范畴方面也有着明显的表现，上述王阳明的"心学"与黑格尔的"逻辑学"之间的差异就是一个很好的例证。二者的差异不只是出发点不同（"道德良知"与"绝对精神"），也并非仅仅意味着主观唯心主义与客观唯心主义的分歧，更为重要的是，它蕴含着中国与西方两种哲学思维的根本分歧，即经验性的道德本体与形而上学的逻辑实体（或宗教实体）的分歧。西方哲学思维长期以来一直在宗教实体和逻辑实体之间徘徊，宗教实体是上帝，它是意（信仰）

---

① 《周濂溪集》卷十一《隆光府学先生祠记》。
② 黑格尔著，贺麟、王太庆译：《哲学史讲演录》第1卷，商务印书馆1959年版，第125页。
③ 《礼记·大学》。

的对象；逻辑实体则是真理，它是知（认识）的对象。二者虽有区别，但它们都被当作形而上学意义上的客观实体。①对这种客观性的形而上学实体的探索，构成了20世纪之前整个西方哲学思维的基本传统。

在西方传统哲学思维发展的基本过程中，人始终只是作为一个主体（而非实体），作为形而上学本体的一个异在的对立物而存在。人只是"精神"或"上帝"等实体的一个现象，只是客观实在借以实现自身的一个中介。人的主观性的实践理性（道德）充其量只是客观性的绝对理性（"理念""上帝""绝对精神"等）的一种反映形式和派生物，它始终要以形而上学作为自己的牢固根基。虽然道德哲学构成了西方哲学传统的一个重要组成部分，但是道德范畴很少会被人们提升到本体的高度。苏格拉底强调美德和善，开创了西方的道德哲学，但是他却始终谨慎地把道德观念限制在人的主观思想和实践活动范围之内，并且一直锲而不舍地探寻道德观念的形而上学根据，即美德"本身"或善"本身"。如果说中国儒家哲学的特点是把"天""道""理"等形而上学范畴道德化，那么苏格拉底道德哲学的特点恰恰是要追问经验性的道德观念背后的形而上学根据。即使是柏拉图将"善"的理念提升到形而上学的本体高度，但是柏拉图的"善"的理念显然已经超越了道德的含义而成为万物本身的和谐与正义的代名词。就其内涵而言，柏拉图的"善"的理念与西方哲学的各种形而上学范畴如"逻各斯""上帝""物自体""绝对精神"以及一般唯物主义的"物质"概念和一般唯心主义的"精神"概念一样，都是超越于经验性和现象性的感性存在物之上的本体性范畴，显然不再囿于狭义的道德领域而成为宇宙万物存在的最终根据和普遍本质。

在人的思维活动中，形而上学范畴是高于经验性观念的，从思维发展的过程来看，形而上学范畴作为抽象思维的产物，也是晚于经验性观

---

① 在西方哲学史中也有一些主观唯心主义者，他们用主观的"感觉""自我"等来取代客观的形而上学实体，但是他们或者最终皈依于形而上学的实体，如贝克莱最终乞灵于"上帝"；或者只是形而上学否定之否定发展过程中的一个必要环节，如休谟之于康德，并不能构成西方哲学思维的主流。

念的。纵观整个西方哲学的发展历程，我们可以明显地看到一条从直观性的经验哲学到抽象性的形而上学的演化脉络。如果说米利都学派仍然局限于直接的存在物（"水""气"等）之中，那么在毕达哥拉斯学派那里，初具抽象意义的"数"已经被当作了万物的根据。尽管毕达哥拉斯学派的"数"尚未完全摆脱质料的性质①，但是它已经明显地不同于米利都学派的直接存在物而深入到本质的层面。黑格尔评价道："毕达哥拉斯派哲学原始的简单的命题就是：'数是一切事物的本质，整个有规定的宇宙的组织，就是数以及数的关系的和谐系统。'在这里，我们首先觉得这样一些话说得大胆得惊人，它把一般观念认为存在或真实的一切，都一下打倒了，把感性的实体取消了，把它造成了思想的实体。本质被描述成非感性的东西，于是一种与感性、与旧观念完全不同的东西被提升和说成本体和真实的存在。"② 正是在此意义上，黑格尔认为毕达哥拉斯哲学"形成了实在论哲学到理智哲学的过渡"。赫拉克利特则进一步将本原的概念从万物的数量规定性（"数"）抽象为万物的本质规定性，从而提出了"逻各斯"这一具有开创性意义的本体范畴。在赫拉克利特的哲学中，出现了既相互联系又相互对立的两个世界图式：一个是以火为本原、处于永恒的生灭变化之中的现象世界，另一个则是不变不动、无生无灭的本质世界，即"逻各斯"：

> 赫拉克利特说（神就是）永恒地流转着的火，命运就是那循着相反的途程创生万物的"逻各斯"。
>
> 赫拉克利特断言一切都是遵照命运而来，命运就是必然性。——他宣称命运的本质就是那贯穿宇宙实体的"逻各斯"。"逻各斯"是

---

① 毕达哥拉斯学派在说明作为本原的数是如何构成万物时认为，数的本原是一，一为点、二为线、三为面、四为体，由立体产生出水、火、土、气四种元素，然后再由这四种元素构成宇宙万物。另一方面他们又认为，数与万物之间存在着一种模仿关系，数作为正义、灵魂、理性或命运，成为宇宙万物的本体，一切事物就其本性来说都是对数的模仿。因此亚里士多德认为，毕达哥拉斯学派的数既是存在物的质料因，也是它们的规定（pathe）和赋性（hekseis），即形式因。参见苗力田主编：《古希腊哲学》，中国人民大学出版社1989年版，第70页。

② 黑格尔著，贺麟、王太庆译：《哲学史讲演录》第一卷，商务印书馆1959年版，第218页。

一种以太的物体，是创生世界的种子，也是确定了的周期的尺度。[①]

赫拉克利特虽然把火说成万物的本原，但是他却强调火是在"一定的尺度上燃烧，在一定的尺度上熄灭"，因此作为"尺度"的"逻各斯"构成了火与万物相互转化的根据或本质规定性。"逻各斯"（logos）一词在中文里通常被译为"道"，意指一种超现象性的形而上学实体，它作为宇宙万物的普遍规律或"世界理性"是经验常识所无法把握的。[②]"逻各斯"作为万事万物的普遍规律或一般根据，上承希腊悲剧的"命运"意象和毕达哥拉斯学派的"数"概念，下启巴门尼德的"存在"、柏拉图的"理念"、普罗提诺的"太一"、基督教的"上帝"以及其后种种形而上学的实体范畴，奠定了西方哲学"本质先于存在""本质决定存在"的本质主义或实体主义根基。从此以后，西方哲学开始呈现出一种二元对立的复线结构：一方面是作为思维对象的本质世界，另一方面则是作为感性对象的现象世界，例如巴门尼德的存在与非存在的对立、柏拉图的理念世界与感觉世界的对立、基督教的"天国"与俗世的对立，等等。即使是在希腊自然哲学 —— 通常被称为希腊唯物主义 —— 的思想中，作为本原的种子、原子与作为感性对象的万物之间也同样存在着上述对立。那些形而上学意义上的本质，如"理念"和"原子""物自体"和"绝对精神"，至少在逻辑上是在先的和决定性的；[③]而那些现象性的经验事物，却总是需要从前者那里获得自身存在的根据和"原型"。这种本体论上的二元模式使得传统西方哲学在认识论上更多地关注直接存在物背后的

---

① 参见北京大学哲学系外国哲学史教研室编译：《古希腊罗马哲学》，商务印书馆 1961 年版，第 17 页。

② 赫拉克利特说道："这个'逻各斯'虽然永恒地存在着，但是人们在听见人说到它以前，以及在初次听见人说到它以后，都不能了解。虽然万物都根据这个'逻各斯'而产生……"参见北京大学哲学系外国哲学史教研室编译：《古希腊罗马哲学》，商务印书馆 1961 年版，第 18 页。

③ 需要说明的是，德谟克利特的"原子"（atomos）并非近代自然科学意义上的某种具体的物质结构，而是一种抽象的本质概念，它的原义是指一种"不可分割"的最小微粒。显然，这种"不可分割"的微粒在经验的范围内是无法想象的，它只能是还原性思维的一个抽象结果和独断根据，因此仍然是一种形而上学的本质。甚至连唯物主义的"物质"，按照列宁的解释，也只是一个"标志着客观存在的哲学范畴"，并非任何经验层面上的具体存在物，因此实质上也是某种形而上学抽象物。

东西，关注经验世界背后的形而上学根据。对于变动不居的现象世界的认识被贬低为一种"意见"，唯有通过抽象思维来把握现象背后不变不动的本质，才能达到"真理"。

传统西方哲学的这种形而上学倾向和二元模式在中世纪基督教哲学中表现得尤为明显，这导致了神与人、"天国"与俗世、灵魂与肉体等一系列二元对立。按照基督教的创世论，世界万物和人都是"上帝言说"的结果，上帝的言语（逻各斯或"道"）构成了万物存在的本体论依据："你一言而万物资始，你是用你的'道'—— 言语 —— 创造万有。"①上帝作为一个具有绝对理性的创造者，他的言说必定是以他的思想理念作为根据的，因此现象世界无非就是上帝思想理念的摹本而已。在中世纪基督教哲学中，上帝作为一种形而上学的本体或本质，不仅超越于人的感觉，而且也超越于人的有限理性，因此对于上帝的真正认识，必须在信仰的前提下才能进行。无论是基督教神秘主义对上帝本质的神秘领悟，还是经院哲学对上帝存在的逻辑证明，都是以对上帝的信仰作为绝对前提，都是依据《圣经》中的一句名言："除非你信仰，否则无法理解。"②作为信仰对象的形而上学实体（上帝、天国理想和不朽灵魂）不仅成为经验性存在（人、俗世生活和有死肉体）的本体论根源，在逻辑上、时间上、定义上都是绝对在先的，而且也与后者处于直接的对立之中，成为对经验性存在的一种否定。人、俗世生活和有死肉体不仅是上帝、天国理想和不朽灵魂的一种现象，而且更是一种叛逆的、异化的，从而也是虚假的现象 —— 人本来是上帝最恩宠的创造物，但是人却违背上帝的命令而犯了原罪，从而与上帝相分离，开始了堕落的尘世生活。这种否定性的神人关系使得虔诚的基督教徒在思想上对现世生活采取一种贬抑态度，一味痴迷于肉体死后灵魂才能升达的彼岸理想。因此，在中世纪基督教文化中，形而上学的超验本体不仅不会落实到经验性的日常生活中，而且恰恰成为对叛逆性的经验世界和尘世生活的彻底扬弃。耶稣

① 奥古斯丁著，周士良译：《忏悔录》，商务印书馆1963年版，第235页。
② 《以赛亚书》第7章，第9节。这句话后来在罗马教会审定的《圣经》译本上被更正为："你们若是不信，定然不得立稳。"

在殉难前明确宣称"我的国不属这世界"①。这种唯灵主义的生活态度导致了一种与中国文化的"天人合一"观念截然不同的"天人相分"甚至"天人对立"观念，进一步促进和强化了西方哲学的形而上学倾向。

在西方近代哲学中，这种对于形而上学对象的执着虽然受到了经验论哲学的挑战，但是形而上学的本体仍然构成了西方哲学无法消解的本根。无论是洛克的"物质实体"和"精神实体"、贝克莱的"上帝"，还是笛卡尔的三种实体、斯宾诺莎的作为实体或神的"自然"、莱布尼兹的"单子"，均未能彻底摆脱形而上学的藩篱。甚至连笛卡尔作为怀疑之根据的"自我"（即"我思故我在"的"我"），仍然是一种形而上学意义而非经验意义上的主体。在西方近代哲学中，只有休谟的怀疑论真正地对形而上学进行了颠覆性的解构。休谟用彻底的经验来消解形而上学的实体和主体，将"物质实体"分解为一个个支离破碎的印象和观念，将"精神实体"还原为"这个或那个特殊的知觉"。休谟因而认为，除了一大堆杂乱无章的印象和观念之外，我们既不能肯定有"物"，也不能肯定有"我"。然而，出于英国绅士的审慎教养，迫于宗教信仰的巨大压力，休谟仅仅把他的怀疑限制在经验理性和知识论的范围内，对于作为信仰对象的形而上学对象却网开一面。在《自然宗教对话录》的结尾处，休谟甚至认为，在经验理性范围内对形而上学对象的怀疑恰恰是为了建立起一种真正虔诚的宗教信仰，怀疑主义者所怀疑的不是形而上学对象本身，而是经验理性认识和论证这些对象的能力。因此，"真正体会到自然理性的缺陷的人，会以极大的热心趋向天启的真理……做一个哲学上的怀疑主义者是做一个健全的、虔信的基督教徒的第一步和最重要的一步"②。

康德哲学既是对休谟怀疑论的继承，也是对休谟怀疑论的背叛。康德一方面把科学知识严格地限制在经验的范围内，将一切形而上学的对象——灵魂、宇宙（作为绝对完整体的宇宙）和上帝——都逐出了知识论的领域；另一方面又独断地将形而上学的"先验自我"和"物自体"

① 《约翰福音》，第18章，第36节。

② 休谟著，陈修斋、曹棉之译：《自然宗教对话录》，商务印书馆1962年版，第97页。

作为整个知识论的前提，最终导致了现象与本质（本体或物自体）之间不可逾越的鸿沟，从而使形而上学的真理成为经验知识和理论理性的绝对彼岸。面对着康德哲学所造成的这种主体与客体、思维与存在的二元对立，费希特从形而上学的"绝对自我"、谢林从形而上学的"绝对同一"出发，试图重新建构起思维与存在的同一性。他们各自从不同进路实现了这一目标，同时也将被经验论和康德哲学逐渐消解了的形而上学重新树立起来，使其再度成为哲学的逻辑起点和最终归宿。

黑格尔哲学通常被认为是西方形而上学的最后一座顽固堡垒，然而在这座顽固堡垒的内部却逻辑地蕴涵着超越形而上学的可能性。黑格尔消解了实体与主体之间的对立，在历史的和逻辑的过程中辩证地将超验、先验和经验联系为一个统一的有机整体。黑格尔哲学的逻辑起点和历史起点——"纯存在"本身并非形而上学，而是直接明证性的东西。绝对精神虽然是一种形而上学的本体，但它却是结果、过程和全体。因此，黑格尔哲学就其实质而言，恰恰是通过重新建构形而上学体系而超越了形而上学。这体系单纯从结果来看固然可以称之为形而上学，但是从过程来看却正是对形而上学的消解。正是由于黑格尔哲学的启发，费尔巴哈才将绝对精神的本质理解为人，马克思则进一步将人的本质理解为实践，从而把感性的而非形而上学的实践活动当作整个哲学的逻辑起点。

自笛卡尔以来的西方近代哲学并非从根本上消解了形而上学，而只是用形而上学的主体取代了形而上学的实体。传统的形而上学本体主要体现为客观性的超验实体，它对经验性的现象世界具有毋庸置疑的决定意义。近代哲学通过突出主体的作用而淡化了客观实体的决定意义，但是它却把主体提升到形而上学的高度，把主体变成了一种先验的、独断的或者所谓"自明的"绝对前提。这种先验的主体与超验的实体一样具有抽象性和普遍性，一样被当作经验的根据，因此它不过是一种主观化了的形而上学本体而已。

从西方哲学的上述发展过程来看，形而上学构成了哲学的根基，那种对经验背后的东西的追问成为西方哲学挥之不去的永恒情结。在 20 世纪的哲学家明确提出"摈弃形而上学"的口号之前，西方哲学始终无法逃避形而上学的宿命。① 这种形而上学倾向使得西方哲学表现出一种超越的特点，它不是把"太极无极之妙"的形而上学落实到"日用之间"，而是在形而上学与经验世界之间保持着批判性的张力，使得作为思维对象的形而上学理想始终对于作为实践对象的感性生活具有一种优越性和否定性。由于这种形而上学倾向的影响，西方哲学把抽象本质看得比感性现象更加真实，对直接的现实生活采取了一种居高临下的批判态度，而对虚无缥缈的理想状态却始终不渝地追求和向往。这种超越的哲学态度深深地渗透于整个西方传统文化之中，培育了对于彼岸世界和终极实在的执着信念，形成了浓郁厚重的浪漫精神和宗教情怀。

---

① 在以"摈弃形而上学"为基本特征的西方现代哲学看来，西方传统哲学的这种"形而上学情结"和本质主义无疑是一种"异化"或"遮蔽"的状态。但是，且不说西方现代哲学在进行了整整一个世纪的反形而上学批判之后，终于不得不无奈地承认形而上学是哲学永远无法逃避的宿命，哲学注定只有在不断的"异化"和"遮蔽"中才能实现自我超越；仅就 20 世纪以前的整个西方哲学史而言，形而上学本体论确实构成了哲学不可移易的根基和灵魂，这是一个无可否认的基本事实。

第三章

全球化进程中的文化挑战与应战

一 从陆地时代到海洋时代

当今人类无疑正处在一个全球化的时代，无论是在经济方面、政治方面还是在文化方面，21世纪的人类都生活在一个休戚与共的"地球村"中。尽管关于"全球化"概念的内涵及其历史意义的解释存在着严重的分歧，但是绝大多数研究者都认同全球化时代是与"西方崛起"这一历史过程相联系的。研究全球化问题的著名学者戴维·赫尔德指出："人们通常认为16世纪是所谓的'西方崛起'的开端。这个历史进程造成了欧洲现代性的关键性制度的出现和发展，欧洲各族凭借船坚炮利最终征服了其他所有的文明，建立了欧洲人的全球帝国。"[①]从经济角度看，全球化进程赖以实现的国际贸易和世界市场的形成，可以上溯到英国工业革命甚至更早的重商主义时代，再往上还可以追溯到葡萄牙、西班牙等老牌殖民国家觊觎海外财富和传播宗教信仰的大航海时代。从政治角度看，全球化进程尽管表现出一种超越民族国家的趋势，但是其最初的发轫恰恰是在近代欧洲率先形成的民族国家的基础上开展的——正是在17世纪中叶《威斯特伐利亚和约》所确立的现代民族国家的基本架构上，一个源于"国家社会"的权力体系和组织规范，同时又不断地超越民族国家范围的国际社会才得以逐渐建立起来。而在1648年《威斯特伐利亚和约》中最终获得了合法性的现代民族国家体系，又可以往上追

---

① 戴维·赫尔德等著，杨雪冬等译：《全球大变革——全球化时代的政治、经济与文化》，社会科学文献出版社2001年版，第580页。

溯到 16 世纪的宗教改革运动，正是这场风靡欧洲的文化运动打破了中世纪罗马天主教会一统天下的专制格局，形成了以共同的宗教信仰作为精神纽带的、"教随国定"的现代民族国家雏形。[①] 就此而言，15、16 世纪毋庸置疑地应被视为全球化时代的开端，而在这个全球性的历史进程中，西方社会扮演了至关重要的推动者角色。正因为如此，全球化进程最初是与世界范围内的殖民化或西方化运动结伴相随的，葡萄牙、西班牙、荷兰、英国、法国等西方列强的海外贸易和殖民扩张构成了全球化进程的前奏曲。对于非西方世界的人们来说，"全球化"这个概念首先会在心灵中引起一种屈辱的记忆，他们最初是在西方列强坚船利炮的威逼之下，从一个悠然自得的孤立状态强行地被推入全球化进程中的。在经历了数百年之久的苦难历程后，他们才在政治解放和经济发展的基础上，逐渐以一种独立的文化身份与西方社会在全球化进程中分庭抗礼。

1. 农、牧世界的冲突与融合 —— 全球化时代来临前的冗长序幕

牛津大学著名全球史专家约翰·达尔文认为，1492 年和 1498 年"标志着欧洲新时代的开始"[②]，因为在"这两个魔幻年代"，受雇于西班牙王室的意大利水手哥伦布和葡萄牙航海家达·伽马分别横渡大西洋到达美洲和绕过好望角抵达印度，从而揭开了将不同地区的人类社会联结成一个共同体的全球化进程的序幕。而在哥伦布和达·伽马的海外探险壮举之前，整个人类社会，特别是人类几个主要文明的衍生地 —— 亚欧大陆 —— 在长达数千年的时间里基本上处于彼此隔绝、孤立发展的封闭状态中，只有不时发生的游牧民族大入侵活动，才会暂时打破各文明之间的封闭状态。

在公元前 2000 年中叶以前，人类最早出现的几个农耕文明（汤因比称之为"亲代文明"）由西向东地分布在北回归线到北纬 35 度的狭长地

---

① 　关于宗教改革运动对于西欧现代民族国家形成的重要影响，可参见拙文《宗教改革运动与西欧现代民族国家的崛起》，载《道风：基督教文化评论》（香港）2011 年秋季号。

② 　约翰·达尔文著，黄中宪译：《帖木儿之后 —— 1405—2000 年全球帝国史》，台湾野人文化股份有限公司 2010 年版，第 46 页。

带上，它们分别是爱琴文明、古代埃及文明、两河流域文明、印度哈拉巴文明和古代中国文明。这个狭长地带由于雨水充沛、气候适宜，因此成为孕育农耕文明的温床。而在这条狭长地带的北面和南面，则生活着许许多多游牧民族。人类最初的这几个农耕文明就如同几小块酵母，处于广大的游牧民族的包围之中。随着农耕世界与游牧世界之间的接触、冲突和融合，农耕文明开始"发酵"，这个"发酵"过程是借助游牧民族的武力入侵而实现的——暴戾的游牧民族以武力方式侵略和征服文弱的农耕世界，然后在漫长的统治过程中潜移默化地被农耕世界较高水平的生活方式和生产方式所同化。农耕世界的文明成果通过游牧民族的入侵过程，逆向扩展到入侵者原来生活的蛮荒之地，使得处于野蛮状态的游牧者逐渐皈依文明的农耕定居生活。农耕文明的"酵母"就这样不断地"发酵"，从而将越来越多的游牧民族融入农耕世界。在大航海活动所开启的全球化时代来临之前，处于彼此隔绝状态的人类各群落就是通过这种游牧民族武力入侵-和平皈化的模式而发生相互作用的。

文明社会借助游牧世界与农耕世界之间的冲突、融合而不断扩展的运动过程，在空间和时间的坐标上表现出一种双重历史效应：一方面是文明域界在地理上的扩展，另一方面是文明形态在历史上的更迭。其结果，一方面打破了各民族之间彼此隔绝的封闭状态，使人类历史在越来越大的程度上成为一部相互联系的世界史；另一方面则导致了亲代与子代文明之间的嬗变与更替，促成了历史自身的发展运动。我国著名世界史专家吴于廑先生认为："历史之成为世界历史，经历了一个发展的过程。由各种族、各地区、各国家之间相互闭塞的历史，发展到有联系以至于密切联系为一体的世界史，不是一下子就能达到的，它是历史自身漫长发展的结果。"①

从公元前 18 世纪到公元后 15 世纪这漫长的 3000 多年时间里，游牧世界对农耕世界的大规模武力冲击一共发生了三次。第一次从公元前 18 世纪一直持续到公元前 6 世纪，入侵者主要是那些最初游徙于从黑海

---

① 吴于廑:《世界历史上的游牧世界与农耕世界》，载《云南社会科学》1983 年第 1 期。

之滨到中亚草原、操持着原始印欧语言的诸游牧民族。他们在长达1000多年的时间里，如同大海的潮汐一般，对于地处南方狭长地带的几个"亲代文明"掀起一次次入侵浪潮，分别对爱琴海地区、埃及、两河流域和印度河流域的古老文明形成了巨大的威胁（中国的黄河流域文明由于受到阿尔泰山脉、天山山脉、昆仑山脉以及喜马拉雅山脉所构成的天然屏障的保护而未受到冲击）。从时间坐标上看，这次游牧民族对农耕世界的大入侵导致了爱琴海地区的克里特文明、两河流域的苏美尔文明、印度河流域的哈拉巴文明等"亲代文明"的灭亡，然后在古老文明的废墟上氤氲化生而产生了希腊城邦文明、波斯文明、印度吠陀文明等"子代文明"形态。从空间坐标上看，这些"子代文明"的域界范围也从"亲代文明"所处的北回归线至北纬35度的狭长地带，向北扩展到多瑙河—高加索—药杀水（锡尔河）—天山山脉一线，大约扩展了8到10个纬度。

　　游牧民族对农耕世界的第二次大冲击是一场由东向西的浪潮，它最初是由游牧于中国阴山和祁连山以北草原上的匈奴人推动的。这些匈奴人从公元前2世纪到公元后4世纪不间断地南侵和西迁，在广阔的亚欧大草原上引发了一场民族大迁徙的"多米诺骨牌"运动。在匈奴人强大的军事压力之下，生活在亚欧草原上的各游牧民族——月氏人、阿兰人、马扎尔人、日耳曼人等——纷纷被迫向西迁徙或向南转移，最终导致了对南方各个农耕文明的大入侵浪潮。这次大入侵浪潮在文明形态上由东向西分别促成了中国秦汉帝国、中亚大夏王朝、西亚萨珊王朝、西罗马帝国以及早已名存实亡的古埃及文明的灭亡和印度笈多王朝的衰落，并且在这些旧文明的废墟上又产生了更新一代的文明形态，如中国的唐宋文明、从中亚一直到北非的阿拉伯文明、西方的基督教文明（包括西欧的天主教社会和东欧的拜占庭文明）等。在地域范围上，由于匈奴人、鲜卑人、月氏人、斯堪的纳维亚半岛以外的日耳曼诸部族、阿拉伯人等游牧民族在入侵农耕世界的过程中纷纷接受了后者的文明，因而从波罗的海到北非、从黑海南岸到阿拉伯半岛、从祁连山到孟加拉湾的广大区域都被纳入农耕文明的范围之内，文明社会的域界又向南、北两个方向扩展了 20 多个纬度。

　　游牧民族对农耕世界的第三次大冲击主要来自蒙古人和突厥人，它来势凶猛、覆盖面广但为时较短（起于 13 世纪，到 14 世纪时已经接近尾声）。在这次席卷整个亚欧大陆的大入侵活动中，成吉思汗及其子孙在从东亚到东欧的广大范围内，建立了伊利汗国、窝阔台汗国、察合台汗国、金帐汗国等四大汗国和中国的元朝，对于这些地区原有的社会结构和政治组织进行了毁灭性的破坏和颠覆。但是，蒙古人和突厥人并没有改变所征服地区的宗教信仰，相反，大多数野蛮的入侵者都在很短的时间里放弃了传统的原始宗教（萨满教）而皈信了流行于中亚和西亚地区的伊斯兰教。与前两次游牧民族对农耕世界的大冲击的历史后果不同，"蒙古人并未能创造出一个独特的、持久的文明。他们的征服毋宁看作是一个时代的终结"[①]。但是这次大冲击却使更多的民族和地区进入了文明社会的范围。

　　蒙古人的征服是游牧民族对农耕世界的最后一次大规模冲击运动，"自此而后，历经 3000 多年的游牧世界与农耕世界的矛盾大体定局。游牧世界各族在入侵时期的军事优势，一当他们进入农耕地带，就在各自农耕化或进一步农耕化的过程中逐渐消失。农耕世界一次又一次地把入侵的游牧、半游牧、趋向农耕的各部族吸收到自己的经济文化体系中来。三次移徙、冲击浪潮的结果，是游牧世界的缩小，农耕世界的扩大"[②]。随着草原日益转化为桑田，文明的农耕世界也不断地借助游牧民族大入侵作用力的反作用力，通过"以夏变夷"的教化方式把游牧世界从地图上一点一点地抹掉。乃至于到了 15 世纪以后，零星分散的游牧民族再也不可能对实力雄厚的农耕世界构成威胁，它已经不再能够作为一个独立而强大的"世界"存在了。从这个时候开始，持续了 3000 年之久的游牧世界与农耕世界之间的冲突，就逐渐让位于农耕世界与它自身所孕育的工业

[①]　杰弗里·巴勒克拉夫主编，毛昭晰、刘家和等译：《泰晤士世界历史地图集》，生活·读书·新知三联书店 1985 年版，第 129 页。

[②]　吴于廑：《世界历史——为〈中国大百科全书·外国历史卷〉作》，载《十五、十六世纪东西方历史初学集》三编，湖南出版社 1993 年版，第 20—22 页。

世界之间的矛盾。在近代以来的世界历史中，这种矛盾典型地表现为西方新兴的工业文明与仍然停留在传统自然经济状态中的东方农耕文明之间的冲突，具体地说，就是西方工业文明对东方农耕文明的征服和影响。从这时起，世界上的各民族、各国家、各地区才真正地被联系到一个休戚相关的整体之中，全球化历程也由此开始启动。

从这种发展的世界史观来看，3000多年来游牧世界与农耕世界之间的冲突、融合只是作为整体的世界历史和全球化历程的一部冗长序幕，15世纪以来，西方社会内部的一系列文化、政治、经济变革以及海外贸易和殖民扩张，才逐渐将彼此分散隔绝的国别史和区域史纳入统一的全球化历程之中。

2. 公元 15、16 世纪亚欧大陆的文明格局

公元 1370 年以后，作为成吉思汗女系后裔的帖木儿在察合台汗国的基础上建立了强大的突厥帝国。这位曾经在战斗中由于箭伤而跛了一条腿的"世界征服者"一心想重振先祖成吉思汗的雄风，他以中亚的撒马尔罕为都城，向西吞并了地处伊朗高原和美索不达米亚的伊儿汗国，向北打败了南俄罗斯的金帐汗国，向南征服了印度的德里。不久以后，他又在安卡拉打败了刚刚崛起的土耳其人，生擒了奥斯曼帝国苏丹巴耶塞特一世。1405 年，当踌躇满志的帖木儿率领 20 万大军准备向东对中国明朝发起攻击时，这位年逾七旬的征服者终因不堪军旅劳顿而病卒于进军途中。帖木儿死后，他的突厥帝国很快就土崩瓦解，游牧民族对农耕世界的第三次大冲击也至此画下了句号。帖木儿帝国的昙花一现意味着一个旧时代的结束和一个新时代的开始，约翰·达尔文对帖木儿之死的意义评论道：

> 事实上，帖木儿之死，在几个方面标志着全球历史上一个漫长阶段的终结。整个欧亚世界由远西诸国、信仰伊斯兰的中欧亚、儒家文化的东亚这三大势力盘踞，而他的帝国，乃是最后一个欲打破这分割态势的壮举。其次，他的政治实验和最终失败，说明权力已

开始由游牧帝国转回定居国家之手。第三，帖木儿对中欧亚所造成的间接伤害，还有部落社会在该地区所继续拥有的过大影响力，均间接促成（即使是渐渐促成）欧亚世界的权力重心转而落在远东和远西，而中欧亚则成为此过程的牺牲品。最后，他去世时，既有的长程贸易模式、他生前亟欲掌控的东西贸易路线，同时开始有了改变。他死后只数十年，以撒马尔罕为中枢统治世界的帝国，就已成为荒诞不经的想法。在全人类四通八达的海洋上发现航路，使人类得以前往世界各地，从而改变了帝国的经济和地缘政治情势。[①]

由此可见，帖木儿之死不仅意味着建立统一的世界大帝国的宏伟理想灰飞烟灭，游牧民族对农耕世界长达 3000 多年的大入侵浪潮终告结束，亚欧大陆上已经羽毛丰满的基督教文明（远西诸国）、伊斯兰教文明（亚欧大陆中部诸国）、儒家文明（东亚的明朝）等定居的农耕世界又重新掌握了决定历史发展方向的权力，而且还间接地导致了东西方之间传统贸易路线——陆上丝绸之路——的衰落和海上贸易路线的兴盛，以及远西（西欧诸国）和远东（中国）在未来世纪里的权重剧增。

当成吉思汗及其子孙开始对亚欧大陆的农耕世界进行攻击时，基督教信仰（包括西欧的天主教信仰和东欧的东正教信仰）、伊斯兰教信仰和儒家伦理早已分别在欧洲、西亚和中亚（包括北印度）、中国等地被确立为主流意识形态，成为这三个地区的人们赖以安身立命的文化精神根基。蒙古人和突厥人的短暂入侵并没有从根本上改变亚欧大陆这种三分天下的基本格局，更没有撼动这些根深蒂固的宗教-伦理价值系统对于各大文明地区的深刻影响。而且那些剽悍的游牧入侵者一旦在他们所征服的地区定居下来之后，很快就皈依了当地的宗教，融入具有更高势能的农耕文明中。因此，当帖木儿帝国瓦解之后，亚欧大陆又重新回到基督教文明、伊斯兰教文明和儒家文明三足鼎立的基本态势之中。

在三分天下的格局之中，亚欧大陆中部地区一度是蒙古人和突厥人

---

① 约翰·达尔文著，黄中宪译：《帖木儿之后——1405—2000 年全球帝国史》，台湾野人文化股份有限公司 2010 年版，第 35—36 页。

的实力中心，蒙古人的四大汗国和帖木儿帝国都建立在这个地区。帖木儿在进攻中国之前曾经对亚欧中部的伊斯兰教国家大肆攻掠，1400年突厥人重创马穆鲁克王朝（又称奴隶王朝）的军队，攻占了大马士革；第二年，突厥人又洗劫了巴格达，据说帖木儿用9万个巴格达居民的头骨在当地建造了一座座高塔。1402年帖木儿在小亚细亚打败了奥斯曼帝国，俘虏了国王并将他折磨致死。然而帖木儿死后，一些伊斯兰教国家又重新在西亚、中亚和北印度地区崛起。15世纪以后的数百年间，在中国和西欧之间的广阔土地上，出现了三个主要的伊斯兰教王国。它们分别是土耳其人在小亚细亚建立的奥斯曼帝国，伊斯兰教什叶派信徒在伊朗建立的萨非王朝，以及帖木儿的后裔在印度建立的莫卧儿王朝。

在这三个伊斯兰教国家中，奥斯曼帝国最为强大。这个1299年才在安纳托利亚（即小亚细亚）最西端出现的蕞尔小国，在其后数百年的时间里迅猛膨胀，发展成一个地跨亚、非、欧三大洲的超级大国。实际上，早在1354年，土耳其人就已经渡过达达尼尔海峡而在欧洲的土地上建立了立足点。到了14世纪末叶，他们已经占领了保加利亚、塞尔维亚以及巴尔干半岛的大片地盘，君士坦丁堡成为一座孤城。15世纪初帖木儿对奥斯曼帝国的打击，只不过是延缓了东罗马帝国毁灭的时间罢了。到了1453年，土耳其人终于攻占了屹立在亚欧大陆接壤处的东罗马帝国首都君士坦丁堡，彻底摧毁了这个在西罗马帝国灭亡之后又苟延残喘了一千年的古老帝国。到了17世纪末叶，奥斯曼帝国的版图达到极盛状态，把整个小亚细亚和西亚、黑海周边地区、巴尔干半岛和东欧，以及埃及和北非地区全部囊括在内，并且不断地对西欧的神圣罗马帝国和西班牙发起攻击，直到1683年还最后一次围攻了神圣罗马帝国的首都维也纳。虽然奥斯曼帝国由于用力过猛而导致后劲不足，在18世纪以后逐渐被相继崛起的西欧列强和俄罗斯分割蚕食，但是在帖木儿死后的两三百年时间里，它一直对西欧基督教世界保持着一种咄咄逼人的攻势。斯塔夫里阿诺斯描写道："奥斯曼帝国在其臻于鼎盛时的确是一个十分庞大的帝国……它地跨三大洲，拥有5000万人口，而那时英国却只有500万人口。无怪乎当时的基督教徒对这一不断扩张的奥斯曼帝国都很敬畏，把它形容成是'一团日益旺盛的火焰，不管遇上什么都会把它熔化，并继续燃烧下去'。[①]

　　与伊斯兰教文明的强劲势头相比，15、16 世纪的中国明朝在综合国力方面不遑相让，而且由于中国在政治上的统一性，所以其经济和文化显得更加繁荣昌盛。只是由于地理环境方面的限制，再加上传统的"夏夷之防"观念的影响，所以明朝时期的中国人对于向外扩张的兴趣不大，而是陶醉于天朝大国的美梦虚景之中，关起国门来自得其乐。

　　1279 年忽必烈治下的元朝灭了南宋，统一了中国。在其后不到一百年的时间里，蒙古统治者虽然也采用了一些"汉法"，但是对于儒家文化基本上持一种贬抑态度。元朝时"民分四等"，即蒙古人、色目人（广义的西域人）、汉人（淮河以北原金国治下的人民）、南人（南宋子民），其中传承中国儒家文化之精粹的南人社会地位最低下。忽必烈曾一度下令废除了自隋朝以来一脉相承的科举制度，后来元仁宗虽然又予以恢复，并把宋代朱熹的《四书集注》确定为科举命题释义的基本规范，但是作为统治阶层的蒙古人和色目人对于儒家思想并不重视。当时民间有所谓"九儒十丐"之说，足见儒生地位之卑微（后来中国"文化大革命"期间把知识分子贬称为"臭老九"，即源于此说）。蒙古人既然是游牧民族，马背上得天下，也试图马背上治天下。他们既为"夷狄之人"，自然对中国商、周以降在汉人中流行的"夏夷之防"观念不屑一顾，对于儒家的纲纪伦常也不以为然，而是志在通过武力建立一个种族混杂、兼收并蓄的草原大帝国。因此，当朱元璋以"驱逐胡虏，恢复中华，立纲陈纪，救济斯民"为口号而推翻了蒙古人的统治、建立了明朝之后，为了确立朱姓江山在政统和道统上的合法性，就必须重新高扬儒家的旗帜。[②]由于明朝统治者的大力扶持，儒家"修齐治平"的政治理想和"君臣父子"的纲纪

---

① 　斯塔夫里阿诺斯著，董书慧等译：《全球通史：从史前史到 21 世纪》（第 7 版）下册，北京大学出版社 2005 年版，第 348 页。

② 　朱元璋早年曾因家境贫寒而剃发为僧，后来加入白莲教主韩山童、韩林儿父子的红巾军抗元起义，因此其最初的文化根基是佛教和白莲教等民间宗教。但是当他掌握了政权之后，深知要想长治久安，还需借重儒家的思想资源，故而在登基伊始就诏令天下："天下甫定，朕愿与诸儒讲明治道。"（《明史》卷二，15 页）

伦常再度得以弘扬光大。以程朱理学为典范的儒家伦理深深地渗透到中国社会的各个方面，不仅成为民间宗法社会赖以维系的基本规范，而且通过不断完善的科举制度与官宦权力系统相结合，成为明朝专制主义政治的重要思想根基。虽然明朝的皇帝对待儒家知识分子（士大夫）的态度不像宋朝君主那样宽厚[①]，但是儒家伦理却成为集权政治的驯服工具，不仅为明朝的专制统治提供了重要的思想根据，而且也对明朝的社会经济和文化状况产生了深刻的影响。

　　与同样遭到蒙古人征服的中亚、西亚和北印度地区不同，而且也与欧洲的情况相异，中国自秦汉以来的政治特色就是大一统性，它不像伊斯兰教世界和基督教世界那样分裂成许多大大小小的部落集团或封建领地，而是基本上保持着一种一脉相承的政治统一性。这种政治上的统一性使得朝廷可以高效率地动员整个社会的人口资源和国土资源，从而有效地抵御（或同化）外族入侵和推动经济发展。从文化的角度来看，中国政治的大一统特点又与儒家思想在文化领域中的独尊地位密切相关，当代著名历史学家斯塔夫里阿诺斯认为："促成中国文明的内聚性的最重要因素，也许是通称为儒家学说的道德准则及其在文学、思想方面的遗产。"[②] 在明朝，这种政治上的大一统也由于儒学的复兴而得到了思想上的强化。因此明朝时候的中国不仅在政治上加强了专制统治，而且也在经济上和文化上呈现出一派繁盛的景象。

　　宋、明两朝素来被学术界视为中国封建社会中最为繁荣的时代。从朱元璋的儿子朱棣（永乐皇帝）开始，就一改朱元璋贬抑商业和限制外贸的政策，大力推动海外贸易，从而揭开了大航海时代的序幕。在中国国内，商品经济不仅已经萌芽，而且在明朝中叶（16世纪）发展到了相当大的规模。许多种田人转农为商，一些读书人也"弃儒入贾"。在

---

① 余英时先生认为，宋代皇帝往往与儒家知识分子保持一种良好的互动关系，"共定国是"和"共治天下"，而且"百年未尝诛杀大臣"；然而明代自朱元璋开始，"士"往往只是为皇帝所使用的统治工具而已，稍有不慎，即会遭受朝廷的诛戮和廷杖之辱。参见余英时：《从政治生态看宋明两型理学的异同》，载余英时：《中国文化史通释》，牛津大学出版社2010年版。

② 斯塔夫里阿诺斯著，董书慧等译：《全球通史：从史前史到21世纪》（第7版）下册，北京大学出版社2005年版，第361页。

嘉靖至万历年间，出现了"商贾既多，土田不重""末富居多，本富益少""贸易纷纭，诛求刻覈""金令司天，钱神卓地"的情景。① 一批新兴的商贾市镇在江、浙、闽、广等地迅速崛起，许多以血缘和乡谊关系为纽带的地方商帮如徽州商帮、山陕商帮、广东商帮、江西商帮等不断壮大。全国性的商品经济已经形成气候，"燕赵秦晋齐梁江淮之货，日夜商贩而南；蛮海闽广章南楚瓯越新安之货，日夜商贩而北"②。纸钞、白银、铜钱等通货在全国流行，钱庄、银票、会票和银钱兑换业务也在一些商业市镇中普遍出现。"到了 1487 年，一位官员写道，人们'把谷物换成金钱，然后再把金钱换成衣服、食物以及日常用品……整个国家的每个人都是如此'。"③ 正是由于商品经济已经十分发达，所以万历初年首辅张居正才得以推行"一条鞭法"的赋税改革，将实物、劳役赋税一律货币化。这种改革举措反过来又进一步地推动了商品经济的发展。

约翰·达尔文一方面对明朝中国社会的繁荣昌盛景象大加赞美，"中国朝廷的威仪堂皇，中国城市的富裕繁荣，中国工程师和工匠的本事高超，中国消费品（例如丝、茶、瓷）的品质优良，中国艺术与文学的深奥微妙，儒学的思想魅力，广受东亚、东南亚的钦羡推崇"。另一方面却认为明朝的经济只是在"量上有所成长，质却未提升"，而且与宋代相比已经"陷入某种技术停滞状态"。究其原因，是明朝在 15 世纪中叶以后放弃海洋而陷入自我封闭状态所致。因此，尽管明朝时的中国已经达到"高度均衡状态"，达到"经济成就的高峰"，但是却失去了向上攀升的动力，"高度均衡状态反倒成为困境"④。然而，就在亚欧大陆东端的中国由于繁盛均衡而故步自封的时候，地处远西的欧洲却由于贫穷落后而开始了一系列脱胎换骨的变革。

在 15、16 世纪，与亚欧中部虎视眈眈的伊斯兰教文明以及东亚繁

---

① 顾炎武：《天下郡国利病书》，卷三十二。

② 李鼎：《李长卿集》，卷二。

③ 伊恩·莫里斯著，钱峰译：《西方将主宰多久——从历史的发展模式看世界的未来》，中信出版社 2011 年版，第 275 页。

④ 约翰·达尔文著，黄中宪译：《帖木儿之后——1405—2000 年全球帝国史》，台湾野人文化股份有限公司 2010 年版，第 69—71 页。

荣昌盛的儒家文明相比，西方基督教文明的状况的确可谓是令人沮丧的。当时的西方人除了在奥斯曼帝国咄咄逼人的气焰面前深感不安之外，也对马可·波罗等 13 世纪以来的旅行家所描述的东方国家（中国、印度）的富饶景象仰慕不已。如果撇开宗教信仰方面的因素，一个生活在 1500 年前后的西欧人在奥斯曼帝国的武力威逼和东方国家的财富诱惑面前必定会在内心深处产生出一种强烈的自惭形秽之感，抱怨自己不幸生在了欧洲。美国耶鲁大学的保罗·肯尼迪教授在其名著《大国的兴衰》中对当时的情况描述道：

> 众多学者以 1500 年作为近代和近代前的历史分期线，而在当时，欧洲的居民还根本没有认清，欧洲势将主宰世界上其他大部地区。当时关于伟大的东方文明的知识全以旅行者所述见闻为依据；叙述真中有假辗转流传，真假巨细无遗，既失于支离破碎，又往往谬误百出。然而，人们头脑中普遍存在的无比富庶、军力强大、幅员辽阔的那些东方帝国形象却是相当准确的；而且，乍听之下，认为东方社会同西欧各民族和国家相比，必定具有得天独厚的条件。①

当信仰基督教的欧洲人终于从蒙古人入侵的威胁下解脱出来时，他们并没有得到真正的安宁。帖木儿帝国虽然瓦解了，但是另一支突厥民族——土耳其人却在亚欧大陆接壤处建立了奥斯曼帝国，并且在迅猛扩张的过程中对基督教欧洲形成了新一轮的压力。从内部的情况来看，15 世纪的西欧社会仍然处于闭塞落后的封建状况之中，政治上分裂、经济上贫穷、文化上蒙昧。1417 年的康斯坦茨宗教会议结束了西方教会大分裂的时代，罗马天主教廷又重新跃居权力的峰巅，一方面通过宗教裁判所来加强思想专制，打击一切可能威胁到罗马教皇和大公教会的权威性的"异端"（例如对英国宗教改革先驱威克利夫的谴责和对捷克宗教改革家胡斯的迫害）；另一方面则变本加厉地打着拯救灵魂的神圣大旗来攫

---

① 保罗·肯尼迪著，天津编译中心译：《大国的兴衰》，四川人民出版社 1988 年版，第 3 页。

取世俗利益（例如兜售赎罪券的活动）。

与罗马天主教会一统天下的专制格局相反，西欧世俗国家在政治上却处于高度分裂和积弱不振的封建状态中。15世纪的西班牙刚刚在天主教复兴的旗帜下完成了对卡斯提尔、阿拉贡和格拉纳达的合并，赶走了最后一批信奉伊斯兰教的摩尔人统治者，成为西欧近代率先崛起的国家。法兰西的瓦罗亚王朝正在雄心勃勃地积蓄实力，但是国内掣肘的封建势力仍然很强大；英格兰还只不过是一个孤悬海外的蛮夷之邦，对欧洲政治的影响极其有限；意大利虽然商业较发达，但是却处于罗马教廷的鼻子底下，而且分裂为米兰、热那亚、威尼斯、佛罗伦萨、那不勒斯等若干个公国与共和国；德意志更是分裂为数百个大大小小的封建领地，那个在中世纪西欧范围内唯一荣膺"帝国"称号的德意志神圣罗马帝国，诚如18世纪法国大文豪伏尔泰所嘲笑的："既不神圣，亦非罗马，更谈不上是一个帝国！"至于北欧斯堪的纳维亚半岛诸国，仍然处于内部的分合冲突之中，尚未形成现代国家的雏形。在这样一种政治生态下，基督教的欧洲当然只能在伊斯兰教的奥斯曼帝国面前处于明显的下风了。

经济和文化方面的情况也令人失望。14世纪的饥荒和黑死病使欧洲人口锐减，再加上英法百年战争以及德国、意大利内部不断发生的封建冲突，更是雪上加霜，使得当时的西欧人普遍产生了世界末日将至的预感。虽然在15世纪农业生产出现了复苏，城市经济也逐渐兴起，但是增长却十分缓慢。而且饥荒和瘟疫过后的人口剧增令西欧人深切地感受到物质的匮乏，从而亟欲摆脱这种窘迫状态。这种穷则思变的心态也是促使西方人去开辟海上航道、进行海外贸易的重要原因。

在文化方面，虽然见多识广、多才多艺的意大利人已经拉开了文艺复兴的序幕，但是阿尔卑斯山以北地区的大多数西欧国家的人民仍然处于一种未开化的蒙昧状态中。在15世纪中叶，谷登堡的活字印刷术刚刚发明，在欧洲还没有得到广泛推广（印刷术的推广在很大程度上与16世纪宗教改革时西北欧各国的改教者翻译和印刷《圣经》的活动密切相关）。那时候，人们能够接触到的书籍非常少，而且都是用拉丁文书写的，而北方日耳曼人绝大多数都不识拉丁文。再加上中世纪罗马天主教会为了防止宗教"异端"，明令禁止平信徒私自阅读《圣经》，所以当时西欧的一般百姓仍然处于一种半文盲状态（这也是意大利格调高雅的人文主义作品在北部欧洲影响甚微的原因之一）。在这种情况下，那些曾经到过中国、印度等地的西方旅行家和商人们关于东方经济富足、文化繁荣的描绘以及不断夸张化的转述，就难免在西方人心中勾起极其强烈的向往之情。因此，当哥伦布、达·伽马等西方探险家最初踏上波涛汹涌的海洋开始探险活动时，他们正是怀着这种浪漫的期望去寻找富有传奇色彩的东方世界的。

3. 郑和下西洋的伟大壮举和悲剧结局

历史学家们都承认，哥伦布、达·伽马等人在 15 世纪末所进行的航海活动和地理大发现开创了人类历史的新纪元。通往新大陆、印度、东南亚等地航路的发现导致了殖民主义时代的到来，而殖民活动所带来的经济利益又反过来加速了欧洲社会经济结构的变化。正是通过航海活动和地理大发现，长期积弱不振的基督教欧洲才从旧大陆的偏僻孤陋之隅转变为文明世界的中心，从默默无闻的观众变成了世界历史舞台上光彩照人的主角。

按照学术界流行的观点，这个新时代的序幕是由地处亚欧大陆西南端的两个老牌殖民主义国家葡萄牙和西班牙率先拉开的，正是在葡萄牙的亨利王子和西班牙的伊莎贝拉女王的热心倡导下，迪亚斯、达·伽马和哥伦布等人才开启了一个海外探险和殖民扩张的新时代。然而，早在西方人进行这种彻底改变世界格局的壮举之前的半个多世纪，明朝永乐皇帝（明成祖朱棣）已经派郑和率领中国船队开始了声势浩大的航海活动。

在郑和与西方的航海家进行航海探险活动之前，印度洋和西太平洋属于伊斯兰教的势力范围。在 13 世纪前后，阿拉伯商人就来到了孟加拉湾和满剌加（马六甲），并且通过马六甲把伊斯兰教信仰传播到马来群岛。到了 15 世纪，随着郑和下西洋活动的开展，东南亚和马来半岛诸国都开始对明朝通商入贡①，中国文化也因此而传播到当地。

1405 年，就在年迈气盛的帖木儿死于东征中国的途中不久，由明成祖委派的钦差正使总兵太监郑和就率领着一支装备精良、规模浩大的舰队驶向了西太平洋和印度洋。此后的二十八年间，郑和先后七次下西洋，他的船队遍访了从东南亚、马来群岛、孟加拉湾、波斯湾、阿拉伯海，一直到非洲东海岸莫桑比克的 30 多个国家和地区，开辟了从南中国海经马六甲海峡到印度洋的航路。郑和船队的航海活动不仅在时间上要比迪亚斯、达·迦马、哥伦布等西欧人的航海活动早半个多世纪，而且其船队规模和技术水平也远远超过后者。据史料记载，郑和每次下西洋的舰船都多达两三百艘，人数超过 27000 人。以第一次为例，1405 年 7月，郑和统率 240 余艘船舶，27400 余名水手和士兵下海。在这些舰船中，规模最大的名曰"宝船"，有 63 艘之多。其中最大的一艘"宝船"长四十四丈，宽十八丈，船高四层，9 桅 12 帆，排水量达 1300 多吨。《明史·兵志》记载："宝船高大如楼，底尖上阔，可容千人。"除"宝船"之外，还有规模稍小的"马船""粮船""坐船""战船"等，分别用于载货、运粮、居住、作战等多种用途。船上配备有航海罗盘、计程仪、测深仪等多种航海仪器，沿途绘制了精确的航海图，记载所经之地的地形、地貌和风土人情。如果在八九十年后，当率领着几艘小船、百十个人的船队的哥伦布或者达·伽马与郑和在海上相遇②，他们一定会被郑和舰队的威风吓得魂飞魄散。英国著名科学史家李约瑟认为，1420 年时中国明朝拥有的舰船不少于 3800 艘，超过了欧洲全部船只的总和。另一位英国历史学家汤因比对郑和的船队评价道：

① 屈大均《广东新语》中列举了当时与中国广东、安南二地通商的南海诸国："诸蕃之直广东者：曰婆利，曰古麻剌，曰狼牙修，曰占城，曰真腊，曰爪哇，曰暹罗，曰满剌加，曰大泥，曰蒲甘，曰投和，曰加罗希，曰层檀，曰赤土。其直安南者：曰林邑，曰槃槃，曰三佛齐，曰急兰丹，曰顿逊，曰州湄，曰渤泥，曰阇婆，曰扶南，曰彭亨，曰毗骞，曰天方，曰锡兰山，曰西洋古里，曰榜葛剌，曰苏门答剌，曰古里班卒。是皆南海中大小岛夷，见于明祖训、会典者也。"

② 1492 年哥伦布率领 3 艘船、87 名水手发现了美洲，1498 年达·伽马率领 4 艘船、140 余名水手绕过非洲好望角到达印度，甚至连麦哲伦在 1519 年进行环球航行时，他所率领的船队也不过是由 5 艘船、240 余名水手组成（三年后，只剩下 1 艘船和 18 名水手完成了环球航行回到西班牙，麦哲伦本人和其他水手均死于航行途中）。

在 15 世纪后期葡萄牙航海设计家的发明之前，这些中国船在世界上是无与伦比的，所到之地的统治者都对之肃然起敬。如果坚持下去的话，中国人的力量能使中国成为名副其实的全球文明世界的"中央王国"。他们本应在葡萄牙人之前就占有霍尔木兹海峡，并绕过好望角；他们本应在西班牙人之前就发现并且征服美洲的。[①]

更有甚者，近年来西方学者中有一种观点认为，郑和的舰队实际上已经驶遍了除欧洲之外的世界各地，他们比迪亚斯、哥伦布、达·伽马、麦哲伦、库克船长等西方人更早地发现了亚欧大陆之外的地区。代表这种观点的是一位英国皇家海军军官出身的航海史研究者加文·孟席斯，他在 2002 年出版的那本震动学界的名著《1421：中国发现世界》中，以他的航海经验、对古代海图的专业解读，以及在世界各地所搜集的大量实物资料为根据，通过别具一格的研究，最后得出了中国人在 1421 年郑和第六次航海活动中就已经发现了美洲、大洋洲和南北极的惊人结论：

> 中国舰队在狄亚斯之前六十六年就绕过了好望角，在麦哲伦之前九十八年就穿越了麦哲伦海峡，比库克船长早三百年勘查澳洲，比欧洲人早四百年勘查南北极，比哥伦布早七十年勘查美洲。伟大的水师将领郑和、洪保、周满、周闻，还有杨庆也值得纪念与褒扬。因为他们不但是最先的，也是最勇敢、最不畏艰难的。跟随他们前进的那些人，不管成就有多么大，都是效法他们而航行。[②]

孟席斯的这种多少有点天方夜谭色彩的观点在学术界中很难获得太多的支持，因为他的证据过于单薄，许多结论也显得突兀。但是，孟席斯对于郑和船队规模的描述还是真实可信的，他在对当时中西方海上力量进行了细致对比之后得出结论："无论从建造工艺、运货量、损害管

---

①　汤因比著，徐波、徐钧尧译：《人类与大地母亲》，上海人民出版社 1992 年版，第 650 页。

②　加文·孟席斯著，鲍家庆译：《1421：中国发现世界》，台湾远流出版事业股份有限公司 2011 年版，第 469 页。

制、武器、航程、通讯能力、在未知的海域航行、在长期的航程中维修，每一个方面中国人都领先欧洲好几个世纪。不管是谁挡在路上，郑和都可以轻易将其摧毁。就算是集合全世界其他国家的海军对抗中国，也不过是一群沙丁鱼进了鲨鱼老大的地盘。"[①]

即使我们质疑郑和舰队曾经绕过好望角和到过美洲，但是以当时的实力和阵容而言，郑和及其后继者们却是完全有可能去实现这些目标的。孟席斯不无惋惜地表示，如果明成祖以后的皇帝不是出于畏惧外国而采取了闭关自守的国策，中国将会替代欧洲而成为世界的主宰。斯坦福大学著名历史学家莫里斯教授认为，1430 年在世界历史上是一个"决定性时刻"，谁在这个时刻抓住了海洋的控制权，谁就有可能主宰未来的整个世界。"亨利王子抓住了这个机遇，而明朝正统皇帝却将这个机遇拒之门外。"[②] 然而，实力雄厚的中国船队之所以没有绕过好望角去发现欧洲，或者穿过太平洋去发现美洲，并不是个别皇帝的性格所致，而应该归结为中国传统文化和儒家思想的影响，以及当时明朝政府所面对的政治压力。

朱元璋统一中国后，曾经派遣使臣招抚四邻蕃国，令其称臣纳贡，并设立市舶司于太仓黄渡、宁波、泉州、广州等地，作为与日本、琉球、东南亚诸国通商和接受蕃船入贡的口岸。洪武七年，由于防范倭寇侵扰和海上走私，遂撤罢市舶司，禁止中国商人与外国通商，颁布法令"严禁濒海居民及守备将卒私通海外诸国"，实行"不许寸板下海"的闭关锁国政策。到了明成祖统治时期，由于国力日益强盛，再加上明成祖朱棣本人心高志远、好大喜功，因而逐渐改变了朱元璋制定的闭关国策。永乐三年（1405 年），"以诸蕃贡使益多，乃置驿于福建、浙江、广东三市舶司以馆之"[③]。与此同时，开始派遣太监郑和大张旗鼓地进行海外远航。这些

<hr />

[①] 加文·孟席斯著，鲍家庆译：《1421：中国发现世界》，台湾远流出版事业股份有限公司 2011 年版，第 55 页。

[②] 伊恩·莫里斯著，钱峰译：《西方将主宰多久——从历史的发展模式看世界的未来》，中信出版社 2011 年版，第 281 页。亨利王子是葡萄牙航海活动的首倡者和支持者，他在 1420 年前后就在葡萄牙创办航海学校，并派出船队去探索非洲西海岸。"正统"是 1436 年登基的英宗皇帝的年号，英宗继宣宗之后，再次禁绝了海外贸易活动。

[③] 《明史》卷八一《食货五》。

举措可以说是开创了一个使中国走向世界的良好契机，如果继续发展下去，中国人将可能在葡萄牙人和西班牙人之前发现世界和改变世界。

　　然而，明朝政府即使是在最开放的时候也没有从根本上改变"夏夷之防"和"务本抑末"（重农轻商）的传统观念。官方虽然设置了市舶司供外国船只入贡和经商之用，但是对于中国民间的出洋贸易活动仍然严加禁绝。郑和下西洋的目的也不像葡萄牙、西班牙的航海家那样是为了获得海外财富，而仅仅只是为了"宣德化而柔远人"，即向海外蕃夷之国宣扬大明朝的恩威，迫其称臣纳贡。此外，也顺便猎取一些异国他乡的珍稀之物供宫廷享用（所得物品远远不如馈赠给当地的），以及到海外去寻找在"靖难之变"中被推翻并失踪的建文帝朱允炆的下落。可见，中国的航海活动不是出于经济方面的考虑，而是出于政治上和道德上的考虑。从效果上看，这种规模浩大的航海活动不仅不能够获得经济利益，而且劳民伤财、得不偿失。因此，在1424年明成祖朱棣去世之后，继位的仁宗皇帝对内采取息兵养民、重农轻商的国策，对外下令停办海外采买，禁止远洋航海活动（郑和的前六次下西洋活动都是在明成祖时期进行的）。到了宣宗统治时期，虽然在1431年最后一次派三保太监郑和出洋（并且钦封郑和为三保太监），但是重农轻商、务本抑末的基本国策并没有因此而改变。1431年的远航是明代中国人所进行的最后一次航海活动，1433年4月，郑和在返程时因劳累过度而客死于印度西海岸的古里。从此之后，明朝政府就明令停止了这种徒劳无功的航海活动。1436年，英宗皇帝下了一道圣旨，禁止建造远洋舰船，不久以后又颁布了一道禁造双桅以上船只的特别圣旨。郑和舰队曾经用过的那些规模巨大、造价昂贵的船舶都被闲置在内港中，任其腐烂。明朝各级官府严格执行朝廷"不许寸板下海"的禁令，违者处以重惩。正统十四年（1449年）6月，皇帝应福建巡海金事董应轸的奏请，再次下令重申："旧例濒海居民犯私通外国、贸易番货、泄露事情及引海贼劫掠罪，正犯处极刑，家人发边远充军。知情故纵与正犯同罪。近年商民往往嗜利违禁，应重申禁令。"[①]

---

① 　参见黄文宽：《澳门史钩沉》，澳门星光出版社1987年版，第8页。

甚至连郑和等人呕心沥血而编制汇集的航海资料，也被一些保守派人士斥为"恢诡怪谲，逿绝耳目"而予以焚毁。正是受传统的"夏夷之防"和重农轻商思想的影响，郑和的七次远航活动成为一段戛然而止的悲怆奏鸣曲。明朝时期的中国人对全世界开了一个令人啼笑皆非的玩笑，他们轰轰烈烈地拉开了走向世界的序幕，然后又悄无声息地把国门紧紧地关上了。

中国人停止航海活动的另一个重要原因是出于北方防御的需要。明朝仁宗、宣宗时代所面临的一个紧迫的现实问题，仍然是蒙古人的威胁。明朝虽然已经在中原取代了元朝的统治，但是蒙古人仍旧在北方边境对明朝政权形成了强大的压力。为了防范蒙古人的侵扰，明朝政府必须大力缩减海军力量，将有限的财力和兵力更多地投入到北方戍边的需要中。朱元璋赶走蒙古人，重建汉人的政权，再一次强化了传统的"夏夷之防"观念。与蒙古人、突厥人等游牧民族在扩张过程中不断实现民族融合的情况不同，汉民族在长期的农耕定居生活中培养了一种安土重迁、安居乐业的保守心态，并且在不断加强内部文化认同的同时，对"非我族类"的游牧民族怀着一种强烈的排拒态度。他们对于向外扩张、建立一个多民族混杂的"世界帝国"（如成吉思汗和帖木儿所建立的）的宏伟理想不感兴趣，而是习惯于固守在坚固的城墙和严闭的海防之内。约翰·达尔文认为，明朝政府放弃海权战略的深层原因，就在于这种根深蒂固的"夏夷之防"观念："明朝的立国原则，乃是严斥蒙元所支配的内亚影响力。这一原则使中国团结一致对抗不属于中华文化的异族，确立中华文化的排外精神。包含汉民族与非汉民族的'大中国'，与明朝眼中的儒家君主国相忤。拒外到底的大战略，必然带来文化上的封闭。"[①]

西方学者认为，足够的资源使中国统治者对海外扩张失去了兴趣，而欧洲的统治者和商人则由于受到国家贫穷的刺激而鼓励海外冒险。"人

---

① 约翰·达尔文著，黄中宪译：《帖木儿之后——1405—2000年全球帝国史》，台湾野人文化股份有限公司2010年版，第70页。"内亚"（Inner Asia）即指传统汉人居住区西北部的满洲、蒙古、新疆、西藏等地。

口压力加上国家和城市国家之间的竞争，驱动着商人们去寻找新的产地、路线和市场。他们的竞争态度与同时代的中国人截然不同。"①此外，尽管中国的商人像西欧的商人一样精明能干，但是中华帝国的官僚体制却像东罗马帝国的政府一样扼杀了商人从事私人商业活动的意识和机会，将商业活动完全置于官府的控制之下。钱穆先生认为，当时中国"在上的政府"缺乏"帝国主义向外侵略的野心"，而"在下的民众"既缺乏"资本主义势力之推动"，又受到政府的"经济平衡主义"政策的抑制，所以郑和下西洋的活动未能在世界范围内产生重大影响。②总之，正是由于传统的农耕生产方式和儒家"重义轻利""务本抑末"思想的束缚，使中国坐失了一次走向世界的良机。保罗·肯尼迪总结道：

> 中国之所以退却，除了费用和其他方面的障碍因素以外，还有一个关键因素，那就是儒家官僚集团的十足的保守思想。在明朝，由于人们对蒙古人强加给他们的变革倍感憎恶，因此，保守思想变得更加严重。在"复古"的气氛中，显要的官吏阶层所关心的是如何保留和重振过去，而不是创造以海外扩张和贸易为基础的光辉未来。根据儒家的准则，战争本身就是一种可悲的行为，武装部队之所以需要仅仅是因为害怕野蛮人进攻和内部造反。中国官吏对陆军（和海军）怀有反感，同时对商人心存怀疑。私人资本的积累，贱买贵卖以及暴发户商人炫耀财富，都为上层有学识的官僚所不齿；几乎与劳动群众对这一切的憎恶同样强烈。那些官吏虽然不想使整个市场经济陷于停顿，然而他们经常干预个体商人，没收财产或禁止营业。一般百姓从事对外贸易，在官吏眼中更值得怀疑，因为他们对此种贸易控制得较少。③

---

① 斯塔夫里阿诺斯著，董书慧等译：《全球通史：从史前史到21世纪》（第7版）下册，北京大学出版社2005年版，第388页。

② 参见钱穆：《中国文化史导论》（修订版），商务印书馆1994年版，第207页。

③ 保罗·肯尼迪著，天津编译中心译：《大国的兴衰》，四川人民出版社1988年版，第8—9页。

就在富裕强大的中华帝国心甘情愿地放弃了参与世界事务的权利，关起门来陶醉于道德文章的时候，西欧那些赌徒一般贪婪的冒险家却纷纷在经济动机的驱策下投身于狂热的航海探险活动。讲究仁义道德的中国人既然放弃了绕过好望角去发现欧洲的机会，追逐物质功利的欧洲人就当仁不让地绕过好望角来征服亚洲了。因此，到了四百年以后，当中国的国门再度敞开时，出现在国门之外的就不再是马可·波罗式的恭敬朝拜者，而是全副武装、耀武扬威的强悍侵略者了。

一个生活在 1500 年前后的观察家无论如何也不可能预料到，未来世界的主宰者竟然会是积弱不振的欧洲，因为当时亚欧大陆上的那些实力雄厚的帝国——无论是咄咄逼人的奥斯曼帝国还是繁荣昌盛的大明朝——都远比基督教欧洲更具有这种可能性。同样地，当明朝政府下令停办海外采买，禁造远洋航船的时候，无论如何也不会意识到，自己已经拱手放弃了一个走向世界、引领全球的良好机遇！

在 1500 年这个世界历史的重大转折关头，命运对于各大文明体系都是同样公平的。发展的机遇尽管稍纵即逝，但是它却平等地摆在旧大陆各大文明的面前。谁征服了海洋，谁就掌握了未来世界的领导权。虽然从当时的实力而论，中国大明朝、印度莫卧儿王朝和奥斯曼帝国都比基督教欧洲更有资格走向世界。然而由于种种历史原因，它们均错过了这个极好的发展机会，以致在其后的数百年里，它们都为此付出了沉痛的代价。

4. 西方人的航海活动与殖民扩张

公元 1421 年，明朝的永乐皇帝朱棣从南京迁都北京。好大喜功的朱棣在忽必烈所建元大都的基础上，动用大量人力物力，经过精心修建，终于在永乐十九年（1421 年）建成了规模宏大、富丽堂皇的宫殿建筑群——紫禁城。孟席斯对当年定都大典的恢宏气势描写道：

> 永乐十九年正月初一日（西元 1421 年 2 月 2 日），中国睥睨万邦。元旦佳节当日，来自亚洲、阿拉伯世界、非洲以及印度洋诸国

的使节与番王来到光辉灿烂的北京城，集合向天子永乐帝朱棣致敬。这些首领与其使臣乘坐精密导航的巨舶不远千里而来，只为了向中国皇帝纳贡，同时参观紫禁城的定都大典。到场者光是一国之君就至少有二十八位。然而神圣罗马帝国和拜占庭帝国的皇帝、威尼斯总督以及英格兰、法兰西、西班牙、葡萄牙的国王却不在其列。他们根本没受邀。因为那些国家太落后了，既没有经济利益可图，又缺乏科学知识以供交流，看在中国皇帝的眼里，实在无足轻重。[①]

外国君王和使臣们从南洋、西洋（经过京杭大运河）来到北京所乘坐的那些"精密导航的巨舶"，都是由郑和的船队提供的。定都大典之后（1421 年 3 月），郑和又受皇帝之命，承担起护送这些番王和使臣回国的任务，这就是郑和第六次下西洋。在这次规模浩大的海外远航中，郑和本人虽然在到达满剌加（马六甲）和摩鹿加群岛（香料群岛）以后就带着几艘舰船返程回国了，但是他的副使太监洪保、周满、周闻（以及先行出发的杨庆）等人却率领着规模巨大的分支船队，继续向西和向南航行，到达了非洲的东海岸甚至更远的地方（孟席斯认为洪保、周满等人就是在这次航海活动中分别绕过了好望角和发现了美洲、大洋洲和南北极）。

然而，就在郑和船队出发不久，紫禁城遭到雷击而发生了一场火灾，辉煌的宫殿被大火烧得一片狼藉，皇帝的爱妾昭献贵妃也因惊吓而死。此事在朝廷大臣和一般民众中间引起了热议，人们纷纷指责皇帝的挥霍无度招致了上天的报应。在这种情况下，身心俱疲的朱棣不得不放弃了早年的雄心壮志，郑和下西洋的活动也因此而被叫停。朱棣死后，继位的皇帝们纷纷采取闭关锁国政策。1431 年，年老体迈的郑和虽然受宣宗之命最后一次下西洋（他本人也死在返程途中），但这只是此前轰轰烈烈的航海活动的一个回光返照罢了。

就在郑和第六次下西洋的前两年，葡萄牙的亨利王子在葡萄牙西南端的萨格里什建立了一所航海学校，开始有计划地推进大西洋上的航海

---

① 加文·孟席斯著，鲍家庆译：《1421：中国发现世界》，台湾远流出版事业股份有限公司 2011 年版，第 29 页。

探险活动。在 15 世纪初，古希腊地理学家托勒密的《地理学》一书已经被译为拉丁文，该书关于世界是球形的观点开始激发起欧洲探险家的狂热想象力（中世纪的西欧人一直认为世界是平的）。自从 1415 年从信奉伊斯兰教的摩尔人手里夺取了摩洛哥的休达之后，亨利王子就一心一意地发展葡萄牙的海外探险事业，培养和鼓励了许多勇敢的航海家向着凶险的大海进发。1421 年，亨利派遣了第一支海外探险船队从萨格里什向南航行，发现并占领了马德拉群岛。1434 年，葡萄牙航海者又越过了非洲西部凸入大西洋的博哈多尔角，这个海角因为暗礁密布、波涛汹涌而一直被欧洲人看作"飞瀑直下的地球边缘"。到 1460 年亨利王子去世时，葡萄牙人已经占领了大西洋上的马德拉群岛、亚速尔群岛、加那利群岛和佛得角群岛，到达了西非南部的几内亚、加纳一带，并且开始梦想绕过非洲大陆的最南端，向传说中富庶无比的印度和中国进发。

葡萄牙人以及紧随其后的西班牙人在 15 世纪开始进行海外探险活动，最初主要是出于两方面的动机，其一是为了到印度和中国等东方国家寻找黄金，以及获取欧洲人迫切需要的香料等资源；其二是为了到东方去寻找早年失散的基督徒，以便建立前后夹击奥斯曼帝国穆斯林的统一战线。1498 年，当达·伽马的船队到达印度的卡利卡特时，他的船员就公然向当地人宣称"我们是来寻找基督徒和香料的"。

由于帖木儿帝国和奥斯曼帝国的相继崛起，欧洲与东方之间的陆上贸易之路被迫中断，资源匮乏而又贫穷闭塞的欧洲人不得不转向海洋这个"宽阔的跳板"，试图通过海路与东方进行贸易活动。在这方面，厄拉多塞、托勒密等古代地理学家关于地球是圆形的观点对于欧洲人产生了重要的启发作用。15 世纪的葡萄牙、西班牙航海家们相信，通往远东的道路并非只有亚欧大陆上的"丝绸之路"，通过向南绕过非洲大陆或者向西穿越大西洋的海上航行，同样也可以到达东方的印度和中国。在亨利王子等人的倡导之下，葡萄牙人和西班牙人在 15 世纪通过一系列的海外探险活动，分别证实了上述两种可能性，而且西班牙人在此过程中还意外地发现了美洲新大陆。

1487 年，葡萄牙航海家巴尔托洛梅乌·迪亚斯绕过了好望角，1498

年达·伽马到达了印度西海岸。到了 16 世纪初，葡萄牙人已经控制了印度的果阿和霍尔木兹海峡，1511 年葡王派驻印度的总督阿方索·德·阿尔布克尔克又占领了满剌加（马六甲），将印度洋置于葡萄牙人的控制之下。葡萄牙人还先后在印度的果阿、马来亚半岛的马六甲、中国的澳门建立了殖民贸易据点。此外，1500 年葡萄牙航海家卡布拉尔在大西洋上沿着达·伽马开辟的路线向南航行时，被一阵东风吹偏了航向，意外地发现了南美洲凸出部的巴西，从而使葡萄牙在垄断了东方香料贸易的同时也控制了巴西的蔗糖生产和贸易，成为名噪一时的"香料帝国"和"蔗糖帝国"。葡萄牙人还以果阿为据点，向印度北方的莫卧儿帝国、东南亚诸小国、日本的长崎以及中国内地进行传教活动，把传播上帝福音的事业与攫取物产资源的活动密切地联系在一起。在 1503 年至 1551 年间，在亚欧大陆上节节败退的欧洲基督徒却在海洋上取得了对奥斯曼穆斯林的胜利，把印度洋和东南亚的一些贸易据点从伊斯兰教徒手中夺过来。以至于某些土耳其人怀着一种酸葡萄心理承认：真主把富饶的大地赐给穆斯林，而把贫瘠的海洋交给了基督徒。

西班牙人在海外扩张方面也不甘示弱，由于葡萄牙已经控制了向南绕过好望角进入阿拉伯海和印度洋的航路，西班牙人只得向正西方向进行海外探险活动。1492 年哥伦布发现了美洲新大陆（虽然他一直到死都以为自己发现的地方是印度），1513 年瓦斯科·努涅斯·巴尔沃亚首次穿越巴拿马地峡发现了太平洋。1519 年至 1522 年间，麦哲伦在西班牙国王查理五世的资助下，率领一支由 5 艘船、240 余人组成的船队从西班牙出发，越过大西洋，沿着巴西东海岸向南航行，穿过南美洲南端的一条浓雾密布的海峡（这条海峡后来就被命名为麦哲伦海峡）进入宽阔的太平洋，然后继续向西航行到菲律宾群岛和摩鹿加群岛，再穿越印度洋和非洲的好望角回到西班牙。麦哲伦船队完成了环球航行的壮举，从而证明整个世界（至少南半球）在海洋上是相通的。这样一来，西班牙人就在葡萄牙控制的航线之外又发现了一条通过海洋到达东方富饶之乡的航线。到了 16 世纪 40 年代，西班牙人在墨西哥、秘鲁等地发现了巨大的银矿，由此进一步推动了移民热潮。大量的西班牙人来到南美洲，整个中美洲和除巴西以外的南美洲都置于西班牙王室的统治之下，秘鲁等地生产的白银源源不断地流入西班牙，使得西班牙成为富庶强盛、称霸欧洲的"白银帝国"。1494 年和 1529 年，葡萄牙与西班牙先后签订了《托德西利亚斯条约》和《萨拉戈萨条约》，从大西洋和太平洋上把整个世界划分为两大势力范围，这是西方殖民主义者首次公然瓜分世界的行径。到了 1580 年以后，西班牙和葡萄牙由于王室联姻而处于同一个国王的统治之下，形成了强大的伊比利亚王国。"伊比利亚国王在这一时期不是统治一个海外帝国，而是三个海外帝国：西班牙美洲的白银帝国、印度洋的香料帝国和南大西洋的蔗糖帝国。再没有别的欧洲集团曾在海外殖民中获得任何持久性的成就。"[①]

地理大发现的直接后果是殖民活动的迅猛发展。汤因比认为，近代西方人正是通过海洋这个"广阔的交通环境"而主导了整个世界。[②] 他们以"海洋"代替了"草原"，以劈波斩浪的船队代替了迅疾奔驰的马队，最终完成了草原上的游牧民族几千年来始终未能完成的宏伟业绩，将整个世界都置于西方文化的影响之下。斯塔夫里阿诺斯指出，"先前的古典时期和中世纪时期都是由于游牧民族的陆上侵略而开始的；这些游牧民族利用其优越的机动性，趁主要帝国衰弱之际闯进文明中心。与此形成鲜明对比的是，近代时期则是以西方人的海上侵略发轫的；西方人以同样的机动性在全世界海洋上活动，并进而势不可挡地开始了其全球规模的活动"[③]。

在 16 世纪，葡萄牙人控制了由东南进入印度洋的航道，西班牙人则控制了通往西印度群岛和新大陆的航道。稍后崛起的荷兰、英国和法国为了获得海外利益不得不向西北方向寻找通往亚洲的新航道，这个目标虽然没能实现，但是却发现了其海岸线从加勒比海一直延伸到北极的北

---

① 杰弗里·巴勒克拉夫主编，毛昭晰、刘家和等译：《泰晤士世界历史地图集》，生活·读书·新知三联书店 1985 年版，第 159 页。

② "在公元 15 世纪，西欧人开始在文明中心内发挥主导作用。他们的水手统治了海洋，而海洋拥有比欧亚大平原更为广阔的交通环境。"汤因比著，徐波、徐钧尧等译：《人类与大地母亲》，上海人民出版社 1992 年版，第 43 页。

③ 斯塔夫里阿诺斯著，董书慧等译：《全球通史：从史前史到 21 世纪》（第 7 版）上册，北京大学出版社 2005 年版，第 337 页。

美洲。此后，对东方的贸易活动和对新大陆的殖民活动就紧锣密鼓地展开了。1600 年英国成立了东印度公司，1602 年荷兰也成立了东印度公司，1621 年荷兰又成立了西印度公司。这些公司被政府授予在海外进行贸易、殖民、征服、治理和防卫的各种权力。这些地处西北欧的后起之秀已经率先实现了资本主义的经济转型，它们在海外贸易和殖民活动中也表现出强劲的竞争实力，相形之下，伊比利亚半岛的西班牙、葡萄牙等老牌殖民主义者却在新兴的竞争者面前显得捉襟见肘、后劲不足。为了弥补在海外贸易竞争方面的劣势，葡萄牙人率先在非洲进行猎取黑奴的肮脏活动，把大量从非洲西海岸劫掠的黑人贩卖到美洲（这种贩奴贸易与后来大英帝国在对华贸易连年逆差的情况下所采取的鸦片贸易同样卑劣邪恶至极）。不久以后西班牙人、荷兰人、英国人、法国人也竞相加入了这种肮脏但却可以牟取暴利的活动，继而形成了从非洲劫掠黑奴贩卖到美洲种植园，然后从美洲种植园购买棉花等原料运到欧洲，最后再把欧洲加工的纺织品运销到全世界这样一个资本主义发展的贸易金三角。截止到 1870 年，已经有 1000 万以上的非洲黑人被贩卖到美洲。随着殖民贸易活动的迅速发展，南、北美洲和非洲等比较落后的地区很快就成为西欧列强瓜分的俎上肉，而亚洲那些文明程度较高的古老国家则与西方殖民主义者进行了数百年的对抗，但是最终结果都充满了失败的屈辱和社会的苦难。到了 18 世纪欧洲工业革命发生之后，西方现代工业文明已经在亚欧大陆的其他传统文明面前确立起不可动摇的绝对优势。在西方新兴工业世界强有力的挑战面前，东方传统的农耕世界日益陷于被动境地，它们或者自觉地走上资本主义工业化道路（如俄罗斯、日本），或者沦为西方列强的殖民地和半殖民地（如印度、中国和中东地区）。

15 世纪由中国人率先开启的海外探险和地理大发现活动，不久以后就被后来居上的葡萄牙、西班牙殖民主义者所主宰，拉开了一个全新历史时代的帷幕。这场富有传奇色彩的大航海活动，不仅推动贫穷落后的欧洲国家走上了一条繁荣昌盛之路，而且从根本上改变了亚欧大陆乃至整个世界的政治、经济、文化格局，使得西方资本主义列强在未来几个世纪里成为人类文明的领航员。当西方的航海家们最初开辟东方航路时，他们大多数人对传说中富饶而神秘的东方世界抱着一种敬仰之心，在追求财富和服务上帝的动机指引之下，历尽艰辛来到东方去寻找香料和基督徒。然而，随着通往印度、东南亚、中国等地航路的开辟以及对新大陆的发现，西方的探险家们日益从东方文明的仰慕者转变为唯利是图的掠夺者，他们的目的也不再局限于寻找香料和发现基督徒，而是要蚕食、鲸吞欧洲以外的其他地区，乃至彻底征服和瓜分整个世界。于是，航海活动和地理大发现的结果就是一个殖民主义时代的来临。海外贸易和殖民扩张所带来的经济、政治、文化利益，进一步推动了西欧资本主义社会结构的变化和综合实力的增长，从而使西欧基督教社会从亚欧文明地带的僻陋边陲，一跃而成为整个文明世界的中心。15世纪末叶以来，葡萄牙人、西班牙人、荷兰人、法国人、英国人、俄国人、德国人、美国人等西方人相继在世界范围内建立了不同规模的霸权体系，将越来越多的新辟大陆（美洲大陆、非洲大陆、大洋洲大陆等）和亚洲大陆的古老国度（印度、中国、中东诸国等）纳入自己的势力范围之内。这个由西方列强所推动的殖民化过程，也逐渐打破了农耕时代各大文明体系彼此隔绝的封闭状态，以一种暴戾的方式开启了全球化进程。

二　全球化时代的风潮变化

1. 中西方文明在全球化进程中的相遇与碰撞

在大航海时代，最先进入中国海域并对中国传统社会形成威胁的西方人是葡萄牙航海家。当葡萄牙人怀着十字军征服的宗教热忱和攫取海外资源的经济动机开始海外探险活动时，他们心中就已经对马可·波罗等中世纪旅行家所描绘的中国富庶景象充满了仰慕之情。当时的葡萄牙探险家在葡萄牙国王和罗马教廷的双重支持下，被一股征服世界的激情所燃烧，他们对中国这个遥远而神秘的"丝绸和瓷器之乡"也充满了觊觎之心。16世纪葡萄牙杰出诗人贾梅士（他曾经在澳门居住过一段时间）在其名著《卢济塔尼亚人之歌》中，充分表达了西方探险家对于东方富饶宝地的向往：

> 如果你想到东方去寻找，
>
> 遍地的黄金，无穷的财富，
>
> 辛辣的香料，桂皮与丁香，
>
> 益智健身的名贵的补药，
>
> 如果想寻找晶莹的珠宝，
>
> 坚硬的钻石，瑰丽的玛瑙，
>
> 此地的宝藏便堆积如山，
>
> 你的愿望在此就能实现。[①]

　　早在 1508 年，担心西班牙人对中国捷足先登的葡萄牙国王堂·曼努埃尔就指示其派往马六甲的舰队指挥官塞凯拉，让他通过马六甲商人弄清楚中国的经济、政治、军事、宗教等各方面情况，了解中国离马六甲有多远，中国人有什么样的船只和经营什么商品，中国人是否强悍和拥有火炮，中国国土有多大以及是否归属于一个国王，中国人信仰什么宗教和遵守什么社会习俗，等等。[②]1511 年，当阿尔布克尔克率领葡萄牙舰队征服满剌加王国时，他对来到满剌加做生意的中国商人非常友好。但是对满剌加王国轻而易举的征服又进一步激化了葡萄牙人的狂妄感，使得他们认为中国也同样唾手可得。1512 年，曼努埃尔国王派遣了第一位东方外交使臣托梅·皮雷斯与中国正式接触。皮雷斯到达满剌加以后，先在那里居住了几年，汇集各种关于中国的传闻，写成了一本《东方简志》。在这本书中，皮雷斯一方面对中国地大物博、富甲天下的盛况赞美不已，另一方面却认为中国人怯懦文弱、一击即溃：

> 我们无意贬低其他地方，可我们觉得中国物品确实出自一高尚、美好、富裕之地。麻剌加总督欲制服中国，并不需要人们所说的那

---

① 贾梅士著，张维民译：《卢济塔尼亚人之歌》，中国文联出版公司 1995 年版，第 46 页。

② 参见张天泽著，姚楠、钱江译：《中葡早期通商史》，香港中华书局 1988 年版，第 36 页。

么大力气，因为他们弱不禁风，不堪一击。常去那里的人们及船长们说，率数十大船攻克麻刺加的印度总督不费吹灰之力便可拿下中国沿海各地。①

　　由此可见，当时的葡萄牙人踌躇满志、心高气盛，对于尚未正面接触的中国既羡慕又轻蔑，认为征服中国明朝就如同征服印度果阿和满刺加王国一样容易。1517 年，皮雷斯率领的使团终于在葡萄牙船舰的护送下经屯门岛而进入广州。广州当地官员对这些"高鼻深目"桀骜不驯的"佛郎机夷人"印象颇差②，不愿为之引荐朝廷。几经周折，一直到 1520 年皮雷斯等葡萄牙使臣才得以觐见明朝正德皇帝。就在此时，作为中国藩属的满刺加国王写信向中国皇帝指控葡萄牙人的暴行，广州官员也纷纷上奏反映"佛郎机夷人"在当地拒缴关税、兴建炮台等劣迹。再加上正德皇帝恰好此时患病去世，于是皮雷斯等葡国使臣即遭银铛下狱，中葡贸易被明令禁止，驻扎在屯门岛的葡萄牙舰队也被中国海军驱赶出珠江三角洲。1522 年，葡萄牙王室贵族马蒂姆·阿方索·德·梅洛率领一支葡萄牙舰队奉国王之命前往中国广东海域，试图在屯门岛一带建立军事要塞和进行通商活动。这支葡萄牙舰队很快又遭到了中国海军的迎头痛击，损失惨重。此役使葡萄牙人终于意识到中国绝非满刺加等蕞尔小国可比，舰队司令梅洛在给葡萄牙国王的信中报告了此次军事失利的过程。在信中，他对那些装备精良的中国大帆船心存余悸，承认以前由于情报失真而对中国"盲目轻敌"。在信的结尾处，他对国王建议道：

　　　　不应再向远在葡萄牙万里之外的地方派遣舰队。即便船坚炮利，亦非万无一失，我的情况便是一例，且有维索佐伯爵为我的得失作证。我们在此可用武之地非我们想象那般，敌人亦比我们想象

————————
①　托梅·皮雷斯：《东方简志》，转引自金国平著：《中葡关系史地考证》，澳门基金会 2000 年版，第 140 页。引文中的"麻剌加"即满刺加，"率数十大船攻克麻剌加的印度总督"即指阿尔布克尔克。
②　明朝时的中国人把葡萄牙人乃至所有西欧人通称为"佛郎机"，此语最初可能源于中世纪的亚洲穆斯林对法兰克人或欧洲基督徒的称呼。

的强大得多。[①]

此后数十年间，尽管葡萄牙人控制了印度洋的商业贸易命脉，但是在中国海域，他们的势力始终被边缘化。葡萄牙商人只能与日本海盗（倭寇）相勾结，私下里与东南沿海的中国商人进行一些零星的贸易活动。葡萄牙舰队则小心翼翼地规避中国海军的锋芒，一有风吹草动就逃到外洋。而中国明朝政府则坚持仁宗、宣宗以来的禁海政策，既不主动出海攻击他人，亦不与非入贡诸番（尤其是佛郎机人）通商。仅就当时的力量对比而言，中国的国力要明显地强于葡萄牙。因此，面对着中国这块诱人的肥肉，葡萄牙人只能远远地垂涎窥伺，在沿海地区从事一些走私、劫掠之类的海盗勾当。一直到1553年，葡萄牙船队以"借地晾晒贡物"为由，以重金贿赂中国巡视海道的按察司副使汪柏而获准在澳门（濠镜澳）暂作停留。据史料记载："嘉靖三十二年，夷舶趋濠镜者，托言舟触风涛缝裂，水湿贡物，愿借地晾晒。海道副使汪柏徇贿许之。时仅篷累数十间，后工商牟奸利者，始渐运砖瓦木石为屋，若聚落然。自是诸澳俱废，濠镜独为舶薮矣。"[②]几年以后（1557年），在葡萄牙国王的请求下，经罗马教皇保罗四世敕封，"澳门被划归马六甲教区，隶属于果阿，受葡萄牙教区保护"[③]。自此以后，澳门逐渐发展成葡萄牙人的军事要塞和贸易据点，也成为天主教入华传播的桥头堡。

葡萄牙人在中国经历了军事失利之后，放弃了其在西非、印度等地依凭坚船利炮为后盾的武力政策，改为以澳门为根据地与中国人和平通商，谋求利益。此举使葡萄牙人得以在明朝闭关锁国的环境中，成功地扮演了欧洲、印度、中国、日本等地之间的国际贸易商角色，将大量的贸易物资和黄金白银集聚在手中。澳门在16—17世纪也成为葡萄牙商人控制下的一个繁盛的世界商港。果阿、马六甲和澳门这三个东方贸易据点的先后形成和彼此呼应，标志着葡萄牙海外贸易殖民事业的黄金

---

① 金国平编译：《西方澳门史料选萃（15—16世纪）》，广东人民出版社2005年版，第41—42页。

② 郭棐：《广东通志》卷六十九《番夷》。

③ 施白蒂著，小雨译：《澳门编年史》，澳门基金会1995年版，第15页。

时代。

　　但是澳门并非葡萄牙人从中国手中夺取的殖民地，而是葡萄牙人通过贿赂方式从中国地方官府租赁的一块临时居留地，葡萄牙人必须向中国朝廷俯首称臣并缴纳租金（从 1572 年至 1849 年的近三百年时间里，居澳葡人每年都要向中国政府交纳 500 两"地租银"）。直到 19 世纪鸦片战争发生之前，中国政府与葡萄牙政府之间并没有签署任何关于澳门归属的国际性条约。虽然葡萄牙人在 16 世纪中叶以后就获得了澳门的租赁权，1583 年居澳葡人又成立了自治机构议事会，但是澳门在名义上一直是中国的领土，在明清两朝都受中国地方官府（广东省香山县）的署理。明朝政府参照唐宋两代的"蕃坊"制度对居澳葡人进行治理，清朝雍正、乾隆年间亦曾先后移香山县丞到前山寨和望厦村分管澳门事务。1637 年，居澳葡人议事会也在一封信中明确宣称，"我们在这里不是在自己的土地上。与在我们当家做主的印度炮台不一样，这里不是我们征服的土地……而是中国皇帝的土地，一寸土地都不是我们的"①。

　　17 世纪以后，新兴的殖民主义国家英国、荷兰等迅猛崛起，在国际竞争中日益取代了葡萄牙、西班牙等老牌殖民国家的优势地位。从 1601 年开始，荷兰人的船队就到达澳门，欲与中国通商而遭拒。此后荷兰人与居住在澳门的葡萄牙人因为争夺势力范围而数度发生冲突，最初荷兰人均因势单力薄而战败。而中国地方政府则采取"以夷攻夷"策略，保持中立态度，"令舟远伏以观其变"。1622 年荷兰人在澳门再次登陆失败以后，掉头向东来到福建水域，又遭到中国水师的重创，被迫退守澎湖。继而在中国水师的驱赶之下又退至台湾，打败了西班牙人将台湾全岛占领（1661 年被郑成功收复）。1641 年，荷兰人攻占了马六甲，从葡萄牙人手中夺取了摩鹿加群岛的控制权。在此前后，咄咄逼人的英国东印度公司也开始在印度洋和南海海域不断蚕食葡萄牙人和西班牙人的势力范围，在印度等地建立起集商品贸易、军事征服、政治管理、文化传播等多种功能于一体的殖民统治。

---

① 　费尔南多·科雷亚·德·奥利维拉著，杨立民、王燕平译：《葡中接触五百年》，纪念葡萄牙发现事业澳门地区委员会／东方基金会 1999 年版，第 47 页。

在 19 世纪以前，西欧殖民主义者在全球化进程中虽然已经把触角推进印度洋和南海地区，但是西方列强与中国的正面碰撞并没有真正发生，葡、荷、英诸国只是在中国东南沿海地区进行一些试探性的接触。17—18 世纪的中国清朝正处于所谓"康乾盛世"的繁荣状态，虽然到了乾隆时代的后期（18 世纪下半叶），中国社会的政治、经济危机已经开始暴露，闭关锁国政策的消极影响也日益明显，但是大清帝国的综合国力仍然与西方列强旗鼓相当。因此迄至那时，英、荷、法等新兴资本主义国家对于中国的主要意图还是在于开放通商口岸，以便在对华贸易中获取更多经济利益，尚未抱有太多军事征服和政治统治的狂妄念头。至于葡萄牙这样已处于风雨飘零状态的老牌殖民主义者，更是要仰仗中国政府的庇护以维持其在澳门的特殊经济利益，防止荷、英等竞争者的染指。然而，虽然在 18 世纪下半叶中西力量对比仍在伯仲之间，双方的发展趋势却大相径庭。在经济方面，西方诸国纷纷在重商主义驱动下发展资本主义、开辟海外市场，中国则坚持重农抑商、闭关锁国的保守政策；在政治方面，西方诸国已经通过资产阶级革命走向宪政民主，中国则坚持清王朝的君主专制；在文化方面，西方人在新兴的科学理性精神影响下开展了启蒙运动，推动了一系列科技创新和社会变革，中国人则被禁锢在"八股取士"和"文字狱"的思想囚笼中，视科学技术为"奇技淫巧"，嗤之以鼻。正是这种相反的发展趋势导致了中国文明在其后的历史进程中急转直下，不可逆转地在西方文明面前败下阵来。美国学者莫里斯在其新著《西方将主宰多久》中指出，在从 1500 年至 1800 年这三百年间，东西方社会都在发展，但是彼此的速度却不同。"东方社会发展上升了 25%，而西方社会发展的速度是其两倍。在 1773 年（或者，考虑到合理的误差范围，大约是 1750—1800 年间）西方社会的发展赶超东方，结束了长达 1200 年的东方时代。"[①]

1792 年英国国王以给乾隆皇帝贺寿为名，派遣以马戛尔尼伯爵为特使的庞大使团访问北京。中英双方除了为觐见礼仪——马戛尔尼觐见乾

---

① 伊恩·莫里斯著，钱峰译：《西方将主宰多久——从历史的发展模式看世界的未来》，中信出版社 2011 年版，第 297 页。

隆皇帝时是行单膝下跪的英式礼节，还是行三叩九拜的中国礼节 —— 发生严重分歧之外，另一个争议的焦点就是关于开放通商口岸的问题。马戛尔尼特使要求中国政府开放珠山、宁波、天津等口岸通商，并且在减低税率、设立商栈等方面给予优惠政策，但是英国方面的这些要求均遭到中国皇帝的严词拒绝。在夜郎自大的乾隆眼里，英国人只是一些不识中华礼仪的夷狄之人，开埠通商的要求也被误解为海外藩属对上邦之国的非分之想。

在全球化的时代大潮中，不断拓展海外市场的西方诸国与闭关锁国的中国（以及亚洲其他传统文明国度）之间，必然会发生不可避免的冲突。因此到了1839年，中英之间的一场正面战争终于爆发，而它的导火索就是臭名昭著的鸦片贸易。

早在17世纪中叶，葡萄牙水手就把吸食鸦片的恶习传入中国沿海地区，后来一些外国不法商人把鸦片作为一本万利的赚钱手段。1729年，清朝政府就颁布法令，禁止鸦片进口，1796年又再度重申禁令。但是英国东印度公司在18世纪下半叶控制了印度的鸦片产地孟加拉国之后，开始垄断鸦片的专卖权和制造权，并以印度为基地向中国大量出口鸦片。在18世纪下半叶之前，英国在中英贸易中连年出现贸易逆差 —— 英国人对中国出产的丝绸和茶叶需要量不断增加，而中国人却对英国的纺织品和工业制造品不感兴趣。但是自从英国东印度公司把鸦片作为对华贸易的主要商品以后，从19世纪开始，中国在中英贸易中就由出超转变为入超，大量白银因进口鸦片而外流，英国人对中国鸦片贸易所赚取的白银已经足够支付英国人购买中国产品的全部货款。从后果上看，鸦片的泛滥不仅直接危害了中国民众的健康，而且白银大量外流还在民间造成了银贵钱贱的现象，国家财政也日益吃紧。诚如林则徐在给朝廷的奏折中所言：如果对鸦片贸易继续放任不管，数十年后，"中原几无可以御敌之兵，且无可以充饷之银"。在朝野共同的呼声下，道光皇帝终于下决心禁烟。1839年6月，钦差大臣林则徐在广东虎门当众焚毁了从英美不法商人手里查封的2万多箱鸦片。此举激起了英国政府的疯狂报复，酿成了中国近代史上第一场国际冲突 —— 鸦片战争。

鸦片战争爆发时，中英之间的力量对比已非 18 世纪可比，其结果是中国战败并被迫签订了近代史上第一个丧权辱国的不平等条约《南京条约》。该条约规定开放广州、厦门、福州、宁波、上海等五地作为英国人在华的自由通商口岸，赔偿 2100 万银圆并割让香港岛给英国。鸦片战争最严重的后果还不在于开放口岸和割地赔款，而在于彻底暴露了大清王朝外强中干的真实状况。自大航海时代开始，中国在与西方对峙了数百年以后，终于一蹶不振地从天朝大国的巅峰跌落下来。从此以后，虎视眈眈的西方列强纷至沓来，开始蚕食瓜分中国这块大肥肉。《南京条约》签订后不久，美国和法国也效法英国，以炮舰为后盾迫使清政府与之分别签订了不平等的中美《望厦条约》和中法《黄浦条约》，获得了与英国人一样在中国享受通商口岸自由贸易、领事裁判权、片面最惠国待遇等特权。甚至连一向对中国政府表示臣服的澳门葡萄牙人，也乘机狐假虎威、兴风作浪。1849 年，澳门的葡萄牙总督亚马留因下令强迁中国人祖坟而激起了当地民众的愤怒，被六名中国人暗杀。葡萄牙人借机强行占领了望厦村，中国驻澳官府被迫撤离澳门。后来葡萄牙人又相继鲸吞氹仔、路环、沙梨头、龙田等地，并于 1874 年在拱北建立关闸，将澳门变成葡萄牙的殖民地。1887 年，葡萄牙迫使清政府签订了《中葡和好通商条约》（即中葡《北京条约》），该条约不仅承认葡萄牙可以"一体均沾"地享受英、美、法等西方列强在中国的各种经济、政治特权，而且还确认了葡萄牙人具有"永久占据并统治澳门"的权力。

在鸦片战争以后的半个多世纪里，中国与西方列强之间又相继爆发了第二次鸦片战争、中法战争、中日战争、八国联军入侵等一系列战争。由于清政府的腐败无能，每次战争的结果都是中国战败并签订了一个个割地赔款的不平等条约，如《天津条约》《北京条约》《马关条约》《辛丑条约》等。在此过程中，香港、澳门、台湾等地相继沦为英国、葡萄牙、日本的殖民地，黑龙江以北和乌苏里江以东的大片领土被俄罗斯侵吞，另一些地区则成为各个列强的租借地和势力范围。例如德国租借了胶洲湾、法国租借了广州湾、英国租借了威海卫；俄国把中国东北作为势力范围，德国把山东作为势力范围，英国把西南地区和长江流域作为势力范围，法国把云南、广西、广东作为势力范围，日本把福建作为势力范围，等等。当历史进入 20 世纪时，曾经繁荣昌盛的中国已经沦落为一片山河破碎的焦土，而且面临着被彻底殖民化的悲惨命运。

2. 近代以来中国人面对全球化浪潮的应战姿态

在全球化进程中，西方文明对中国的冲击不仅仅是经济上的掠夺和政治上的征服，而且也伴随着文化上的渗透。早在 16 世纪葡萄牙殖民主义者扬帆东来时，他们渴望的就不仅是攫取香料和丝绸，而且还要传播天主教信仰 —— 冒险家的发财梦与传教士的宣教热忱是并驾齐驱、相互砥砺的。尤其是在欧洲宗教改革运动发生之后，为了捍卫罗马天主教信仰而组建的耶稣会更是把向东方传教作为一项神圣使命。在这方面，耶稣会七位创始人之一的圣方济各·沙勿略堪称表率。他在 1542 年受罗马教皇指派来到印度果阿开辟远东教务，十余年先后辗转马六甲、日本等地传教，最后想入广州未果而病死于上川岛。在沙勿略的感召下，范礼安、罗明坚、利玛窦等耶稣会士先后来到澳门和中国内地传播上帝的福音，同时也向中国人传授西方先进的几何、地理、天文、历法等科学知识。天主教的传教活动后来虽因康熙、雍正等统治者的压制而未能在中国产生太大影响，但是它毕竟使西方文化的种子传播到了中国这块封闭的土地上。到了 19 世纪以后，以马礼逊为先驱的基督新教传教活动又与英国等列强的坚船利炮相伴随，开始在中国长驱直入。与此同时，西方新兴的科学思想和民主观念也潜移默化地渗入中国文化环境。于是，在自我封闭的经济堤防和政治壁垒被全球化浪潮冲垮之后，中国人在思想文化领域也面临着严峻的挑战。

斯塔夫里阿诺斯认为，近代中国与西方以及日本之间的三场战争 —— 两场鸦片战争和一场甲午战争 —— 迫使中国人走上了自我更新的改革道路："在这些战争中所遭受到的耻辱性失败迫使中国人打开大门，结束他们对西方的傲慢态度，重新评价自己的传统文明。其结果就是入侵和反入侵的连锁反应 —— 它产生了一个新中国，其影响至今仍在震撼着远东和全球。"①毋庸置疑，近代中国社会的文化转型是在西方列强坚船利炮的威逼之下来临的，国人最初借鉴、采纳和吸取西方文化只是为了"师夷长技以制夷"，以便在日益紧迫的殖民化危机中达到保种保国之目的。由于这种身不由己的窘迫状态和变法图强的焦急心理，近代中国的变革历程不仅具有其他亚洲国家和地区在现代转型过程中所共有的一般特点，即对西方文化不断加强的模仿性，而且还突出地表现出一种时序倒置或因果倒置的特点，即在转型过程中出于实用性的功利目的，首先学习和模仿西方现代化过程中那些结果性的、表面性的和较晚发生的事物，然后再被动地向前溯寻，逐渐剥离出西方文化中那些原因性的、更深刻的和较早发生的事物。

为了说明近代中国文化变革的这种特点，我们先来看看西方文化转型的历史脉络。从 15、16 世纪到 19 世纪这数百年间，西方文化经历了三个阶段的变革。第一阶段是 15—17 世纪，在此期间，欧洲发生了文艺复兴和宗教改革这两场意义重大的文化变革运动。它们打破了罗马天主教会一统天下的专制格局，开创了世俗化的人文精神和宗教宽容氛围，促进了 17 世纪理性精神的生长，从而为西方社会的现代转型奠定了重要的思想基础。第二阶段是 17—18 世纪，该阶段西方文化的变革主要体现为民族国家的发展和政治制度的演变，西欧主要国家在此期间都经历了一个从君主专制向君主立宪或民主共和的转化过程。普遍的社会变革导致了自由、平等、民主、权利等法权观念的确立，从而在制度方面保证了西方社会的现代转型。第三阶段是 18—19 世纪，由已经完成了政治变革的英国率先在经济领域中掀起了一场工业革命，这场物质形态的革命很快就席卷了整个西欧。它的内部结果是使西欧摆脱了手工作坊经营而进入大工业时代，它的外部结果则是使西方诸国的海外贸易模式从海盗式的劫掠投机转向了以坚船利炮为后盾的商品倾销。在经历了这一系列社会变革的洗礼之后，西方工业文明才最终在东方农耕文明面前确立起绝对优势。因此，西方文化转型的这个历史三段式可以概括为：思

---

① 斯塔夫里阿诺斯著，董书慧等译：《全球通史：从史前史到 21 世纪》（第 7 版）下册，北京大学出版社 2005 年版，第 580 页。

想文化层面变革 —— 制度文化层面变革 —— 器物文化层面变革。

西方文化对中国社会的影响，早在明朝万历年间利玛窦等西方传教士来华传教时即已开始。但是从明万历至清乾隆年间，中国政府和民众对于西方文化的态度是一种居高临下的轻蔑藐视和不屑一顾。康熙在给西洋人苏霖的上谕中训示道："尔等自西洋航海九万里之遥者，情愿效力，并非俘获之人。朕用轸念远人，俯垂矜恤，以示中华帝王不分内外，使尔等各献其长，出入禁廷，曲赐优容致意。尔等所行之教与中国毫无损益，尔等去留亦毫无关涉。"① 在后来的礼仪之争中，针对罗马天主教廷严禁中国天主教徒祭天、祀孔、拜祖的立场，康熙亦表现出针锋相对、毫不妥协的强硬态度，禁止天主教徒在中国传教，并指责"西洋人等小人，如何言得中国之大理"。这种傲慢态度固然是以当时强盛的国力为依凭的，但是同时也反映了中国人对海外事务闭目塞听的夜郎自大心理。

鸦片战争以后，随着国力日益凋敝，中国人对西方文化的态度逐渐由鄙夷拒斥转向推崇模仿。鸦片战争对中国文化的深刻影响不仅在于它轰开了清政府紧锁的国门，而且更在于它炸开了中国人幽闭千年的精神世界。随着天朝大国的道德文章在"洋夷"的"奇技淫巧"面前节节败退，越来越多的有识之士开始挣脱惯性强大的传统观念，"睁开眼睛看世界"。然而，挨打受气的压抑心态也导致了急功近利的短视，渴望自强的中国人首先看到的是西方文化的那些表面性和实用性的东西，随着被动性的变革活动不断遭到挫败，人们的目光才逐渐深入到西方文明的内核。

从鸦片战争失利到抗日战争爆发的近百年间，面对着越来越明显的文化颓势，"向西看"的呼声也日趋强烈。在此期间，中国人通过学习西方文化以实现现代转型的过程也可以分为三个阶段，即学习西方的实用技术以实现器物文化层面的变革 —— 学习西方的宪政体制以实现制度文化层面的变革 —— 学习西方的科学、民主精神以实现思想文化层面的变

---

① 陈垣编：《康熙与罗马使节关系文书》影印本，第十一。

革。如果说西方文化的现代转型是从思想内核的变化逐渐通过制度层面的中介而发展到外在的物质领域，那么近代中国人在模仿西方文化时所走的变革道路却正好相反，是一种由外向内的剥笋式的过程。借用殷海光先生的话来说，就是逐渐从外层（器用）经中层（制度）而深入到内层（思想观念）：

> 第一步，外层的改变。中国文化外层的改变是开始吸收西方近代文化的器用特征。学习西方文化的"船坚炮利"就在这一层。

> 第二步，中层的改变。中层的改变是制度的改变。康有为和梁启超等人所从事的"变法维新"属于这一层。

> 第三步，内层的改变。内层的改变系指对中国文化的基本前提，基本价值，基本观念以及伦理规范的挑战而言。文化的改变到了这一层，就是"太岁头上动土"，一定要引起严重的反击。吴又陵、早期的胡适以及后来许多要"改造思想"的知识分子的重要努力，就在这一层中。"打倒孔家店"是在这一层的中心节目。相应而起的"保卫孔家店"和"翻修孔家店"，也是在这一层的重要节目。①

第一阶段的变革发生在鸦片战争至甲午战争之间，此间中国人对待西方文化的态度主要反映在是否要学习西方先进的实用技术的问题上。虽然绝大多数国人仍然陶醉于天朝大国的夜郎自大心理，将西方人视作未谙教化的夷狄之人，但是一批有识之士如林则徐、魏源等，已经深切地感受到先进的军事技术对于战争胜负的重要作用，从而提出了"师夷长技以制夷"的思想。这种思想后来具体地落实到洋务运动中，曾国藩、李鸿章、左宗棠、张之洞等洋务派重臣在恭亲王的支持下，大力发展军事工业，模仿西方开设兵工厂，创办制造局，积极推行"自强新政"。不久以后又由军事工业向轮船、采矿、电报、纺织等民用工业发展，试图借用西方之实用技术来充实、巩固中国传统文化之"本体"。此阶段

---

① 殷海光：《中国文化的展望》，上海三联书店 2002 年版，第 410—411 页。

中国文化变革的指导思想是：在不触动现存政治体制和传统思想观念的前提下学习西方的先进技术，进行器物文化层面的变革。这一阶段变革的主要思路即表现为张之洞所提倡的"中学为体，西学为用"方针。

然而，甲午战争的悲惨结局宣布了洋务派"师夷长技以制夷"策略的彻底失败。随着北洋水师的全军覆灭和邻邦小国日本的迅猛崛起，国人逐渐认识到中国落后的根本原因不在于器物方面，而在于制度方面，改革不应仅仅停留在"用"之上，还需进一步深入到"体"之中。在这种觉悟下，近代中国人就开始了第二阶段的变革，即政治制度的变革。康有为、梁启超等维新派意识到"图保自存之策，舍变法外别无他图"，主张学习西方的宪政体制，对中国数千年来一脉相承的君主专制进行改良。在1898年1月所上的《应诏统筹全局折》中，康有为提出"大誓群臣以定国是""立'对策所'以征贤才""开'制度局'而定宪法"等三条基本国策。在光绪皇帝的支持下，康、梁等人进行了"戊戌变法"。在一百零三天的时间里，维新派改机构裁绿营，废八股办学堂，设银行倡实业，开报馆通言路，力图仿照英、德、日模式建立君主立宪的政治体制。然而，由于慈禧太后的阻碍和袁世凯的出卖，康、梁变法以失败而告终。温和的政治改良既然无法实现，改革者于是就走向了更加激进的社会革命。"百日维新"失败之后，孙中山等民主革命家进一步提出了三民主义的社会理想，主张推翻满清帝制，效法美、法模式建立民主共和的政治体制。这种政治主张最终导致了辛亥革命的爆发，中国最后一个封建王朝——大清王朝在一片革命声中土崩瓦解，中华民国应运而生。这一阶段中国文化变革的目标是：以脱胎于西方社会的宪政体制取代延续了数千年之久的中国专制政体，实现制度文化层面的变革。

然而，辛亥革命的短暂成功并没有从根本上改变中国贫穷落后的经济状况和黑暗腐朽的政治局面。南京临时政府名义上是全国中央政府，实际上"政府号令，不出百里"；袁世凯等北洋军阀则窃据大权，倒行逆施，涂炭生民，媚洋卖国。满清帝制虽然已被推翻，中国的内忧外患却日益深重。在这种情况下，一些先进的知识分子再度幡然猛醒，发现中国问题的根本症结既不在于匮乏坚船利炮，亦不在于缺少形式上的宪政体制，而在于国人心中根深蒂固的封建旧思想和传统价值观念，在于国民的劣根性。如果不能从根本上改变国人的思想观念，改造国民性，任何从西方移植进来的新器物和新制度都会被他们按照传统思维模式歪曲得面目全非。鲁迅先生一针见血地指出："最初的革命是排满，容易做到的，其次的改革是要国民改革自己的坏根性，于是就不肯了。所以此后最要紧的是改革国民性，否则，无论是专制，是共和，是什么什么，招牌虽换，货色照旧，全不行的。"[①] 陈独秀公开打出"德先生"（民主）和"赛先生"（科学）的旗帜来反对"孔家店"的封建旧礼教和旧文化："要拥护那德先生，便不得不反对孔教，礼法，贞节，旧伦理，旧政治；要拥护那赛先生，便不得不反对旧艺术，旧宗教；要拥护德先生又要拥护赛先生，便不得不反对国粹和旧文学。"[②] 这种新觉悟导致了五四运动和新文化运动的产生与发展。新文化运动公开倡导西方的科学理性、民主精神和人道原则，猛烈地抨击统治国人思想两千多年的"吃人"和"伪善"的封建礼教，并且矫枉过正地提出了"全盘西化"的主张。胡适在《请大家来照照镜子》一文中认为，与先进的西方文化相比，五千年的中国文化从一开始就错了。因此，我们必须虚心认错，承认自己不仅在物质方面，而且在政治、社会、道德等所有方面都不如人。这位新文化运动的主将激奋地写道：

> 今日的第一要务是要造一种新的心理：要肯认错，要大彻大悟地承认我们自己百不如人。
> 第二步便是死心塌地去学人家。[③]

由此可见，这一阶段中国文化变革的目标是：援用西方的启蒙思想

---

① 鲁迅：《两地书》，《鲁迅全集》第十一卷，人民文学出版社 2005 年版，第 31—32 页。
② 陈独秀：《〈新青年〉罪案之答辩书》，任建树主编：《陈独秀著作选编》第二卷，上海人民出版社 2010 年版，第 10 页。
③ 胡适：《请大家来照照镜子》，欧阳哲生编：《胡适文集》第 4 卷，北京大学出版社 1998 年，第 28 页。

从根本上铲除中国传统观念的影响，在思想文化层面上实现脱胎换骨式的自我更新。

至此，国人虽然在对待西方文化的态度上有所偏激，但是其目光已经由西方较为表面的物质成就和制度成就深入到更加深层的精神成就，看到了促成西方文化实现现代转型的根本性因素。在这种新觉悟的影响下，文化启蒙的热潮在中国民众尤其是知识分子中蔓延开来。然而就在这个时候，随着"九一八"事变的爆发和中国殖民化程度的加深，救亡的主题日益压倒了启蒙的主题。民族情绪的高涨致使国人对待西方文化的态度发生了一种尴尬的分裂，一方面是对西方社会各种先进事物的爱慕敬仰，另一方面则是对西方列强（包括日本）不断侵略欺凌中国的强烈愤慨。这种对于西方文化既羡仰又愤恨的矛盾心理，最终导致既产生于西方文化土壤，又对西方社会现实持激烈批判态度的马克思主义在中国赢得了胜利。因此到中华人民共和国建立之后，国人对西方文化的态度就从盲目崇拜转变为盲目仇视和轻蔑。这种文化逆反心理发展到极端，就导致了"文化大革命"这样的历史悲剧，使得中国社会再次陷入闭关锁国、夜郎自大的蒙昧状态。

改革开放以后，中国再度打开国门走向世界。在短短十多年间，中国人在学习西方文化的过程中又一次重演了近代时序倒置的旧戏。从敞开国门引进西方先进的产品和技术，到参考西方模式以进行政治体制改革，再到反思西方价值体系和思想观念而掀起文化讨论热潮，以至于在20世纪80年代中期一批激进的知识分子再次像当年的胡适、陈序经等人一样提出了"全盘西化"的主张。不久，在经历了世界范围内的政治激变之后，一股全球性的文化保守主义浪潮日益高涨，中国也出现了以新儒家为代表的传统文化复兴趋势。经历了一百多年的文化变革和不断反思，当国人逐渐把眼光深入到中西文化的深层结构时，他们才发现"全盘西化"是既不可能也不可取的。不同的文明体系有着不同的历史传统和精神根基，物质层面和制度层面的成就是可以相互借鉴的，但是文明深层的核心价值观念和思想信仰系统往往是难以移易的。忽略这种背景性的文化差异正是非西方国家在现代化过程中产生普遍的精神迷惘、苦恼并造成社会畸形发展的重要原因，而正视这种差异则成为中国和其他非西方国家进行现代化建设的基本前提。因此，在进入90年代以后，中国人开始致力于探寻一条独立的、不落入西方文化窠臼的现代化道路，即有中国特色的社会主义道路。到了21世纪，这种既要坚持自身文化特色，又要实现现代转型的发展思路已经变得越来越清晰。随着国际范围内政治意识形态冲突的逐渐淡化和文化认同的日益加强，随着国内经济改革的初见成效和综合国力的不断提升，中国人关于自身文化身份的意识也变得日益迫切和强烈，文化建设因此而成为现代化事业成败的关键所在。

时至今日，一百多年的历史经验和后"冷战"时代的国际新格局终于使中国人摆脱了闭关自守和"全盘西化"这两个幽灵的纠缠，开始以一种现实主义的态度来探索适合自己的发展道路。对于一个欲求强盛的民族来说，故步自封和妄自菲薄同样有碍于自身的进步。在一个既具有经济一体化趋势，又保持了文化差异性的现代世界中，中国文化要想发扬光大，唯一的可行之途就是在充分借鉴西方文化优秀成果的前提下，从自己的文化传统中以凤凰涅槃的方式生长出一种崭新的时代精神，从而开创一条有中国特色的现代化道路。

3. 时代潮流的转变 —— 从"泛西方化"到"非西方化"

古代世界是一个文化分裂的世界，在全球化时代来临之前，地处亚欧大陆的几大文明体系 —— 中国儒家文明、印度教文明、伊斯兰教文明和西方基督教文明 —— 由于奉行迥然而异的宗教-伦理价值系统而处于彼此封闭的独立发展过程中。在公元15、16世纪以前的三千多年时间里，打破各大文明体系之间的森严壁垒的主要契机是游牧民族对农耕世界发起的大入侵浪潮。这种狂飙式的入侵浪潮来去匆匆，它所导致的文化冲突和文化融合的"多米诺骨牌效应"，虽然在一段时间里使亚欧大陆不同文明体系之间有了一些局部的和暂时的联系，但是却并没有也不可能从根本上改变各大文明体系之间相互隔绝和彼此分散的基本格局。因此，随着这种突发性的入侵浪潮的迅速低落，各大文明体系很快又重新回到封闭发展的传统状态中。

与各大文明体系之间封闭隔绝的古代形态不同，从 15、16 世纪以来发端于欧洲的一系列思想、政治和经济变革活动开创了世界历史发展的一体化进程，即全球化历程。如果说以往的文明历史是由各大文明体系在彼此隔绝的情况下自发地发生的，它们表现了一种共时性的发生过程；那么从近代开始的全球化时代则是一个从西方向非西方地区逐渐传播而至的时代，它表现为一个历时性的发生过程。对于绝大多数非西方国家来说，它们最初都是在西方列强坚船利炮的威逼下被迫进入全球化历程的，这个被动的适应过程往往是殖民主义这颗苦果的副产品。质言之，全球化时代最初表现为一个由西向东、由北向南的全球扩散和传播过程，在这个全球性的动态发展过程中，越来越多的非西方国家和"化外之地"被强行纳入一个以西方文明为主导的整体世界中。

全球化时代无疑是人类历史上的一个最富有传奇色彩的时代，在数百年的时间里，人类所创造的物质财富和精神财富远远超过了以往一切历史时代的总和。然而，同样一个毋庸置疑的事实是，全球化时代的大多数物质成就和精神成就都是以现代西方社会的经济、政治和文化模式作为源头和范本的，其中最具有代表性的有市场经济、民主政治、法治观念、科学理性等等。即使是在中国等东方国家中得以确立的社会主义制度，也同样脱胎于在西方文化环境中生长起来的马克思主义。

20 世纪杰出的历史学家汤因比在谈到现代西方文化产生的关键点时指出，17 世纪由于基督教的衰退而出现的空白，是由另外三种新"宗教"的兴起而填补的，"其一是对科学技术的有组织的应用必然带来社会进步的信仰。其次是 nationalism（国家主义）。再次是共产主义"①。这三种新"宗教"不仅对西方，而且对整个世界都产生了极其深远的影响——对科学技术的崇拜改变了人类在自然界面前的被动地位，它在物质形态方面的后果是引发了从根本上改变人类命运的工业革命；它在精神形态方面的后果则是树立起理性至上的信念、自然秩序的观念以及人

---

① 汤因比、池田大作著，荀春生等译：《展望二十一世纪——汤因比与池田大作对话录》，国际文化出版公司 1985 年版，第 371 页。

类征服自然界的信心。国家主义的发展经历了一个从专制政体向民主政治转化的过程，这个过程为现代世界各国政治体制的发展演化提供了范例。共产主义则极大地改变了非西方世界的历史面貌，这种原本被马克思当作西方最发达的资本主义制度的掘墓者和替代者的理想社会模式，却在东方那些尚未进入资本主义阶段的落后国家中结出了硕果，它尤其对俄国、中国等国家的历史进程产生了难以估量的影响。

由于西欧是现代工业文明的孕育地，西方文化是全球化历程的发轫者，所以当全球化浪潮通过宽阔的海洋而席卷广大的非西方世界时，就不可避免地激起了一股"泛西方化"的时代大潮。如果说文艺复兴仍然表现了西方文明在伊斯兰教文明面前的被动性①，宗教改革仅仅只是西欧内部的一场文化变革运动，那么地理大发现则显示了西方文明对于非西方世界的主动性。这种主动性随着殖民活动的开展和西欧资本主义经济的发展而日益明朗化，乃至于到了19世纪末叶，整个世界——包括旧大陆和新大陆——的绝大部分地区都被囊括到西方殖民体系中。在这个全球扩展的殖民化和现代化的浪潮中，与西方先进的科学技术和制度规范一同袭来的，还有西方固有的价值观念和行为方式。在非西方世界充满了艰辛、苦难的社会转型过程中，其物质文化、制度文化、精神文化等各个层面都不可避免地出现了越来越强烈的西方化倾向，"向西走"的要求在相当长的一段时间里成为非西方国家的共同呼声。非西方文明和未开化地区的人们不仅普遍接受了西方的经济成就和政治模式，而且还试图接受西方社会的宗教-伦理价值系统②。"现代化等于西方化"，这个

---

① 有一种观点认为，文艺复兴运动的主要原因是由于1453年君士坦丁堡陷落之后，逃亡的希腊人把他们所保留的古典文化成就带回了西欧。也就是说，正是由于信仰伊斯兰教的土耳其人对君士坦丁堡的攻击，才导致了辉煌的古典文化成就向西欧社会的流归。

② 现代西方社会赖以维系的宗教-伦理价值系统仍然是一个已经成功地进行了自我更新的基督教价值系统。文艺复兴、宗教改革和启蒙运动这三场近代的思想革命无疑使传统的基督教价值系统受到了极其严峻的挑战，而17世纪崛起的科学崇拜、国家主义和共产主义更是严重地动摇了传统基督教信仰的根基。但是基督教的价值系统并没有因此而彻底崩塌，而是通过一种自我更新的变革而产生了适应现代社会要求的精神内涵，从而成功地应对了近代以来的一系列严峻文化挑战。因此，即使是在科学理性和世俗文化高度发展的21世纪，基督教的基本价值理念仍然是西方人安身立命的主要精神支柱。质言之，在今天的西方社会，实现了更新的基督教信仰与盛行的科学理性之间已经达成了一种同舟共济、彼此互补的妥协。因此，在全球化时代，在西方文化对非西方世界所产生的深远影响中，既可以看到科学理性的渗透，也可以看到宗教信仰的传播。

公式在 20 世纪中叶以前无论对于西方国家还是非西方国家来说，似乎都是无可置疑的，它对非西方世界的发展历程产生了深远的影响。这种影响既有积极的一面，也有消极的一面。从积极方面来看，非西方世界在学习和追随西方文化的过程中，普遍打破了传统的封闭状态而融入全球化的时代大潮，从而使整个人类世界成为一个休戚相关的"地球村"。从消极方面来看，这个一味模仿西方的过程不可避免地使非西方世界的人们共同面临着民族传统与外来文化之间的矛盾冲突，这种矛盾冲突可能会导致严重的"文化溶血"和"灵魂分裂"。汤因比对这种灾难性的后果看得很清楚，他指出：

> 采纳世俗的西方文明恰好是陷入了始料莫及的 20 世纪西方精神危机。西方真诚地对世界开了一个无意的玩笑。西方在向世界兜售它的文明时，买卖双方都相信它是货真价实的，结果却不然。由于这一不幸，20 世纪的精神危机使西方化的人类多数，比少数西方人更为苦恼；这种苦恼可能导致苦难。①

当非西方世界的人们在"泛西方化"潮流的胁迫下忍痛放弃自己世代相袭的传统文化价值时，他们原以为这样做会一劳永逸地进入西方文明所承诺的美好前景中。然而，随着对西方文化认识的不断深入，以及在此过程中越来越明显地感受到自身文化传统与西方文化之间难以跨越的巨大沟壑，非西方世界的人们开始陷入一种深刻的"灵魂分裂"的苦恼之中：一方面他们一厢情愿地想跻身于西方文化大家庭的良好愿望在现实面前遭到了惨重的挫败，另一方面他们又遭受着盲目西化的种种并发症 —— 不计后果的经济增长、不顾国情的制度移植、脱离现实的思想复制，等等 —— 的无情折磨。他们的一只脚已经迈入了西方文化，另一只脚却跟不上来，于是就陷入了一种自我撕裂的痛苦 —— 不仅要忍受西方化的苦恼，而且还要忍受西方化不足和不可能彻底西方化的苦恼。盲

---

① 汤因比著，晏可佳等译：《一个历史学家的宗教观》，四川人民出版社 1990 年版，第 168 页。

目西化和先天不足所导致的双重苦恼成为非西方世界的人们在 20 世纪中叶以后普遍感受到的严重问题，由此在世界范围内，尤其是在历史文化传统悠久的亚洲各国激起了一种深沉的文化反思。

在全球化历程中，西方文明对非西方世界的影响是通过两种相互对立的社会形态而进行的：一种是资本主义形态，它通过大西洋、印度洋和太平洋等海洋跳板而发挥作用，在一些非西方国家（如印度、菲律宾以及拉丁美洲和非洲的一些国家）衍生出一种畸形发展的或南橘北枳式的资本主义；另一种则是社会主义形态，它通过俄罗斯和亚欧大陆桥而由西向东扩散，促使另一些非西方国家（如中国、朝鲜等）从封建状态和殖民体制直接过渡到社会主义。前一种形态发生得较早，它是西方列强在殖民扩张过程中将自身的社会制度强加于非西方世界的结果；后一种形态则是西方文化内部的宗教-政治理想冲突在全球范围内所产生的一种连锁反应和意外结果。到了 20 世纪，这两种迥然而异的社会形态将整个人类世界都卷入激烈的意识形态冲突和政治制度对立之中，这就是资本主义与社会主义两大阵营的对垒。然而，这两种社会形态尽管在表面上格格不入，却有着共同的文化根源，二者都源于西方文化，它们只不过是西方文化内部固有的宗教-政治理想冲突在全球化时代的一种特殊表现形式罢了。诚如汤因比所言："共产主义在来源上像自由主义和法西斯主义一样，又是作为基督教的代替品而兴起于近代西方的世俗意识形态之一。因此，从一种观点来看……共产主义和自由主义之间的关于人类臣服的竞争，还可以被视为西方社会的家庭内部的争端。"[①] 在全球化时代，西方文化内部的这一对基本矛盾以一种地域扩大化的形式表现为两大政治阵营的对垒，表现为东西方社会之间的对立。现代西方文明通过宽阔的海洋以自我肯定的方式影响了一半世界，又通过亚欧大陆桥（俄罗斯）以自我否定的方式影响了另一半世界。从这种意义上来说，整个非西方世界，无论是采取了资本主义制度的国家，还是采取了社会主义制度的国家，其最初的现代化历程都是在西方文化的浓重阴影之下度过的。

---

① 汤因比著，曹未风等译：《历史研究》下册，上海人民出版社 1964 年版，第 180 页。

　　到了 20 世纪末叶，随着"冷战"时代的结束和两大政治阵营对立的消解，"泛西方化"浪潮开始在全球范围内落入低谷。西方文明曾经在长达数百年的全球化历程中扮演了一个当仁不让的领导者角色，但是自 21 世纪开始，它逐渐从世界领袖的位置上退下来（尽管到目前为止它仍然在国际舞台上具有举足轻重的作用）。非西方世界各国依凭着已经获得的政治独立和经济成就，纷纷开始自觉地摆脱西方文化的精神牵引，回归到自己的文化传统中去发掘和重铸社会转型的精神根基，探索一条适合自己国情的现代化道路。如果说全球化历程从发端之时就被打上了深深的"泛西方化"烙印，那么从 21 世纪开始，它逐渐展现出越来越明显的"非西方化"色彩。从"现代化等于西方化"到"现代化而不西方化"，这个变化意味着全球化时代的一个新阶段的来临。在这个新阶段，一个引人注目的重要标志就是文化保守主义在全球范围内的蓬勃发展。尽管文化保守主义在各个国家和地区所表现的具体内容不尽相同，但是它们却不约而同地表达了一种力图在本土文化而非西方文化的根基上进行现代化建设的要求。

　　随着全球殖民体系的瓦解，尤其是随着 20 世纪末叶两大政治阵营对垒的结束，持续了数百年之久的"泛西方化"浪潮已经显现出强弩之末的态势。虽然美、英等西方大国仍然在很大程度上为全球政治及安全问题定调，并且依旧决定着世界经济活动的大趋势，但是中国、东亚诸国和一些区域性组织在国际事务中所发挥的作用已经越来越大。政治意识形态冲突的时代随着"冷战"的结束而终结，在继之而起的全球文化保守主义浪潮中，传统宗教的复兴和文化认同感的加强昭示了一种文明分野甚至是"文明冲突"的前景。如果说此前的资本主义与社会主义两大政治阵营的对立仍然是西方文化内部矛盾的一种地域扩大化表现，那么，21 世纪以传统的宗教信仰和伦理价值作为认同准则的文明分野则意味着一个与"泛西方化"潮流迥然不同的历史趋势。这种文明的分野已经超越了西方文化内部的范围，形成了东西方不同文明体系之间真正的差异并立和平等共存。这种差异并立和平等共存是以保持各自的政治独立（而非殖民统治）和文化特色（而非全盘西化）为前提的，它成为世界各文明地区相互依存和共同发展的重要保证，但是也可能由于种种利益争夺和观念分歧而导致"文明冲突"的后果①。然而无论如何，在非西方世界中，这种以传统的宗教信仰和伦理价值（而非源于西方的政治意识形态）作为纽带的认同方式，必然会引发一股以"非西方化"为特点的文化保守主义潮流。

在这股来势汹涌的文化保守主义潮流中，东方诸文明——伊斯兰教文明、印度教文明、儒家文明等——都试图在借鉴西方物质层面和制度层面的优秀成果的同时，在精神层面显现出与西方文明分道扬镳甚至迥然而异的文化特色。事实上，早在全球化时代来临之前，亚欧大陆上的四大文明体系就已经形成了各自稳定而富有生命力的宗教-伦理价值系统。数千年来，不同文明体系中的人们就是在传统的宗教信仰和伦理价值的深刻影响下一代接一代地生活的。这些早在雅斯贝尔斯所说的世界历史的"轴心时代"就已经开始孕育和生长的传统宗教信仰和伦理价值，构成了各个文明体系赖以确立和相互分野的精神特质，塑造了它们各自的基本性格和文化身份，成为这些文明得以生生不息和发扬光大的性灵命脉。在全球化时代，非西方世界的这些传统宗教-伦理价值系统受到了西方文化的有力冲击，曾一度处于低迷委顿甚至风雨飘零的状态。但是这些历史悠久、根深蒂固的传统信仰和价值理念是不可能从根本上被消除的，无论是外来的暴力征服还是和平渗透都不可能做到这一点。它们可以暂时被一些"时髦"的时代主题所遮蔽，例如被资本主义与社会主义之间的冲突所遮蔽，但是决不会被彻底取代（这正是"全盘西化"之不可能的原因）。正是由于其巨大的生命力，所以在全球殖民体系土崩瓦解、政治意识形态对垒走向终结、"泛西方化"浪潮趋于低落的21世纪，非西方世界的各种传统宗教-伦理价值系统又开始出现了强劲的

①　在东方世界出现的这种普遍性的传统文化复兴趋势和"非西方化"浪潮使得西方的一些战略学家预感到某种"文明冲突"的潜在威胁，哈佛大学著名国际政治学教授塞缪尔·亨廷顿在1993年发表的《文明的冲突？》一文即是代表。但是，无论传统宗教复兴和文化认同所导致的文明分野是否会引起"文明冲突"的后果，在21世纪，以基督教、伊斯兰教、印度教、儒家伦理等不同的宗教信仰和伦理价值作为纽带的多元认同方式，都将取代此前的"先进"（西方）与"落后"（非西方）、"姓资"与"姓社"等二元认同方式。

复兴趋势，只不过这种传统文化的复兴潮流同时也伴随着自觉的自我批判和融合更新（即吸取西方先进的文化成果以改变自身的敝陋之处）的特点。

在 21 世纪这个重要的历史转折点上，非西方世界的传统宗教-伦理价值系统的复兴势在必行。无论是伊斯兰宗教激进主义运动、印度教民族主义呼声，还是中国近年来方兴未艾的传统文化复兴趋势（所谓"国学热"），甚至连亨廷顿所提出的"文明冲突"预言，都从不同角度说明了以"非西方化"为特点的文化保守主义已经成为当今世界文化的主要潮流。非西方世界的人们越来越明确地意识到，长期以来他们所面临的文化危机是不可能通过"全盘西化"的途径得到解决的，这种文化危机远比政治危机和经济危机更加深刻，它只有通过基于传统资源的返本开新或"创造性转化"的文化重建才能最终克服。在未来的全球化时代，整个人类社会虽然在经济生活方面会呈现出越来越明显的一体化趋势，但是在精神文化方面却必定会出现一种多元化的格局。

当然，单纯的传统文化复兴并不能成为非西方世界现代化的出路，时下的传统宗教-伦理价值系统的复兴潮流只是一种过渡性的现象，它是对非西方世界中曾经喧嚣一时的"全盘西化"潮流的一种矫枉过正的反拨。席卷世界的文化保守主义亦非一个统一的文化壁垒，在它里面包含着各种不同甚至相反的思想主张。概言之，当今蓬勃发展的文化保守主义乃是非西方世界在经历了数百年之久的"泛西方化"潮流之后的一种自觉的文化反思，它并非一般性地拒绝现代化，而是要探索一条不同于西方的、符合自身文化特质的现代化道路。约翰·达尔文在其巨著《帖木儿之后》的结尾处写道：

> 欧亚世界的历史告诉我们，作战、政治上的新方法、新生产技术、新文化习惯、新宗教信仰，由"旧世界"的一端（四面八方）传播到其另一端时，并未能使两端的人对现代性或所谓"现代"有一致的看法。过去的贸易与征服、离散与迁徙的模式，已把遥远地区拉在一块，影响了那些地区的文化和政治，而那些模式一直都相

当复杂，其所产生的影响不是使世界同质化，而是使世界保持多元。……如果说从对过去的漫长检视中，应可得出一个一贯不变的现象，那就是欧亚世界不愿接受单一制度、单一统治者或单单一套规范。由此看来，我们仍活在帖木儿的阴影里，或者更贴切地说，仍活在他失败的阴影里。①

①　约翰·达尔文著，黄中宪译：《帖木儿之后 —— 1405—2000 年全球帝国史》，台湾野人文化股份有限公司 2010 年版，第 481—482 页。

第四章

近世西方文化的启蒙历程

一　西方文化变革的历史起点与演进脉络

西方世界在近代的崛起离不开海外市场的开辟和殖民事业的发展，但是更赖于内部发生的一系列文化、经济、政治变革。从文化角度来看，西方的崛起先后经历了 15、16 世纪的文艺复兴和宗教改革运动，17 世纪的国家主义、科学理性等新因素的生长，以及 17、18 世纪的启蒙运动。正是这一系列文化变革活动，为西方现代民族国家、宪政民主体制和资本主义经济等新兴事物奠定了重要的基础，从而使一个率先实现了现代化转型的西方文明在 18 世纪以后崛起于亚欧大陆的西北端。

1. 西方文化精神的演变

中世纪欧洲社会的落后状况与日耳曼蛮族大入侵以后形成的分散闭塞的封建制度以及罗马天主教会一统天下的专制格局密切相关。在整个中世纪，教俗之争，即"上帝"与"恺撒"之间、罗马天主教会与日耳曼蛮族国家（特别是神圣罗马帝国）之间的冲突，构成了历史的一个主旋律。正是在世俗帝国分崩离析的基础上，一个强有力的精神王国——罗马天主教会才可能树立起自己的绝对权威（而当近代民族国家开始崛起时，统一教会就不可挽救地衰落下去）。在中世纪的西欧，罗马天主教会不仅掌握着人们灵魂进入"天国"的钥匙，也通过接受馈赠和兼并土地而成为全社会最大的庄园主，并且始终在政治上与世俗王权进行着争权夺利的斗争。天主教会对世俗财富和政治权力的觊觎使它极大地违背了自己的神圣天职，从而造成了基督教理想与教会实践之间的巨大分裂以及普遍的社会虚伪，并衍生出中世纪西欧社会的各种弊端，造成了西欧社会积弱不振的局面。在这种情况下，西欧社会任何现实性的改革都必须首先从宗教方面着手，因此16世纪针对罗马天主教会专制统治而进行的宗教改革运动就成为西方崛起的重要历史起点。

尽管人们往往会把发生在15、16世纪的文艺复兴与宗教改革相提并论，将二者都视为西方崛起的重要标志，但是文艺复兴仅仅是西方文化转型的一个催化剂，宗教改革才为西方的崛起奠定了真正的精神根基。且不论意大利文艺复兴究竟是君士坦丁堡的希腊逃亡者带来的一份意外礼物，还是意大利人的个人主义和文艺天才的必然产物，这场发生于南部欧洲，主要发生于意大利各自由城市的有教养人群中的人性解放运动从头到脚都充满了一股奢靡豪华的富贵气息（关于这一点，人们从拉斐尔的《西斯廷圣母》、达·芬奇的《蒙娜丽莎》、波提切利的《维纳斯的诞生》等艺术作品中可见一斑）。质言之，文艺复兴是有教养的意大利人发起的一场复兴高雅优美的古典文学艺术的文化运动。虽然这场运动具有冲破中世纪基督教文化的禁欲主义理想和蒙昧虚伪状态的重要现实意义，但是从根本上说，它只是一场局限于感性层面的人性解放运动，而且还伴随着道德上的放纵堕落和政治上的消极混乱[1]。正是由于这种富丽豪华的文化特点和奢靡放纵的价值倡导，这场运动不仅没有遭到腐败堕落的罗马天主教廷的反对，而且还得到了一些附庸风雅的罗马教皇如庇护二世、朱里亚二世、利奥十世等人的大力支持。然而对于生活在北部欧洲的贫穷愚昧的日耳曼人来说，意大利的文艺复兴不过是一种无聊而昂贵的精神奢侈品。缺乏教养的日耳曼人既没有什么值得炫耀的古典文化可以"复兴"，也不具有创作和欣赏那些优美作品的艺术天赋和闲情逸致，因此文艺复兴运动一传播到阿尔卑斯山以北的日耳曼世界中，就立即演变为一场滑稽可笑的宫廷闹剧和学究书斋中的繁琐考据。

与文艺复兴的"阳春白雪"格调迥然而异，宗教改革是一场"下

---

[1]　关于文艺复兴时期意大利人的道德败坏和政治混乱的情况，可分别参阅布克哈特的《意大利文艺复兴时期的文化》的第六篇第1章和第一篇，商务印书馆1979年版。

里巴人"的文化运动，它极大地唤醒了北部欧洲人民的民族意识和自由精神，推动了近代民族国家的崛起和资本主义经济的发展。宗教改革运动并非只是一场宗教方面的改革运动，它可以被看作中世纪西欧一切社会矛盾的总爆发。从起因上看，宗教改革运动既有宗教方面的原因（反对虚假"善功"和教会腐败、纯洁基督教信仰），也有政治方面的原因（日耳曼世俗王侯对罗马天主教廷长期欺凌的愤慨），还有经济方面的原因（德意志人民对罗马教会不断盘剥的强烈反感），更有民族文化方面的原因（北方日耳曼文化与南方拉丁文化之间的深刻矛盾）。罗素在谈到宗教改革的原因时指出：

> 宗教改革是一场复杂的多方面的运动，它的成功也要归功于多种多样的原因。大体上，它是北方民族对于罗马东山再起的统治的一种反抗……民族的动机、经济的动机和道德的动机都结合在一起，就格外加强了对罗马的反叛。此外，君王们不久就看出来，如果他们自己领土上的教会完全变成为本民族的，他们便可以控制教会；这样，他们在本土上就要比以往和教皇分享统治权的时候更加强而有力。由于这一切的原因，所以路德的神学改革在北欧的大部分地区，既受统治者欢迎，也受人民欢迎。[①]

正是由于多方面原因的相互激荡，宗教改革运动在北方日耳曼文化圈中如同干柴烈火一般迅速地蔓延开来。虽然马丁·路德本人发动宗教改革的初衷并非要分裂教会，但是这场运动很快就超出了路德所能控制的范围。由路德在 1517 年发起的宗教改革运动，很快就在瑞士、英国和整个北部欧洲引起了连锁反应，发展成为一场具有综合性质的社会改革运动，最终导致了西欧基督教世界的大分裂。而那些通过改信新教而摆脱了罗马天主教会控制的世俗王侯，从此可以无所顾忌地在自己的疆域内发展政治、经济实力，从而为现代民族国家的崛起、民主精神的生长

---

① 罗素著，何兆武、李约瑟译：《西方哲学史》上卷，商务印书馆 1963 年版，第 19 页。

以及资本主义经济的发展创造了合适的环境。

宗教改革虽然在客观上导致了上述重要成就，但是 16 世纪的西欧人，包括路德和加尔文等伟大的宗教改革领袖，在主观上都仍然停留在中世纪的观念形态和精神氛围中。16 世纪西欧的时代精神是信仰主义（典型表现为路德所倡导的"因信称义"思想），而非理性主义。宗教改革运动虽然打破了罗马天主教会一统天下的专制格局，但是应运而生的各个新教派别在信仰方面仍然与罗马天主教会一样具有不宽容性，这种信仰方面的狭隘性导致了宗教战争的爆发。从路德揭开宗教改革的序幕（1517 年）到三十年战争结束（1648 年），欧洲人为了宗教信仰问题而相互厮杀了一百多年。到了 17 世纪中叶，两败俱伤的新教信徒和天主教徒终于发现，为了宗教信仰而流血牺牲是一件无意义的事情。于是，随着三十年战争的结束和《威斯特伐利亚和约》（1648 年）的签署，一个宗教宽容的时代就来临了。《威斯特伐利亚和约》是自路德宗教改革以来持续了一百多年之久的宗教冲突和宗教战争的结果，它确立了两个最基本的原则：一是承认了新教各教派（路德派、加尔文派等）的信仰与天主教信仰一样具有神圣性和合法性，新教信徒与天主教信徒应该享有平等的社会权益；二是确认了宗教信仰完全是个人的自由，一个人的宗教信仰和教派归属与他所处的政治环境和臣属状态无关。毫无疑问，《威斯特伐利亚和约》意味着一种宗教宽容精神的产生，这种宗教宽容首先是在新教各教派与天主教之间出现，继而扩展到广义的基督教（包括新教、天主教、东正教）与伊斯兰教等异教之间，再往后则又扩展到有神论者与无神论者之间，最终则超出宗教信仰的范围而演化为一般性的社会宽容（文化宽容、政治宽容等），从而为科学理性的振兴和民主政治的生长创造了条件[①]。

如果说 16 世纪的宗教改革奠定了欧洲崛起的精神根基和历史起点，那么 17 世纪则是西方社会真正觉醒和全面复兴的世纪。英国著名哲学

①　在中国，人们往往把欧洲崛起的原因归结为科学与民主，五四运动时期国人所热衷宣扬的西方文化精粹也是"赛先生"与"德先生"。殊不知在科学与民主背后，还有宗教宽容这个更加重要的前提，正是在宗教宽容乃至一般宽容的基础上，科学理性与民主政治才得以生长。

家怀特海把 17 世纪称为"天才世纪"，并强调现代社会中的人们一直都依赖着 17 世纪那些天才所提供的观念财富而生活。西方现代社会中的一切新生事物在 17 世纪都已经初现端倪。与 16 世纪"因信称义"的宗教虔敬相比，17 世纪的时代精神是一种怀疑主义和经验主义，它们构成了新兴的理性精神的表现形式，而这种时代精神的最初代表人物就是弗兰西斯·培根和笛卡尔。培根猛烈地批判了建基于盲目信仰之上的"四假象"，确立了经验主义的基本原则和科学归纳法，奠定了英国实验科学和经验哲学的根基。笛卡尔把普遍怀疑当作整个哲学赖以建立的首要前提，通过最直接的经验事实 —— 对怀疑本身的内在经验 —— 确立了"我思故我在"的哲学第一原理，并根据清楚明白的真理标准，由自我意识为起点而建立起整个唯理论哲学的理论大厦。

培根的著名口号"知识就是力量"从根本上扭转了西方人对待知识的形而上学态度，把知识与改造自然的实践活动联系起来。培根把中世纪经院哲学关于上帝的那些晦涩而抽象的空洞知识束之高阁，将眼光转向了自然界，主张通过对自然"形式"（即规律）的认识而获得支配自然的力量。这种强调通过认识自然而征服自然的思想，成为近代工具理性发展之滥觞（工具理性虽然在现代社会中越来越多地暴露出其弊端，但是在 17 世纪却无疑具有十分重要的进步意义）。而培根号召人们把眼光投向"经验和自然事物"的思想取向，则直接推动了英国实验科学和经验哲学的振兴，为启蒙运动奠定了重要的思想基础。威兰·杜尔指出："启蒙运动的时间很难追记清楚，大约是随弗朗西斯·培根而起始于欧洲，志在理性、科学与哲学。就像艺术是文艺复兴的主调，宗教是宗教改革的灵魂，科学与哲学也就成为启蒙运动的神。"[1]培根关于认识自然规律从而支配自然力量的思想，不久以后就以一种经典的形式表现为牛顿在数学原理和力学定律基础上所创立的机械论世界观。这种世界观的最显著特点就在于，把整个宇宙看作一个严格遵循内在规律或秩序而运转，甚至连它的创造者上帝都不能加以干扰的客观必然体系。在 17、18

---

[1]　威尔·杜兰著，幼狮文化公司译：《世界文明史·宗教改革》下册，东方出版社 1999 年版，第1276 页。

世纪的英国（它代表着当时西方最先进的文化水准），这套机械论世界观充分体现了新兴的科学理性精神。

如果说培根对"经验和自然事物"的重视导致了近代实验科学和经验哲学对自然界的关注和认识，那么笛卡尔把自我意识确立为哲学第一原理的做法则开启了启蒙思想的另一个重要维度，即对人自身的关注和认识。虽然在文艺复兴时期意大利的人文主义者们已经把人当作至高无上的对象来加以赞美，但是真正从理性角度（而非感性角度）来揭示人的本质和内涵，却是以笛卡尔的唯理主义作为开端的。笛卡尔哲学确立了理性至高无上的地位，无论是作为哲学出发点的"自我"，还是作为真理性知识来源的"天赋观念"，都是建立在理性的基础之上。将理性运用的一些基本规范，如几何学的公理、形式逻辑的基本规律、上帝的观念等，当作不证自明的"天赋观念"，当作人的理性本质，在这些作为人性之先天根据的理性规范中已经蕴含着一种平等的和神圣的天赋权利了。

培根试图在自然界中发现规律和秩序，笛卡尔则试图在人的内心或本性中发现规则和秩序，这两种倾向共同构成了启蒙理性的根基。对于17 世纪具有新思维的人们来说，自然秩序无疑是理性原则在自然界中的表现，而天赋观念当然就是理性原则在人性中的表现了。这种理性精神的觉醒构成了17 世纪西方文化更新的重要内容，它从根本上颠覆了中世纪的世界观和人生观，改变了传统基督教信仰对于自然界和人性的轻蔑态度。在中世纪，自然和人本身都被当作工具或手段，只有上帝才是目的本身。大自然被看作一堆不值得留恋的"垃圾"，一切自然现象——风雨雷电、彗星、地震、日月食等——都被解释成上帝意志的特殊体现；另一方面，人被看作一种本性邪恶的动物（由于原罪），理性薄弱且不完善，情感欲望则被魔鬼所控制。到了近代，由于培根和笛卡尔的伟大发现，同样体现着理性精神的自然秩序和天赋观念成了17、18 世纪启蒙运动的两个主要信念，而西方文化的现代转型，正是从这两个伟大的发现或启蒙真正开始的：

科学家和理性主义者曾大大有助于在整个西方知识分子的心灵中建立两个相互补充的观念，这两个观念赋予了十八世纪的启蒙运动一种应付社会变化的行为模式，而这种行为模式在今日世界仍具有推动前进的力量，这两个观念是：一、自然秩序的观念。对于那些无所用心的人来说，宇宙似乎充满着不规则与混乱，其实，在不规则与混乱的表象之下，自然是有其一定秩序的；二、人类天赋的观念。这种天赋最好称为"理性"，不过大多数人的"天赋"常常因为错误的传统教育而隐没不彰，恢复"天赋"之道，只要提倡健全的——即理性的——教育就行了。①

在 17、18 世纪的启蒙思想家那里，自然秩序和天赋观念有了进一步的发展——从自然秩序中引申出社会秩序，以及各个阶级、阶层、集团、党派都应该遵循的基本行为规范，这些规范是现代意义上的民主法治社会赖以建立的重要基础；从天赋观念中则进一步衍生出天赋人权，它包括生命、自由、平等、私有财产的权利，追求幸福和反抗压迫的权利等等，这些权利被看作与生俱来的和神圣不可侵犯的。

自然秩序和人类天赋这两种信念的结合，使 17 世纪的西欧人树立起对尘世幸福和社会进步的信心。人们抛弃了中世纪基督教神学所宣扬的人活着就是为了赎罪和受苦受难的思想，开始理直气壮地、全心全意地追求现世幸福。与传统基督教所表达的那种道德退化论的观点相反，科学理性发展了一种文明进化论的思想，这种思想坚信人类可以在这个世界上建设一个幸福而完美的人间乐园。这种把人类社会看作一个不断发展和完善的历史过程的进步观，自从被维科在《新科学》中第一次明确表述以来，很快就成为 17、18 世纪几乎所有启蒙思想家的共同信念。自然秩序和社会秩序、天赋观念和天赋权利、尘世幸福、历史进步，以及宽容精神和自由思想等，这一系列新兴的精神文化产物使得 17 世纪的西欧人在思想观念方面发生了根本性的变化。他们逐渐摆脱了中世纪西欧

① 布林顿、克里斯多夫、吴尔夫著，刘景辉译：《西洋文化史》第 5 卷，台湾学生书局 1983 年版，第 313—314 页。

人在异域文化面前的自惭形秽，开始变得自信和自满起来。再加上实践领域中所取得的一系列重大成就——资本主义原始积累的顺利进行、海外贸易和殖民事业的迅猛发展、政治体制的重大改进（特别是 1688 年英国"光荣革命"和 1689 年《权利法案》所确立的宪政体制），等等，这一切都使得 17 世纪下半叶的西欧人摆脱了以往的自卑感，产生了一种自鸣得意的兴奋和狂妄。罗素写道："西欧人急速地富足起来，逐渐成为全世界的主子：他们征服了北美和南美，他们在非洲和印度势力浩大；在中国，受尊敬，在日本，人惧怕。所有这种种再加上科学的辉煌胜利，无怪十七世纪的人感觉自己并非在礼拜日还自称的可卑罪人，而是十足的好样人物。"[1]

　　就在这些文化方面的变革活动循序渐进地发展时，资本主义的经济萌芽也在西欧内部悄无声息地生长着。从中世纪后期意大利各城市商业活动的日益兴盛，到 15、16 世纪英国乡村手工业，特别是纺织业的蓬勃发展，以重商主义为前奏的现代工业社会正在西欧传统的农耕社会的母腹中发育成长。与封闭状态的农本经济不同，资本主义工业经济是一种开放性和世界性的现象，它一旦产生，就必定不可遏制地把它的产品输送到世界上任何可能有需求的市场。事实上，在农本经济与工业经济之间，一个重要的过渡形态就是商业经济的迅猛发展。16、17 世纪在英、法、荷等西欧国家的经济策略中占主导地位的重商主义，毋庸置疑地构成了资本主义工业经济发展的前奏曲，资本主义工业世界的成长在很大程度上有赖于海外市场的开辟和殖民贸易的发展。重商主义构成了资本主义工业世界得以从农本世界的母体中脱颖而出的历史前奏，而重商主义在西欧的兴起又与地理大发现和海外贸易有着密切的联系。

　　这一系列思想领域和实践领域中的重大变革，最终促成了作为现代西方文化之胜利号角的启蒙运动的蓬勃开展。

---

[1]　罗素著，马元德译：《西方哲学史》下卷，商务印书馆 1976 年版，第 58—59 页。

2. 文艺复兴与人性觉醒

在 15、16 世纪，危机深重的中世纪基督教文化面临着来自两方面的挑战：一方面是意大利文艺复兴运动和人文主义者弘扬人性的要求，另一方面是德国、瑞士等地的宗教改革家对纯洁信仰的呼吁。前一种挑战是希腊罗马文化的感觉主义在意大利"炽热晴空"下的死灰复燃，后一种挑战是早期基督教的虔信精神在日耳曼人晦暝心灵中的阴魂再现。罗马教会虽然腹背受敌，但是它并没有两线出击。由于它在中世纪的发展轨迹是背离早期基督教的虔信精神而趋向希腊罗马的感觉主义，所以它对文艺复兴运动和人文主义者的感性呼吁采取了听之任之的容忍态度，而对宗教改革家纯洁信仰的要求则予以坚决抵制，甚至不惜发动宗教战争。直到 1648 年《威斯特伐利亚和约》签署以后，罗马天主教会才不得不最终承认新教的合法地位和宗教分裂的事实。

文艺复兴和宗教改革被公认是近世西方文化转型的历史开端。以往由于种种非学术方面的原因，国内学者往往有一种重文艺复兴、轻宗教改革的倾向。另一些人则把这两场运动相提并论，只注意到二者反对罗马教会的共性，却忽略了二者之间的巨大差异。事实上，宗教改革家们虽然也和文艺复兴运动中的人文主义者一样把矛头对准罗马教会，但是他们的目的却与后者迥然而异。无论是就其精神特质还是历史后果来说，宗教改革都与文艺复兴大不相同。文艺复兴说到底是阿尔卑斯山以南的富庶世界，尤其是意大利的一场华丽高雅的文化风潮，宗教改革则是贫穷而道德严谨的北方世界的一场虔诚而深刻的社会变革。

"文艺复兴"是一个颇有歧义的概念，19 世纪中叶以前的西方知识分子一般认为，文艺复兴就是阔别已久的希腊罗马文化在西欧的复兴。1453 年土耳其人攻陷君士坦丁堡以后，许多希腊学者逃到意大利和西欧其他国家，他们带来的希腊罗马的优美文风和艺术风格犹如一道雪亮的闪电刺破了中世纪的沉闷夜空。但是到了 19 世纪中叶以后，越来越多的历史学家倾向于认为，文艺复兴的辉煌成就是意大利人天才创造的产物，而不是君士坦丁堡的希腊逃亡者们带来的礼物。在关于文艺复兴的最权威著作《意大利文艺复兴时期的文化》中，布克哈特认为，"文艺复兴"

时代的丰富内容主要应该归功于意大利人的天赋和个人主义，他强调道：
"作为本书的主要论点之一，我们必须坚持的是：征服西方世界的不单纯
是古典文化的复兴，而是这种复兴与意大利人民的天才的结合。"[1]许多
人认为，古典文化的"复兴"对于意大利文化的繁荣并不具有十分重要的
意义，爱丁堡大学中世纪史著名教授丹尼斯·海指出："在意大利，不论是
在文化领域还是政治领域，任何重要的事情都在15世纪末以前早已发生；
实际上，是在1453年很久以前发生的。"[2]

　　客观地说，意大利文艺复兴时代的文化繁荣是一种历史综合的结
果，它是"复兴"的希腊罗马文化与意大利人的文化秉性相结合的产物。
在其中，古典文化的"复兴"只是一个媒介，意大利人的唯欲主义和个
人主义才是真正起作用的东西。由于这些东西与古典文化的感觉主义之
间有一种天然的默契，所以意大利文艺复兴呈现出一种瑰丽的感性特点
（而不是深沉的理性特点），它要求满足人的感官享乐，从这种要求中产
生了人文主义思潮。

　　如果说"文艺复兴"这个概念还带有古典文化复兴的显著痕迹，那
么"人文主义"则是地道的意大利式杰作。人文主义者以精通古典文化
而著称，但是他们却是根据意大利人的感性原则来取舍古典文化的。希
腊罗马的雕塑艺术、西塞罗的文风和维吉尔的诗歌被继承和发扬光大，
古典时代的科学和哲学却被忽视。罗素指出：文艺复兴时期的意大利人
几乎都不尊重科学，"大多数人文主义者把在古代受到维护的那些迷信保
留下来。……从教会里得到解放的最初结果，并不是使人们的思考合乎
理智，倒是让人对古代样样荒诞无稽的东西广开心窍"[3]。西塞罗的高雅
的怀疑主义和华美文风深受虚荣而时尚的意大利人喜爱，他们对于中世
纪繁琐玄奥的经院哲学一向感到头痛。罗素认为文艺复兴时代在哲学和
科学上是一个"不毛的时代"，这场运动在文学艺术上的成就琳琅满目，
在哲学和科学上的成就却寥若晨星。可以说，文艺复兴运动是一场感性

---

① 布克哈特：《意大利文艺复兴时期的文化》，商务印书馆1979年版，第166页。

② 《新编剑桥世界近代史》，第1卷，中国社会科学出版社1988年版，第2页。

③ 罗素：《西方哲学史》，下卷，商务印书馆1976年版，第16页。

十足的运动。从中世纪基督教文化的普遍虚伪中解放出来的最直接、最有效的方式，就是公开强调个人的人性权利和理直气壮地追求一切感性快乐。因此，文艺复兴时期的文化呈现出一种瑰丽的感性色彩，而不是深沉的理性特点；它既不像 18 世纪那样充满了理性的反思精神，也不像 17 世纪那样充满了批判的怀疑精神，而是仍然痴迷于权威崇拜，只不过将崇拜的对象从中世纪推向了古代。人文主义者用古代的权威代替了教会的权威，又用感觉主义和个人主义的权威代替了古代的权威。古代的权威只是一个冠冕堂皇的幌子，人的感性权利才是实质。

　　人文主义并不是一个有着统一规范的思想流派，而是由一些有教养的人在模仿古典风雅的过程中自然形成的一股时髦的时代潮流。除了建立在意大利人特有的个人主义基础上的感觉主义和唯美主义这种共性以外，意大利的人文主义者们几乎没有什么共同之处。在但丁的《神曲》中仍然透露出中世纪的宗教理想和骑士式的心心相印的爱情观，在薄伽丘的《十日谈》中却充满了对性爱和利己主义享乐的讴歌。由于缺乏一种理智方面的中流砥柱，加上意大利在政治上的混乱状态以及意大利人一向对道德和宗教所采取的随机应变态度，意大利的人文主义者们常常陷入一种自相矛盾的思想和行为状况中，他们往往会以几种相互冲突的论调来表达自己的思想，在行动上也经常出尔反尔、变化无常。黑格尔在总结人文主义者的思想性格特征时精辟地指出："这个时期有一大群人物，他们由于精神和性格的力量而成为巨人，但在他们身上同时却存在着精神和性格的极度混乱：他们的命运正像他们的著作一样，只标示出他们的生命的这种不稳定和对于现存生活和思想的内心反抗，以及离开它们达到确定性的那种渴望；在他们身上，那种想要有意识地去认识最深刻的和具体的事物的热切渴望，却被无数的幻想、怪诞念头，想求得占星术和土砂占卜术等秘密知识的那种贪念所破坏了。这些特殊的人物本质上很像火山的震动和爆发；这种火山在自己内部酝酿一切，然后带来新的展露，而且它的展露还是狂野而不正常的。"[1]

　　人文主义者的根本目标并不是从理性层面上来批判基督教信仰（这

---

[1]　黑格尔：《哲学史讲演录》，第 3 卷，商务印书馆 1959 年版，第 343 页。

是 18 世纪法国启蒙运动的历史使命），而是用人性的、感性的和个人主义的因素来充实和改造基督教，使它少一点中世纪陈腐的繁琐气息，多一点亲切的人情味。因此人文主义思潮的基本特点不是理性的批判，而是激情的宣泄。那些热情奔放、欲念强烈的意大利人由于长期受城邦政治和商业精神的影响，形成了一种讲究物质利益和追求感官享受的利己主义生活态度，以及一种不拘形式、为所欲为的自由性格。在宗教生活方面，他们虽然处在天主教的堡垒——罗马教廷的鼻子底下，但是全欧洲再也没有像意大利人那样对天主教信仰采取一种逢场作戏、唯利是图的态度的。"文艺复兴时期的学者对教会的态度，很难简单刻画。有的人是直言不讳的自由思想家，不过即使这种人通常也受'终傅'，在觉到死之迫临的时候与教会和解。大多数学者痛感当时教皇的罪恶，然而他们还是乐于受教皇的聘用。"[1]为教皇服务的 16 世纪意大利历史学家圭恰迪尼在他的《格言集》中写道："没有人比我再憎恶那些教士们的野心、贪婪和放纵生活的了。……尽管如此，我在几个教皇的宫廷上的地位还是使我不能不为我自己的利益而希望他们是伟大的。"[2]受这种实用主义文化精神的影响，甚至连那些出身于美第奇家族和意大利其他显贵家族的教皇们，也同样对天主教信仰采取了一种机智的功利态度。许多教皇（如尼古拉五世、庇护二世、朱里亚二世、利奥十世等）本人就是人文主义者或者是人文主义者的保护人和资助者，对于人文主义的发展来说，教皇们在精神上的支持和经济上的赞助是一个必不可少的前提。现代世界之所以能够拥有梵蒂冈图书馆、圣彼得大教堂、西斯廷教堂及其壁画，以及其他许多杰出的人文主义艺术品，在很大程度上要归功于那些附庸风雅的教皇们。教皇们对待人文主义的态度与对待宗教改革的态度是截然不同的，许多人文主义者都成为教皇的朋友和受聘者，而宗教改革家几乎无一不是教皇的死敌。人文主义张扬人性、赞美感官享乐的要求使罗马教会长期以来偷偷摸摸追求的感觉主义得以公开表现，因此它实际上使教皇和主教们感受到一种扬眉吐气的畅快。当然，如果人文

---

① 罗素著，马元德译：《西方哲学史》，下卷，商务印书馆 1976 年版，第 15 页。

② 参见布克哈特：《意大利文艺复兴时期的文化》，商务印书馆 1979 年版，第 454—455 页。

主义发展到极端，它会成为一种否定天主教的强大力量，但是人文主义者却很少走到极端。一些对教士们的腐败进行了猛烈抨击的人文主义者如但丁、伊拉斯谟等，在本意上并不是反基督教的，他们只是想净化基督教；而更多的人文主义者则只是想使基督教变得更加人性化和感性化。

文艺复兴时期的伟大艺术成就恰恰是在一种混乱的社会状态下创造出来的——人文主义这朵妍丽的鲜花是在肮脏的政治环境和腐臭的道德气息中盛开的。从政治上说，意大利的分散状态使它成为夹在强大的西班牙和法兰西之间的一块肥肉，尽管意大利统一的好处显而易见，但是各城邦却宁愿乞求外援，也不愿停止内讧。马基雅维利曾一再警告各城邦的统治者求助外援的危险后果，但是法国军队和西班牙军队仍然不时地被当作城邦的保护者而请进意大利。然而正是这种混乱的社会状态和政治局面使意大利成为文艺复兴的发祥地和人文主义者的麇集地，因为在那里诗人和艺术家们能享受充分的自由，而不用受某种统一规范的限制。

道德方面的状况更为糟糕。马基雅维利曾公开承认，意大利人较之其他国家的人更不信奉宗教、更腐败。文艺复兴时期意大利人的道德堕落至少是与他们的艺术成就同样著名，在北方民族眼里，这种道德堕落甚至比艺术成就更能代表意大利人的形象。因此当人文主义风潮从意大利向北扩展时，它的影响也就逐渐递减。当时的一句英国谚语说，"一个意大利化的英国人就是魔鬼的化身"。在莎士比亚的剧作中，许多奸诈阴险、道德败坏的恶棍都是意大利人，其中最典型的有《奥赛罗》中的伊阿古和《辛白林》中的阿埃基摩。布克哈特认为，极端的个人主义和利己主义构成了意大利人道德沦丧的原因。在意大利，不道德的行为由于个性的高度发展而达到了登峰造极的地步，人们不是为了达到某种目的而犯罪，而是把犯罪本身当作目的来加以体验。结果，就使得赌博抢劫、族间仇杀、肉欲放纵、雇人行刺等行为像瘟疫一样在社会上蔓延开来。政治生活中的背信弃义和两性生活中的淫乱情杀一样公然在社会上流行，嗜血狂和破坏欲竞相媲美。陈旧的、虚伪的道德准则完全瓦解了，人与人之间充满了欺诈和不信任，父子相戕、夫妻暗算的事情屡见不鲜，枢机主教应邀参加教皇加冕礼宴要自带酒和酒童，唯恐中毒。因此马基雅维利才会公开鼓吹诡诈成事。

　　文艺复兴及其衍生的人文主义虽然对教士阶层的虚伪和腐化进行了抨击，但是它从来就不是一场提倡廉洁和俭朴的思想运动（这一点也是文艺复兴与宗教改革的区别之一），它的目的是要把人欲的满足和人世的享乐从教士们偷偷摸摸的勾当变为所有人理直气壮的行为。文艺复兴是由美第奇等显贵家族热情支持的一场富丽豪华的运动，是纸醉金迷的意大利享乐主义与华美典雅的古典文化相结合的产物，它从头到脚都流露出一股雍容奢华的富贵气，这种富贵气在波提切利的绘画和米开朗琪罗的雕塑中明显可见。因此文艺复兴不仅不能像朴实无华的宗教改革那样激起下层民众的普遍热忱，而且一旦从富庶的意大利传播到阿尔卑斯山以北的贫穷世界中，就马上变了味，成为北方各国宫廷和上流社会中的一种矫揉造作的时尚。文艺复兴在意大利宛如一个风流倜傥的纨绔子弟，在法国和英国如同一个身着盛装的伶人，在德国和北欧却像一个衣衫褴褛的学究，透出一股酸溜溜的味道。

　　意大利人的极端个人主义性格既造成了普遍的社会混乱和道德沦丧，也导致了文学艺术的繁荣昌盛，"这种性格的根本缺陷同时也就是构成它的伟大的一种条件"①。人文主义既然对中世纪压制人欲的伪善道德深恶痛绝，它就自然而然地把自己的根基埋置于"绝对的不道德"的淤泥中。摧毁一种腐朽而虚伪的道德体系的最有效的方法，就是彻底投入一种蔑视任何道德规范的放纵之中。这种不顾廉耻的放纵状况固然是可悲的，但是它却成为两种道德规范转型的必要中介和过渡环节。意大利人在向希腊罗马文化学习雅致的文风和优美的造型艺术的同时，也继承了古典时代骄奢淫逸的生活方式。因此意大利人不仅在文明程度上比同时代的外国人高出一筹，而且在道德败坏方面也比他们走得更远。

　　这种个人主义和自由人格虽然造成了政治状况的混乱和道德水平的下降，但是它却有力地推动了学术的复兴和文学艺术的繁荣，特别是有

───────────

① 布克哈特：《意大利文艺复兴时的文化》，商务印书馆，1979 年版。

助于使人从中世纪的普遍虚伪和痛苦状态中解脱出来，促成了人性的觉醒。人性的觉醒首先就表现为个性的解放，普遍人格的发展首先就表现为对每一个个别人格的尊重，因此，人道主义首先就表现为个人主义。要摆脱抽象神性对人的生活的主宰，最便捷的方式就是公开地打起感性的个体的大旗。这种时代特点使得文艺复兴时期的意大利人文主义者在自己的作品中注入了大量的个性色彩，并且"以一切形式和在一切条件下对自己做最热诚的和最彻底的研究"，从而深入到博大精深的内在世界。布克哈特认为，文艺复兴和人文主义的巨大成就不仅限于对美丽的自然界的认识和热情讴歌，而且更在于对人的内心世界的认识和发掘。"文艺复兴于发现外部世界之外，由于它首先认识和揭示了丰满的完整的人性而取得了一项尤为伟大的成就。"[1] 这种由于个性解放和自由人格的发展而导致的普遍的人性觉醒，与被"复兴"的崇高典雅的古代文化结合在一起，就产生了这一时期意大利所独有的"多才多艺的人"（l'uomo universal），即恩格斯在《自然辩证法》一书中大加赞扬的"在思维能力、热情和性格方面，在多才多艺和学识渊博方面的巨人"，从而使意大利人成为"近代欧洲的儿子中的长子"。

　　文艺复兴和人文主义虽然伴随着社会混乱和道德败坏的阴影，但是它毕竟开创了一个崭新的时代，把一个与中世纪阴森幽冥的宗教理想截然不同的生机盎然的人间乐园展现在西方近代人的眼前。正如古典文化是从直观的希腊感觉主义开始的一样，欧洲近代文化是从直观的意大利感觉主义开始的。布克哈特评价道："文艺复兴时期的意大利人必需经受一个新时代的第一次巨大的浪潮的冲击。由于他们的天赋才能和热情，他们成了他们那个时代一切高度和一切深度的最典型的代表。和极端的堕落一起出现了具有最崇高的谐和的人类个性和一种艺术光辉，这种光辉给人类生活罩上了一层光彩，而这种光彩是古代文化或中世纪精神所不能或不愿赐予的。"[2]

---

① 　布克哈特：《意大利文艺复兴时期的文化》，商务印书馆 1979 年版，第 302 页。

② 　同上，第 446 页。

3. 宗教改革与社会转型

与对待文艺复兴和人文主义的态度不同，后世人们在评价宗教改革的意义时很少有原则性的分歧，几乎所有人都承认宗教改革对于西欧社会转型所具有的巨大历史作用，许多历史学家把西欧现代化过程中所发生的一系列重大变革，如近代民族国家的崛起、资本主义经济的发展、宽容精神和科学理性的生长，以及最初发生的几场资产阶级政治革命（尼德兰革命和英国革命）等，都归功于宗教改革运动。宗教改革运动不仅成为欧洲中世纪社会与近代社会的历史分水岭，而且也成为南北欧洲综合力量对比发生根本性逆转的关键原因。在欧洲，那些由于宗教改革运动而改信了新教的国家（它们大多地处土地贫瘠、文化落后的北方），后来都成为发达的资本主义国家，其中最有代表性的如英国、荷兰、德国和斯堪的纳维亚半岛诸国。而那些极力抵制宗教改革的国家如西班牙、意大利等，尽管在 16 世纪时是最强大、最富庶的，但是到了 17 世纪以后却国运渐衰、每况愈下。在宗教改革运动发生以前，欧洲的状况是南方富庶文明，北方贫穷蒙昧；宗教改革以后，欧洲的基本格局发生了根本性的变化，到了 18 世纪，则成为北方发达而南方落后了。尽管意大利的自由城市在中世纪时就已经孕育着所谓的"资本主义萌芽"，但是真正成为资本主义经济迅猛发展的沃土的，却是经历了宗教改革洗礼的西北欧诸国。

宗教改革虽然存在着种种缺陷，但是它对于西方文化变革和社会转型所产生的重大历史影响却是无可怀疑的。黑格尔把文艺复兴和地理大发现称为近代"黎明之曙光"，把宗教改革称为"黎明之曙光以后继起的光照万物的太阳"[1]。罗素认为"宗教改革摧毁了基督教世界的统一性以及经院学者以教皇为中心的政府理论"，从而使近代国家主义得到长足的发展；此外它还取消了灵魂与上帝之间的"尘世的居间人"，从而培育了思想、政治上的多元格局和精神生活中的神秘主义与个人自由倾向。[2]布林顿等人认为："'宗教改革'不只是造成了罗马教会的大分裂，

---

① 黑格尔：《历史哲学》，商务印书馆 1936 年版，第 654、655 页。

② 罗素著，马元德译：《西方哲学史》下卷，商务印书馆 1976 年版，第 17—20 页。

也导发了一场社会的、经济的、与学术的大革命。"① 恩格斯则把宗教改革运动称为"第一号资产阶级革命"②。

　　与态度暧昧的人文主义不同，宗教改革明确地把矛头指向罗马教会，它的宗旨就是要使遭到教会玷污的基督教信仰和道德重归纯洁。宗教改革运动的发起者（包括这场运动的先驱者威克里夫和胡斯）都是虔诚的基督徒，在他们身上体现了使徒时代基督教圣徒的殉道精神和高尚品质。为了维护信仰的纯正性，他们敢于触犯任何教俗权威，甚至不惜以身殉道。正因为如此，他们在对教会弊端进行抨击时也比人文主义者更加锋芒毕露和无所顾忌。驱使人文主义者讥讽教士丑行的是人性的要求，而驱使宗教改革家抨击教会腐败的却是"神性"的呼唤。人文主义者要求伸张感性的权利，宗教改革家则要求重建信仰的权威。在宗教气氛浓郁的 16 世纪，人文主义者只能拐弯抹角地宣扬自己的主张，因为这些主张即使在他们自己看来也有点离经叛道的味道；而宗教改革家却坚信自己的所作所为都是符合基督教诲和《圣经》精神的，这种坚定的使命感使他们在宣扬自己的宗教主张时表现得正气凛然和义无反顾。人文主义者在理论上主张一种自由意志说，这种自由意志说使得人文主义者在宗教信仰和道德生活方面采取了一种随机应变、唯利是图的态度；宗教改革家则坚持决定论的思想，把自己虔诚的宗教信仰和圣洁的道德生活归因于上帝的恩典。因此，与人文主义者相比，宗教改革家不仅在宗教信仰方面更为坚定，而且在道德生活方面也更加严肃和崇高。普列汉诺夫曾说："否认意志自由的人，往往比自己的所有同代人都有更坚强的意志，并且对于自己意志的要求也最大。"③ 在宗教改革家那里，这种"坚强的意志"尤其表现在面对高压和死亡的威胁时 —— 胡斯明知康斯坦茨公会议凶险四伏，但是为自己所信仰的真理作证的神圣使命感使他毅然前往。在公会议上他据理力争，决不使自己的良心屈服于大会压制人的

---

① 布林顿、克里斯多夫、吴尔夫著，刘景辉译：《西洋文化史》第4卷，台湾学生书局1984年版，第 118 页。

② 《马克思恩格斯全集》第 21 卷，人民出版社 1965 年版，第 459 页。

③ 普列汉诺夫：《论个人在历史上的作用问题》，生活·读书·新知三联书店 1965 年版，第 5 页。

决议，结果被教会以异端罪判处火刑。行刑时，他站在火刑架上仰头望天，视死如归。当火点起来后，胡斯高声叫道："O Sancta simplicitas！"（"啊，神圣的单纯！"）路德在赴沃尔姆斯帝国会议为自己的观点做辩护时，在日记中写道："即使沃尔姆斯的魔鬼有如房顶上的瓦片那样多，我也还是要坦然前往的！"在帝国会议上，面对着来自神圣罗马帝国皇帝和罗马教皇两个方面的巨大压力，路德坚定地表示："Hier stehe ich, ich kann nicht anders！"（"这就是我的立场，我别无选择！"）

　　当然，这种思想和人格方面的差异并不足以说明人文主义和宗教改革这两场运动本身的历史价值，我们必须立足于当时西欧社会的历史背景来对这两场运动的文化意义进行考察。众所周知，中世纪西欧社会处于罗马天主教的绝对统治之下，天主教对西方社会生活的影响不仅局限于信仰或精神领域，而且也深深地渗透到经济、政治和日常生活中。经过 1000 多年的发展，尤其是经过中世纪旷日持久的教俗之争和排斥异端运动，到了 13 世纪以后，罗马天主教会已经在西欧社会无可怀疑地确立起绝对的权威，不仅成为牢牢控制着人们精神世界的唯一宗教信仰，而且使整个世俗社会都处于它铁板一块的统治之下。正是罗马天主教的这种专制统治，导致了中世纪各种社会弊端的产生，造成了西欧社会积弱不振的局面。在这种情况下，既然中世纪西欧社会的一切社会问题都源于天主教的专制统治，那么对于西欧社会的任何现实性的改革也必须首先从宗教方面着手。就此意义而言，只有宗教改革才是西欧社会转型的真正逻辑起点和历史起点。

　　与南部欧洲的文艺复兴运动和人文主义思潮不同，北部欧洲的宗教改革不仅是一场思想解放运动，而且也是一场社会变革运动。人文主义是发生在具有良好的教养和悠久的古典文化传统的拉丁文化圈里的一场阳春白雪的思想解放运动，它虽然具有用人性的尊严来取代"神性"的权威、用感性的现世生活来取代虚幻的天国理想的进步意义，但是这场运动从头到脚都流露出一股富丽豪华的贵族气息。相形之下，发生在日耳曼文化圈中的宗教改革则是一场下里巴人的群众运动。生活在北部贫瘠土地上的日耳曼人既没有受过多少文明的教养，也没有什么古典的文化传统可以复兴，但是他们却对罗马天主教会虚伪的道德体系和暴虐的专制统治怀着一种强烈而朴素的愤慨。宗教改革的主要成就并不表现在优美典雅的文学艺术作品中，而是表现在实实在在的现实生活领域中，表现在朴素的世俗社会和平凡的日常工作中。它在思想上开创了一种自由精神，在政治上促进了民族国家的崛起，在经济上推动了资本主义的发展。而且由于宗教改革所导致的宗教分裂的现实格局，在客观上为宽容精神的出现和壮大创造了条件，而宽容精神则成为培育西方现代科学和民主的温床。

　　1517 年 10 月 31 日，当虔诚的修道士马丁·路德在维滕堡大教堂门前贴出《九十五条论纲》时，他的初衷并非是要分裂教会和创立与天主教相对立的新教，而是为了揭露罗马教会和神职人员的腐败堕落行为，维护基督教信仰的纯洁性。路德的主观动机是纯粹宗教性的，然而他的思想行为却在客观上导致了世俗社会的巨大变化。从思想上来说，路德"因信称义"的神学思想将灵魂获救的根据从外在的教会转向了内在的信仰，在人的内心世界中重新发现了宗教。他通过对信仰的强调把宗教的基础从天上搬到了人间，把灵魂得救的钥匙从教会和神职人员手中转移到了每一个拥有真诚信仰的平信徒心中，把人从外在性的善功和圣事的枷锁中解放出来，使人获得了精神上的自由和灵魂得救的自主权。路德打破了神圣与世俗之间壁垒森严的对立状态，从人的内在信仰中发掘崇高的"神性"，将人的自由精神提高到了上帝的位置。从实践后果来看，路德的宗教改革主张得到了德国广大民众和部分诸侯的大力支持，最终导致了基督教世界的大分裂，打破了罗马天主教会一统天下的专制格局。这种宗教分裂的局面引发了一系列宗教战争，并且通过 1555 年的《奥格斯堡和约》和 1648 年的《威斯特伐利亚和约》将"教随国定"的原则确立为处理宗教分歧的基本原则。该原则确认了宗教分裂的事实，从而使宗教宽容精神取代了宗教专制主义而成为新时代的精神特征。到了 17 世纪中叶以后（即《威斯特伐利亚和约》签订以后），宗教信仰已经由教会的专利变成了纯粹个人的事情，人们再也不用为信仰问题而流血牺牲和相互残杀了。正是在这种宗教宽容以及由此而演化出来的普遍宽容的精神氛围中，现代科学和民主才成为可能。

如果说马丁·路德的宗教改革打破了罗马天主教会的思想专制局面，营造了精神自由和宗教宽容的氛围①，那么，亨利八世开启的英国宗教改革则改变了教权凌驾于王权之上的传统政治格局，为近代民族国家的崛起创造了条件。亨利八世进行宗教改革的直接导火索虽然是一桩离婚案，但是他的改革措施之所以能够得到英国人民的普遍响应，正是由于这些措施将英格兰的利益置于罗马天主教会的利益之上，表达了英国人心中长期酝酿的那种"英格兰属于英格兰人"的强烈民族意识。英格兰的宗教改革不同于德国的宗教改革，它不是首先在民间爆发，然后再扩展到贵族和上层社会中，而是由国王运用行政手段自上而下地推行的。在英格兰的宗教改革活动中，纯粹宗教性或神学性的问题并不突出，它的重心在于教俗关系（主要体现为教权与王权的关系）和教会财产的处理方面。英格兰宗教改革的主要目的也不是为了弘扬信仰和纯洁教会，而是为了维护民族的尊严和英格兰的利益。亨利八世的宗教改革措施主要集中在两个方面，一是通过颁布《至尊法案》将国王的权力置于教会之上②，二是剥夺修道院的土地和财产。前一方面不仅以法律的方式将王权置于教权之上，而且也意味着英格兰的民族利益高于罗马教会的宗教利益；后一方面则导致了一大批新兴的土地贵族的产生，那些通过瓜分教产而致富的世俗地主和乡村贵族成为拥护英国宗教改革的最坚决力量和英国资本主义原始积累的主力军。

由亨利八世开启的英国宗教改革运动，在经历了爱德华六世的向前推进和"血腥的玛丽"的反动复辟之后，在伊丽莎白一世当政时期得到了巩固，并且将安立甘教确立为英国国教。英国国教会在教义和教仪方面并没有什么独特的建树，它始终在保守的天主教和更为激进的清教

---

① 需要说明的是，精神自由是路德"因信称义"思想的内在实质，而宗教宽容则是路德所开创的整个宗教改革运动的客观后果，它是新教三大主流教派（路德宗、安立甘宗和加尔文宗）以及其他新教教派共同努力的结果。

② 1534年英国国会通过的《至尊法案》明文规定："国王陛下、他的后嗣和继承者，这个王国的诸国王，应取得、接受和被称为那叫作安立甘教会（Ecclesia Anglicana）的英格兰教会在尘世的唯一的最高首脑。"

徒之间保持一种不偏不倚的态度。英国国教会所奉行的基本原则是埃拉斯都主义（因瑞士医生埃拉斯都而得名），它的核心思想就是主张国家权力高于教会权力并有权干预教会事务。伊丽莎白时代是英国资本主义原始积累迅猛发展的时代，也是英国社会形态发生剧烈变化的时代，它为后来的英国资产阶级革命（清教徒革命）和"光荣革命"奠定了重要的物质基础和社会基础。正是那个以英格兰的利益作为最高原则和具有兼收并蓄的宽容精神的安立甘教，为英国民族国家的强盛、民主政治的生长和实验科学的勃兴创造了良好的土壤，最终促进了英国资本主义的发展。

在新教三大主流教派中，加尔文教是影响最大的世界性宗教，它不仅在日内瓦建立了政教合一的神权共和国，而且广泛流传到荷兰、英国、北美和法国等地，成为对上述国家和地区的资本主义经济发展产生了重要影响的清教徒（以及法国胡格诺教派）的思想基础。如果说德国宗教改革的历史结果主要是在思想领域中开创了精神自由的局面，英国宗教改革的历史结果主要是在政治领域中确立了国家利益至上的原则，那么加尔文宗教改革的历史结果则主要是在经济领域中为资本主义的发展提供了合理性的根据。加尔文教所提倡的"天职"（Calling）观念和现世性的禁欲主义生活态度——即体现在世俗生活和日常工作中的"勤俭清洁"精神——成为推动资本主义经济发展的有力杠杆。加尔文教不像路德教那样单纯地强调信仰，而是把内在的信仰与外在的善功结合起来，信仰是蒙受上帝恩典的内在确证，善功则是蒙恩的外在确证。在加尔文教徒（和清教徒）看来，一个蒙受上帝恩典的人不仅在内心深处充满了对上帝的坚定信仰，而且在社会行为、家庭生活和日常工作等方面都必定会表现出淳朴、友爱和勤奋节俭的美德。加尔文教所提倡的善功不同于中世纪修道士们远离尘世的苦修苦行，更不同于罗马教会大力鼓吹的种种形式化的赎罪方式（如购买赎罪券和圣徒遗物等），而是体现在最平凡的世俗生活和日常工作之中。加尔文教的"天职"观念把劳动看作一种神圣的职责，一种增加上帝荣耀的手段，从这个观念中产生了敬业守职的奋斗精神和克勤克俭的现世性的（而非彼岸性的）禁欲主义。人必须通过积极的日常工作来验证自己的信仰，在改造现实社会的过程中以劳动的成果来增加上帝的荣耀和确定自己的蒙恩状态。这样就使得各种世俗性的活动，特别是经济活动获得了神圣的意义，具有了与内在的宗教信仰同等重要的善功性质。从最卑微的实践活动——世俗生活、日常工作和职业劳动中发掘出最神圣的宗教意义，并将这些活动上升到善功的高度，使其成为蒙受上帝恩典的外在确证，这就是加尔文教教义中所蕴含着的最重要的伦理启示，它使那些通过勤奋节俭而发财致富的中产阶级获得了一种宗教上的合理性依据。与天主教蔑视世俗生活和日常工作、鼓吹弃世苦修的态度相反，加尔文教"认为不停歇地、有条理地从事一项世俗职业是获得禁欲精神的最高手段，同时也是再生和信仰纯真的最可靠、最明确的证据。这种宗教思想，必定是推动我们称之为资本主义精神的生活态度普遍发展的、可以想象的、最有力的杠杆"[①]。正是在这种意义上，加尔文教为资本主义经济发展提供了一种合理主义的解释，而奉守加尔文教"天职"观念的各国清教徒们则成为最早一批白手起家的资产阶级。

综观宗教改革运动对于欧洲崛起或者西方社会转型的重要影响，其意义可以分为宗教的和世俗的两个方面。从宗教的角度来看，这场运动克服了罗马天主教在灵魂与肉体、"天国"与人间、理想与现实之间造成的二元对立以及由于这种对立而导致的信仰虚假和道德堕落，把基督教的宗教理想与平凡的现实生活和谐地统一起来。路德教将"神性"与人性融为一体，使人的精神获得了自由；安立甘教使得"恺撒"和"上帝"达成了妥协，将国家利益提升到至高无上的地位；加尔文教跨越了宗教生活与世俗生活之间的巨大鸿沟，使日常工作具有了神圣性。从此以后，人间就是"天国"，人的自由精神（信仰）就是上帝的栖身所，勤奋劳动就是宗教虔敬。人们可以理直气壮地赞美人间生活，再也不必对感性的现实活动怀着一种沉重的负疚感和罪孽感。从世俗的角度来看，宗教改革导致了罗马天主教会一统天下的分裂，极大地促进了近代民族意识

---

① 马克斯·韦伯著，彭强译：《新教伦理与资本主义精神》，四川人民出版社 1986 年版，第162 页。

的觉醒和民族国家的发展，而民主精神正是在民族意识觉醒的基础上才得以产生的。一些新兴的民族国家如荷兰和英国在宗教改革和社会革命——这二者往往不可分割——的过程中脱颖而出，利用宗教战争对哈布斯堡王朝国家（西班牙和神圣罗马帝国）的牵制和打击而迅速地发展壮大。到了17世纪下半叶，新崛起的民族国家已经取代了老牌的王朝国家而成为欧洲政治舞台上的主角，并且内在地孕育了宪政民主的萌芽。此外，按照马克斯·韦伯的著名理论，新教伦理还为资本主义经济发展提供了一种合理性的根据，那种出于虔诚的宗教信仰而勤奋工作和节俭生活的加尔文教伦理，"必定是推动我们称之为资本主义精神的生活态度普遍发展的、可以想象的、最有力的杠杆"[1]。因此，经过宗教改革运动之后，几乎所有改信新教的国家和地区——北部欧洲以及主要作为英国殖民地的北美——都成为后来居上的资本主义强国；而那些顽固地坚持天主教信仰的南欧国家和地区（如西班牙、葡萄牙、意大利等），尽管在17世纪以前在经济、政治和文化各方面都独领风骚，但是在后来的综合实力竞争中却纷纷落伍，成为资本主义世界中的二流角色。[2]宗教改革所导致的这些重大的社会变革成果汇聚在一起，经过稍后的启蒙运动和其他社会变革活动的进一步强化，最终激发了欧洲普遍的资产阶级政治革命和产业革命，使西欧社会完成了从中世纪向现代的转型。

在中世纪基督教社会，世俗生活与神圣生活、科学理性与宗教信仰始终处于格格不入的对立之中，然而，这种对立关系并非是永恒性的。人作为一种社会性的动物，既具有理性的禀赋，也具有情感的要求，他

---

[1]　马克斯·韦伯著，彭强译：《新教伦理与资本主义精神》，四川人民出版社1986年版，第170页。
[2]　在这方面，唯一的例外就是法国。虽然法国人在胡格诺战争中选择了天主教作为国教，但是与出于宗教热忱而顽固坚持天主教信仰的西班牙相比，法兰西波旁王朝的统治者们始终只是把天主教信仰当作加强中央集权的一个有用工具。16世纪末叶波旁王朝的开创者亨利四世本人原是一名加尔文教徒（胡格诺派），只是为了获得罗马天主教会和西班牙的支持而稳固自己在法国的统治地位，才改信了天主教。后来路易十三时代的"铁腕首相"、枢机主教黎塞留提出的"国家的立场"（Raison d'etat）高高凌驾于天主教信仰之上，成为历代法兰西统治者心照不宣的秘诀。如果说近代英国和荷兰是借助新教信仰来发展自己的民族国家，那么近代法兰西则是利用天主教信仰来强化自己的民族国家。正是由于这种对待宗教信仰的灵活机敏态度，法兰西成为天主教阵营中唯一脱颖而出的资本主义强国；而在16、17世纪曾经不可一世的西班牙，却由于把天主教信仰置于"国家的立场"之上，最终在近代的国际角逐中衰落下去。

不仅要运用理性来解决现实世界中的各种问题，也要依靠信仰来维系希望和寄托理想。正是由于现实世界中充满了苦难和不幸，人们才会产生一种超越现实的幻想。人不同于一般动物的地方不仅仅在于他具有理性，而且也在于他对未来世界有所期盼，这种对更高更好的生活的憧憬既是一切宗教信仰的心理根源，也是促使人类不断超越环境和超越自身的巨大精神动力。罗素认为，科学的领域局限于确切的知识范围，而超出确切的知识范围之外的广大领域则属于神学和哲学。[①] 人类既然是一种具有"神性"的生灵，而这种"神性"恰恰就表现为不断地超越有限的知识范围和生活现状的永恒冲动，因此，人类就注定拥有一种承受哲学思辨和宗教信仰的宿命。这种无可逃遁的宿命并不会由于科学的进展而终结，因为无论科学进展到多么深远的地方，在它那光明灿烂的有限世界之外仍然是一片广袤无垠的阴影。面对着这片无限的阴影，人类只能诉诸冷峻的哲学思考和炽热的宗教情感。就此而言，科学理性和宗教信仰各自具有不同的适用场所，它们并非必然地处于对立关系之中，只有当人们独断地运用宗教信仰来处理科学理性的对象（或者相反）时，二者之间才会发生激烈的冲突。中世纪基督教社会的情况就是如此，它的特点正在于强制性地用宗教信仰来取代科学理性，用天国理想来否定现世生活。而在基督教文化出现之前，希腊人曾经和谐地将二者协调在一起，希腊人既创造了宗教，也发明了科学；他们既热爱现实生活，又充满了宗教理想。同样，在现代西方社会，宗教信仰与科学理性、神性理想与世俗生活也保持着一种适当的张力。现代西方人从小就接受良好的科学教育，但是这并不妨碍他们在礼拜日到教堂去进行祈祷，甚至像爱因斯坦和普朗克这样伟大的科学家也具有内在的宗教信仰。美国是一个最强调科学理性和功利主义的民族，但是当美国人遭受到恐怖主义分子的攻击时，他们最自然的反应却是齐声高唱"上帝保佑美利坚"。在今天的西方社会中，科学理性与宗教信仰、天国理想与尘世生活之间曾经出现过的那种尖锐对立的状态已经发生了根本性的改变，而这种改变最初就

---

① 参见罗素：《西方哲学史》上卷，商务印书馆 1963 年版，第 11 页。

发轫于宗教改革。

正是在这种意义上，我们说宗教改革构成了西方社会转型的真正历史起点和逻辑起点。

概言之，人文主义是在南欧富庶世界中产生的一场人性复归运动，它借助古典文化的瑰丽外观表现了意大利的个人主义，导向了欧洲近代文艺的繁荣和人性意识的复苏，但是它并没有对罗马教会的一统天下构成真正的威胁。宗教改革则是北欧贫穷土壤中盛开的一朵奇葩，它的动机原本是宗教性的，然而却结出了丰硕的世俗之果。它的直接后果是使凌驾于欧洲世俗权力之上达千年之久的基督教会走向了分裂，从而为西欧近代民族国家的崛起创造了条件。它的深远历史影响则在于：由于否定了灵魂与上帝之间的尘世居间人（罗马教会和神职人员）的救赎作用，使人在精神上获得了一种真正的自由，从而为17世纪宗教宽容和科学理性的产生奠定了心理基础；而那种恪守"天职"、勤奋节俭的新教伦理则成为资本主义原始积累的重要精神前提。

4. 西方近代文化的历史渊源与内在张力

严格地说，西方文化的转型是到18世纪才最终实现的，在此以前，从15世纪到17世纪一直是逐渐衰败的中世纪基督教文化与日益壮大的西方近代文化激烈鏖战的时代。17世纪国家主义和科学理性的兴起已经基本上决定了这场旷日持久的战斗的胜负，但是中世纪基督教文化仍在负隅顽抗，最终的凯旋曲要到18世纪才被启蒙主义者奏起。

从西方近代文化产生的历程来看，16世纪是最为凶险艰难、波谲云诡的时代，在那个时代，近代文化向前迈出的每一步都留下了殷红的血迹。那是一个充满了迷雾和血腥气的时代，同时也是一个充满了殉道者的豪气和信念的时代。像一切文化更迭的关口一样，16世纪在哲学和科学方面虽然是个"不毛的世纪"，但是它却陶冶了一种全新的精神气质——人文主义恢复了对人自身感性权利的尊重，宗教改革则唤醒了沉睡千年的精神自由。更重要的是，尽管16世纪的几乎所有伟人（不论是人文主义的巨匠，还是宗教改革的大师）都怀着完善或净化基督教社会的理想，但是他们努力的结果却导致了基督教世界的分裂和危机。伊拉斯谟虽然"总自认是教会的忠诚子女，但是他仍然帮助了他人摧毁了罗马教会的一统江山"[①]；路德在维滕堡贴出《九十五条论纲》时，并没有想到此举会造成基督教世界的大分裂。他们的初衷都是为了消除教会的崇高理想与腐败习俗之间的矛盾，使基督教世界不仅具有形式上的统一，而且获得内容上的统一。然而结果却使得教会与世俗社会之间的鸿沟无限加深，连基督教世界的形式统一也丧失了。分裂教会的客观目的借助统一教会的主观愿望来为自己开辟道路，这大概也是历史发展的一种"理性的狡计"。分裂混乱的状态成为适宜于各种新思想和新力量生长的沃土，而稍晚些时候出现的宗教宽容精神则是一副最好的催化剂。16世纪的历史意义主要不在于它贡献了什么，而在于它破坏了神圣庄严的神龛的严密性和统一性，它在坚固结实的罗马天主教会大堤上凿了几个大窟窿，从这些窟窿中就涌出了17世纪的"洪水猛兽"。

与荒芜贫瘠的16世纪相比，17世纪在文化上可以称得上是云蒸霞蔚。人文主义和宗教改革拉开了近代文化的序幕以后，国家主义和科学理性这两个近代文化的主角就粉墨登场。它们起初是怯生生地仰承教会鼻息以求生存，一旦羽毛丰满后就开始与教会分庭抗礼。另一方面，那个孤傲不羁、愤世嫉俗的共产主义理想则始终站在高高的云端，无情地对整个现实世界——不论是传统世界还是新生世界——进行批判和针砭，像马虻一样不断刺激着臃肿不堪的现实社会向前疾奔。

20世纪最杰出的历史学家汤因比认为，文艺复兴和宗教改革只是基督教内部的变革，它并没有动摇基督教信仰。而17世纪发生在教会信仰和国家政治之间、神学与科学之间的各种变革才是使基督教信仰本身发生危机的变革，这些变革构成了公元4世纪罗马帝国基督教化以后的西方文化史上的"最大最重要的分水岭"，它们的历史意义远远超过新旧教的分裂和古典文化在西欧的复兴。关于17世纪的这些变革——汤因比所谓"17世纪宗教改革"——的具体内容，汤因比说道："据我看，

----

① 布林顿、克里斯多夫、吴尔夫著，刘景辉译：《西洋文化史》第4卷，台湾学生书局1984年版，第52页。

17 世纪由于基督教的衰退而出现的空白，是由另外三个'新宗教'的兴起来填补的。其一是对因科学技术的有组织的应用必然带来社会进步的信仰。其次是 nationalism（国家主义）。再次是共产主义。"①对科学进步的信仰是从 1661 年英国设立研究院开始的，它的目的"是想通过对知识的关心从而把神学引向科学，在实际行动上把宗教和政治的纠纷引向技术上的发展"；国家主义"是以地方社会中人的集体力量为信仰对象"，它是希腊、罗马国家宗教的复活，它"一方面被希腊、罗马的政治观念和制度所感染，另一方面也继承了基督教的活力和狂热信仰"；共产主义"是对社会不公正的反动"，它批判所有的宗教和不公正社会，"共产主义有改变全人类宗教信仰的使命。这种信仰是从基督教那里继承下来的"。②

从历史根源上看，国家主义是古代罗马人的英雄主义和功利主义在近代的重现，它的媒介是人文主义所培育的世俗精神和宗教改革所加强的民族意识。共产主义最初是早期基督教的"千禧年国"理想在近代的复活，莫尔（St. Thomas More）在设计这幅美丽的蓝图时曾怀着热忱的宗教情感，而闵采尔（Thomas Münzer）更是一个狂热的宗教激进分子。对科学理性的崇拜在很大程度上可以看作是古代希腊人的自然崇拜与英国盎格鲁-撒克逊民族根深蒂固的经验主义传统相结合的产物。科学崇拜把人们的目光从神转移到自然界，从彼岸转移到现世，从"天国"转移到人间，但是这种崇拜仍然带有盲目和偏狂的色彩。随着牛顿取代了上帝、经典力学取代了《圣经》，对科学（主要是牛顿力学）的盲目崇拜引发了 18 世纪机械论的大泛滥。对于科学理性的崇拜仍然带有一种宗教式的情感，这种情感确信科学将给人类带来进步和幸福，将会使"天国"在人间实现。尽管科学所取得的成就和所展示的前景都是世俗性的，但是它的精神却是宗教性的。因此，可以说科学崇拜是功利主义建功立业的宏愿与宗教信仰关于天国幸福的承诺共同浇铸而成的近代模式。

从某种意义上来说，科学崇拜、国家主义和共产主义这三种新兴的

---

① 汤因比、池田大作著，荀春生等译：《展望二十一世纪 —— 汤因比与池田大作对话录》，国际文化出版公司 1985 年版，第 371 页。
② 同上，第 373 — 374 页。

文化精神分别可以溯源于希腊文化、罗马文化和基督教文化这三种文化形态。国家主义和共产主义分别表现了两种互不相容的倾向——功利主义的追求和福音主义的理想，科学崇拜则尽可能谨慎理智地在两个端点之间寻求和谐。而这些特点恰恰正是上述三种文化形态各自的基本原则。因此，西方近代文化在它的起点上就已经以合题的形式把此前各种文化形态的基本原则抽象地包含于自身之中，它在 17 世纪以后的发展过程可以看作是这些抽象的文化原则在新的历史条件下具体展开的过程。正是在这种意义上，我们才能够谈论西方近代文化对以前的文化传统的继承性，才能够谈论整个西方文化发展的连贯性。这种继承性和连贯性并不表现在对文化"硬件"即物化形态的历史遗产的保存上，而是表现在对文化"软件"即抽象形态的文化精神的传承上。

自 17 世纪以来，这三种新兴的文化精神的发展和相互之间的冲突聚合，构成了西方近代文化的重要内容。在这三者中，国家主义由于它那恢宏的气势和显赫的外观始终处于历史的辉煌前台，科学崇拜则悄无声息地控制了人们的精神世界，而共产主义永远都作为一种挑战因素站在历史的对立面上，桀骜不驯地睥睨着现实社会中的一切糟粕和精华。在法国，从路易十四到拿破仑一世都陶醉在建立罗马式大帝国的光荣梦幻中。虽然路易十四和拿破仑都对科学持赞赏的态度，但是他们却更看重军队的素质和古典式的英雄主义。在英国，国家主义则与科学崇拜和谐地结合起来。在英国人眼里，一种新式武器在战场上的作用远远超过一个训练有素的军团。如果说法国人是靠罗马式的勇武和高超的战术来推行帝国主义政策，那么英国人则是靠先进的技术和精良的武器来推行帝国主义政策。英国国家主义与科学崇拜结合的结果，是 18 世纪下半叶开始的工业革命，这场革命可以看作是 17 世纪科学刚刚开始勃兴时对人类进步和幸福所做出的承诺的一次兑现。它一方面进一步煽动起人们对科学这个新上帝的崇拜，使人们坚定不移地树立起科学万能的信念；另一方面，工业革命的结果也极大地改变了国家主义的内容，使国家主义在体制上由专制走向了民主。

然而，不论国家主义在凯旋声中前进到什么地方，它都无时无刻不受到共产主义理想的激烈抨击。在近代，共产主义与国家主义的对立就如同中世纪教会与世俗国家的对立一样，始终难以调和。共产主义所展示的友爱互助和平等公义的社会理想与国家主义所导致的暴力压迫和阶级差别的社会现实是针锋相对的。由于人类本性中的一些卑劣弱点的阻碍，这种社会理想或许永远难以成为现实，但是它毕竟唤起了苦难世界中那些失意者的希望和热情，使他们奋起去与不公正的命运抗争，去反抗和改变现实社会。就这一点而言，共产主义是一种从反面激励社会历史发展的力量，它与那个虽然已经显得有点不合时宜，但是仍然作为对人的灵魂的终极关怀而发挥作用的基督教信仰一起，构成了抚慰和激励受伤灵魂的永恒的栖息所和兴奋剂。国家主义和科学崇拜这两种现实性的主干精神构成了西方近代文化的肯定方面，共产主义这种理想性的鞭策力量构成了西方近代文化的否定方面，这两个方面之间的矛盾冲突和动态平衡，成为西方近代文化发展的精神动力。

二　西方启蒙运动的曲折历程

1. 西方启蒙运动的孕育生长与剑走偏锋

文化启蒙的问题，多年以来一直是一个经久不衰的老话题。中西文化在现代转型的启蒙过程中表现出一些共性的东西，同时也存在着明显的差异。正如近代欲图变法自强的中国人在器物和制度层面对先进的西方文化多有模仿一样，鸦片战争尤其是新文化运动以来中国人的文化启蒙明显地受到西方 18 世纪启蒙运动的深刻影响。可以说，一直到今天为止，中国人的启蒙思想仍然打上了深深的西化烙印，一些基本价值理念都是以西方的形态作为圭臬的。由于中国近代以来的思想启蒙是在一种国势衰颓、被动挨打的窘迫情况下发生的，因此难免带有一种急功近利的特点，亟于想通过学习西方文化中最精华的东西来改变自身贫穷落后的面貌。这样就使我们往往只看到近代西方文化中那些时髦的、激进的和轰轰烈烈的东西，例如科学理性、民主思想、自由原则、人道主义等，而忽略了那些潜藏在激流背后，但是却在现代西方社会中仍然发挥着中流砥柱作用的传统事物，例如宗教信仰和道德精神。自新文化运动以来，在中国思想界似乎出现了一种有失偏颇的情况，即把启蒙与西化紧密联系在一起，而把主张弘扬中国传统文化以避免西方文化之弊端的思想主张通通归于与启蒙路线背道而驰的复古主义之列。然而，当我们仔细审视西方文化的启蒙历程时，却会发现西方的启蒙运动绝非只是18世纪激进的法国人的一种壮举，绝非只是简单地用科学理性来反对宗教信仰。在西方，启蒙运动也经历了一波三折的发展变化过程，在不同时代和不同国度具有不同的内容。尤其是在新兴的科学理性与传统的宗教信仰之间，存在着巨大的张力。而西方文化启蒙的成功之处并不在于用一者来彻底否定另一者，而在于逐渐将二者的关系由彼此对立调整为互补共济，从而使现代社会中的人们得以在"头顶的星空"（以科学理性为根据）和"心中的道德律"（以宗教信仰为支撑）的双重感召下安身立命。

人们通常习惯于把18世纪看作西方启蒙运动的时代，但是启蒙思想并非突如其来地从18世纪那些激进哲学家如伏尔泰等人的头脑中迸发出来，早在18世纪之前，一些具有启蒙意味的涓涓细流就已经开始在欧洲文化土壤中涌动。从发展的眼光来看，14—16世纪风靡意大利的文艺复兴运动和16世纪日耳曼语地区蓬勃开展的宗教改革运动无疑应被视为新时代的开端和启蒙思想之滥觞，诚如美国著名历史学家布林顿教授所指出的："自第十五世纪晚期至第十七世纪，主要乃一过渡时期，一个为启蒙运动准备的时期。在此过渡阶段，人文主义、基督新教与唯理思想（及自然科学）各尽其分，以破坏中世的宇宙观，准备近世的宇宙观。"[①]

西方的启蒙运动通常表现为古今之争，它最初表现为一种复古主义——人文主义者和宗教改革家都试图用古代的权威来取代罗马天主教会的权威；到了17世纪以后，随着理性的振兴和科学的崛起，进步观念开始出现，启蒙思想家们才把眼光投向了未来，明确地以一个先进的新时代来与落后的旧社会相抗衡。

作为启蒙运动的精神先驱，人文主义者和宗教改革家都是一些怀古

---

① 布林顿著，王德昭译：《西方近代思想史》，华东师范大学出版社2005年版，第4页。

派，他们借以与中世纪宗教信仰的虚幻蜃景和罗马教会的伪善行径相抗衡的，就是一种理想化了的古代风尚。文艺复兴运动的宗旨就是要复兴和弘扬古希腊罗马文化，意大利人文主义者虽然具有自由气质和个人主义精神，但是他们却满脑子古典观念，对荷马史诗、西塞罗文风和古典艺术推崇备至。事实上，所谓"人文主义者"一词就是指那些精通希腊艺术和拉丁文法的学者。他们大力倡导一种"回到本源"（ad fontes）的文化主张，津津乐道于仿古之风，在意大利文人圈子里掀起了一股搜集和考据古代文本的热潮。这种信而好古的学术风气一方面唤醒了古代的人性精神，创造了美轮美奂的文学艺术作品；另一方面也通过重新考据、诠释基督教的原始文献和早期教父著作，揭露了中世纪通行的拉丁文本《圣经》（Vulgate，即"通用本"《圣经》）中的许多错误，为稍后出现的宗教改革运动奠定了重要的思想基础。

如同人文主义者所主张的"回到本源"一样，宗教改革家所提倡的"效法基督"（imitatio Christi）也表现了一种回归传统的要求。二者的差别在于，人文主义者推崇的是古希腊罗马时代焕发着人性魅力的文学艺术，宗教改革家向往的却是使徒、教父时代闪耀着神圣光辉的虔诚信仰和崇高德行。无论就个人的精神气质还是改革的理想目标来说，路德、茨温利、加尔文等宗教改革领袖都无可争议地属于中世纪类型的人物，他们的初衷并非要开创一个理性的新时代，而是要回归到保罗、奥古斯丁的旧传统。然而，由于他们所发起的宗教改革运动造成了基督教世界的大分裂，在客观上促进了西北欧民族国家的崛起和资本主义的成长①，因此他们的保守初衷吊诡地导致了一种始料未及的革命后果。剑桥大学著名历史学埃尔顿对宗教改革运动的吊诡特点评价道：

> 这场反对教皇专制权力和神职人员特权的运动的大爆发，转变了欧洲的政治、思想、社会和宗教的性质；不应因这场突发运动所针对的是一些已被削弱的敌人，并且产生了这次宗教革命的领袖既

---

① 关于这方面的具体论证，可参见马克斯·韦伯的名著《新教伦理与资本主义精神》。

未预料到又不欢迎的结果，而认为它的革命性有所减损。①

　　尽管人文主义和宗教改革为西方近代的启蒙运动做了必要的文化准备，但是它们并没有动摇基督教的信仰根基。人文主义者只是想用古代的理想来充实基督教，使基督教变得更加具有世俗色彩和人性特点；宗教改革家则把矛头指向罗马教会，试图通过回归使徒楷模而重新纯洁基督教信仰。宗教改革运动虽然打破了罗马天主教会一统天下的专制格局，在客观上开创了一种新时代前景，但是这场运动本身却具有反理性和反科学的特点，它要树立的是信仰和《圣经》的绝对权威。路德把超出神恩和信仰之外的理性称为"娼妓"，认为自然理性始终处于"魔鬼权柄的支配之下"，他对托马斯·阿奎那等经院哲学家凭借理性来认识上帝和赎偿罪孽的做法深恶痛绝，提出了"本乎恩典，藉着信仰"的十字架神学与"本乎理性，藉着善功"的荣耀神学相对立②。加尔文以《旧约·诗篇》中的"世界就坚定，不得动摇"为根据来反对日心说，质问道："有谁胆敢将哥白尼的威信高驾在圣灵的威信之上？"③ 路德等人用信仰的权威来取代罗马教会的权威，用《圣经》的权威来取代教皇的权威，这种"唯独信仰，唯独《圣经》，唯独恩典"的虔信主义对于克服罗马天主教会的堕落和虚伪是非常必要的，但是它对于新兴的科学理性也构成了巨大的障碍④。因此，当宗教改革运动以虔信主义为武器打破了罗马天主教会的专制统治之后，17 世纪发轫的欧洲启蒙运动就开始以理性精神为武

---

①　G. R. 埃尔顿编，王美秀等译：《新编剑桥世界近代史》第 2 卷《宗教改革：1520—1559 年》，中国社会科学出版社 2003 年版，第 3 页。

② 　路德反对建立在形式逻辑之上的自然理性，但是却创立了一种具有神秘特点的思辨理性。在他的十字架神学（《海德堡辩论》《基督徒的自由》等论著）中表现了一种从"背反的启示"（revelation of contrariness）中把握基督教奥秘、在矛盾的事物中揭示真理的辩证法，这种注重对立统一的思辨神学后来对黑格尔的思辨哲学产生了深刻的影响。参见拙文《十字架神学的吊诡——路德神学的理性精神与自由思想新探》，载《道风：基督教文化评论》（香港）第 25 期，2006 年秋季号。

③ 　参见罗素著，马元德译：《西方哲学史》下卷，北京：商务印书馆 1976 年版，第 47 页。

④ 　宗教改革运动不仅由于虔诚的信仰主义而具有反理性、反科学的特点，而且也由于坚定的圣徒意识和选民意识而具有一种不宽容和反民主的特点（虽然加尔文教的圣约思想与西方后来的宪约民主之间有着某种微妙的相通之处），这些都是与 18 世纪启蒙运动所提倡的科学、民主精神背道而驰的。

器来突破宗教改革运动所营造的虔信主义氛围。

如果说人文主义者和宗教改革家都是一些向后看的保守主义者，他们只是"意外地"开创了一个新世界的前景，那么17世纪的"理性主义者"们则开始自觉地开创一种文化新气象。这些"理性主义者"是指当时一切具有批判意识和怀疑精神的思想家，他们既包括弗兰西斯·培根、霍布斯、洛克这样的经验论者，也包括笛卡尔、斯宾诺莎这样的唯理论者；既包括惠更斯、牛顿、波义耳这样的自然科学家，也包括爱德华·赫伯特、沙夫茨伯里、马修·廷德尔、约翰·托兰德这样的自然神论者。正是他们以怀疑精神为武器、以科学理性为依据，在批判旧世界的精神氛围的基础上开创了一个云蒸霞蔚的新时代。怀特海把科学家和哲学家如同雨后春笋一般涌现的17世纪称为"天才的世纪"；罗素认为，文艺复兴时代尽管在文学艺术上的成就琳琅满目，但是在科学和哲学方面却是一个"不毛的"世纪，到了17世纪，尊重科学才成为"大多数重要革新人物的特色"①。

在17世纪，以英国知识分子为典范的理性主义者们树立起一套全新的思想规范，这套具有普遍性和必然性的思想规范在自然界中表现为可以运用数学方法来认识的宇宙规律，在人类社会中则表现为通过社会契约而缔结的法律制度。按照17世纪在英国知识分子中广为流传的自然神论——它是对16世纪"唯独信仰"的宗教虔信主义的一种理性化改革——的观点，充满理性精神的上帝一方面将普遍必然性的秩序赋予自然界，一方面把健全的理性（包括康德后来所说的理论理性和实践理性）赋予我们。自然神论关于自然秩序的宗教信念在科学上得到了牛顿创立的机械论世界观的理论支持，而自然神论关于人类天赋的思想——它最初表现为"自然神论之父"赫伯特在《论真理》一书中所提出的"共同观念"（common notion）——则成为从笛卡尔一直到康德的西欧诸多哲学家的普遍共识。如果说自然神论和牛顿的机械论世界观确立了一个严格遵循自然规律的自然世界，那么同时期迅猛发展的自然法学派则确立

---

① 罗素著，马元德译：《西方哲学史》下卷，商务印书馆1976年版，第7页。

了一个依照社会契约而运行的宪政社会。既然天上有一个尊重自然规律的上帝，人间就应该有一个遵守社会法律的君主；自然界杜绝任何违背自然律的奇迹，人类社会同样也不应该允许破坏宪政的专制。当牛顿用一个严格遵循数学定律而运行的机械论世界观取代了充满奇迹的中世纪神学世界观时，洛克也用一种天赋人权和君主立宪的民主政治取代了统治者为所欲为的专制政治。在17世纪的英国，自然神论与自然法学派异曲同工，相映成趣，它们共同构成了18世纪法国启蒙运动的理论渊源。[①]

　　一个遵循规律的自然界和一个依法运行的宪政社会使得人类的进步成为可能，从而从根本上改变了基督教末世论盼望上帝降临的传统历史观，用一个不断进步的人间理想取代了虚无缥缈的天国蜃景。进步观念的出现及其深入人心是启蒙运动的一个重要标志，也是此前人文主义者所赞美的人间幸福、宗教改革家所推崇的圣洁美德和理性主义者所追求的科学真理的共同愿景。到了18世纪，古今之争的实质已经从借用古人权威来对抗现实权威的文化复古主义，转变为用一个不断进步的未来图景来超越现实苦难的社会进化主义；批判的矛头也从罗马天主教会转向了基督教信仰本身。18世纪法国启蒙思想家孔多塞在《人类精神进步史表纲要》中对这种代替了天国盼望的人间进步理想讴歌道：

> 　　人类的这种影像，人类甩掉了锁链，摆脱了命运的帝国，摆脱了进步之敌的帝国，沿着真理、美德和幸福之路，以坚定强健的步伐前进的景象，对于哲学家来说，是何等的令人欣慰！正是对这种前景的思索，大大酬报了哲学家所有的辛劳。[②]

　　如果说17世纪英国的自然神论者还羞怯怯地打着上帝的大旗，那么18世纪法国的启蒙思想家则走向了激进的无神论。他们陶醉在人类进步的光明前景中，运用羽毛丰满的理性对遍体鳞伤的基督教进行了猛

---

① 18世纪法国启蒙运动的两位精神领袖伏尔泰和孟德斯鸠就分别受到英国自然神论和自然法学派思想的深刻影响。

② 转引自詹姆斯·C.利文斯顿著，何光沪译：《现代基督教思想》上卷，四川人民出版社1992年版，第14页。

烈批判。以自然神论者自居的伏尔泰对基督教的组织体系、教义信条和神职人员进行无情的批判，他以理性的名义对那些搜刮民脂民膏的修道院长们宣称道："你们曾经利用过无知、迷信和愚昧的时代来剥夺我们的遗产，践踏我们，用我们的血汗来自肥。理性到来的日子，你们就发抖吧。"[①]到了年轻一代的百科全书派思想家那里，对教会体制和神学教义的批判进一步发展为对基督教信仰本身的批判，从而把伏尔泰等老一辈启蒙思想家的自然神论推向了公开的无神论。在狄德罗、霍尔巴赫等人眼里，基督教乃至一切宗教都被看作是愚昧加欺骗的产物[②]，是理性遭受蒙蔽的结果。狄德罗认为自然是一个自己发生、自己生长的独立体系，并不需要上帝来充当初始原因。霍尔巴赫不仅在《揭穿了的基督教》中把上帝说成是"一个独夫，一个民贼，一个什么都能干得出的暴君"[③]，而且还在《自然的体系》中明确宣称，宗教是"被想象和无知发明出来……它们最初被一些野蛮人发明出来，但现在仍支配一些最文明的民族的命运"[④]。爱尔维修则提倡一种与基督·耶稣所代表的自我牺牲的价值取向背道而驰的利己主义道德观，鼓励人们理直气壮地追求现世的快乐和幸福；他还大声疾呼要运用理性的教育来消除宗教的愚昧，建立起一种世俗的道德规范和法律秩序，从而实现启蒙的目标和进步的理想。

2. 对启蒙理性的反思 —— 理性与信仰的协调

18 世纪法国启蒙运动把理性推向了极端，百科全书派的响亮口号就是"把一切都拉到理性的法庭面前来接受审判"。理性取代了上帝的至上地位，对一切传统的信仰和秩序进行了激烈的批判，但是却唯独忽略了对理性自身的批判。就此而言，18 世纪法国启蒙运动的特点恰恰是用

① 伏尔泰著，王燕生译：《哲学辞典》上册，商务印书馆 1991 年版，第 2 页。
② 伏尔泰曾以调侃的口吻把上帝说成"第一个傻子所遇见的第一个骗子"，梅利耶也认为，宗教最初是被阴谋家虚构出来，然后被骗子和江湖术士加以渲染，再被愚昧的无知者加以信仰，最后被统治者用法律加以维持和巩固。这种观点到了百科全书派思想家如狄德罗、霍尔巴赫等人那里，成为一种共识。
③ 参见北京大学哲学系外国哲学史教研室编译：《十八世纪法国哲学》，商务印书馆 1963 年版，第 556—557 页。
④ 霍尔巴赫著，管士滨译：《自然的体系》下卷，商务印书馆 1964 年版，第 16 页。

一种非理性的态度来对待理性本身。[①]这种理性独断论虽然在当时的知识精英中产生了一种振聋发聩的巨大影响，但是它不仅在理论上具有一种法国式的肤浅性[②]，而且在实践上也并没有改变法国民众的宗教虔诚。

在法国启蒙运动阵营中，特立独行的卢梭就明确地表示了对理性独断论的怀疑，他试图在知性意义的理性范围之外，在道德良知和自然情感的基础上重建真挚的宗教信仰。面对着百科全书派同伴们对上帝的公然亵渎和对宗教的无情攻击，卢梭坚定不移地表达了自己对上帝存在和灵魂不灭的信念。他写道："形而上学的种种诡谲，片刻也无法诱使我怀疑自己灵魂的永存和精神的上帝；我感受它、坚信它，我向往它、期待它，并且只要一息尚存，就要捍卫它。"[③]卢梭在知识理性之外重新寻找宗教信仰的根基的做法，为后来康德的道德神学和施莱尔马赫的情感神学开创了思想先河，并且引发了19世纪风靡欧洲的浪漫主义运动。更为重要的是，卢梭反对无神论、试图调和信仰与理性的观点也代表了法国大革命前后普罗大众的思想情感。在18世纪的法国，无神论只是精英阶层的一种高雅的思想时尚，正如戴假发、佩花剑是上流社会的一种高雅的行为时尚一样；然而对于那些衣不遮体、食不果腹的广大民众来说，无神论却是一种消受不起的精神奢侈品。对卢梭思想推崇备至的法国大革命领袖罗伯斯庇尔公开宣称："无神论是贵族政治的。一位全能的上帝照顾受压迫的善良的人，并惩罚得意扬扬的罪犯乃是人民的基本观念，这是欧洲与世界人民的观点；这是法国人民的观点。"[④]希尔认为，罗伯斯庇尔始终对宗教信仰情有独钟，他公开谴责"无神论者和唯物主义者

---

① 正因为如此，后来康德才主张人们首先应该理性地对待理性本身，即对理性的能力、范围和界限进行批判性考察。

② 黑格尔后来深刻地指出：宗教作为许多世纪中"千百万为之而生、为之而死的人认作义务和圣洁的真理的东西，至少就其主观方面来说，并不是单纯的毫无意义和不道德。如果整个神学教条的体系按照人们喜爱的一般概念的方法把它解释成为在启蒙时代站不住脚的黑暗中世纪的残余，那么人们自然还要人道主义地问：那样一个违反人类理性的并且彻底错误的体系何以竟会建造起来呢？"（黑格尔著，贺麟译：《黑格尔早期神学著作》，商务印书馆1988年版，第160页。）

③ 卢梭：《通信集》第二卷，转引自卡西尔著，刘东译：《卢梭·康德·歌德》，生活·读书·新知三联书店1992年版，第45页。

④ 参见威尔·杜兰著，幼狮文化公司译：《世界文明史·拿破仑时代》上册，东方出版社1999年版，第99页。

的阴谋",颁布法令强调"法国公民承认至高存在和灵魂不朽","甚至1789年国民大会通过的《人权宣言》也是一个宗教文件,它是一千年来被迫害的不从国教者的经验与天主教、新教加尔文派、不从国教者的法律哲学中发展出的自然法权和良心自由理论相结合的产物"①。

霍尔巴赫等法国无神论者剑走偏锋的宗教批判以及卢梭(还有同时代的英国哲学家休谟)对理性独断论的质疑,一旦传播到社会落后、思想保守的德国,立即就引起了深刻的哲学反思。如果说启蒙运动在17世纪的英国思想界表现为一种试图在上帝的羽翼下发展理性的审慎主张(自然神论),在18世纪的法国思想界表现为一种用理性来颠覆信仰的激进姿态(无神论),那么它在稍晚的德国思想界则表现为一种努力调和理性与信仰的稳健立场。无论是康德通过严格划界而形成的知识理性与宗教信仰井水不犯河水的二元论,还是哈曼、雅可比、谢林等人试图维护信仰对于理性的超越地位的神秘主义;无论是黑格尔将理性与信仰辩证统一的思辨哲学,还是施莱尔马赫在理性(包括知识理性和实践理性)之外为信仰重建根基的情感神学——尽管表现形式互不相同甚至针锋相对,所有这些努力说到底都是为了寻求理性与信仰的协调和互补,以反对片面的信仰独断论(虔信主义)和同样片面的理性独断论(无神论)。

在法国,由于路易十四废除了《南特敕令》(1685年),造成了天主教会的思想专制与波旁王朝的政治专制沆瀣一气的暴虐局面。当18世纪法国的知识精英掀起启蒙运动大潮时,他们所面对的是一个强大的专制同盟,因此法国启蒙运动难免带有一种矫枉过正的偏激特点,对宗教的批判也极尽刻薄恶毒之能事(由此也决定了它的肤浅性)。然而在仍然处于分裂落后状态中的德国,整个近代文化的精神氛围都与马丁·路德所开创的新教传统密切相关。②两百年来,这种新教传统培育了一种德意

---

① 弗里德里希·希尔著,赵复三译:《欧洲思想史》,广西师范大学出版社2007年版,第432页。
② 19世纪德国伟大诗人和思想家海涅在谈到路德对德国文化的影响时这样说道:"路德不仅是我国历史上最伟大的人物,同时也是一个最为德意志式的人物;在他的性格中德国人所有的一切优点和缺点完完全全地统一在一起,因而他这个人也就代表了这个不可思议的德国。""荣誉归于路德!永恒的荣誉归于这位敬爱的人物,多亏他拯救了我们最高贵的财富,我们今天还靠他的善行恩德生活!"(亨利希·海涅著,海安译:《论德国宗教和哲学的历史》,商务印书馆1974年版,第37、39页。)

志民族特有的宗教虔诚。因此，当18、19世纪的德国知识分子面对着风靡欧洲的理性主义思潮时，他们所要做的事情就是力图在英、法所代表的普世性的理性精神与德意志民族的宗教虔诚之间建立一种和谐的关系。莱辛运用一种历史理性的观点来解决理性与信仰的矛盾，他既不像传统教会人士那样将基督教说成是绝对真理，也不像法国无神论者那样将基督教说成是一场骗局，而是通过展现上帝对人类的教育计划，来论证基督教的历史合理性，并从中引申出一种理性宗教的发展前景。康德一方面将上帝限制在经验知识的范围之外，另一方面则明确表示"我不得不悬置知识，以便给信仰腾出位置"[1]，从而建立起一种理性界限内的宗教。哈曼主张以一种"苏格拉底式的无知"态度来对待理性无法论证的信仰，他认为："人们所相信的东西，是没有必要去证明的东西……信仰不是理性的工作，所以，不能对它进行攻击；相信或不相信，其理由都非常少，就像味道的好与坏、观看的美与丑一样没有多少理由可陈。"[2] 黑格尔对基督教的基本教义（三位一体、原罪与救赎等）进行了思辨性的哲学阐释，最终实现了神与精神、信仰与理性、神学与哲学的辩证统一。"哲学就是神学。……这种和解是上帝的和睦，它并非'超越一切理性的'，而是作为真理通过理性而被认识和思维的。"[3] 一般说来，德国启蒙思想家之间的分歧并不在于到底是要理性还是要信仰，而在于理性与信仰在协调的统一体中各自占有什么样的分量。相对而言，莱辛、康德、门德尔松等人更加偏重理性精神和普世性，哈曼、赫尔德、雅可比等人更加强调宗教信仰和民族性；黑格尔则试图以一种绝对唯心主义的霸气将二者熔于一炉，在完成对神秘教义的理性化诠释的同时，实现理性本身的神秘化[4]。然而不论思想倾向如何，他们都力图在理性与信仰、普世性与民族性之间建立起一种和谐关系，而不是像法国启蒙思想家那样简单地

---

[1] 康德著，邓晓芒译，杨祖陶校：《纯粹理性批判》，人民出版社2004年版，第二版序，第22页。

[2] 哈曼著，刘新利选编：《纪念苏格拉底：哈曼文选》，华夏出版社2009年版，第111页。

[3] G.W.F.Hegel, *Lectures on the Philosophy of Religion*, vol.3, University of California Press, 1984, p.374.

[4] 黑格尔在《小逻辑》《宗教哲学讲演录》等著作中多次表达了一个观点，即理性的思辨真理对于以抽象的同一性为原则的知性来说，就是神秘。关于黑格尔将神秘教义理性化和将理性神秘化的双向思辨过程，请参阅拙著《黑格尔的宗教哲学》，武汉大学出版社2005年版。

用一方来否定另一方。

　　就在启蒙理性在知识分子中大行其道的 18 世纪，在普遍民众中也同时兴起了一场信仰复兴浪潮。从尼古劳斯·冯·青岑多夫等人在德国推动的虔敬派运动，到约翰·卫斯理等人在不列颠倡导的福音运动，再到乔治·怀特菲尔德、乔纳森·爱德华兹等人在北美新大陆掀起的宗教大觉醒运动，一股声势浩大的弘扬宗教改革、重振虔诚信仰的灵性运动在欧洲和北美广大民众中兴起，与理性主义的启蒙思潮形成了互补之势。这股复兴信仰的虔敬主义浪潮的最大特点在于，用个人内在的灵性经验和自由结合的属灵团体来取代关于神学教义的理性争论和体制化的教会组织，从而将宗教改革运动所开创的"因信称义"传统真正地落实到每个信仰者的内心世界。著名教会史家雪莱在评价这场风靡欧美的信仰复兴运动的重大意义时指出，它使教会的重心从热烈的争辩转向了对灵魂的关怀，将布道和抚慰心灵当作教牧工作的主要内容，使平信徒在复兴宗教方面发挥了重要的作用。"支撑所有这些要点的是虔诚派信徒的首要主题：重生。他们不将此视为一种神学教理，而认为它是基督徒必不可少的体验。他们相信，这种属灵重生真正实现了新教的宗教改革。"[①] 这种重生并不像中世纪所宣扬的那样指向另一个世界，而是直接体现在现世的灵性生活中，体现在每个人当下的宗教虔诚和道德修养中。这种具有深厚现实意义的重生信念对于理性独断论和无神论所造成的信仰缺失以及道德松懈状况产生了显著的矫正作用，成为传承和弘扬基督教信仰的重要精神动力。

　　不久以后，与德国启蒙思想家在对立的东西之间寻求同一的做法相呼应，同时也作为对暴烈的法国大革命的一种思想反动，浪漫主义在 19 世纪初期席卷了整个欧洲。浪漫主义无疑是对 18 世纪飞扬跋扈的理性独断论的一种抗议和矫正，它一方面宣泄了强烈的"理性恨"和"现实恨"情绪，尤其是对法国启蒙运动的无神论思想和法国大革命的平民恐怖主义怀着深刻的仇恨；另一方面则表现出对田园湖畔的绮丽风光、异国他

---

① 布鲁斯·雪莱著，刘平译：《基督教会史》，北京大学出版社 2004 年版，第 373 页。

乡的神奇际遇以及"中世纪月光朦胧的魔夜"的无限眷恋，这种回归自然、追求美感和缅怀传统的思想倾向必然会导致基督教信仰的大复兴。

浪漫主义鼻祖卢梭曾在《爱弥儿》中明确表示："一颗真诚的心，就是上帝的真正殿堂！"这种把宗教信仰建立在内在良心而非知识理性之上的观点不仅影响了康德，而且也极大地启发了浪漫主义者。对于浪漫主义者来说，基督教的上帝不再是自然神论中的那个毫无情趣的钟表匠或设计师，甚至也不是康德道德宗教中的那个在来世保证德福相配的公正裁判官，而是一个鲜活地体现在自然万象之中，特别是亲切可感地呈现在信仰者的心灵之中的温情抚慰者。法国浪漫主义巨擘夏多勃里昂在《基督教真谛》中用美学感受取代理性论证来作为基督教信仰的根基，认为基督教的庄严真理和神圣权威就在于它所具有的无与伦比的美。英国湖畔诗人柯勒律治认为，正是那些"空洞无物、缺少思想的哲学"导致了"内容贫乏而不能使人得到慰藉的宗教"[1]。他对时下流行的自然神学、物理学神学等各种试图为基督教信仰寻找理性证据的做法深感厌倦，对他而言，基督教不是一套枯燥晦涩的教义体系，而是一种充满情感的生活方式，信仰的根基就深深地扎在活生生的生命体验之中。如果说柯勒律治是使"一种有生命的英国神学能从 18 世纪末的正统理论和理性主义的残羹冷饭中重获新生"的头号功臣，那么施莱尔马赫更是"被公认为从约翰·加尔文到卡尔·巴特期间最重要的新教神学家。他在神学中进行了一场'哥白尼式的革命'，其重要性可与康德在哲学中的革命相比"[2]。施莱尔马赫明确地表示，宗教的基础既不是科学知识，也不是道德律令，而是一种内在感受，即"直接的自我意识"，或"在无限者中并依靠无限者"的绝对依赖感。"宗教的本质既非思维也非行动，而是直观和情感。"[3] 这种直观和情感是无须通过形而上学的思辨或道德的反省来获得的，而是天

---

① 柯勒律治：《平信徒布道》，转引自李枫：《诗人的神学 —— 柯勒律治的浪漫主义思想》，社会科学文献出版社 2008 年版，第 173 页。

② 詹姆斯·C.利文斯顿著，何光沪译：《现代基督教思想》上卷，四川人民出版社 1992 年版，第 169、189 页。

③ 施莱尔马赫著，邓安庆译：《论宗教 —— 对蔑视宗教的有教养者讲话》，道风书社（香港）2009 年版，第 32 页。

然地植根于人性之中。全部宗教的总和，说到底就在每个信仰者与上帝的内心交往和生命感受中。面对着启蒙思想家关于基督教信仰是不可理喻的迷信的攻讦，浪漫主义者明确地宣称，基督教信仰确实是"不可理喻的"，但是这并不妨碍它的真理性，因为人类理性本身就具有极大的缺陷性，它并不能理解呈现于个人生命体验之中的神圣真理。

浪漫主义思潮在批判理性独断论的同时进一步推动了信仰的复兴浪潮，从而使基督教信仰在遭受了启蒙运动的摧残之后迎来了一个劫后重生的繁荣时期。在法国，浪漫主义思潮以及对法国大革命的文化反思导致了拿破仑时代的天主教复兴。在英国，在柯勒律治等具有神秘气质的思想家的启发下，由约翰·克布尔、约翰·亨利·纽曼等人发起了牛津运动，在强化宗教虔诚的同时大力倡导基督徒对社会的责任感和参与意识，推动了英国圣公会和天主教的复兴。在德国，施莱尔马赫的情感神学更是对现代自由派基督教信仰产生了广泛而深刻的影响，实现了基督教信仰与个人性灵的内在契合。

经过上述一系列的复兴和变革，在现代西方社会中，基督教信仰已经与科学理性形成了一种并立和互补之势。基督教信仰不再是反科学理性的，恰恰相反，它经历了启蒙时代的洗礼，成为对科学理性的一种重要补充。人类的理性毕竟是有限的，浩渺宇宙和复杂人生中有许多无限奥秘是人类的理性能力无法洞悉的，在这种情况下，与其把关于无限者的茫然无知付诸断然的否定（无神论）或者自慰的怀疑（不可知论），不如将其付诸对某种终极实在和永恒秩序的信念。这种信仰并非反理性的，而是与有限理性并立而互补的，它植根于真实可感的生命体验之中，植根于每个基督徒的灵性血脉之中。正因为如此，在已经实现了现代化转型的西方社会，科学技术的高度发展并没有撼动基督教的信仰根基，世俗化的巨大潮流也不足以从根本上颠覆对上帝的信仰。科学技术为人们不断揭示出"头顶上的星空"的秘密，而关于上帝的信念则成为"心中的道德律"和"绝对依赖感"赖以维系的坚固磐石。西方的启蒙运动曾一度表现为与基督教信仰的彻底决裂，但是经历了18世纪末叶以来的一系列宗教复兴运动，到了今天，奠基于启蒙理性的科学知识和民主政治已经与基督教信仰达成了妥协，二者共同构成了现代西方文化的基本特征。就此而言，法国启蒙思想家激烈而浅薄的宗教批判只不过是启蒙运动的一种极端形式罢了，而信仰与理性最终形成的这种并立与互补格局，才是西欧启蒙运动所产生的最具历史影响的成果。施莱尔马赫曾在他那篇著名的讲演中说道："只有当宗教自身和形而上学与道德并肩而立时，公共的领域才能完善丰满起来，人的本性才能从这方面得到完善。"[①]一位当代美国历史学家彼得·里尔巴克谈到在启蒙思想孕育下成长起来的美利坚合众国时，特别指明了信仰在美国现代社会中的重要意义：

> 美国历史中的一些伟大象征，如《独立宣言》、国徽，都可以看到上帝在美利坚合众国立国过程中的护理之工。在清教徒先辈、大陆会议、制宪会议、国歌、国训以及效忠誓语中，我们都可以看到上帝超自然的护理和引导。纵观美国历史上那些伟大的领袖们，从乔治·华盛顿到约翰·肯尼迪再到乔治·布什，也都可以看出基于上帝的护理之工，信仰与政府之间一直存在着紧密的联系。[②]

参照西方的启蒙运动，反观中国的启蒙历程，应当领悟出某些共性的东西。近世中国的文化启蒙，虽然不像西方启蒙运动那样始终围绕着理性与信仰、科学与宗教的关系而展开，但是仍然涉及传统与更新的关系问题（这个古今之争的问题在鸦片战争以后的特殊境遇下往往表现为中西之争的问题）。中国文化的启蒙历程，从明清之际王阳明、黄宗羲、顾炎武、戴震等人试图在儒学道统的框架内推陈出新，到辛亥革命和新文化运动决然颠覆"孔门之政"和"孔门之学"，再到当今时代大力倡导弘扬传统和复兴国学，整个过程可谓波谲云诡、跌宕起伏。数百年来，尤其是自鸦片战争以来，在西方化浪潮与中国文化传统之间形成了巨大

---

① 施莱尔马赫著，邓安庆译：《论宗教——对蔑视宗教的有教养者讲话》，道风书社（香港）2009 年版，第 33 页。

② 彼得·里尔巴克著，黄剑波、高民贵译：《自由钟与美国精神》，江西人民出版社 2010 年版，第 146 页。

的张力，各种偏激主张层出不穷。时至今日，随着经济的腾飞和综合国力的加强，中国的启蒙反思和文化重建问题已经迫在眉睫。如何在普遍性的时代潮流与独特性的文化传统之间建立一种协调关系，从而创建有中国特色的现代文化，这是一个值得国人深思的问题。在这一点上，西方的启蒙历程或许能够提供某些有益的启示。

第五章

近世中国文化的启蒙历程

一　中国明清之际的自发性启蒙

关于中国文化启蒙的问题，在学术界一直是一个热门话题。由于现代化在全球范围内是一个由西向东、由北向南的历时性扩展过程，而中国和其他东方国家的现代化过程最初是在西方文化强有力的影响之下发生的，因此中国的文化启蒙历程，也应该从鸦片战争把封闭的国门和幽闭的思想打开之后才真正开始。但是在此之前，中国社会就已经自发地出现了一些具有启蒙色彩的新文化因素，尤其是在明朝中叶以后，在儒家知识分子中间出现了一些试图突破传统的道学束缚和专制体制，倡导民本主义和科学精神的新思想。这些启蒙思想的涓涓细流，虽然后来对晚清和民国时期的知识分子多有启发，构成了近世中国一脉相承的启蒙思潮端绪，但是在明清之际的数百年间，却经历了各种坎坷塞滞，一波三折，呈现出一种奇特的"难产"现象[①]。

这种艰难复杂的"难产"现象，与中国明清时期集权专制的政治制度和根深蒂固的礼教规范有着密切的关系。与西方中世纪罗马天主教会一统天下的精神专制不同，中国明清时期的专制主义是全方位的，它不仅在经济、政治方面实行"溥天之下莫非王土，率土之滨莫非王臣"的中央集权，而且也通过"忠孝节义""三纲五常"的封建礼教牢牢地控制

---

① 研究明清启蒙思想的著名学者萧萐父先生在《中国哲学启蒙的坎坷道路》一文中对这种"难产"现象解释道："'难产'作为一种历史现象，指社会运动和思想运动的新旧交替中出现新旧纠缠，新的突破旧的，死的又拖住活的这种矛盾状况。它在我国历史上多次出现，似乎带有规律性。"（萧萐父：《吹沙集》，巴蜀书社 1991 年版，第 24 页。）

了整个社会的伦理道德和思想文化，形成了一种治统（君主政治）与道统（名教规范）相结合的专制主义。在西方，自16世纪以后，宗教改革运动打破了罗马教会一统天下的专制格局，从而不仅使一些民族国家在政治上得以自立和崛起，而且从此"道术为天下裂"，西欧各国在宗教信仰和文化精神方面各行其道，异彩纷呈。这种政治、文化分裂的局面有利于西方启蒙思想的生长和发展，呈现出一种"东方不亮西方亮"的情形。例如，当欧洲大陆各国还普遍沉浸在"唯独信仰"的沉闷氛围中时，新兴的科学理性精神却已经在孤悬海外且有着经验主义传统的英国觉醒，待羽毛丰满后又传入欧洲大陆，从而引发了轰轰烈烈的启蒙运动。然而，中国明清时期大一统的政治专制和思想专制格局却严重地阻碍了初甦的启蒙思想的发展壮大，使得后者在三百年的时间里始终走不出标新立异和回流瞻望的怪圈。直到鸦片战争发生之后，面对着在西方现代文明挑战之下日益显露出来的落后、蒙昧、困窘状态，中国的文化启蒙才逐渐摆脱了上述怪圈的纠缠，在学习西方文化的过程中走上了一条不断深化的渐进之路。

1. 王阳明"心学"与启蒙思想之滥觞

明朝中叶是中国社会发展的一个重要时期，虽然在政治上阉党专权、暴政横行，但是民间却出现了越来越明显的商品经济潮流，市民的精神文化生活也变得日益开放。与宋朝较为宽松的政治环境不同，明朝自朱元璋开国以来，就实行严酷的君主专制。宋代的皇帝大多比较尊重知识分子（士大夫），奉行一种君臣"共定国是""共治天下"的开明政治理想；士大夫们也胸怀"修齐治平""内圣外王"的宏大抱负，"以天下为己任"，积极投身于经世致用的政治实践，试图通过"得君行道"的方式来落实儒家的大同理想。宋代得以确立并成为后世儒学圭臬的程朱理学（道学），就是一套旨在从天理、人性中引申出仁政，将"道学"与"政术"合二为一的政治哲学。但是到了明朝，由于君主专制和宦官当道，士大夫沦落为皇帝的御用工具，逆来顺受尚可保性命无虞，一言相忤即会招致廷杖之辱、诛戮之祸。[1] 在这种情况下，"明初文人多不仕"，儒生们专注于"内圣"之学，修身齐家，苟保平安，再不敢奢言治国平天下的"外王"之道。稍后，随着民间商品经济的日益活跃，又出现了"弃儒入贾""士商互动"的大趋势。许多儒生、文士的胸怀志向由朝堂仕途转向了商贾之道和市井生活，其结果一方面加强了缙绅社会和宗法组织的势力，另一方面也促进了世俗文化的繁荣。各种带有神秘色彩的民间宗教竞相涌现，小说、戏曲也随着印刷市场的扩大而风靡盛行，民间文化变得丰富多彩，无形中冲决了程朱道学精心营造的礼教藩篱。低吟浅唱的文学风格也助长了醉生梦死的生活方式，骄奢淫逸之气甚嚣尘上，"文人学士得以跌荡于词场酒海间"。到了嘉靖以后，社会上更是"古风渐渺""娇声充溢"。这种奢靡放荡之风在富庶发达的江浙一带更为兴盛，它既是繁荣昌盛的商品经济和市井生活的一种表现形式，同时也是对压抑人性的政治专制和名教纲纪的一种反抗姿态。

　　除了政治上的统一和分裂这个显著差别之外，明朝中叶的中国社会倒是与文艺复兴时期的意大利有几分相似之处：一方面是民间经济的兴旺、文学艺术的繁盛和生活态度的开放，另一方面却是礼教思想（或宗教信仰）方面的严重禁锢。自元仁宗开始，朱熹的《四书章句集注》就被钦定为科举考试命题释义的准则。到了明朝，更是以程朱理学作为八股取士的标准规范，永乐皇帝还下旨编纂了汇集宋代理学思想的《性理大全》，成为儒生考科举、博功名的钦定教科书。二程、朱熹等宋儒由"内圣"开出"外王"的政治理想虽然已经风雨飘零，但是宋代道学家们大力倡导的三纲五常的名教规范和"存天理灭人欲"的道德要求却仍然被明朝统治者奉为神圣，在思想上对整个社会形成了一种严酷的束缚。这样一来，就在礼义廉耻的名教理想与追欢逐利的生活现实之间形成了一种严重的分裂现象，并且由这种理论与实践之间的分裂而导致了一种普遍的虚伪，即满嘴的仁义道德，实际上寡廉鲜耻。诚如王阳明所揭露的："外假仁义之名，而内以行其自私自利之实，诡辞以阿俗，矫行以

---

① 据明史记载，朱元璋在一次殿宴赐酒时，曾当面对刚肠鲠直的大臣茹太素说："金杯同汝饮，白刃不相饶。"由此可见明朝皇帝对待士大夫恩威并重的态度。

干誉。"① 正是在这种知行分裂、道学虚伪的时代背景下，一批思想新颖、举止狂诞的启蒙思想家应运而生。

在学术界，以"心学"思想突破"理学"传统的王阳明被公认为中国明清启蒙思潮之先驱。"从学术变迁的大势看，阳明心学的勃兴实为传统学术蜕变的一大契机。阳明去世后，其学派急剧分化，发展出'掀翻天地'，'颠倒千万世之是非'的早期启蒙学术思潮。"② 正德元年（1506年），王阳明因上疏提倡广开言路、罢免权奸，冒犯了龙颜，遭受廷杖之辱，后又被贬至贵州龙场。1508年，他在龙场中夜"大悟格物致知之旨"，"始知圣人之道，吾性自足，向之求理于事物者误也"③，由此突破了程、朱"求理于事物"的理学窠臼，确立了"心外无理""天理即是良知"的基本立场。在此大彻大悟的基础上，王阳明又进一步创立了"知行合一"的圣学功夫和"致吾心之良知于事事物物"的新格致之学，发扬光大了宋代陆九渊的"心学"传统。

然而从启蒙的角度来看，王阳明"心学"的重要意义还不在于其"心外无理"的哲学思想，而在于从"知行合一"和"致良知"的理论中演化出来的民本主义政治理想。王阳明虽然生活在"天下无道"的明朝，但是他与宋儒一样，心中仍然抱着由"内圣"开"外王"、变"无道"为"有道"的儒家政治抱负。只不过在朝纲毁圮、政风败坏的明朝，他已经不可能再像二程、朱熹等人那样求诸外在的"得君行道"方式来实现政治理想，因而只能反求诸己，诉诸每个人的良知自觉，希图唤醒社会大众以共同匡济社稷大业。

王阳明既然认为"天理在人心""天理即是良知"，同时又强调良知不分贤愚，人人皆有，"良知良能，愚夫愚妇与圣人同""良知之在人心，无间于贤愚，天下古今之所同也"④，这样就必然会从"致良知"的理论

① 王阳明：《答聂文蔚书》，吴光等编校：《王阳明全集》上册，上海古籍出版社2011年版，第90页。

② 萧萐父、许苏民：《明清启蒙学术流变》，辽宁教育出版社1995年版，第48页。

③ 王阳明：《年谱》，吴光等编校：《王阳明全集》下册，上海古籍出版社2011年版，第1354页。

④ 分别见王阳明：《答顾东桥书》《答聂文蔚书》，吴光等编校：《王阳明全集》上册，上海古籍出版社2011年版，第56、90页。

中产生出"觉民行道"的实践结果。他在《答聂文蔚书》中明确表达由"良知之学"而达到"天下之治"的政治抱负：

> 仆之不肖，何敢以夫子之道为己任？顾其心亦已稍知疾痛之在身，是以彷徨四顾，将求其有助于我者，相与讲去其病耳。今诚得豪杰同志之士扶持匡翼，共明良知之学于天下，使天下之人皆知自致其良知，以相安相养，去其自私自利之弊，一洗谗妒胜忿之习，以济于大同，则仆之狂病，固将脱然以愈，而终免于丧心之患矣，岂不快哉！①

余英时先生把这种通过内在的"自致良知"而使民众觉醒的政治路线称为"觉民行道"，他评价道："与宋代理学家的'得君行道'相对照，阳明'致良知'之教的最显著特色是'觉民行道'。这是他在龙场所悟出的全新构想，具有划时代的重大意义。""'觉民行道'是一个伟大的社会运动和传'道'运动，而不是政治运动，在16世纪的中国曾掀起万丈波澜。"②

王阳明的"心学"变革与马丁·路德的宗教改革有一些相似之处，他们都面对着一个惯性巨大而又僵化刻板的传统思想体系，都试图通过反求诸己的方式来解决外在的社会文化危机。路德用内在的信仰来取代外在的教皇和罗马教会，王阳明则用内在的良知来容涵外在的"天理"。他们的理论都引发了一场声势浩大的思想变革运动，而且都蕴涵着某种唤起民众的可能性。然而，二者的不同之处在于，王阳明的"心学"变革终究没有超出思想运动的范围，它所掀起的"万丈波澜"也只限于儒生、文士的狭小圈子，并没有真正影响到"愚夫愚妇"的市民社会（即使影响到了也只限于空谈心性），未能改变中国的政治、经济格局；然而马丁·路德的宗教改革却在西欧社会尤其是西北欧各国引起了连锁反

---

① 王阳明:《答聂文蔚书》，吴光等编校:《王阳明全集》上册，上海古籍出版社2011年版，第92页。

② 余英时:《中国文化史通释》，牛津大学出版社2010年版，第41、42页。

应，激发了普遍的政治、经济和文化变革，最终导致了罗马天主教会一统天下的破裂和新教世界的产生。究其原因，主要还是由于中国明朝的集权统治过于强大，儒家的思想传统 —— 当时主要表现为宋明理学 —— 不仅根深蒂固，而且与王权密切契合、相互倚重（不像西方教权与王权之间始终存在着一种彼此抵牾的紧张关系）。因此阳明"心学"最终只是演成了儒学内部的一场思想更新，未能引发普遍性的社会变革运动。

王阳明"心学"在明朝中叶的思想界激起了极大反响，且与佛教的禅宗相融会，逐渐成为显学，与程朱理学分庭抗礼且互补共济。一时间，士大夫都以谈论心性为时尚，甚至连市井之徒、宫廷阉宦，也时常把"天理良心""无善无恶"等字句挂在嘴边。[①] 从姚江（阳明）学派中衍生出许多支脉，诸如以王畿为代表的浙中学派、以王艮为代表的泰州学派、以邹守益为代表的江右学派等，各自从不同的角度来阐释和发扬阳明"心学"。一些"每出名教外"的狂狷之士，如何心隐、李贽、袁宏道等人，也从心性之学中衍生出"利欲""童心""性灵"等主张来与"存天理灭人欲"的伪道学相抗衡，甚至矫枉过正，非圣弃道，欲图"颠倒千万世之是非"，淋漓尽致地表现了阳明学中"只信自家良知"的"狂者胸次"。但是这些狂狷之士的激进言行并没有引起社会上的普遍响应，反而被主流社会斥为"惑世诬民"的异端邪说，何、李等人最后也落得个锒铛下狱和身首异处的悲惨下场。

由于受儒家伦理的影响和功名利禄的诱惑，更多的王学弟子与宋明道学相合流，堕入八股文章、歌功颂德的俗套。另一些以"清流"自居者，或花前月下，浪迹风尘，或退隐山林，陶冶心性，都将世道兴衰、黎民疾苦置之不顾。到了晚明时节，王学末流越来越明显地表现出空谈心性的"虚病"征象，将王阳明的"着实躬行"精神和"觉民行道"理想全然抛于九霄云外。东林党人顾宪成对时下王学的蹈虚务空之风批评

---

① 王阳明的四句教"无善无恶心之体，有善有恶意之动，知善知恶是良知，为善去恶是格物"在当时影响极大，自庙堂至江湖不胫而走，脍炙人口。后来王夫之在批判阳明"心学"之流弊时指出："姚江王氏阳儒阴释、诬圣之邪说；其究也为刑戮之民，为阉贼之党，皆争附焉。而以充其无善无恶、圆融事理之狂妄。"（王夫之：《张子正蒙注》，古籍出版社 1956 年版，第 8 页。）由此可见其影响之一斑。

道:"至于水间林下,三三两两,相与讲求性命,切磨德义,念头不在世道上,即有他美,君子不齿也。"[①]针对这种时代流弊,他创办东林书院,提倡经世致用和关怀天下,反对沉溺功名和空谈心性,将一副"风声雨声读书声声声入耳;家事国事天下事事事关心"的对联挂在东林书院讲堂上,以表明务实济世的胸怀。明末清初的思想家顾炎武更是把明朝的灭亡归咎于王学的清谈之风,正如魏晋玄学导致了五胡乱华一样:

> 五胡乱华,本于清谈之流祸,人人知之。孰知今日之清谈,有甚于前代者。昔之清谈谈老庄,今之清谈谈孔孟,未得其精而已遗其粗,未究其本而先辞其末。不习六艺之文,不考百王之典,不综当代之务,举夫子论学论政之大端一切不问,而曰"一贯",曰"无言"。以明心见性之空言,代修己治人之实学。股肱惰而万事荒,爪牙亡而四国乱,神州荡覆,宗社丘墟。[②]

　　梁启超在对明末学术思想进行评论时,认为阳明学派实际上并未摆脱道学八股的陈腐气息,晚明时闹得沸沸扬扬的党派之争(东林、复社与阉党之争),"其实不过王阳明这面大旗底下一群八股先生和魏忠贤那面大旗底下一群八股先生打架"而已。这种"窝里斗"的意气之争,并不能真正解决明朝社会的溃烂腐败问题。因此,"当他们笔头上口角上吵得乌烟瘴气的时候,张献忠、李自成已经把杀人刀磨得飞快,准备着把千千万万人砍头破肚,满洲人已经把许多降将收了过去,准备着看风头捡便宜货入主中原。结果几十年门户党派之争,闹得明朝亡了一齐拉倒。这便是前一期学术界最后的一幕悲剧"[③]。

　　就这样,一种原本可以觉醒大众的启蒙思想萌芽在强大的道学传统和八股习气的束缚下,逐渐蜕变为一种空谈"性与天道"、无视社稷民生的形而上学,最终导致了清谈误国的悲剧结果。

———————

① 黄宗羲:《东林学案》,《明儒学案》(修订本)下册,中华书局2008年版,第1377页。
② 顾炎武:《夫子之言性与天道》,《日知录集释》上册,上海古籍出版社2006年版,第402页。
③ 梁启超:《中国近三百年学术史》,张品兴主编:《梁启超全集》第八册,北京出版社1999年版,第4429—4430页。

2. 明末清初的启蒙涓流

明朝中叶以王阳明"觉民行道"思想为代表的启蒙端绪，完全是在与世隔绝的社会环境中自发地发生的。当时，郑和下西洋活动虽已进行，但是西方文化对于中国社会还没有产生任何实质性的影响。正是这种封闭的社会环境和巨大的文化惯性，使得阳明"心学"虽然在儒生文士的圈子里产生了标新立异的轰动效应，但是终究未能脱出道学名教的基本藩篱。

但是到了明朝晚年（从万历后期至崇祯年间），利玛窦、熊三拔、邓玉函、艾儒略、汤若望等许多西方传教士纷纷扬帆东来。他们在传播天主福音的同时，也带来了西方先进的科学技术知识。在他们的影响下，一批开明的中国士大夫如徐光启、李之藻等人把西方的几何、天文、地理、机械力学等科学思想翻译、介绍给国人，在自然科学和哲学方面开启了人们幽闭的心灵。无独有偶，晚明的政治腐败也使得一些知识分子把眼光转向了自然探索和实用工艺方面，出现了徐霞客、宋应星这样的科技奇人。其所著《徐霞客游记》和《天工开物》堪称中国科技史上的不朽典范，同时也一改晚明道学空谈心性的务虚风气，开近世中国实学研究之先河。当然，最重要的变化当数明末的社会大动荡，无论是张献忠、李自成的农民起义，还是满洲"鞑虏"的入主中原，不仅摧毁了气数已尽的明王朝，而且也是对"忠孝节悌""尊卑贵贱"等名教纲纪的当头棒喝。在这种情况下，一些亡国之士如黄宗羲、顾炎武、王夫之等人一边举义兵抗清复明，另一边则对传统的君主专制和宋明道学进行深刻反省和猛烈批判，从而掀起了明末清初文化启蒙的高潮。

在晚明王学中，除了蹈虚务空的清谈风气之外，也有刘宗周这样提倡慎独践行、反对空谈心性的改革者。黄宗羲师从刘宗周，秉承其健实风格；兼之他身为晚明东林子弟领袖，更是对清谈误国痛心疾首，因此力图从阳明学中发掘出"着实躬行"、经世致用的真精神。他对王阳明的"致良知"之说重新解释道："先生致之于事物，致字即是行字，以救空空穷理，只在知上讨个分晓之非。乃后之学者测度想象，求见本体，只在知识上立家当，以为良知，则先生何不仍穷理格致之训，先知后行，而必欲自为一说耶?"① 黄宗羲不仅在理论上弘扬阳明学的实践精神,而且身体力行,在明末积极参与复社与阉党的斗争;清兵入关后又亲率义兵进行抗清活动,"濒于十死",历尽艰辛。晚年则因明祀既绝、拒清无望,才不得不回归乡里,在浙东开坛讲学,弘扬刘宗周一脉的经世致用主张。在被后世誉为"17世纪中国'民权宣言'"的《明夷待访录》中,黄宗羲像同时代的西方自然法学派一样,从人的与生俱来的自然权利出发,论述了"天下为主君为客"的民本主义思想,并且对以"一己之私"为害天下的君主专制进行了猛烈抨击:

> 　　有生之初,人各自私也,人各自利也,天下有公利而莫或兴之,有公害而莫或除之。……古者以天下为主,君为客,凡君之所毕世而经营者,为天下也。今也以君为主,天下为客,凡天下之无地而得以安宁者,为君也。是以其未得之也,荼毒天下之肝脑,离散天下之子女,以博我一人之产业,曾不惨然,曰"我固为子孙创业也"。其既得之也,敲剥天下之骨髓,离散天下之子女,以奉我一人之淫乐,视为当然,曰"此我产业之花息也"。然则为天下之大害者,君而已矣。向使无君,人各得自私也,人各得自利也。呜呼,岂设君之道固如是乎!……今也天下之人怨恶其君,视之如寇仇,名之为独夫,固其所也。而小儒规规焉以君臣之义无所逃于天地之间,至桀、纣之暴,犹谓汤、武不当诛之;……岂天下之大,于兆人万姓之中,独私其一人一姓乎?②

　　上述言论如同奇峰兀立,嶙峋巍峨,不仅包含着"觉民行道"的理想,甚至还大有呼唤"兆民万姓"起来推翻专制暴政的意思。当然,在黄宗羲写《明夷待访录》的时候,明朝宗庙已经坍塌,南明王朝的那些傀儡皇帝也都死的死、亡的亡;而梨洲本人又心性高洁,抗清不成即归隐山林,绝不愿像"平生谈节义,两姓事君王"的钱谦益、陈名夏等人

---

① 黄宗羲:《姚江学案》,《明儒学案》(修订本)上册,中华书局2008年版,第178页。
② 黄宗羲:《原君》,《明夷待访录》,中华书局2011年版,第6—9页。

那样仕宦清朝做贰臣。这种"无法无天"的自由状态倒是使他可以在书中汪洋恣肆地对君主专制大加挞伐，无所顾忌，不像前朝后世那些受功名利禄所累和政治高压所迫的儒家知识分子，只是一味地歌功颂德或潜心治学。但是即便如此，黄宗羲在反对专制、主张宪政（"有治法而后有治人"）、倡办学校（"公其非是于学校"）等方面也确实要比同时代的启蒙思想家如顾炎武、王夫之等人显得更加激进一些，他因此被后人誉为"中国思想启蒙之父"。顾炎武在致黄宗羲的信中对《明夷待访录》推崇备至，并认为自己在《日知录》中所表述的观点"同于先生者十之六七"。黄宗羲的政治启蒙思想尤其对晚清和民国时期的知识分子影响极大，梁启超在谈到《明夷待访录》对晚清改良人士的重要影响时写道："像这类话，的确含有民主主义的精神，虽然很幼稚，对于三千年专制政治思想为极大胆的反抗。在三十年前，我们当学生时代，实为刺激青年最有力之兴奋剂。我自己的政治运动，可以说是受这部书的影响最早而最深。"① 革命党人章太炎也认为，黄宗羲大力提倡的"公天下"理想已经在近代西方各国的宪政民主现实中得到充分印证："黄氏发之于二百年之前，而征信于二百年之后，圣夫！"②

　　当然，黄宗羲的政治思想与其说是西方式的"主权在民"的民主主义，不如说仍然是孟子所主张的"民贵君轻"的民本主义；他所反对的也只是以"一己之私"为害天下的失道之君，而不是君主制度本身和儒家提倡的君臣大义。明末清初的那些启蒙思想家们，大多从宋、明两朝亡于夷狄的历史教训中看出了君主专制的弊端，主张用分权或"众治"（而非民主）的方式来防止君主独裁。顾炎武认为"人君之于天下，不能以独治也。独治之而刑繁矣，众治之而刑措矣"③，因此他主张"以天下之权寄之天下之人，而权乃归之天子。自公卿大夫至于百里之宰，一命

① 梁启超：《中国近三百年学术史》，张品兴主编：《梁启超全集》第八册，北京出版社1999年版，第4452页。

② 章太炎：《訄书初刻本·冥契第十四》，朱维铮点校：《章太炎全集》第三册，上海人民出版社1984年版，第29页。

③ 顾炎武：《爱百姓故刑罚中》，《日知录集释》上册，上海古籍出版社2006年版，第366页。

之官，莫不分天子之权，以各治其事，而天子之权乃益尊"①。王夫之也反对君主专制的"私天下"，主张"不以天下私一人"，呼吁分权而治的"公天下"。尽管如此，天子之位还是不可废弃，君臣之礼也不可毁坏。即使是口无遮掩、率性直言"自秦以来，凡为帝王者皆贼也""乱天下者惟君"的狂士唐甄，也仍然承认"天下之主在君""治天下者惟君"，未能脱出儒家所推崇的尧舜汤武的"圣君"理想。

　　明末清初启蒙思潮的另一个显著特点是反对空谈、提倡实学，由此引发了对科学技术和经学考证的注重。黄宗羲对宋明理学蹈空避实的风气批评道："儒者之学，经纬天地。而后世乃以语录为究竟，仅附答问一二条于伊洛门下，便厕儒者之列，假其名以欺世。……徒以生民立极、天地立心、万世开太平之阔论，钤束天下。一旦有大夫之忧，当报国之日，则蒙然张口，如坐云雾。"②顾炎武把先秦儒家注重天下国家的实学精神与宋明儒学"置四海之困穷不言，而终日讲危微精一之说"的空疏学风进行了比较，认为宋明儒学已经完全背离了孔孟之道的精义："是故性也，命也，天也，夫子之所罕言，而今之君子之所恒言也；出处、去就、辞受、取与之辨，孔子、孟子之所恒言，而今之君子所罕言也。"③清初著名思想家和教育家颜元批评宋明儒学尽失周孔之学的真旨，他认为昔日周公、孔子以礼乐射御书数等六艺教人，并广泛涉及兵农钱谷等实艺。然而近世士子却只会做八股文章，完全丧失了教学的本旨。颜元还活灵活现地将孔孟之学的广博精彩与程朱理学的单调僵化刻画出来：

　　　　安州陈天锡来问学，谓程、朱与孔、孟隔世同堂，似不可议。
　　曰："请画二堂，子观之。一堂上坐孔子，剑佩觿决杂玉，革带深衣。七十子侍，或习礼，或鼓琴瑟，或羽籥舞文，干戚舞武，或问仁孝，或商兵农政事，服佩皆如之。壁间置弓矢、钺戚、箫磬、算

①　顾炎武：《守令》，《日知录集释》上册，上海古籍出版社 2006 年版，第 541 页。
②　黄宗羲：《赠编修弁玉吴君墓志铭》，《南雷文定》后集卷三，中华书局 1985 年版，第 31 页。
③　顾炎武：《与友人论学书》，华忱之点校《顾亭林诗文集·亭林文集》卷三，中华书局 2008 年版，第 40—41 页。

器、马策，各礼衣冠之属。一堂上坐程子，峨冠博服，垂目坐如泥塑。如游、杨、朱、陆者侍，或返观打坐，或执书吾伊，或对谭静敬，或搁笔著述。壁上置书籍字卷、翰砚梨枣。此二堂同否？"天锡默然笑。[1]

明朝儒生读书求学只是为了考科举，因此除了钦定的《性理大全》之外，其他的书是一概不读的。[2]然而明末清初的那些启蒙思想家，却是博览群书，学以致用，除儒家经史之外，对兵农钱谷、天文历算等均有涉猎。此时西方传教士所带来的西方科学技术已经在部分儒家知识分子中产生了影响，徐光启、李之藻、李天经等人所译、所撰之《几何原本》《泰西水法》《崇祯历书》《浑盖通宪图说》等书籍也由于印刷业的发展而得以流传，这样就使得一批在政治上失意的儒家知识分子把眼光转向了自然科学。以黄宗羲为例，他不仅创作了《明夷待访录》《明儒学案》《易学象数论》等政论经史巨著，而且也对历算之学颇有研究，所著《授时历故》《勾股图说》《开方命算》等书均在科技方面多有发明。他批评朱熹、蔡沈的数学空谈和邵雍的象数迷信，大力推崇徐光启主持编纂的《崇祯历书》，在由他审正的《明史·历志》中充分肯定了该书的科学价值。他甚至提议将历算、乐律、测望、占候、火器、水利等"绝学"纳入科举考试的范围中，可惜这种旨在鼓励发明创造的新主张并没有被当时的朝廷所采纳。一直到晚清，部分科技知识才被纳入科举考试的范围之内，但是此时的科举制度已经行将就木了。

明末清初对于科学技术推崇最力者当数方以智，"质测之学"即由他而兴。方氏年轻时就对西方科学知识深感兴趣，曾与西方传教士毕方济、汤若望以及倡导西学的士大夫瞿式耜等相交往，博采西学精粹。他像孔子当年问礼于东夷的郯子一样，公开提倡"借远西为郯子"，以打破传

---

[1]　李塨：《颜元年谱》，中华书局 1992 年版，第 50 页。

[2]　黄宗羲在《传是楼藏书记》中对这种不学无术的现象批评道："自科举之学盛，世不复知有书矣。六经子史，亦以为冬华之桃李，不适于用。"（《南雷文定》三集卷一，中华书局 1985 年版，第 17 页。）

统的"夏夷之防"。他对中国以往的学术思想进行了批判性梳理，认为除《周髀算经》和惠施学说等少数"核物穷理"的真学问之外，其他诸如儒学、庄子、魏晋玄学等均未免有凿空务虚之嫌。他尤其对宋明儒学从宇宙万物中格出"宰理"（即"治教"之伦理）的做法深为反感，强调应该研究事物的"物理"，即自然属性。朱熹主张"格物穷理"，竟然从宇宙万物中格出了尊卑贵贱、三纲五常等名教伦理；王阳明面对竹子格了七天而一无所得，最后悟出格物致知的要义乃在于"致良知"于事事物物。说到底，他们所格的都是"宰理"而非"物理"。方以智则一改宋明儒学"舍物而言理""托空以愚物"的蹈虚学风，提倡"精求其故"的"质测之学"，他解释道："物有其故，实考究之，大而会元，小而草木螽蠕，类其性情，征其好恶，推其常变，是曰质测。"他还说明了质测之"物理"与治教之"宰理"以及通几之哲理之间的区别："考测天地之家，象数、律历、声音、医药之说，皆质之通者也，皆物理也；专言治教，则宰理也；专言通几，则所以为物之至理也。"[①] 在这三者之中，方以智注重的是质测，因为"质测即藏通几"，即物理中蕴涵着哲理；至于治教之"宰理"，则存而不论，束之高阁。可见，方以智赋予儒家的格物致知以全新的内容，格物即是格自然之物，致知则是致科学之知。

同时代的启蒙思想家大多推崇科学而贬抑玄学。王夫之认为，与邵雍、蔡沈等人"立一理以穷物"的做法相比，"即物以穷理"的质测学才是真正的格物之学。他批评朱熹站在道学立场上把虹霓说成是"天之淫气"，"不知微雨漾日光而成虹"。梅文鼎更是会通中西、博采众长，撰写了《勿庵历算全书》《历学疑问》《中西经星同异考》等科学著作。李光地接受了西方流行不久的哥白尼"日心说"和伽利略"地圆说""地动说"，称这种天文学新观点为"千载而一明"的"圣人之意"。他还为西方科技成果进行辩护，认为"西洋人不可谓之奇技淫巧，盖皆有用之物，如仪器、佩觿、自鸣钟之类"，并引经据典，说明早在《易经》《周礼》

---

① 方以智:《文章薪火》，侯外庐主编:《方以智全书》第一册《通雅》，上海古籍出版社 1988 年版，第 65 页。

《中庸》等先秦经典中就已经包含了舟车、耒耜之类的百工技艺。①刘献廷赞叹徐光启的《农政全书》为"迥绝千古"的经典之作，主张把西方传入的科学知识与中国传统的阴阳五行、谶纬迷信区别开来，把研究的眼光从"治人"的宋明理学转向探寻"天地之故"的自然科学。因此，梁启超对这一时期的学风总结道："自明徐光启以后，士大夫渐好治天文算学，清初则王锡阐、梅文鼎最专精，而大师黄宗羲、江永辈皆提倡之。清圣祖尤笃嗜，召西士南怀仁等供奉内廷。风声所被，向慕尤众。……自尔而后，经学家十九兼治天算。"②

　　然而，这种注重科学研究的风气并没有能够获得长足的发展，主要原因有二：其一是由于受儒家传统的"德成而上，艺成而下"观念的影响，这种"即物穷理""究天地之故"的自然科学知识既无助于道德修养，也无济于功名进取。所以一旦当清室的江山坐稳，八股科举又大行其道时，这种与晚明蹈虚之风背道而驰的实学精神，就从学而无用且有"机心"之嫌的科学领域转向了朝廷所嘉许的经学研究，从而导致了清代考据学的兴盛。其二是由于西学在清朝中期的衰落，这件事与西方传教士在康、雍年间遭到贬逐有关。康熙本为胸怀宽仁之主，对于西学也能够兼听宏纳。他曾任用许多耶稣会传教士供职于钦天监等重要部门，并时常聘请南怀仁、白进等西洋人来南书房讲授西学。但是在康熙晚年，由于在祀孔、拜祖问题上与罗马天主教廷发生了争执，他一怒之下颁布了禁教令，对西洋传教士和西学的态度急转直下。到了雍正王朝，由于此前在皇位之争中一些具有天主教背景的满清权贵支持雍正的政治对手皇太子允礽，所以雍正一旦获胜，就把这些对手杀的杀、关的关，对于西方传教士自然也深恶痛绝。于是他就严格执行康熙的禁教令，把那些耶稣会传教士尽数驱赶到澳门，不允许他们入内地传教。此后一直到嘉庆、道光年间，天主教势力在中国始终未能恢复元气。而西方的科学技术也随之遭到贬抑，打入冷宫，一直到鸦片战争之后才重新得以在中国

---

① 李光地：《三礼》，陈祖武点校：《榕村语录》卷十四，中华书局 1995 年版，第 253 页。
② 梁启超：《清代学术概论》，张品兴主编：《梁启超全集》第五册，北京出版社 1999 年版，第 3089 页。

传播发扬。

明末清初的启蒙思想还包括反对礼教束缚、要求人性解放的内容。例如王夫之反对朱熹的"存天理灭人欲",认为"人欲之大公即天理之至正矣";李光地强调"天地神人以至鸟兽草木总是一个性情",认为"人欲非恶";唐甄反对"男尊女卑""夫为妇纲"的封建纲常,提倡"男女一也"和"夫妻相下"的平等观;傅山更是对宋明两朝"腐儒""奴儒"的奴俗根性进行了猛烈抨击,他认为正是由于程朱理学平时培养了那种"奴儒尊其奴师之说"的"义袭"陋习和深厚奴性,所以在民族危亡时才会出现"衣冠士大夫屈膝丑虏"的卑劣行径。他讥讽"三纲五常"的封建礼教为"治世之衣冠而乱世之疮",呼吁人们起来"把奴俗龌龊意见打扫干净"。

上述这些倡导民主(实为民本)、科学和人性解放的主张,在明清之际产生了振聋发聩的思想效应,激起了近世中国文化启蒙的一圈涟漪。然而,由于实力强大的专制制度和根深蒂固的封建礼教的阻碍,尤其是这二者在康熙时代又开始结成新的牢固联盟,在这种情况下,明末清初的启蒙思潮很快就风平浪静、销声匿迹了。黄宗羲等人对专制暴政的批判和对民权、民利的要求,并没有进一步上升到宪政民主的高度;方以智等人对科学的研究和提倡,也未能形成一种普遍的社会共识和制度化力量(如近代西方将"知识"转化为"力量"的那种科学体制);至于王夫之、傅山等人对封建礼教的抨击和对人性解放的呼吁,亦未能伤及名教伦常之大体。总之,由于缺乏一种现实的历史契机(如西方的文艺复兴、宗教改革和启蒙运动)来使少数知识精英的启蒙思想深入民众,转化为一种实践性的大众价值系统和行为规范,因此明清之际的启蒙思想只能囿于知识精英的象牙塔中,未能演变成一种普遍性的社会大趋势。质言之,明清之际的中国社会只有知识精英的思想启蒙,而无大众文化的更新运动。因此,尽管那个时代的启蒙思想家们勇于拓新、锲而不舍,表现出一种"锋镝牢囚取次过,依然不废我弦歌"的坚贞风范,但是在强大的传统势力和文化回流面前也只能"且劈古今薪,冷灶自烧煮",演成了近世中国文化启蒙的悲怆变奏曲。

二　国势颓败下的启蒙三部曲

1. 洋务派"中体西用"的器物启蒙

满洲人入关以后，利用八旗子弟的剽悍武力和招降纳叛的安抚政策，很快就消灭了南明王朝和李自成的残余势力，建立了统一的大清王朝。面对着最为难缠的汉族士大夫，尤其是江浙一带反满情绪强烈的儒生文士，从顺治到乾隆各朝通过笼络羁縻和残酷镇压双管齐下的策略，终使绝大部分儒家知识分子改变了传统的"夏夷之防"观念，成为效命于清朝的忠臣顺民。清朝统治者一方面实行怀柔政策，如顺治元年重开科举，康熙年间荐举山林隐逸和博学鸿儒、开《明史》馆，乾隆年间修编《四库全书》等；另一方面又加强高压手段，如顺治科场案，康、雍、乾三朝大兴"文字狱"和焚毁禁书等，从而使得朝野的文人士子不是被收买，就是被慑服。反清复明的活动既然已经偃旗息鼓，反对君主专制和名教伦常的启蒙思想自然也就烟消云散。清朝虽为旗人统治，但却已经因循袭用了前朝的典章制度和八股科举，任用汉人官吏，尊崇孔孟之道和名教纲纪。更何况在清室江山坐稳之后就出现了长达百年之久的"康乾盛世"，一时间文治武功、国泰民安，比起前朝万历至崇祯年间那一段衰败的景象来，显得要强盛兴旺很多。在这种情况下，由黄宗羲、顾炎武等人掀起的启蒙思潮自然就不了了之，再一次湮灭在"孔门之政"和"孔门之学"的汪洋巨浸之中。而明末清初那一批新潮学者所提倡的经世致用之学，也从改造社会的政治领域和探索自然的科学领域转向了象牙塔中的经学考据。梁启超对学术界的这种变化评论道：

从顺治元年到康熙二十年约三四十年间，完全是前明遗老支配学界。他们所努力者，对于王学实行革命（内中也有对于王学加以修正者）。他们所要建设的新学派方面颇多，而目的总在"经世致用"。……康熙二十年以后，形势渐渐变了。遗老大师，凋谢略尽。后起之秀，多半在新朝生长，对于新朝的仇恨，自然减轻。先辈所讲经世致用之学，本来预备推倒满洲后实见施行。到这时候，眼看满洲不是一时推得倒的，在当时政府之下实现他们理想的政治，也是无望。那么，这些经世学都成为空谈了。况且谈到经世，不能不论到时政，开口便触忌讳。经过屡次文字狱之后，人人都有戒心。一面社会日趋安宁，人人都有安心求学的余裕，又有康熙帝这种"右文之主"极力提倡。所以这个时候的学术界，虽没有前次之波澜壮阔，然而日趋于健实有条理。①

因此之故，在"康乾盛世"的百余年间，儒家知识分子把全部精力都投入考科举博功名，修编《明史》《四库全书》等历史典籍，以及逃避现实、明哲保身的经学考据中，从而促成了乾嘉学派的兴盛。乾嘉学派推崇"汉学"的经典注疏，强调经文考据和反对理论发挥，与宋明理学、心学空谈理气心性的抽象议论旨趣迥异，但是二者同样陷入了置世事民生于不顾的"凿空"风气中。②到了道光之后，满汉士大夫们又开始面临着真正的"夷狄之邦"即西方列强的威胁和太平天国的造反，儒家知识分子一心只想维护天朝大国的治统和道统，就更是顾不上去搞什么文化启蒙了。

从康熙王朝至鸦片战争的近二百年时间里，中国思想界在启蒙方面基本上处于一片空白（而同时期西方社会的启蒙思潮却蓬勃发展并达到顶峰）。其间虽有袁枚对儒家道统和"吃人礼教"的抨击，戴震对程朱理学"存天理灭人欲"思想的批判，龚自珍对摧残人性、禁锢思想的专制政治的控诉以及对个性解放的呼吁，但是从总体上看，中国思想界确实处于一种"万马齐喑"的沉闷状态中。知识精英迫于高压而曲意逢迎、噤若寒蝉，普罗大众就更是逆来顺受、忍气吞声，整个社会呈现出一派死气沉沉的衰世景象。生活在鸦片战争前夕的龚自珍认为，清朝社会已经到了"岌岌乎皆不可支日月，奚暇问年岁"的危殆地步，他对那个时

---

① 梁启超：《中国近三百年学术史》，张品兴主编：《梁启超全集》第八册，北京出版社1999年版，第4435—4436页。

② 清朝名士袁枚在《随园诗话》（卷二）中指出："明季以来，宋学太盛。于是近今之士，竞尊汉儒之学，排击宋儒，几乎南北皆是矣。豪健者尤争先焉。不知宋儒凿空，汉儒尤凿空也。"

代的庸碌特征挖苦道：

> 左无才相，右无才史，阃无才将，庠序无才士，垄无才民，廛无才工，衢无才商，抑巷无才偷，市无才驵，薮泽无才盗，则非但鹜君子也，抑小人甚鹜。[①]

这个既无真君子，亦无真小人的平庸时代所造成的朝野噤声的沉闷状态，到了鸦片战争之后终于被打破。随着西方列强的坚船利炮轰开了中国紧锁的国门，西方先进的经济模式、政治制度和文化理念也开始在中国大地上长驱直入，从而在思想领域中引发了一场持续百年、不断深化的新启蒙浪潮。

此前中国知识精英的启蒙思潮，基本上是在一种封闭的社会环境中进行的。虽然在晚明时期利玛窦等传教士带来了西方的科学知识，并且得到徐光启等开明人士的热烈响应，但是其对整个中国社会的影响仍然十分有限。在这种相对封闭的情况下，明末清初的启蒙思潮主要是针对宋明儒学的蹈空弊端而起，尤其是在国破家亡的特殊境遇中，黄宗羲等启蒙思想家更是对清谈误国的历史教训刻骨铭心、深恶痛绝。因此，当时的文化启蒙主要表现为中国思想史内部的古今之争，即如何革除今世道学的伪矫饰，弘扬先秦儒家的真精神。故而黄宗羲、顾炎武、王夫之等人均借以"三代之治"的民本主义思想和孔孟之道的经世致用精神来针砭明清时期的专制政治和宋明理学的空谈之风。这种借古讽今的做法，虽然并未能真正冲决君主制度和儒家伦常的罗网，但仍不失为思想觉醒的一条便捷途径（后来康有为等人"托古改制"，采取的也是这种做法）。到了所谓的"康乾盛世"，这种借古讽今的做法不能再在政治领域中施展身手，于是就只能转入纯学术的经学考据，从而导致了与"宋学"相对立的"汉学"之兴盛。

但是在两次鸦片战争之后，中国文化启蒙的思想内涵发生了根本性改变，中西之争取代了古今之争而成为主要的内容。而且中西之间的分

---

① 龚自珍：《乙丙之际箸议第九》，王佩诤校：《龚自珍全集》，上海古籍出版社1975年版，第6页。

歧也以一种新的方式融涵了古今之间的分歧，在民族性差异（中西）之中包含着时代性差异（古今），"西方的"与"现代的"联系在一起，而"中国的"则与"传统的"联系在一起。于是，鸦片战争以后的中国文化启蒙历程就表现为：在不断深入学习西方文化成就的过程中逐渐摈弃中国文化传统的历程。从"中体西用"到"中西会通"，再到"全盘西化"，在文化启蒙的理想蓝图中西方文化的比重越来越大，中国文化的份额越来越小。然而，这种变化趋势发展到一定程度，必然会引起强烈的反弹，导致文化保守主义的出现和高涨。因为中国文化毕竟有着根深蒂固的传统资源和自我更新的旺盛机能，就如同一个遭受重创但却仍然具有自我修复功能的生命体一样，它能够在外来文化的刺激下从自身传统中生发出一种新的文化形态。近一百多年来，中国的文化启蒙历程始终在中、西两种文化之间的张力——它同时也表现为传统与现代之间的张力——中艰难地蹒跚而行，不断地出现复古主义和"全盘西化"这两种极端，而更多的努力则是试图在二者之间寻找一条中西合璧的道路。在谈到以"安足"为目的的中国农业文化面对着以"富强"为目的的西方商业文化的挑战时，钱穆先生提出了两个所有关心中国文化的人都必将关注的问题：

> 第一：如何赶快学到欧、美西方文化的富强力量，好把自己国家和民族的地位支撑住。

> 第二：是如何学到了欧、美西方文化的富强力量，而不把自己传统文化以安足为终极理想的农业文化之精神斵丧或戕伐了。换言之，即是如何再吸收融和西方文化而使中国传统文化更光大与更充实。

> 若第一问题不解决，中国的国家民族将根本不存在；若第二问题不解决，则中国国家民族虽得存在，而中国传统文化则仍将失其存在。[①]

---

① 钱穆：《中西接触与文化更新》，载钱穆：《中国文化史导论》（修订本），商务印书馆1994年版，第204—205页。

从晚清到民国之初的启蒙历程表现为一个循序渐进的三部曲，启蒙的思想内涵也不断深化，由追求"富国强兵"，到"兴民权""开民智"，再到改造国民性和全面的文化更新。在这个不断深入的启蒙过程中，"西化"的倾向也越来越明显，这个三部曲的最终也是最偏激的旋律就是"全盘西化"。但是当激进的知识分子们走到"全盘西化"这一步时，他们很快就因为中国殖民化程度的加深而陷入了一种"灵魂分裂"的痛苦中。

这个启蒙三部曲的第一部大体上发生在鸦片战争至甲午战争之间，表现为风靡一时的洋务运动。严格地说，洋务运动本身并不是一场真正意义上的启蒙运动，它只是清末民初中国启蒙运动的一个历史契机或文化准备。道光、咸丰年间，一批从旧经学传统中挣脱出来的知识分子面对国家日益明显的衰败景象，越来越强烈地反对古文经学（"汉学"）的繁琐考据和宋明理学的"心性迂谈"，提出了"通经致用"的主张。龚自珍和魏源师承注重"义理"的刘逢禄，发扬"公羊春秋"的"微言大义"传统，从先秦儒学经典中阐发出全新的义理。他们强调"以经术为治术"，关注"事势""时势"，对农耕、桑植、盐铁、漕运、河工、海防等各种"实事"进行了广泛的考察，提出了"以实事程实功，以实功程实事"的原则。[1] 鸦片战争失利后，林则徐、魏源等一批率先"睁开眼睛看世界"的士大夫突破了传统的"夏夷之防"观念，主张学习西方先进的军事技术来改变中国的落后状态。林则徐作为中方主帅，在亲历鸦片战争之后对中西军事力量之间的明显差异感受良深，他总结道："彼之大炮，远及十里内外，若我炮不能及彼，彼炮先已及我，是器不良也。彼之放炮，若内地之放排枪，连声不断，我放一炮后，须辗转移时，再放一炮，是技不熟也。"[2] 因此，他在给朝廷的奏折中明确提出了"师敌长技以制敌"的主张。魏源也认为，"夷之长技"有三，即战舰、火器和养兵练兵之法。他像林则徐一样主张"师夷长技以制夷"，提倡兴建造船厂和火器局，仿制西洋船炮，学习西方的养兵、练兵之法，以实

现"富国强兵"的目标："尽转外国之长技为中国之长技，富国强兵，不在一举乎？"[①] 在他们的倡导下，一批开明的官绅纷纷着手研究西洋的火器船工，撰写了《火轮船图说》（郑复光）、《西洋自来火铳制法》（丁守存）、《铸造洋炮图说》（丁拱宸）等著作。据统计，至 1860 年，中国人介绍西洋船舰、枪炮、火器攻防技术等方面的著作已有 20 余部。这意味着一批率先觉醒的中国士大夫已经开始突破传统的"夏夷之防"观念的束缚，自觉地学习西方先进的军事技术了。

当发奋自强的国人秉承"以夷制夷"的原则开始学习西方的军事技术时，他们很快就发现西洋的强大并非仅仅由于拥有坚船利炮，而是有着更加深刻的原因，这就是先进的科学知识和近代机器工业体系。于是，一个广泛学习西方的科学技术和"制器之器"的时代潮流就在开明的士大夫中流行开来，形成了蔚为壮观的洋务运动。当时一批推崇洋务的朝廷重臣和开明政论家，如奕訢、曾国藩、李鸿章、左宗棠、张之洞、冯桂芬、郭嵩焘、王韬、薛福成等人，皆主张"采西学""行西法"。奕訢主持总理各国事务衙门，联合曾国藩、李鸿章等封疆大吏兴办新式学堂，送派学生留洋。洋务派人士还相继创办了江南制造局、福州船政厂、天津制造局、湖北枪炮厂等实业机构，并且采西洋技术之精华而组建了中国第一支近代化的海军舰队——北洋水师。在官方洋务派"富国强兵"目标的激励下，民间的经商"求富"活动也得以蓬勃开展，各种"官督商办""官商合办"和完全商办的经济实体相继涌现，"以工商立国"的新思想也逐渐取代了务本抑末、重农轻商的旧观念。

洋务派为了"富国强兵"目的而采取的"师夷长技以制夷"的变革举措，比起严守"夏夷之防"、叫嚣"师事洋人，可耻孰甚"的顽固派来，无疑是一种觉醒和进步。然而，这些器物层面的变革还谈不上是真正的启蒙，充其量不过是面对塞滞时局的一种应变措施而已。在思想上，洋务派始终坚持"中体西用"的基本立场，强调中国的治统和道统是不可变更的。冯桂芬在 1861 年写成的《校邠庐抗议》中首次提出了"采

---

① 魏源：《道光洋艘征抚记下》，中华书局编辑部编：《魏源集》上册，中华书局 1983 年版，第 206 页。

西学"以强国本的文化纲领："以中国之伦常名教为原本，辅以诸国富强之术。"①薛福成认为："今诚取西人器数之学，以卫吾尧、舜、禹、汤、文、武、周、孔之道，俾西人不敢蔑视中华。"②这种"中学为本，西学为末"或"中学为体，西学为用"的观点最典型地表现在张之洞的《劝学篇》中：

> 中学为内学，西学为外学，中学治身心，西学应世事，不必尽索之于经文，而必无悖于经义。如其心圣人之心，行圣人之行，以孝弟忠信为德，以尊主庇民为政，虽朝运汽机、夕驰铁路，无害为圣人之徒也。③

同治六年（1867年），恭亲王奕訢与文渊阁大学士倭仁就设立天文算学馆和聘用洋教习一事发生了激烈的争论。唱理学高调的倭仁认为，"立国之道尚礼义不尚权谋，根本之图在人心不在技艺"；倡洋务之实的奕訢一方面承认"自古御敌无上策，大要修明礼义，忠义之气为根本者"，另一方面则表明洋务派倡导西学、制造机器、聘用洋人、周游列国，"凡此苦心孤诣，无非欲图自强"④。在这场争论中，奕訢等洋务派能够顺时应变，"师夷长技"以图自强；而倭仁等顽固派则力守传统的"夏夷之防"，深恐西学的渗入将会危及中国人奉行千年的王道和名教。但是，尽管策略主张不同，双方的基本立场却是一致的，那就是以崇尚名教礼义为本，以维护朝廷统治为纲。虽然从这场争论中后来导出了百年之久的中西文化论战，但是从启蒙的角度来看，顽固派的观点自不待言，即使是洋务派的主张，亦未能逾越传统的"孔门之政"和"孔门之学"的雷池半步，至多不过松懈了"夏夷之防"的刻板观念。就此而论，以

---

① 冯桂芬：《采西学议》，戴扬本评注：《校邠庐抗议》，中州古籍出版社1998年版，第211页。
② 薛福成：《筹洋刍议·变法》，丁凤麟、王欣之编：《薛福成选集》，上海人民出版社1987年版，第556页。
③ 张之洞：《劝学篇·会通第十三》，上海书店出版社2002年版，第71页。
④ 倭仁与奕訢关于此事的两份奏折载《筹办夷务始末》（六）同治朝，卷四十七、四十八，参见殷海光：《中国文化的展望》，上海三联书店2002年版，第207—211页。

"师夷长技以制夷"为基本原则的洋务运动虽然在客观上开启了近代中国文化启蒙的源流，但是它只能算作是一支意韵朦胧的启蒙前奏曲而已。

洋务运动致力于器物层面的变革，不敢触动中国君主专制和名教伦常之根本，但是它却在客观上引发了汹涌澎湃的"西化"潮流。王韬记述道："时在咸丰初元，国家方讳言洋务，若于官场言及之，必以为其人非丧心病狂必不至是。以是虽有其说，而不敢质之于人。不谓不及十年，而其局大变也。今则几于人人皆知洋务矣。"① 在那些位高权重的洋务派人士的大力推动下，不仅西方的坚船利炮在中国得以模仿，洋车、洋布、洋火、洋钉等西洋器物广泛进入民众生活，而且西方的科学知识和文化观念也随之在中国得以传扬。在最初由官方设立的译书机构如京师同文馆、上海广方言馆等的基础上，发展出各种形式的新式学堂，其所实施的西学教育——广泛涉及数学、物理、化学、天文、地质、机械等自然科学领域——对于传统的理学经学和科举制度形成了巨大冲击。受日渐丰富的西学译著的影响，一些具有新觉悟的国人也开始创办报刊评论时事，出版论著表述思想。据统计，从 1865 年至 1895 年间，上海、广州、福州、汉口、天津等城市创办的报刊多达 86 种；阐发改良思想、介绍西洋风情之类的书籍更是不胜枚举，其中最著名的有王韬的《弢园文录外编》、郑观应的《盛世危言》、郭嵩焘的《使西纪程》、黄遵宪的《日本国志》等。这些报刊或书籍在反映舆论、传播西学的同时，也表达了一些比洋务派的"以夷制夷"思想更加深刻的政治、经济、文化观点，对于中西、体用的看法也渐趋深入，从而为甲午战争之后维新派的文化启蒙活动奠定了重要的思想基础。

2. 维新派"中西会通"的政制启蒙

清末民初真正的启蒙思潮肇始于康有为、梁启超等人的变法维新活动，其特点表现为力图超越洋务派的"以夷制夷"和"中体西用"原则，通过"中西会通"的途径以实现政治改良的目标。早在甲午战争和戊戌

---

① 　王韬：《洋务上》，朱维铮校：《弢园文新编》，生活·读书·新知三联书店 1998 年版，第 29 页。

维新之前，一些较为深入地认识到西方文化之堂奥的改良人士就已经看到了"中本西末""中体西用"之说的荒谬，他们主张要全面地认识西方文化的"本"与"末"，由器物层面的变革逐步走向制度层面的变革。1875 年，郭嵩焘在出使英国之前就已经意识到，"西洋立国，有本有末，其本在朝廷政教，其末在商贾"，因而他主张"先通商贾之气，以立循用西法之基"①。后来，在他出任驻英公使期间，更是对西方国家的政治、教育、科学、文化等方面有了深入了解，认识到英国之所以强大，与其议院"维持国是"、市长"顺从民愿"以及"君与民交相维系"的政治制度密切相关。另一位曾经游历欧洲的政论家王韬也大力推崇英国"君民共治，上下相通，民隐得以上达，君惠亦得以下逮"②的立宪政体，提出了"以民为先""君民共主"的政治理想。曾任两广总督的张树声在去世前（1884 年）所写的《遗折》中，对国人遗西学之体而求西学之用的片面做法批评道：

> 夫西人立国，自有本末，虽礼乐教化，远逊中华，然驯致富强，具有体用。育才于学堂，论政于议院，君民一体，上下一心，务实而戒虚，谋定而后动，此其体也；轮船、大炮、洋枪、水雷、铁路、电线，此其用也。中国遗其体而求其用，无论竭蹶步趋，常不相及，就令铁舰成行，铁路四达，果足恃欤？③

与张树声的看法完全相吻，晚清维新派的思想先驱郑观应也大力主张摈弃"中体西用"的偏见，明确提出了"融会中、西之学，贯通中、西之理"的观点。④这些提倡"中西会通"和全面学习西方文化的观点，对于戊戌变法时期的启蒙思想产生了深刻的影响。

---

① 郭嵩焘：《条议海防事宜》，杨坚校：《郭嵩焘奏稿》，岳麓书社 1983 年版，第 345 页。
② 王韬：《重民下》，朱维铮校：《弢园文新编》，生活·读书·新知三联书店 1998 年版，第 26 页。
③ 张树声：《遗折》《张靖达公奏议》卷八，第 33 页，己亥刻本，转引自汪林茂：《晚清文化史》，人民出版社 2005 年版，第 110 页。
④ 郑观应：《盛世危言·西学》，夏东元编：《郑观应集》上册，上海人民出版社 1982 年版，第 285 页。

1895 年，中国在甲午海战中战败，此事在中国朝野产生了极大的震动。日本作为一个蕞尔小国，竟然打败了泱泱之大清帝国，究其原因，无疑是由于日本人在"明治维新"时期对政治、经济、文化、教育等诸多领域进行了全面的改革。相比之下，中国的洋务派只变其末、不改其本的保守变革活动必定会遭受失败的命运。因此，甲午战争的失败不仅是中国军事的惨败，而且更是中国政治和文化的悲剧。在这种情况下，一种更加深刻的变革维新意识应运而生，中国的启蒙运动也由此真正拉开了帷幕。

甲午战争之后，一批新型的知识分子开始觉悟，他们从日本"明治维新"所产生的社会效果中得到了深刻的启示，觉悟到中国的君主专制才是致使国家落后、民族危殆的根本原因。而且中国的民间社会此时也从闭塞蒙昧的状态中惊醒过来，一时间"家家言时务，人人谈西学"，各种讲习西学、开通风气的新式学会和学堂在民间涌现出来，西洋各国包括日本已经从不谙教化的"夷狄之邦"变成了维新人士效仿的文明楷模。在这种情况下，借用夷人一技之长以实现"富国强兵"的洋务运动，就进一步发展为效法西方宪政之本以实现政治改良的戊戌变法。"如果说洋务运动引进'西学'的活动还只是淋湿了中国社会的表皮的话，那么戊戌'兴西学'潮流的'泉涌涛奔'，则已使'西学'——近代文化逐渐浸润至中国社会的深层，从而开始了真正意义上的近代文化革新。"[①]

正是在"西化"程度不断加深的背景下，以提倡科学和民主为主旨的中国启蒙运动轰轰烈烈地开展起来。在戊戌变法前后，对科学和民主的追求以一种初级形式表现为对"公理"和"民权"的推崇，而这一切又是与西方进化论所带来的进步观念密切相关。被胡适誉为"介绍近世思想的第一人"的严复在 1895—1898 年间陆续翻译发表了西方学者赫胥黎的名著《天演论》，书中所表达的"物竞天择，适者生存"的进化论思想，对于在思想上长期奉守"天不变道亦不变"观念、在现实中正处于甲午战败的屈辱状态的中国人来说，无疑产生了醍醐灌顶的猛醒效

---

① 汪林茂：《晚清文化史》，人民出版社 2005 年版，第 198—199 页。

应。据王国维在 1904 年撰写的《论近年之学术界》所述："唯近七八年前，侯官严氏（复）所译之赫胥黎《天演论》（赫氏原书名《进化论与伦理学》，译义不全）出，一新世人之耳目……嗣是以后，达尔文、斯宾塞之名，腾于众人之口；物竞天择之语，见于通俗之文。"[①] 戊戌变法的主将如康有为、谭嗣同、梁启超以及稍后的孙中山、章太炎、胡适、鲁迅乃至毛泽东等人，都深受《天演论》的进化思想的影响。几年之后，该书甚至成为各地中学的时髦读物。如同西方的启蒙运动一样，进步思想也成为启动中国科学、民主精神的重要杠杆。严复在《天演论》中初次表达了关于西方"民智大进步"的思想：

> 西人有言，十八期民智大进步，以知地为行星，而非居中恒静，与天为配之大物，如古所云云者。十九期民智大进步，以知人道，为生类中天演之一境，而非笃生特造，中天地为三才，如古所云云者。[②]

这种民智的进步是对自然界和人类社会中普遍存在的进化现象的一种主观觉悟，而从客观世界的进化中又可以得出两点结论，其一是"世道必进，后胜于今"的进步观念，其二是"物竞天择，适者生存"的进化法则。因此，一方面可以肯定自然界和人类社会的未来一定会比今天更美好；另一方面，残酷的生存竞争法则也会导致"弱者常为强肉，愚者常为智役"的悲惨结局。反观诸己，处于列强欺凌之下的中国社会充分印证了这种弱肉强食的自然法则。因此，国人必须突破"夏夷""体用"之类的陋见，虚心向强盛的西方学习，变法以维新，奋起以自强。严复根据自己在西洋留学的见闻对中西文化之间的重大差异进行了总结，他指出：中国人厚古薄今，西方人以今胜古；中国人注重治乱盛衰的历史循环，西方人强调"日进无疆"的进化之道；"中国最重三纲，而西人首明平等；中国亲亲，而西人尚贤；中国以孝治天下，而西人以公治天

---

① 王国维：《论近年之学术界》，谢维扬、房鑫亮主编：《王国维全集》第一卷，浙江教育出版社和广东教育出版社 2009 年，第 122 页。

② 严复：《天演论》，王栻主编：《严复集》第五册，中华书局 1986 年，第 1345 页。

下；中国尊主，而西人隆民"。西方近代的强盛发达，究其根本，"不外于学术则黜伪而崇真，于刑政则屈私以为公"。①尽管中国人也深谙此中道理，但是这二者在西方"行之而常通"，在中国却"行之而常病"，关键就在于有无自由。严复在《原强》中也提出了一种以自治和自由为基础的富强之道：

> 夫所谓富强云者，质而言之，不外利民云尔。然政欲利民，必自民各能自利始；民各能自利，又必自皆得自由始；欲听其皆得自由，尤必自其各能自治始；反是且乱。顾彼民之能自治而自由者，皆其力、其智、其德诚优者也。是以今日要政，统于三端：一曰鼓民力，二曰开民智，三曰新民德。②

严复以进化理论为依据，以西方富强为参照，大力推崇西方近代科学的"实测之学"（即实验方法）和"内籀之术"（即归纳推理），提倡以西式的学校教育来取代传统的八股取士，并且积极宣扬自由和自治的民权思想，为戊戌期间君主立宪的变法维新活动提供了重要的理论根据。与严复"开民智""兴民权"的主张相呼应，康有为等维新派人士也以进化论作为政治改良的理论基础，最典型的例证就是康有为将西方进化论思想融入今文经学的"公羊三世说"，托孔子之名以改革现实的专制制度。

在李鸿章等人看来，"中国文武制度，事事远出西人之上，独火器万不能及"③，因此洋务派变革的目的就在于借重西方在器物方面的一技之长来保全中国的专制政体和名教伦常。但是在康有为等维新派的眼里，中国的专制制度已经明显地逊色于西方的立宪政体，亟待进行改良（谭嗣同等人对名教伦常也进行了猛烈的批判）。但是另一方面，康有为却仍然对孔孟之道抱着依依不舍的眷恋之情。由于意识到道统与治统、"孔

① 严复：《论世变之亟》，王栻主编：《严复集》第一册，中华书局1986年，第1—3页。
② 严复：《原强》，王栻主编：《严复集》第一册，中华书局1986年，第27页。
③ 李鸿章致总署函，宝鋆纂：《筹办夷务始末》（同治朝）卷二五，第10页，转引自汪林茂：《晚清文化史》，人民出版社2005年版，第183页。

门之学"与"孔门之政"之间的密切联系（康有为曾明确强调天下义理和制度均出自孔子），因此要想改革现实的政治体制，就必须在孔子身上做文章，把孔子解释为一个顺时应变的革命家，而非信而好古的保守派。为了实现这一目标，康有为继承和发扬了刘逢禄、龚自珍、魏源等人"微言大义"的今文经学传统，将公羊学派的"三世"学说与《礼运》中的小康、大同思想相结合，撰写了《新学伪经考》《孔子改制考》等论著。他把汉儒依据"天不变道亦不变"原则而阐发的"正三统""张三世"学说，改造成由"据乱世"经"升平世"（小康）而至"太平世"（大同）的社会进化理论，并把这一进化论思想归功于孔子本人。康有为写道："三世为孔子非常大义，托之《春秋》以明之。所传闻世为据乱，所闻世托升平，所见世托太平。乱世者，文教未明也。升平者，渐有文教，小康也。太平者，大同之世，远近大小如一，文教全备也。"[①] 三世亦各有其相应的政治体制，"据乱世"为君主制，"升平世"为立宪制，"太平世"则为共和制。康有为强调，这个由君主制的"据乱世"至立宪制的"升平世"，而后再到共和制的"太平世"的进化历程，是"验之万国，莫不同风"的。西方诸国之所以强盛，就是因为它们已经实现了这个进化过程；而中国欲图自强，就必须通过变法活动将"据乱世"的君主专制改造成"升平世"的君主立宪，从而为实现"太平世"的大同理想奠定基础。

康有为借孔子之名来宣扬社会进化思想，托古改制，以充实了进化论思想的"三世"学说作为理论基础，明确提出了变法维新的政治主张。在《请定立宪开国会折》中，康有为将"兴民权"的政治要求诉诸三权分立和君主立宪的具体措施中：

> 盖自三权鼎立之说出，以国会立法，以法官司法，以政府行政，而人主总之，立定宪法，同受治焉。……伏乞上师尧、舜三代，外采东西强国，立行宪法，大开国会，以庶政与国民共之，行三权鼎

---

① 康有为：《春秋董氏学》卷二，姜义华、张荣华主编：《康有为全集》第二集，中国人民大学出版社 2007 年版，第 324 页。

立之制，则中国之治强，可计日待也。①

此一时期由于译介西方文化的著作迅速增加，西方近代的各种政治启蒙学说也与自然科学知识一同流入中国，除了达尔文、斯宾塞等人的进化论之外，孟德斯鸠的"三权分立"学说、边沁的功利主义思想、卢梭的社会契约理论等也成为"新学"热衷探究的时尚思想。严复、康有为以及戊戌时期一批倡导"新学"的知识分子之所以主张"开民智""兴民权"，正是受到了上述西方启蒙思想的影响。梁启超把"民智"与"民权"联系在一起，指出"昔之欲抑民权，必以塞民智为第一义。今日欲伸民权，必以广民智为第一义"②，清晰地说明了专制统治与愚民思想沆瀣一气、伸张民权与开启民智相互砥砺的密切关系。他受洛克"天赋人权"思想的影响，强调民权之真谛就是"人人有自主之权"，具体表现为权责相当的"各尽其所当为之事，各得其所应有之利"③。谭嗣同用西方自然法学派的"君权民授"理论来充实先秦儒家的"水则载舟，水则覆舟"思想，认为"夫曰共举之，则且必可共废之。君也者，为民办事者也；臣也者，助办民事者也……事不办而易其人，亦天下之通义也"④。另外两位深谙西学的启蒙思想家何启和胡礼垣更进一步在"天赋人权"理论的基础上表述了卢梭的"主权在民"思想：

> 一切之权皆本于天。然天不自为也，以其权付之于民，而天视自民视，天听自民听，加以民之所欲，天必从之。是天下之权，唯民是主。⑤

① 康有为：《请定立宪开国会折》，姜义华、张荣华主编：《康有为全集》第四集，中国人民大学出版社2007年版，第424页。
② 梁启超：《论湖南应办之事》，张品兴主编：《梁启超全集》第一册，北京出版社1999年版，第177页。
③ 梁启超：《论中国积弱由于防弊》，张品兴主编：《梁启超全集》第一册，北京出版社1999年版，第64页。
④ 谭嗣同：《仁学》，蔡尚思等编：《谭嗣同全集》增订本下册，中华书局1981年版，第339页。
⑤ 何启、胡礼垣：《劝学篇书后·正权篇辩》，郑大华点校：《新政真诠——何启胡礼垣》，辽宁人民出版社1994年版，第397页。

　　与反对专制、提倡民权的政治主张相呼应，呼唤自由、追求平等以及抨击名教纲纪的呼声也构成了戊戌期间文化启蒙的重要内容。严复认为西方强盛的原因就在于"彼以自由为体，以民主为用"[①]，然而在中国，"夫自由一言，真中国历古圣贤之所深畏，而从未尝立以为教者也"[②]。因此要想进行制度变革，就必须从提倡自由开始。梁启超更是把自由称为"权利之表证"和"精神界之生命"，尤其是思想自由，"为凡百自由之母"。他一方面赞美西方文明国民为追求自由而不惜牺牲生命，另一方面则针砭国人缺乏自由的行尸走肉生活："文明国民每不惜掷多少形质界之生命，以易此精神界之生命，为其重也。……以故吾中国四万万人，无一可称完人者，以其仅有形质界之生命，而无精神界之生命也。故今日欲救精神界之中国，舍自由美德外，其道无由。"[③]康有为则将平等视作"几何公理"，他运用欧几里得几何学的推理方法，从人类生而平等的公理出发，推论出人民的智愚苦乐和国势的强弱盛衰：

　　　　夫人类之生，皆本于天，同为兄弟，实为平等，岂可妄分流品而有所轻重、有所摈斥哉？且以事势言之，凡多为阶级而人类不平等者，人必愚而苦，国必弱而亡，如印度是已。凡扫尽阶级、人类平等者，人必智而乐，国必盛而治，如美国是也。其他人民、国势之愚智、苦乐、强弱、盛衰，皆视其人民平等、不平等之多少分数为之。[④]

　　康有为向往的"太平世"或大同世界，就是一种消灭了私有制的，"人无私家、无私室、无私产、无私店"的平等乌托邦社会。而在提倡平等和批判名教方面，谭嗣同的思想更加激进。这位为变法维新事业而牺牲了生命的勇猛志士，在《仁学》一书中开宗明义地提出"仁以通为

① 严复：《原强》，王栻主编：《严复集》第一册，中华书局 1986 年版，第 11 页。
② 严复：《论世变之亟》，王栻主编：《严复集》第一册，中华书局 1986 年版，第 2—3 页。
③ 梁启超：《十种德性相反相成义·自由与制裁》，张品兴主编：《梁启超全集》第一册，北京出版社 1999 年版，第 429 页。
④ 康有为：《大同书》，姜义华、张荣华主编：《康有为全集》第七集，中国人民大学出版社 2007 年版，第 40 页。

第一义"，而"通之象为平等"①，包括中外平等、上下平等、男女平等和人我平等，因此"仁学"即是关于普遍平等的学说。他从"佛法平等"和"万法唯识"的佛学思想出发，揭露名教纲常在君臣、父子、夫妇之间所设置的种种不平等关系原本为虚名妄识，但是却在千百年的历史中被统治者变成了不可撼动的愚民之术。而且"名之所在，不惟关其口，使不敢昌言，乃并锢其心，使不敢涉想。愚黔首之术，故莫以繁其名为尚焉"②。这位不仅主张"冲决君主之罗网"而且也主张"冲决伦常之罗网"③的激进改革家，在《仁学》一书中对名教"三纲五伦"所造成的各种不平等现象进行了猛烈的抨击：

> 俗学陋行，动言名教，敬若天命而不敢渝，畏若国宪而不敢议。……则数千年来，三纲五伦之惨祸烈毒，由是酷焉矣。君以名桎臣，官以名轭民，父以名压子，夫以名困妻，兄弟朋友各挟一名以相抗拒，而仁尚有少存焉者得乎？④

更有甚者，谭嗣同还一语道破了专制暴政与封建礼教之间沆瀣一气、狼狈为奸的历史真相，并把二者的根源追溯到孔子那里：

> 故常以为二千年来之政，秦政也，皆大盗也；二千年来之学，荀学也，皆乡愿也。惟大盗利用乡愿；惟乡愿工媚大盗。二者交相资，而罔不托之于孔。⑤

然而，与康有为托孔子之名以改制的做法一样，谭嗣同虽然猛烈地批判了名教，但是他却把造成各种不平等的名教伦常归咎于荀子和法家。谭嗣同贬秦制而崇周制、反礼教而尚仁学。他认为孔子思想的核心就是

---

① 谭嗣同：《仁学》，蔡尚思等编：《谭嗣同全集》增订本下册，中华书局 1986 年版，第 291 页。
② 同上，第 348 页。
③ 同上，第 290 页。
④ 同上，第 299 页。
⑤ 同上，第 337 页。

仁，因此孔子本人是提倡民主和平等的。名教伦常并非孔学内涵，而是后世腐儒穿凿附会所致。

综观戊戌时期的启蒙思想，虽然已经由洋务派以夷制夷的"中体西用"走向了博采西学的"中西会通"，强调体用一源、本末兼采，但是"中学"仍然是不可或缺的，而且是嫁接和融合西方各种新潮思想——自由、平等、民主等——的理论根基。君主专制和名教伦常虽然已经受到质疑和批判，但是孔孟之道仍然是进行社会变革的重要思想根据，维新派试图从孔子的思想中发掘出与近代西学相通的自由、平等、民主等因素。因此，该阶段文化启蒙的目的并非是要破除儒学，而恰恰是要重新弘扬光大孔孟之道的真精神。康有为以孔子作大旗、托古改制就不用说了；梁启超也认为孔教为"风化之大本"，甚至主张将孔子的大同理想传遍万国。即使是被人误解为"全盘西化"论者的严复，其推崇西学的目的也仍然在于"归求反观"，以西学之理来体察"吾圣人之精意微言……以窥其精微，而服其为不可易也"①。正是由于对"孔门之学"的这种"剪不断、理还乱"的眷恋心态，使得严复、康有为等人后来相继转向了保守阵营，参与到袁世凯、张勋等人的尊崇孔教、复辟帝制的倒行逆施活动中。梁启超虽不至此，但是也与辛亥革命和新文化运动以来的反孔潮流相对立，力图保命孔教在中国文化中的核心地位，遭到新文化运动阵营中激进派的猛烈抨击。但是从另一方面来说，严复、康有为尤其是梁启超对于在一片反孔声中传承延续儒学的思想命脉，以使悠悠中华文化的精神根基不至于斲丧殆尽，无疑发挥了不可低估的重要作用。而且康、梁之间最大的分歧就在于，"孔门之学"是否一定要与"孔门之政"（君主制）联系在一起（尽管二者在相当长的历史时期里结成了牢固的联盟）？而与此相关的另一个更加深入的问题则是："孔门之学"作为一套以"仁"为核心的伦理思想体系，是否必然会在现实中表现为"三纲五常"的礼教规范？这种思想分歧，对于20世纪以来的种种儒学复兴潮流，都具有重要的启示意义。

---

① 严复：《救亡决论》，王栻主编：《严复集》第一册，中华书局1986年版，第49页。

3. 新文化运动"全盘西化"的文化启蒙

在戊戌时期，虽然西学对中国知识精英浸润已深，各种开启民智的新式学堂和报刊、书籍大量涌现，康、梁、谭等人的启蒙思想也非常新潮甚至激进，但是这些启蒙思想毕竟只是在一些推崇"新学"的知识分子中间流行，对于广大民众来说仍然未免有标新立异和离经叛道之嫌。而且这些启蒙思想基本上局限于政治领域，虽然影响了一批主张变法维新的士大夫以及光绪皇帝本人，但却没有形成一场风靡社会的新文化运动。文化启蒙的结局也完全取决于政治改革的成败，因此在戊戌变法失败之后，中国社会又迅速出现了一股强劲的文化回流。随着刚毅、徐桐等顽固守旧派执掌朝政，不仅"新政"被彻底颠覆，而且"新学"也深受殃及。维新派已经杀的杀、逃的逃，即使连洋务派对西学也噤若寒蝉。一时间"朝野上下，咸仰承风旨，于西政西学不敢有一字涉及，何论施行"①。在这种文化复辟的形势下，传统的"夏夷之防""祖宗旧制"乃至民间各种妖术迷信又开始甚嚣尘上，最终酿成了义和团的狂热蒙昧的"扶清灭洋"活动和八国联军对中国的大入侵。庚子战败之后，国人又重新觉悟到欲图强盛必采西学的道理，连慈禧本人也不得不在"西狩"亡命和战败赔款的惨痛教训面前下诏变法，施行"新政"，并在不久之后派大臣出洋考察西政，宣布预备立宪和颁布《钦定宪法大纲》。在这种痛定思痛的文化反思中，新一轮"西化"浪潮汹涌而至，向西方学习又成为朝野人士趋之若鹜的时髦风尚。梁启超对丁酉、戊戌至庚子之后这几年间国人对待西学的态度变化描述道："丁戊之间，举国慕西学若膻，已庚之间，举国避西学若厉，今则厉又为膻矣。"②而且庚子之后西学的重新兴起已大不同于此前，它不仅在客观上对中国社会各界形成了席卷之势，而且在国人的心理上也被普遍认可为不可抗拒的时代大趋势。在这种汹涌澎湃的"西化"浪潮的推动下，中国的新文化启蒙运动也蓬蓬勃勃地开展起来。

---

① 《论中国必革政始能维新》，《中外日报》，1904 年 3 月 31 日，转引自汪林茂：《晚清文化史》，人民出版社 2005 年版，第 316 页。

② 梁启超：《新民说》，张品兴主编：《梁启超全集》第二册，北京出版社 1999 年版，第 680 页。

辛亥革命的爆发和清朝的崩溃本身就可以看作是新文化启蒙的实践后果，与维新派的民权思想一样，孙中山的三民主义也是"中西会通"的结果[①]。辛亥革命时期的那一批革命志士，如黄兴、宋教仁、章太炎、秋瑾、邹容、陈天华等，个个都深受西方民主政治和启蒙思想的深刻影响，同时又对遭受列强蹂躏瓜割的中华大地充满了热爱之情。他们冲破了康、梁变法的君主立宪底线，主张通过革命的方式来实现民主共和，以使中国能够傲然屹立于世界民族之林。邹容在轰动全国的反清檄文《革命军》中对"巍巍哉！革命也。皇皇哉！革命也。"大声疾呼道：

> 我中国今日不可不革命，我中国今日欲脱满洲人之羁缚，不可不革命；我中国欲独立，不可不革命；我中国欲与世界列强并雄，不可不革命；我中国欲长存于二十世纪新世界上，不可不革命；我中国欲为地球上名国、地球上主人翁，不可不革命。革命哉！革命哉！……吾今大声疾呼，以宣布革命之旨于天下。[②]

辛亥革命推翻了中国盛行数千年之久的君主制度，但是袁世凯很快就篡夺了革命成果。他大权独揽、倒行逆施，对外与日本签订了丧权辱国的"二十一条"，对内则打着尊孔旗号上演了复辟帝制的闹剧。蔡锷、唐继尧等人发起护国运动之后，袁氏江山虽然很快就崩塌了，但是中国又陷入军阀割据的分裂状态，国内生民惨遭涂炭，国际列强虎视眈眈。正是在这种内忧外患日益加深的情况下，一场以解放思想、驱除迷信为主旨的新文化运动轰轰烈烈地开展起来，掀起了中国启蒙运动的新高潮。

如果说洋务运动师法的主要对象是以先进的近代工业体系而独领风骚的英国，戊戌变法效法的主要对象是通过明治维新而建立了君主立宪政体的日本（以及政体相同的英国、德国），那么新文化运动所提倡的民主、自由、平等和人道精神则主要来自以启蒙运动和大革命而著称的

---

① 孙中山自己坦陈，在三民主义中"有因袭吾国固有之思想者，有规抚欧洲之学说事迹者，有吾所独见而创获者"。中山大学历史系等编：《孙中山全集》（七），中华书局1985年版，第60页。
② 邹容：《革命军》，中华书局1958年版，第1—2页。

法国（以及最集中地体现了这些精神的美国）。洋务运动的主旨是借用西洋的先进器物以富国强兵，戊戌变法的主旨是采用西方（包括日本）的宪政体制以改良政治，新文化运动的主旨则是要全盘引进西方的精神文明以实现国民性的彻底改造。

辛亥革命推翻了满清帝制，国民政府也在名义上建立起来了，但是中国人满脑子的旧思想、旧观念却并未得到清除。正是由于这些封建旧思想在作祟，所以在 1915 年和 1917 年，袁世凯和张勋先后两次上演了复辟帝制的闹剧。而且在袁世凯和张勋的倒行逆施活动中，均打出了孔教的大旗相号召。1912 年 9 月 20 日，袁世凯就颁布了《整饬伦常令》，下令全国"尊崇伦常"、倡导"礼教"，明确宣称"中华立国以孝悌忠信礼义廉耻为人道之大经"。1914 年 9 月 25 日，袁世凯又颁发了《祭孔令》，公开恢复清朝的祭孔礼仪，为其复辟帝制的野心制造思想舆论。康有为虽然不赞同袁世凯的洪宪帝制（因为袁世凯复辟的不是清室，而是自己要当皇帝），但是却对袁氏的尊孔复古活动深表同情。早在戊戌变法时期，康有为就曾多次上书光绪皇帝阐明其"尊孔保教"的主张，建议将圣人之学树立为国教，并倡议建立孔教会、实行孔子纪年等，以与西方基督教相抗衡。1912 年 10 月，康有为的得意门生陈焕章在上海成立了以"昌明孔教，救济社会"为宗旨的孔教会，第二年又应袁世凯"尊孔祀孔令"的号召，与严复、夏曾佑、梁启超、王式通等人上书参、众两院，"请定孔教为国教"，声称："一切典章制度、政治法律，皆以孔子之经义为根据；一切义理、学术、礼俗、习惯，皆以孔子之教化为依归，此孔子为国教教主之由来也。"[1] 袁世凯身败名裂后，康有为又于 1916 年 9 月 20 日在《时报》上发表致总统、总理书，仍然主张"以孔子为大教，编入宪法"[2]。在稍后张勋复辟清室的闹剧中，康有为更是积极响应，亲自起草了"请定孔教为国教"的电文，以张勋的名义向全国发布。这些事实都表明，尊孔与复辟有着密切的内在联系，儒家的纲纪

---

[1]　陈焕章等：《请定孔教为国教》，韩达编：《评孔纪年》，山东教育出版社 1985 年版，第 20 页。

[2]　康有为：《致黎元洪、段祺瑞书》（原题为《康南海致北京政府书》），姜义华、张荣华主编：《康有为全集》第十集，中国人民大学出版社 2007 年版，第 317 页。

伦常往往成为君主制度赖以维系的思想基础。因此，要想保全辛亥革命的成果，维护共和，就必须首先对孔孟之道进行深入批判，从国民的思想深处彻底消除封建礼教的流毒。正是这种旨在"提高国民程度"，以便为共和政治奠定相应的文化素质和思想觉悟基础的启蒙要求，引发了轰轰烈烈的新文化运动。

《新青年》杂志的问世是新文化运动产生的重要标志。1915 年 9 月 15 日，由陈独秀主编的《新青年》在上海创刊，初名为《青年杂志》，从 1916 年 9 月 1 日的第二卷第一号开始改名为《新青年》。陈独秀在创刊号的发刊词《敬告青年》中，以近世西方道德为参照，向中国"自觉勇于奋斗之青年"提出了"六义"相号召，即"自主的而非奴隶的""进步的而非保守的""进取的而非退隐的""世界的而非锁国的""实利的而非虚文的""科学的而非想象的"①。在同期发表的《法兰西人与近世文明》中，陈独秀以引领近世欧洲文明潮流的法兰西为楷模，宣称人权说、生物进化论和社会主义是近代文明的三大特征，而这三者的根源均可以追溯到近世法兰西的《人权宣言》、拉马克的物种进化理论以及巴贝夫、圣西门、傅立叶等人的财产公有制学说。在《新青年》所发表的一系列文章中，陈独秀、李大钊等人公开打出了"赛先生"（Science，即科学）和"德先生"（Democracy，即民主）这两面大旗，强调唯有这二位"先生"才能根治当前中国积弱不振的社会弊病。《新青年》自创刊之日起，就成为具有新思想的青年知识分子们发表哲学、文学、教育、伦理等观点的重要理论阵地，它不仅对封建礼教的旧道德进行了猛烈的批判，而且也大力推动了白话文运动和文学革命；此外，该刊物也成为在中国最早宣传马克思主义理论和共产主义运动的媒体。当时为《新青年》撰稿的那些先进知识分子——陈独秀、李大钊、胡适、鲁迅、钱玄同、刘半农、周作人、沈尹默、高一涵等——都是新文化运动的重要推动者，正是他们对国民文化素质和伦理觉悟的启蒙，才导致了中国历史上最深刻的一场思想解放运动。

---

① 陈独秀：《敬告青年》，任建树主编：《陈独秀著作选编》第一卷，上海人民出版社 2010 年版，第 159—163 页。

　　新文化运动的主将陈独秀以法国启蒙运动作为楷模，欲图在中国民众中掀起一股文化启蒙的高潮，以便为风雨飘零的共和政体补上所缺失的思想觉悟基础。在陈独秀看来，中国启蒙运动所要实现的是两个基本目标，其一是政治的觉悟，其二是伦理的觉悟。政治的觉悟即是对民主共和的自觉追求和维护，辛亥革命已经建立了共和制度，表明政治觉悟已经在一部分知识精英中具备。但是共和政体能否巩固无虞，立宪政治能否施行无阻，则要有待于"吾人最后之觉悟"，这就是伦理的觉悟。陈独秀深切意识到以封建礼教为核心的中国传统伦理势力之根深蒂固和深入人心，意识到儒家伦理与君主政治之间的密切联系①，因此他把对封建礼教的批判当作保全共和政体的前提，把伦理的觉悟当作政治觉悟的有力保障。他对近世国人受西方文化影响而相继觉悟的历程总结道："自西洋文明输入吾国，最初促吾人之觉悟者为学术，相形见绌，举国所知矣；其次为政治，年来政象所证明，已有不恤守缺抱残之势。继今以往，国人所怀疑莫决者，当为伦理问题。此而不能觉悟，则前之所谓觉悟者，非彻底之觉悟，盖犹在惝恍迷离之境。吾敢断言曰：伦理的觉悟，为吾人最后觉悟之最后觉悟。"②正是这种新觉悟使得新文化运动的斗士们把批判的矛头从"孔门之政"转向了"孔门之学"，从而引发了对中国文化的深层批判。

　　如果说戊戌变法和辛亥革命把中国启蒙的视域从洋务运动的器物领域推进到政治领域，那么陈独秀和新文化运动的推动者们就进一步把启蒙的视域推进到更加深层的道德思想领域，自觉地高举起源于西方的科学、民主大旗，对中国传统的孔教伦常进行了猛烈的批判。在《一九一六年》这篇文章里，陈独秀将中国人缺乏"独立自主之人格"的奴性都归咎于儒家的三纲学说：

① 陈独秀在《随感录·尊孔与复辟》一文中写道："照孔圣人的伦理学说，政治学说，都非立君不可；所以袁世凯要做皇帝之先，便提倡尊孔。"（任建树主编：《陈独秀著作选编》第二卷，上海人民出版社 2010 年版，第 8 页）

② 陈独秀：《吾人最后之觉悟》，任建树主编：《陈独秀著作选编》第一卷，上海人民出版社 2010 年版，第 204 页。

　　儒者三纲之说，为一切道德政治之大原：君为臣纲，则民于君为附属品，而无独立自主之人格矣；父为子纲，则子于父为附属品，而无独立自主之人格矣；夫为妻纲，则妻于夫为附属品，而无独立自主之人格矣。率天下之男女，为臣，为子，为妻，而不见有一独立自主之人者，三纲之说为之也。缘此而生金科玉律之道德名词——日忠，日孝，日节——皆非推己及人之主人道德，而为以己属人之奴隶道德也。[①]

　　被胡适称为"四川省只手打孔家店"的老英雄吴虞也认为，儒家伦理误国殃民，其为害之惨烈，"百倍于洪水猛兽也"。他愤然写道："儒教不革命、儒学不转轮，吾国遂无新思想、新学说，何以造新国民？悠悠万事，惟此为大已吁！"[②]

　　辛亥革命以后，"君为臣纲"已经随着封建帝制的瓦解而丧失了现实基础，但是"父为子纲"和"夫为妻纲"在一般民众心中却仍然是不可动摇的神圣规范。因此，新文化运动的思想家们对这二者也进行了犀利的批判。陈独秀指出，忠君与孝亲"其本一也"，孝悌之道不破除，自由平等就不可能在家庭中实行。吴虞更是认为，以孝为本的家庭专制构成了以忠为本的君主专制之根据。他对封建礼教所宣扬的郭巨埋儿、汪灏割股等"大悖人道"的恶劣行径进行了猛烈批判，揭露统治者叫人尽孝的目的是为了使人尽忠："他们教孝，所以教忠，也就是教一般人恭恭顺顺地听他们一干在上的人愚弄，不要犯上作乱，把中国弄成一个'制造顺民的大工厂'。……其实他们就是利用忠孝并用、君父并尊的笼统说法，以遂他们专制的私心。"[③] 在反对传统贞节观、提倡妇女解放方

---

① 陈独秀：《一九一六年》，任建树主编：《陈独秀著作选编》第一卷，上海人民出版社2010年版，第199页。

② 吴虞：《儒家主张阶级制度之害》，赵清、郑成编：《吴虞集》，四川人民出版社1985年版，第98页。陈独秀在致吴虞信中也强调："况儒术孔道，非无优点，而缺点则正多。尤与近世文明社会绝不相容者，其一贯伦理政治之纲常阶级说也。此不攻破，吾国之政治、法律、社会道德，俱无由出黑暗而入光明。"（陈独秀：《答吴又陵（孔教）》，任建树主编：《陈独秀著作选编》第一卷，上海人民出版社2010年版，第282页）

③ 吴虞：《说孝》，赵清、郑成编：《吴虞集》，四川人民出版社1985年版，第173页。

面，新文化运动更是发出了振聋发聩的社会呼声。1918 年，《新青年》对"贞操问题"展开了讨论，周作人、胡适、鲁迅等人发表了《贞操论》《贞操问题》《我的节烈观》等文章，将传统的贞节观斥之为野蛮残忍的"畸形道德"，并对北洋政府表彰贞妇烈女的做法进行了批判。同年 6 月出版的《新青年》还推出了"易卜生专号"，发表了胡适、罗家伦所译的易卜生名作《娜拉》以及胡适所撰《易卜生主义》等文章，公开宣传妇女解放、男女平等的新道德观，在知识分子和一般民众中造成了极大的影响。

新文化运动在推动思想启蒙的同时也引发了一场轰轰烈烈的文学革命，包括废除文言写作，提倡白话文和通俗文学等内容。实际上，文学革命构成了五四时期思想启蒙的一个重要组成部分，它同样把矛头对准了"代圣贤立言"和"文以载道"的旧文学观，主张文学应该真实地反映现实社会生活。早在戊戌时期，梁启超、黄遵宪等人就曾倡导"诗界革命""小说界革命"和"新文体"，试图废除只在少数知识分子中通行的文言文，推广普罗大众通晓的白话文，强调"开民智莫如改革文言"。1916 年，李大钊发表文章指出："由来新文明之诞生，必有新文艺为之先声，而新文艺之勃兴，尤必赖有一二哲人，犯当世之不韪，发挥其理想，振其自我之权威，为自我觉醒之绝叫，而后当时有众之沉梦，赖以惊破。"[①] 1917 年 1 月，胡适应陈独秀之约在《新青年》上发表了《文学改良刍议》，紧接着陈独秀也发表了响应文章《文学革命论》。这两篇文章成为中国现代文学"自我觉醒之绝叫"，开启了以白话文为形式、以反映现实生活为主旨的文学革命之潮流。胡适提出文学改良当从"八事"入手，即"一曰，须言之有物。二曰，不摹仿古人。三曰，须讲求文法。四曰，不作无病之呻吟。五曰，务去烂调套语。六曰，不用典。七曰，不讲对仗。八曰，不避俗字俗语"[②]。陈独秀则提出了"三大主义"相呼应："曰，推倒雕琢的阿谀的贵族文学，建设平易的抒情的国民文学；

---

① 李大钊：《〈晨钟〉之使命——青春中华之创造》，袁谦等编：《李大钊文集》上册，人民出版社 1984 年版，第 180 页。

② 胡适：《文学改良刍议》，欧阳哲生编：《胡适文集》第 2 册，北京大学出版社 1998 年版，第 6 页。

曰，推倒陈腐的铺张的古典文学，建设新鲜的立诚的写实文学；曰，推倒迂晦的艰涩的山林文学，建设明了的通俗的社会文学。"①

1918 年 5 月，鲁迅应钱玄同的邀请，在《新青年》上发表了小说《狂人日记》，对封建礼教的残酷本质和伪善面目进行了无情的揭露和抨击。在这篇风格怪异的白话文小说中，鲁迅激愤地控诉了几千年来伪善礼教"吃人"的历史：

> 我翻开历史一查，这历史没有年代，歪歪斜斜的每页上都写着"仁义道德"几个字。我横竖睡不着，仔细看了半夜，才从字缝里看出字来，满本都写着两个字是"吃人"！②

在鲁迅看来，那些愚昧无知的国民们都在儒家伦理的熏陶下不自觉地吃着人和被人吃，因此他在小说结尾处发出了"救救孩子"的悲切呼声。在稍后发表的《孔乙己》《药》等小说中，鲁迅又对传统的科举制度和愚民教育所造成的国民蒙昧状态进行了深刻的揭露。

这场文学革命不仅确立了白话文在文学写作中的主流地位，而且也真正使文学从传颂儒家圣贤的道德理想、抒发士大夫的闲情逸致的高雅之物变成了反映现实生活、宣扬启蒙思想的有力武器，在当时普遍迷惘的中国社会里切实起到了"惊破沉梦"、振聋发聩的重要作用。吴虞对《狂人日记》的醒世作用评价道："那些戴着礼教假面具吃人的滑头伎俩，都被他把黑幕揭破了。"③茅盾后来回忆起初读《狂人日记》时的那种幡然猛醒的感受：

> 那时我对于这古怪的《狂人日记》起了怎样的感想呢……只觉得受着一种痛快的刺戟，犹如久处黑暗的人们骤然看见了绚丽的阳

---

① 陈独秀：《文学革命论》，任建树主编：《陈独秀著作选》第一卷，上海人民出版社 2010 年版，第 289 页。
② 鲁迅：《狂人日记》，《鲁迅全集》第一卷，人民文学出版社 2005 年版，第 447 页。
③ 吴虞：《吃人与礼教》，赵清、郑成编：《吴虞集》，四川人民出版社 1985 年版，第 167 页。

光……传统的旧礼教，在这里受着最刻薄的攻击，蒙上了"吃人"的罪名了。[①]

　　正是这场轰轰烈烈的文学革命，把反对旧礼教、倡导新伦理的启蒙思想深入到广大民众中，使中国的文化启蒙从知识分子的经世致用理想走向了普罗大众的日常生活现实，从而极大地改变了国民性。在新文学的影响下，青年学生和社会大众逐渐摆脱了懵懂麻木的心理状态，开始追求人道的生活和权利，关心国家的兴衰存亡。正是这种新觉悟，促成了五四运动的爆发。陈独秀在总结五四运动的精神时认为，五四精神并非一般意义上的爱国，而是"直接行动"和"牺牲精神"[②]。而这二者，无疑都是文学革命和伦理觉悟的必然结果。蔡元培更是把这场文学革命与欧洲的文艺复兴相提并论，他说道："考欧洲文艺中兴之起点，群归功于意大利诗人但丁（Dante）之文学。今中国之新文化运动，亦先从文学革命入手。陈独秀、胡适、周作人、钱玄同诸氏所提倡之白话文学，已震动一时。吾敢断言为中国文艺中兴之起点。"[③]

　　但是这场新文化运动也对中国传统文化进行了根本性的颠覆，导致了矫枉过正的"全盘西化"态度。在陈独秀看来，东西方文化的差别不在于地域，而在于时代。西方文化是近代文化，中国文化却仍然停留在古代，而造成如此差别的关键因素就在于民主和科学。"德先生"和"赛先生"虽然曾使西洋人"闹了多少事，流了多少血"，但是却"渐渐从黑暗中把他们救出，引到光明世界"，今天这两位先生同样也"可以救治中国政治上道德上学术上思想上一切的黑暗"[④]。因此，中国要想更新自强，只有彻底抛弃"国粹"和传统，走西方文明的新路子。鲁迅既然认为写满了"仁义道德"的中国历史无非都是"吃人"二字，因此他号

---

① 茅盾：《读〈呐喊〉》，周扬、巴金等主编：《茅盾全集》第十八卷，人民文学出版社1989年版，第394—395页。

② 陈独秀：《五四运动的精神是什么？》，任建树主编：《陈独秀著作选编》第二卷，上海人民出版社2010年版，第222页。

③ 蔡元培：《在旧金山中国国民党招待会上的演说词》，高平叔编：《蔡元培全集》第4卷，中华书局1984年版，第62页。

④ 陈独秀：《〈新青年〉罪案之答辩书》，任建树主编：《陈独秀著作选编》第二卷，第11页。

召青年人不要去读那些"页页害人"的中国古书①。以研究中国文字音韵为专长的钱玄同不仅主张"废孔学、灭道教"，而且还矫枉过正地主张废除汉字，他激忿地写道：

> 欲废孔学，不可不先废汉文；欲驱除一般人之幼稚的野蛮的顽固的思想，尤不可不先废汉文。
>
> 中国文字，论其字形，则非拼音而为象形文字之末流，不便于识，不便于写；论其字义，则意义含糊，文法极不精密；论其在今日学问上之应用，则新理、新事、新物之名词，一无所有；论其过去之历史，则千分之九百九十九为记载孔门学说及道教妖言之记号。此种文字，断断不能适用于二十世纪之新时代。
>
> 欲使中国不亡，欲使中国民族为二十世纪文明之民族，必以废孔学、灭道教为根本之解决；而废记载孔门学说及道教妖言之汉文，尤为根本解决之根本解决。"②

钱玄同既然提倡废孔学、灭道教、弃汉文，对于守旧派人士欲图维护的所谓"国粹"，更是主张一扫而光。他强调，中华民国已经推翻了从五帝到清朝的"四千年帝制"，我们也应该把贻害无穷的"四千年国粹"同时推翻，以便全面引进西方文化。新文化运动的主将胡适则公开号召国人要在西方文化面前虚心认错："我们必须承认我们自己百事不如人，不但物质上不如人，不但机械上不如人，并且政治、社会、道德都不如人。"③因此，应该"死心塌地去学人家"。在后来的东西方文化论战中，胡适更是明确地表达了"全盘"接受西方文化的态度。④由此可见，

---

① 1925 年鲁迅在回答《京报副刊》关于青年读书问题时仍然强调："我以为要少——或者竟不——看中国书，多看外国书。"《鲁迅全集》第三卷，人民文学出版社 2005 年版，第 12 页。

② 钱玄同：《中国今后之文字问题》，《新青年》，1918 年 4 月，第四卷第四号。

③ 胡适：《请大家来照照镜子》，欧阳哲生编：《胡适文集》第 4 册，北京大学出版社 1998 年版，第 27 页。

④ 胡适 1929 年在英文版的《中国基督教年鉴》上发表了《中国今日的文化冲突》(*The Culture Conflict in China*) 一文，文中首次使用了 "wholesale westernization"（"全盘西化"）这个概念。后来他又在 1935 年 3 月发表于《独立评论》第 142 号上的《编辑后记》中明确宣称："我是主张全盘西化的。"

中国的文化启蒙历程在相继经历了"中体西用"和"中西会通"两个阶段之后，到了新文化运动时期，终于走向了激进的"全盘西化"主张。

三　古今中西之争

1. 中西文化大论战

综观从洋务运动到新文化运动的发展历程，可以看出一条越来越明显的西化路线。"从恭亲王开始，中间经过张之洞，一直到陈序经，可以依照西化主张的强弱或浓淡程度之不同而排列成一个等级。"[①]洋务派主张"以夷制夷"，追求富国强兵，在维护"治统"和"道统"不变的前提下进行器物层面的变革，以求自强之道，其在文化上的基本特点是"中体西用"。维新派主张"开民智""兴民权"，效法西方的三权分立和君主立宪，由器物变革深入到政治制度变革，但是仍然不敢从根本上触动孔孟之道和君主政体，其在文化上的基本特点是"中西会通"。辛亥革命之后的新文化派（新型知识分子）则主张彻底打破"孔门之政"和"孔门之学"，颠覆千年之久的封建"治统"和"道统"，倡导人性解放和个性自由，呼吁全面改造国民性，以西方文化为楷模来重建中国文化。至此，"向西走"已成为大势所趋的时代潮流，其极端表现形式就是"全盘西化"观点。但是，虽然新文化运动以后"西化"的大趋势已成定局，中国知识分子们关于西方文化的孰迎孰拒和中国文化的孰扬孰弃却依然存在着极大的分歧。这些分歧曾经引起了西化派与保守派之间的几次大较量，诸如"东西方文化论战""科学与玄学论战""中国社会性质论战""中国文化出路论战"等，以及"新启蒙运动"和"现代新儒家"的兴起。在这些文化论战和新兴思潮中，"西化"倾向虽然占有优势，但是"国学"主张亦不甘示弱。特别是在此过程中，中国社会的殖民化程度日益加深，西方资本主义的弊病也不断暴露，这就致使国人心中的民族自强精神和本位文化意识日益高涨。在文化启蒙的背景下，一旦当中国在

[①]　殷海光：《中国文化的展望》，上海三联书店 2002 年版，第 331 页。

西方列强（包括日本）的威逼之下面临着亡国亡种的危机时，国人对待西方文化的态度就会发生极大的动摇和改变，"全盘西化"观点也难免陷入越来越深刻的矛盾和尴尬之中。

早在鸦片战争失利后不久，主张"师夷长技"以图自强的洋务派领袖恭亲王奕訢就与主张"以忠信为甲胄，礼义为干橹"的保守派代表大学士倭仁就引进西学问题展开了一场激烈的争论。自此以后，随着国门在西方列强的挤压下越开越大，中学（或国学）与西学之间的抵牾也愈演愈烈。西化派渐渐由办洋务而转向求维新，对于西方文化的学习也由器物层面深入到制度层面；守旧派却严守"夏夷之防"，一些极端顽固派（如徐桐等）甚至声称："宁可亡国，不可变法。"面对着二者之间越来越大的思想分歧，张之洞于1898年发表《劝学篇》，试图以一种"中体西用"的折中观点来克服守旧派"因噎而废食"和维新派"多歧而亡羊"的弊端。然而，所谓"体""用"之说，本身就已经包含了明显的价值取向，张之洞的基本态度由下文可见：

> 今欲强中国，存中学，则不得不讲西学。然不先以中学固其根柢，端其识趣，则强者为乱首，弱者为人奴，其祸更烈于不通西学者矣。……如中士而不通中学，此犹不知其姓之人，无辔之骑、无舵之舟，其西学愈深，其疾视中国亦愈甚，虽有博学多能之士，国家亦安得而用之哉。[①]

《劝学篇》发表后，由于受到朝廷的大力推崇，"不胫而遍于海内"，在朝野人士中产生了极大的影响。"中体西用"说也因此而成为介于保守派和西化派之间的一条中庸之道，并在后世演变出多种变体形式。显而易见，张之洞所欲保全的"体"就是"孔门之政"和"孔门之学"，然而这些东西很快就在辛亥革命和新文化运动中被砸烂了。辛亥革命首先推翻了"孔门之政"，即建立在封建礼教的"君君臣臣"秩序之上的君

---

① 张之洞：《劝学篇·循序第七》，上海书店出版社2002年版，第22—23页。

主制度，建立了民国。新文化运动又把批判的矛头从"孔门之政"转向了"孔门之学"，对儒家"忠孝节悌"的伦常纲纪进行了猛烈抨击。在新文化运动中，陈独秀、胡适等西化派人士以西方的民主自由和科学精神为武器，对康有为、辜鸿铭等保守派的尊孔复古和维护"国粹"的主张进行了猛烈抨击。但是这种激烈反传统的做法也引起了保守派人士的反击，酿成了20世纪二三十年代名噪一时的东西方文化论战和科玄论战。

　　早在1915年12月，陈独秀在《青年杂志》上发表《东西民族根本思想之差异》一文，强调东西洋民族在思想文化方面"若南北之不相并，水火之不相容也"。他认为，与以战争、个人、法治、实利为本位的西洋民族相比，以安息、家族、感情、虚文为本位的东洋民族（中国、印度等）养成了"卑劣无耻之根性"，其社会中充溢着"种种卑劣不法残酷衰微之象"，人际之间"黑幕潜张，而生机日促耳"[①]。此文发表后不久，一位精通西学的著名学者杜亚泉即以"伧父"为笔名，在其主编的《东方杂志》上连续发表了《静的文明与动的文明》《战后东西文明之调和》《迷乱的现代人心》等文章，认为东西方文明之间的差异"乃性质之异，而非程度之差"。与陈独秀欲以西洋文明取代东洋文明的偏激观点不同，杜亚泉主张东西方文明应该相互融通调和，"以彼之长，补我之短"。他对第一次世界大战期间西方国家所暴露出来的强权主义、物欲主义等社会弊病进行了揭露，强调中国传统文化中的和平、中庸、仁义、均平等思想资源恰恰可以用来救治西方文明之弊。当今世界的救治之道，就在于用中国文明固有之"国是"来贯通、融合西方文明的各种思想主张：

　　　　救济之道，在统整吾固有之文明，其本有系统者则明了之，其间有错出者则修整之。一面尽力输入西洋学说，使其融合于吾固有文明之中。西洋之断片的文明，如满地散钱，以吾固有文明为绳索，

一以贯之。……今后果能融合西洋思想以统整世界之文明，则非特吾人之自身得赖以救济，全世界之救济亦在于是。①

针对杜亚泉的"调和论"，陈独秀于 1918 年 7 月 15 日在《新青年》上发表了《今日中国之政治问题》，明确地表示："无论政治学术道德文章，西洋的法子和中国的法子，绝对是两样，断断不可调和迁就的。……若是决计守旧，一切都应该采用中国的老法子，不必白费金钱派什么留学生，办什么学校，来研究西洋学问。若是决计革新，一切都应该采取西洋的新法子，不必拿什么国粹，什么国情的鬼话来捣乱。"②

陈独秀的"取代论"与杜亚泉的"调和论"之争开启了东西方文化大论战的序幕，一时间，《新青年》和《东方杂志》形成了两个阵线分明的营垒。在《东方杂志》上发文主张调和东西文化、杂糅新旧事物的人士有章士钊、钱智修等，而站在新陈代谢的进化论立场上来反对"调和论"的人士则有李大钊、蒋梦麟、常乃惪等人。在这些人中间，李大钊高屋建瓴地把新旧文化的更替与社会经济的发展联系在一起，明确地表达了马克思主义的经济决定论思想。他对那些主张复古或调和观点的人士宣称道：

> 我们可以正告那些钳制新思想的人，你们若是能够把现代的世界经济关系完全打破，再复古代闭关自守的生活，把欧洲的物质文明、动的文明，完全扫除，再复古代静止的生活，新思想自然不会发生。你们若是无奈何这新经济势力，那么只有听新思想自由流行，因为新思想是应经济的新状态、社会的新要求发生的，不是几个青年凭空造出来的。③

---

① 杜亚泉：《迷乱之现代人心》，许纪霖、田建业编：《杜亚泉文存》，上海教育出版社 2003 年版，第 367 页。

② 陈独秀：《今日中国之政治问题》，任建树主编：《陈独秀著作选编》第一卷，上海人民出版社 2010 年版，第 418—419 页。

③ 李大钊：《由经济上解释中国近代思想变动的原因》，载《新青年》第 7 卷第 2 号，1920 年 1 月 1 日，袁谦等编：《李大钊文集》下册，人民出版社 1984 年版，第 184 页。

　　1920 年，就在双方论战正酣之时，梁启超从欧洲考察归国，旋即发表了《欧游心影录》一书。他在书中对第一次世界大战之后满目疮痍的欧洲社会状况感慨良多，并由此对中西文化的优劣利弊进行了重新反思。梁启超认为，东方文化的优势在于伦理道德，西方文化的优势在于科学技术，双方应该通过互补而更新。"拿西洋的文明，来扩充我的文明，又拿我的文明去补助西洋的文明，叫他化合起来成一种新文明。"①他根据欧战的教训认定，西方近代的科学进步和物质文明最终造成了弱肉强食、道德沦丧的恶劣后果，它们并不能给人类带来真正的幸福。当偏重于科学和物质的西方文明已经走入死胡同时，唯有中国的儒家学说才能解西方文明于倒悬。这位曾经大力推崇和引进西方文化的启蒙先驱，此时却认为"西洋文明已经破产"，正眼巴巴地乞望着东方文明伸出拯救之手。因此，他号召中国的青年人："立正！开步走！"用中国祖宗圣贤的精神来超拔大洋彼岸的那些在物质文明破产中哀求救命的西方人。无独有偶，学坛新秀梁漱溟不久也发表了《东西文化及其哲学》一书，对西方文化、中国文化和印度文化进行了系统性的比较，认为三者的根本精神分别是"意欲向前要求""意欲自为调和持中"和"意欲反身向后要求"。梁漱溟承认，西方文化在征服自然、科学方法和社会民主等方面要优于中国文化，这是中国人必须向其学习的。但是西方人一味风驰电掣地向前追求，沉溺于外在的繁华却缺乏内在的底蕴，这一点恰恰是他们应该向中国文化学习的。梁漱溟在置于全书之后的自序中写道："我又看着西洋人可怜，他们当此物质的疲敝，要想得精神的恢复，而他们所谓精神又不过是希伯来那点东西，左冲右突，不出此圈，真是所谓未闻大道，我不应当导他们于孔子这一条路来吗？"②

　　梁启超、梁漱溟的观点赢得了传统文化维护者的热烈响应，同时也遭到了西化派的猛烈反击。胡适、李石岑等人指责梁漱溟关于"三种不同路向"的观点是不顾历史事实的"闭眼瞎说"，强调西方、中国和印

---

① 　梁启超：《欧游心影录》，张品兴主编：《梁启超全集》第五册，北京出版社 1999 年版，第 2986 页。

② 　梁漱溟：《东西文化及其哲学》，商务印书馆 2010 年版，第 240—241 页。

度实际上都在走同一条道路，只不过是速度之差和先后之别而已。西方文化在今天并不只是西方的路向，而且已经成为世界的共同路向。"我们拿历史眼光去观察文化，只看见各种民族都在那'生活本来的路'上走……现在全世界大通了，当初鞭策欧洲人的环境和问题现在又来鞭策我们了。将来中国和印度的科学化与民治化，是无可疑的。"①

　　东西方文化论战烽火未熄，科学与玄学论战硝烟又起。1923 年 2 月 14 日，北京大学教授张君劢在清华发表题为《人生观》的讲演，认为时下人们推崇西方文化，不外乎学习西方先进的科学，然而"专注于向外"、体现为物质文明的科学再发达，也不能解决内在的精神文明问题，后者还必须仰赖于人生观。他宣称："人生观问题之解决，绝非科学所能为力……自孔孟以至宋元明之理学家，侧重内心生活之修养，其结果为精神文明；三百年来之欧洲，侧重以人力支配自然界，故其结果为物质文明。"②针对张君劢将科学与人生观相分离甚至相对立的观点，地质学家丁文江发表了《玄学与科学》一文，讥讽张君劢是"西洋的玄学鬼"与中国陆王心学阴魂的混杂产儿，指出科学的目的就在要摒除个人的主观成见，追求人生公认的真理。因此，科学不仅是向外征服自然的有力武器，而且也是向内实现人生修养的最好工具。面对丁文江的反驳，张君劢又发表了《再论人生观与科学并答丁在君》一文，从玄学角度对中西文化的不同背景以及论战双方的理论渊源进行了论述，将双方的分歧归结为"汉宋之争"和"唯物唯心之争"，并旗帜鲜明地表达了自己的宋明理学和唯心论立场。③

　　"科玄之争"一石激起千层浪，一批社会名流如梁启超、张东荪、林

---

① 胡适：《读梁漱溟先生的〈东西文化及其哲学〉》，欧阳哲生编：《胡适文集》第 3 册，北京大学出版社 1998 年版，第 195—196 页。

② 张君劢、丁文江等：《科学与人生观》，山东人民出版社 1997 年版，第 38 页。

③ 同上，第 120 页。后来（1928 年）胡适在《几个反理学的思想家》一文中也把这场"科玄之争"解释为清代注重理据的汉学与空谈心性的宋学之间思想抵牾的继续，是历史上理学与反理学的立场对垒的再现。他写道："当日所谓'科学与玄学'的争论其实只是理学与反理学的争论的再起。丁先生是科学家，走的是那条纯理智的格物致知的路。张先生推崇'内心生活'，走的仍是那半宗教半玄学的理学的路。"欧阳哲生编：《胡适文集》第 4 册，北京大学出版社 1998 年版，第 87 页。

宰平、范寿康、胡适、王星拱、朱经农、吴稚晖、唐钺等纷纷撰文参与，或支持张君劢，或赞同丁文江，也有骑墙调和者。一番论辩下来，科学派明显占据上风，其对玄学派的批判犀利激烈、锋芒毕露。例如胡适就不无偏激地认为，中国人现时的人生观都是"做官发财的人生观""靠天吃饭的人生观""求神问卜的人生观"，这样的人生观还未曾与科学行见面礼，哪里配得上来排斥科学？^①这些激进的批判言论赢得了广大知识分子和青年学生的热烈拥护。但是科学派的优势主要在于他们借助了新文化运动的反传统的时尚风潮，而非由于其思想的深邃和理据的充分。后来陈独秀在总结这场论战的性质时，不仅深刻地批判了张君劢的玄学观和梁启超、范寿康等人的调和论，而且也指出丁文江等科学派的观点未免流于浅薄，未能说明"科学何以能支配人生观"。他站在马克思主义的唯物史观立场上，认为人生观问题说到底是由社会经济的发展状况决定的，而不是由个人的主观直觉或自由意志所决定。"我们相信只有客观的物质原因可以变动社会，可以解释历史，可以支配人生观，这便是'唯物的历史观'。"^②

东西方文化论战和"科玄论战"之后不久，中国思想界又爆发了关于中国文化出路的论战。1934年，陈序经出版了《中国文化的出路》一书。在书中，陈序经把关于中国文化出路的主张分为三派，即"复古派""折中派"和"西洋派"，他明确表示"兄弟是特别主张第三派的，就是要中国文化彻底的西化"。他列举的理由有二："（1）欧洲近代文化的确比我们进步得多。（2）西洋的现代文化，无论我们喜欢不喜欢，它是现世的趋势。"因此，"我们的结论，是救治目前中国的危亡，我们不得不要全盘西洋化"^③。针对复古派和折中派的文化主张，陈序经一一进行了驳斥。复古主义完全是逆历史潮流而动，只能是死路一条；至于折中派的"中体西用"观点，在学理上本来就是说不通的：

---

① 胡适：《〈科学与人生观〉序》，参见葛懋春、李兴芝编：《胡适哲学思想资料选》（上），华东师范大学出版社1981年版，第285页。

② 陈独秀：《〈科学与人生观〉序》，任建树主编：《陈独秀著作选编》第三卷，上海人民出版社2010年版，第146页。

③ 陈序经：《中国文化的出路》，中国人民大学出版社2004年版，第102—103、129页。

> 中西学术，各有其体，而且各有其用。其用之所依，在于其体。体之所表，在于其用。而且有其体必有其用，有其用必赖其体。今欲以二种不同之体，及其不同之用，颠倒配置，是无异欲用目以觉嗅味，而用鼻以视物。[①]

陈序经的"全盘西化"主张很快就引起了不同观点者的反击，从而激发了轰动一时的"中国文化出路论战"。1935 年 1 月 10 日，王新命、陶希圣、何炳松等十名教授联名发表了《中国本位的文化建设宣言》，明确地表达了一种"不守旧，不盲从"的文化态度，提出了"坚持中国本位的文化建设"的基本宗旨和原则。该《宣言》强调，中国的文化建设既不应一味复古，也不应盲目西化，而应该立足于中国的具体国情和历史传统来建设本位文化。"中国是既要有自我的认识，也要有世界的眼光，既要有不闭关自守的度量，也要有不盲目模仿的决心。""中国本位的文化建设"应"采取批判态度，应用科学方法来检讨过去，把握现在，创造将来"。只有这样，才"使中国在文化的领域中能恢复过去的光荣，重新占着重要的位置，成为促进世界大同的一支最劲最强的生力军"。[②]

该宣言发表之后，很快就遭到了西化派的猛烈回击，双方又进行了你来我往的几轮论战。除了针锋相对的"全盘西化"论者陈序经、胡适和主张"中国本位文化建设"的十教授之外，大多数参与者都持一种温和的折中观点。赞同或偏向于"中国本位文化"观点的有吴景超、陈石泉、常燕生、释太虚、张申府等人，主张温和西化论观点的有梁实秋、严既澄、张佛泉、张奚若、熊梦飞等人。事实上，与鸦片战争以来的那

---

① 陈序经:《中国文化的出路》，中国人民大学出版社 2004 年版，第 40 页。其实早在陈序经之前，严复就揭露了"中体西用"说在学理上的荒谬之处："体用者，即一物而言之也。有牛之体，则有负重之用；有马之体，则有致远之用。未闻以牛为体以马为用者也。……故中学有中学之体用，西学有西学之体用。分之则两立，合之则两亡。议者必欲合之而以为一物，且一体而一用之，斯其义违舛，固名之不可言矣。乌望言之而可行乎?"参见周振甫:《严复思想述评》，中华书局 1940 年版，第 82—83 页。

② 《中国本位的文化建设宣言》，原载《文化建设》月刊第 1 卷第 4 期，现收录于《中国文化的生路：1935 中西文化论战文萃》(电子书)，中国国际广播出版社 2012 年版，第 18 页。

些死抱着名教伦常和"国粹"传统不放的遗老遗少相比，主张"中国本位文化"的十教授已非泥古不化的保守主义者，而是主张"不守旧，不盲从"的开放态度的新派知识分子。他们的愿望是想在"砸碎孔家店"和"死心向西走"的激进氛围中拯救和捍卫遍体鳞伤的中国文化，使之不至于沦落殆尽。但是尽管如此，他们仍然被时人看作是守旧派。另一方面，陈序经、胡适等人的"全盘西化"道路也并未得到太多人的认同，较为普遍的观点倒是一种温和的西化姿态，即主张有选择地借鉴、学习西方文化中的精华和先进成分，同时也不离弃中国文化的深厚根基。这种情形表明，虽然在知识分子中间西化倾向仍然占据主流，但是对待中国文化的态度已不再像新文化运动时期那样偏激了。

在新文化运动以来的这几场中西文化大论战中，西化派的观点都占据了上风。究其原因，主要是因为对于当时受到启蒙思想影响的社会精英和知识分子来说，以民主和科学为标志的"西学"象征着进步与开化，而以孔孟之道为主干的"国学"则难脱落后与蒙昧之嫌。但是到了30年代中期这场关于中国文化出路的大论战中，情况却发生了微妙的变化，本位文化派的主张开始得到越来越多人的理解和同情。文化态度上的这种变化是与当时中国山河破碎、国事陵夷的现实状况密切相关的。"九一八"事变以后，随着中国殖民化程度的加深，保国保种的迫切性日益突出，"救亡"取代了"启蒙"成为中国知识分子关心的首要问题。在民族危殆的情况下，敝帚自珍的文化保守心态自然会日益高涨；而那些先前极力主张西化的知识分子也开始感受到一种"灵魂分裂"的痛苦折磨，他们一方面仍然向往西方的民主制度和科学精神，另一方面却在亡国灭种的屈辱心态下，对那些欺凌奴役中国人民的西方列强以及日本产生了强烈的仇恨情绪，并转而对中国传统文化格外地珍惜和热衷起来。汤因比曾经说道："每当一个民族，对自己的宗教失去信仰时，他们的文明就会屈从于来自内部的社会崩溃和来自外部的军事进攻。"① 相反地，

---

① 汤因比、池田大作著，荀春生等译：《展望二十一世纪——汤因比与池田大作对话录》，国际文化出版公司1985年版，第364页。汤因比在这里所说的"宗教"，"指的是对人生的态度，在这种意义上鼓励人们战胜人生中各种艰难的信念"，因此他把儒学称为"儒教"。

每当一个民族面临着灭亡的威胁时，传统的宗教信仰和价值系统就会受到强烈的刺激而复兴。因此，在抗日战争以及随后的国共内战期间，"全盘西化"的主张越来越受到爱国精神的有力抵制，而"国学"复兴也一度成为民族图存自强的重要内涵，这种文化趋势推动了现代新儒家的崛起。更加耐人寻味的是，在"国学"与"西学"鹬蚌相争、彼此消长的情况下，"第三种文化"——对西方资本主义持强烈批判态度的马克思主义迎合了中国人对西方文化的这种既敬且憎的心理。其结果使得社会主义制度在中国得以确立，而那种既是源于西方，同时又试图超越西方现代文化的马克思主义则成为中国社会的主流意识形态。

2. 现代新儒家的兴起

当激进的新文化人士大声疾呼要彻底颠覆孔孟之道时，他们不仅受到了守旧派的极力抵制，而且随着新文化运动本身的不断深化，在他们内部也渐渐发生了一定的思想分歧。像胡适、钱玄同这样的知识分子，原本是研究中国文化出身，出于对西方科学方法的推崇以及对袁世凯、张勋尊孔复辟活动的反感，才不无偏颇地主张与传统文化相决裂。但是在他们的骨子里，仍然对于中国文化有着难以斩断的依恋之情，因此在经历了一阵偏激的思想狂潮之后，又开始对中国文化进行一番较为冷静的重新审视。1919 年 11 月，胡适发表《新思潮的意义》一文，提出了"研究问题，输入学理，整理国故，再造文明"的文化建设新纲领。[①] 他指出，"反传统"与"整理国故"是新文化人对待中国传统文化的两种相互补充的态度，人们不仅应该批判旧文化中的各种"胡说谬解"和"武断迷信"，而且也要从旧文化中寻出一个"真意义"和"真价值"来，以此作为嫁接西方科学思想的根基。

胡适对待"国故"态度的这种温和转向，也是为了应对北京大学旧派学者刘师培、黄侃在 1919 年初成立国故社、创办《国故》月刊之举，旨在以一种全新的科学态度来整理国故，以回击旧派人士借"研究

①　胡适：《新思潮的意义》，欧阳哲生编：《胡适文集》第 2 册，北京大学出版社 1998 年版，第551 页。

国故""保存国粹"之名来推行复古主义。他明确地表示："若要知道什么是国粹，什么是国渣，先须要用评判的态度，科学的精神，去做一番整理国故的工夫。"[①] 在稍后的一系列演讲和文章中，胡适还提出了"历史的观念""疑古的态度""系统的研究"等一套整理国故的科学方法。与胡适的主张相呼应，先前以激烈反传统而著称的钱玄同也承认"前几年那种排斥孔教，排斥旧文学的态度很应改变"，主张"用科学的精神"和"容纳的态度"来讲孔教及伦常，以"说明它们的真相"[②]。

　　胡适"整理国故"的主张很快就在新文化运动阵营中引起了不同反响，遭到了一些激进人士的质疑。周作人担忧整理国故的运动将会导致"国粹主义勃兴"的局面和"复古与排外"的倾向。[③] 陈独秀嘲笑胡适的做法是"要在粪秽里寻找香水"，不仅白费气力，还会沾染上一身臭气，"自寻烦恼"；况且胡适要去研究的所谓"国学"（或"国故学"），本来就是"含混糊涂不成一个名词"的伪观念。[④] 吴稚晖更是义愤填膺地对"整理国故"的倡导驳斥道：

　　　　这国故的臭东西，他本同小老婆、吸鸦片相依为伴。小老婆、吸鸦片，又同升官、发财相依为命。国学大盛，政治无不腐败，因为孔、孟、老、墨便是春秋、战国乱世的产物。非再把他丢在毛厕里三十年。现今鼓吹成一个干燥无味的物质文明，人家用机关枪打来，我也用机关枪对打，把中国站住了，再整理什么国故，毫不嫌迟。[⑤]

　　周作人的"杞忧"果然一语成谶。虽然胡适等人提倡"整理国故"

---

① 　胡适：《新思潮的意义》，欧阳哲生编：《胡适文集》第2册，北京大学出版社1998年版，第558页。

② 　钱玄同：《致周作人》（1922年4月8日），转引自洪峻峰：《思想启蒙与文化复兴——五四思想史论》，人民出版社2006年版，第395页。

③ 　周作人：《谈虎集》，上海书店1987年影印版，第137页。

④ 　陈独秀：《寸铁·国学》，任建树主编：《陈独秀著作选编》第三卷，上海人民出版社2010年版，第101—102页。

⑤ 　吴稚晖：《箴洋八股化之理学（附注）》，转引自殷海光《中国文化的展望》，上海三联书店2002年版，第322页。

的目的只是为了运用科学方法来对所谓"国学"进行去伪存真的研究，以便更加深刻地批判传统文化，但是这场运动一旦发轫，就不可遏制地向着复古的方向发展，最终酿成了"国粹主义勃兴"的后果。与胡适提倡的国学研究貌合而神离，旧派学者代表章太炎从 1922 年 4 月开始，在上海连续举行了十场国学讲座，对白话文运动进行了猛烈抨击。在这些讲座中，章太炎也检讨了自己早年的反孔立场，立意重振旧学。他在 1923 年创刊的《华国月刊》中指责新文化派人士"稗贩泰西，忘其所自"，并宣称自己"志在甄明学术，发扬国光"[1]。由于章太炎的国学泰斗地位，他对新文化运动的批判极大地助长了复古主义的风气。与此相应，梅光迪、吴宓等海外归国学者也于 1922 年在南京创办了《学衡》杂志，旨在捍卫儒家思想，批判新文化运动，并且提出了"论究学术，阐求真理，昌明国粹，融化新知"的新十六字方针，与胡适提出的新文化建设纲领相抗衡。吴宓后来对梅光迪在美国留学时立志重振中国传统文化的拳拳之心以及自己的感动之情回忆道：

> 梅君慷慨流涕，极言我中国文化之可宝贵，历代圣贤、儒者思想之高深，中国旧礼俗、旧制度之优点，今彼胡适等所言所行之可痛恨。昔伍员自诩"我能覆楚"，申包胥曰："我必复之"。我辈今者但当勉为中国文化之申包胥而已，云云。宓十分感动，即表示：宓当勉力追随，愿效驰驱。[2]

与胡适"整理国故"以贬抑孔孟之道的用意相反[3]，《学衡》派力图通过"整理旧学"来弘扬孔孟之道。吴宓、胡先骕等人把孔、孟与西方的柏拉图、亚里士多德相提并论，认为他们分别奠定了中西文明的道德

---

① 章太炎：《〈华国月刊〉发刊辞》，姜玢选编：《革故鼎新的哲理——章太炎文选》，上海远东出版社 1996 年版，第 534、535 页。
② 吴学昭编：《吴宓自编年谱》，生活·读书·新知三联书店 1995 年版，第 177 页。
③ 胡适在阐述研究国学的方法时，特别提倡"平等的眼光"和"疑古的态度"，即主张打破独尊儒家、专注经学的研究传统，平等地对待诸子百家和经史子集。因此他"整理国故"的用意实在于通过学术研究来贬抑孔孟之道。

学术根基。《学衡》派人士指责胡适的"科学方法"支离破碎、虚张声势，新派学者不学无术、信口雌黄，新文化运动"堕弃纲常、铲灭轨物"，致使世风日下，国将不国。《学衡》派虽然在文化上提倡复古，但是在政治上却反对君主制度，拥护共和政体，与康有为、严复等人的复古主义不可同日而语。他们力图把"孔门之学"与君主专制剥离开来，认为"孔教非君主专制之主因"，"中国最大之病根，非奉行孔子之教，实在不行孔子之教"①。他们对待西方文化的态度也不同于那些清朝遗流，并不盲目排斥西学，只是反对"全盘西化"和自贱家珍，主张将国粹与西学相融会，以构建新文明。吴宓宣称："今欲造成中国之新文化，自当兼取中西文明之精华，而熔铸之、贯通之。……如是，则国粹不失，欧化亦成，所谓造成新文化，融合东西两大文明之奇功，或可企致。"②这种弘扬国粹而又兼容西学的立场，为新时代背景下的文化保守主义确定了基调，与新文化运动之前的复古主义已经是迥然而异了。

　　面对复古派人士的猛烈攻击，胡适本人也不得不反省"整理国故"主张的失策，将"整理国故"的基本宗旨从"再造文明"改变为在"烂纸堆"里"捉妖"和"打鬼"③。在 1928 年所写的《治学的方法与材料》一文中，胡适承认以前引导青年人去钻故纸堆是一条"死路"，唯有学习自然科学知识和技术才是"活路"。胡适对待中国文化的态度，也因此而再度转向偏激，甚至公然宣称自己是主张"全盘西化"的。

　　然而，因"整理国故"导向而兴起的"国学"研究热潮并没有由于胡适态度的转变而衰减，反倒随着中国现实处境的日益恶化而不断加温，由此催生了颇具声势的现代新儒家思潮。现代新儒家不仅在 20 世纪三四十年代的中国文化领域形成了与逐渐低落的"全盘西化"主张分庭抗礼的一道新风景线，而且其思想余波在 20 世纪末叶历尽政治疯狂和文

①　柳诒徵：《论中国近世之病源》，《学衡》第三期，1922 年 3 月。柳诒徵认为，中国近世的病根"在满清之旗人，在鸦片之病夫，在污秽之官吏，在无赖之军人，在托名革命之盗贼，在附会民治之名流政客，以迨地痞流氓"，而这些人"皆不奉孔子之教"。

②　吴宓：《论新文化运动》，《学衡》第四期，1922 年 4 月。

③　胡适：《整理国故与"打鬼"（给浩徐先生信）》，欧阳哲生编：《胡适文集》第 4 册，北京大学出版社 1998 年版，第 117 页。

化磨难的中国思想界再度兴盛，至今仍然发挥着不可低估的影响。

促使现代新儒家兴起的主要因素，除了整理"国故"、研究"国学"所导致的复古倾向之外，还有一点就是由于对西方文化的失望和"科学万能"观念的破灭。在后一方面，梁启超的《欧游心影录》和梁漱溟的《东西文化及其哲学》发挥了重要作用。作为中国近代文化启蒙的主将，梁启超在《欧游心影录》中深切感叹理想与现实之间的巨大反差，认为19世纪末叶以来欧洲人的理想已经被"破坏得七零八落"，"全社会都陷入怀疑的深渊，现出一种惊惶沉闷凄惨的景象"。西方的许多"先觉之士"，"怀抱无限忧危，总觉得他们那些物质文明，是制造社会险象的种子，倒不如这世外桃源的中国，还有办法"，因而期盼着输入中国文明来解救他们。① 与"西方文明破产论"相对应的则是"科学万能破产论"，梁启超写道：

> 当时讴歌科学万能的人，满望着科学成功，黄金世界便指日出现。如今功总算成了，一百年物质的进步，比从前三千年所得还加几倍，我们人类不惟没有得着幸福，倒反带来许多灾难，好像沙漠中失路的旅人，远远望见个大黑影，拼命往前赶，以为可以靠他向导，哪知赶上几程，影子却不见了，因此无限凄惶失望。影子是谁？就是这位"科学先生"。欧洲人做了一场科学万能的大梦，到如今却叫起科学破产来。②

既然偏重于物质和科学的西方文明已经破产，那么执着于精神和道德的中国文明就愈益彰显出独特的价值，正是这种敝帚自珍的心态导致了现代新儒家的产生。如果说梁启超、章太炎等国学大师是现代新儒家的重要启发人，那么梁漱溟则堪称现代新儒家的擎旗手，他的《东西文化及其哲学》在对西方文明进行批判的同时，大力弘扬中国传统文化的

---

① 梁启超：《欧游心影录》，张品兴主编：《梁启超全集》第五册，北京出版社1999年版，第2975—2976页。
② 同上，第2974页。

价值，率先表达了现代新儒家的文化主张。

与陈独秀、胡适等人建立在进化论基础上的文化一元演化观针锋相对，梁漱溟提出了"世界文化三期重现"的理论。他认为，希腊（西方）、中国、印度这三大文化的分野是由三种根本不同的人生态度或文化路向决定的，即"意欲向前要求""意欲自为调和持中"和"意欲反身向后要求"这三种路向。这三者之间并不存在孰好孰坏的问题，只有一个合宜不合宜的问题。就当下情形而言，西方文化由于"适应人类目前的问题"，所以显示出其优胜地位；而中国文化和印度文化在近世的失败，并非由于它们不好，只是因为它们不合时宜罢了。西方文化的路向，虽然在征服自然和科学民主方面取得了令人瞩目的成就，一度领导了世界文化潮流，但是它走到今天已经"病痛百出"，应该转到第二条路即中国文化的路向上来了。因此，在西方文化独领风骚之后，必将轮到中国文化重放光芒，最后则是印度文化的殿后复兴。"于是古文明之希腊、中国、印度三派竟于三期间次第重现一遭。"以该理论为依据，梁漱溟着眼于中国的现实状况，对这三种文化进行了取舍：第一，"要排斥印度的态度，丝毫不能容留"，因为印度文化太过于超脱虚幻，在尚未实现第二条路向（中国文化路向）之前是绝对不能超越时代去走第三条路向的，否则将会走火入魔，使中国陷入更加水深火热的境地。第二，"对于西方文化是全盘承受，而根本改过，就是对其态度要改一改"，即对于西方的科学精神和民主精神应该"无批评无条件的承认"，但是绝非要走"全盘西化"的道路，而是将其拿过来置于中国文化的基底之上。因此，第三，"批评地把中国原来态度重新拿出来"①，在传统文化自我更新的基础上成功地吸收融会西方的科学民主精神和文化成果。这三种取舍态度说到底，关键就在于发扬光大中国传统文化。梁漱溟在该书结尾处写道：

> 明白的说，照我意思是要如宋明人那样再创讲学之风，以孔颜的人生为现在的青年解决他烦闷的人生问题，一个个替他开出一条

① 梁漱溟：《东西文化及其哲学》，商务印书馆2010年版，第221—222、223页。

路来去走。……只有昭苏了中国人的人生态度，才能把生机剥尽死气沉沉的中国人复活过来，从里面发出动作，才是真动。中国不复活则已，中国而复活，只能于此得之；这是惟一无二的路。有人以清代学术比作中国的文艺复兴，其实文艺复兴的真意义在其人生态度的复兴，清学有什么中国人生态度复兴的可说？有人以五四而来的新文化运动为中国的文艺复兴，其实这新运动只是西洋化在中国的兴起，怎能算得中国的文艺复兴？若真中国的文艺复兴，应当是中国自己人生态度的复兴；那只有如我现在所说可以当得起。[①]

正是这种弘扬儒学、兼及西学的思想主张，构成了现代新儒家的基本立场。在国学复兴风气的影响下，从 20 世纪 30 年代开始，一些主张重振儒家文化的学者逐渐形成了一个松散的思想派别，即现代新儒家。在这个阵营中，先后集结了一批大名鼎鼎的学界人物，如梁漱溟、熊十力、冯友兰、贺麟、马一浮、张君劢、钱穆、方东美、唐君毅、牟宗三、徐复观等。他们一方面受新文化运动的影响，赞同由西方传入的科学、民主精神；另一方面则极力维护传统文化的砥柱地位，主张以自我更新的儒家文化为根基来嫁接西方文化的优秀成果。从文化主张上来看，现代新儒家仍然未能跳出"中体西用"之窠臼，只不过他们不同于张之洞等人那样把"中体"与"西用"机械地拼凑在一起，而是坚持体用一元、体用不二论，主张首先要重建中国文化之"体"，用中国文化的基本精神来统摄、涵容、改造和同化西方文化（包括西方文化的"体"和"用"）。他们对中国文化的重建工作主要表现在对宋明儒学，尤其是陆王心学的继承和弘扬之上。梁漱溟坦陈："前贤所谓'为往圣继绝学，为万世开太平'，此为我一生使命。"[②]他大力倡导复兴儒家文明，甚至身体力行，将儒家价值落实到乡村改革的实践活动中。熊十力致力于建立以"仁"为核心的心本体论，专注于儒家的君子之道、内圣之学，强调"仁

---

① 梁漱溟：《东西文化及其哲学》，商务印书馆 2010 年版，第 234—235 页。

② 梁漱溟：《香港脱险寄宽恕两儿》，转引自姜义华等编：《港台及海外学者论近代中国文化》，重庆出版社 1987 年版，第 543 页。

者本心也，即吾人与天地万物所同具之本体也"①。他以儒家天人合一、体用一源的思想为根据，立足于宋明心学，融会佛理，兼采西学，主张在调和中国、印度、西方三种思想的基础上，"为未来世界新文化植其根"。冯友兰虽然不同于梁、熊等人的陆王心学传统，而是更多地站在程朱理学的立场上，并且深受西方维也纳学派的逻辑分析方法的熏陶，但是他的"新理学"仍然旨在从儒家思想资源中"重新建立形上学"和开掘出一套新的政治意识形态。他大力弘扬儒家的"杀身成仁""舍生取义"的大丈夫气节和"尽伦尽职""公而忘私"的崇高情怀，提倡超越"自然境界"和"功利境界"的"道德境界"和"天地境界"，试图从儒家的内圣之学中开出外王之道。贺麟努力将德国古典哲学与宋明理学融会贯通，主张以"化西"来取代"西化"，即"儒化西洋文化""华化西洋文化"，具体表现为"以西洋之哲学发挥儒家之理学""吸收基督教之精华以充实儒家之礼教""领略西洋之艺术以发扬儒家之诗教"。在《儒家思想的新开展》一文中（该文被看作是第一代现代新儒家的文化宣言），贺麟写道：

> 民族的复兴本质上应该是民族文化的复兴。民族文化的复兴，其主要的潮流、根本的成分就是儒家思想的复兴，儒家文化的复兴。假如儒家思想没有新的前途、新的开展，则中华民族以及民族文化也就会没有新的前途、新的开展。换言之，儒家思想的命运，是与民族的前途命运、盛衰消长同一而不可分的。②

现代新儒家的发轫虽然可以追溯到20世纪20年代初期的整理国故运动，但是它的真正发展却是在国家危亡、民族意识高涨的抗战环境中。因此，"现代新儒家的一条基本共识，就是认定近代中华民族的危机，实质上是文化的危机"；而他们的"根本鹄的"，就是要"为民族文化寻找一个'安心立命'之处。即以'极高明而道中庸'的传统方式，完成终

① 熊十力：《新唯识论》，中华书局1985年版，第567页。
② 贺麟：《儒家思想的新开展》，贺麟：《文化与人生》，商务印书馆1988年版，第4—5页。

极关怀的玄学重建，在此基地上建立一套价值体系，给民族生活提供一套精神准则；同时以'内圣外王'之道，将道德践履扩充为政治操作，开出理想的政制与正义的社会结构，完成向现代民族的历史转变"①。正是怀着这种忧国忧民的士大夫情怀，冯友兰将 1939—1946 年间出版的六本著作（《新理学》《新事论》《新世训》《新原人》《新原道》《新知言》）合称为"贞元六书"，取周易"贞下起元"之意，旨在寄托对中华民族文化复兴的期望。现代新儒家的其他思想家也纷纷表达了同样的忧患意识和自强不息精神。然而，在当时亟待行动的危殆境况中，这种诉诸个人的良知觉悟、由"内圣"开出"外王"的理想毕竟过于空泛高洁，尤其是对现实政治和大众文化的影响更是微弱。因此与主张走大众路线的马克思主义思潮相比，现代新儒家的历史命运就显得困顿塞滞。蔡尚思教授对现代新儒家思想的保守性和空泛性批评道："漱溟先生著书十多种，都认周孔的礼教是万能的，中国社会没有阶级性，应该永做农业古国，封建政治近于无政府的自由，中国皇帝是人民的亲友。冯先生单在对日抗战期间已经著了靠近十部的叫作新什么的专书，其目的是在乎玩弄玄虚，脱离现实，杜绝一切革命，痛斥任何维新。……前者不失为近代的王守仁，后者不失为近代的朱熹，同时又都可以看作孔子的复活。"②借用梁漱溟本人的"世界文化三期重现"理论，就当时中国的现实情形而言，"第一路"（西方科学民主之路）并未走完，毋宁说才刚刚开始，此时就倡导走"第二路"（中国儒学之路），未免太过轻率。在科学民主精神尚未真正在中国社会生根发芽、国家社稷尚处于破碎沦落之际，就急于复兴宋明儒学，这就如同用"第三路"（印度佛学之路）来解救时弊一样，无异于镜花水月。因此在日后的社会变化中，马克思主义和自由主义这两派同源于西方文化的政治主张分别在中国大陆和港台地区成为主流意识形态，而现代新儒家则两头不讨好，在中国大陆被视为封建主义的残渣余孽，几近销声匿迹；在港台地区也只能寄人篱下，举

① 许纪霖、陈达凯主编：《中国现代化史》第一卷（1800—1949），上海三联书店 1995 年版，第 557 页。

② 蔡尚思：《中国传统思想总批判》，湖南人民出版社 1981 年版，第 23 页。

步维艰地传承儒家的精神血脉。

1958 年初，现代新儒家的老将张君劢与后起之秀唐君毅、牟宗三、徐复观等四人联名，在香港的保守派杂志《民主评论》上发表了《为中国文化敬告世界人士宣言》。该宣言指出，自近代以来，中国文化虽然屡遭劫难，并且因病而生出"许多奇形怪状之赘疣"，但是它并没有如许多西方人和中国人所妄断的那样已然死去，而是仍然具有鲜活的生命力，且将在未来时代发扬光大。中国文化的精神生命就在于一脉相承的儒家道统之中，而自孔孟至宋明儒家的心性之学，"乃中国文化之神髓所在"。四位先生认为，虽然在科学与民主方面，现代中国不免在西方面前相形见绌，但是在中国传统文化中，早已孕育着"利用厚生"和"天下为公"的思想根基，从中同样可以开出现代科学与民主之花。"从中国历史文化之重道德主体之树立，即必当发展为政治上之民主制度"，"在中国传统之道德性的道统观念之外，兼须建立一学统，即科学知识之传承不断之统"[①]。西方文化虽然在当今时代领导着世界潮流，但是其片面推崇理知、一味对外扩张和盲目妄自尊大等做法，导致了诸多弊病，因此应该虚心向中国文化学习"当下即是"之精神、"圆而神"之智慧、"温润侧怛"之情操、"有余不尽"之价值、"天下一家"之胸怀等等。而当今中国文化乃至世界文化发展的当务之急，乃是"立人极之学问"，即"人之主体的存在之真正自作主宰性之树立"，并由此而"超化升进"，终至于成己成物、世界大同。在《宣言》的结尾处，唐君毅等人对这种由"内圣"开"外王"的儒家理想宣称道：

　　从立人极之学所成之人生存在，他是一道德的主体，但同时亦是超化自己，以升进于神明的，所以他亦是真能承载上帝，而与天合德的。故此人生之存在，即兼成为"道德性与宗教性之存在"。而由其为道德的主体，在政治上即为一民主国家中之一真正的公民，而成"政治的主体"。到人类天下一家时，他即成为天下的公

---

① 张君劢、唐君毅、牟宗三、徐复观：《为中国文化敬告世界人士宣言》，汤一介、杜维明主编：《百年中国哲学经典：五十年代后卷（1949—1978）》，海天出版社 1998 年版，第 258、255 页。

民……在知识世界，则他成为"认识的主体"，而超临涵盖于一切客观对象之世界之上，而不沉没于客观对象之中……而在整个的人类历史文化世界，则人为一"继往开来，生活于悠久无疆之历史文化世界之主体"。而同时于此历史文化世界之悠久无疆中，看见永恒之道，亦即西方所谓上帝之直接显示。这些我们以为皆应由一个新的学术思想之方向而开出。即为立人极之学所向往的究极目标。[①]

四先生的《宣言》虽然充满了"为往世继绝学"的道义精神，但是在自由主义风头正盛的台湾和深受西方文化影响的香港，却是和者寥寥；至于在"清除一切封建流毒"的中国大陆，更是毫无反响。究其原因，除了其保守主义的价值取向在当时两大政治阵营对垒的时代背景下显得不合时宜之外，现代新儒家们对于如何由内圣之学开出外王之道，往往也是大而化之、语焉不详，[②]并不能真正应对中国文化转型和重建的现实问题。肩负着兴灭继绝和弘扬大道的崇高理想，胸怀一腔深沉炽烈的忧患之情和愤世之慨，却找不到一种可以操作的除弊解困之道，这就是现代新儒家在一个剧烈动荡和迅猛变化的现实社会中所面临的尴尬处境。现代新儒家的这一弊端，尤其是与同时代的两个竞争对手自由主义和马克思主义相比，显得更加突出。

但是到了20世纪末叶，随着政治意识形态对立的消解和"冷战"时代的结束，全球范围内又出现了一股传统文化复兴的保守主义潮流。在此形势下，现代新儒家思想也就枯木逢春、生机迸发，在20世纪末和21世纪初再次拨动了国人的心弦，在中国文化领域激起了一场方兴未艾的"国学"热潮。特别是随着中国经济的迅猛腾飞和综合国力的显著提升，中国文化建设的问题也日益显示出紧迫性。至此，梁漱溟先生所谓

---

① 张君劢、唐君毅、牟宗三、徐复观：《为中国文化敬告世界人士宣言》，汤一介、杜维明主编：《百年中国哲学经典：五十年代后卷（1949—1978）》，海天出版社1998年版，第276页。

② 在这方面，牟宗三先生关于"良知坎陷"的观点即是一个典型例证。该观点主张通过良知的自我"坎陷"而"开出"科学和民主，但是至于如何"开出"，牟先生虽然使用了"曲通""逆成"之类的玄奥概念，却始终未能指出一条从道德主体中"转出"科学与民主的具体道路。诚如景海峰教授所指出的："他的保内圣、开外王，作为理想，堪可奋斗，然其实现，就实在是太渺茫了。"景海峰：《新儒家与二十世纪中国思想》，中州古籍出版社2005年版，第268页。

的"第二路转向"似乎也变得越来越具有现实意义，用当今时髦的术语来说，此即如何构建一种既符合世界潮流，又具有中国特色的现代文化的问题。

3. 马克思主义的胜利 [1]

从新文化运动的"西化"潮流中，产生了两种起初携手共进、继而则分道扬镳的文化路向，这就是自由主义和马克思主义。在新文化运动的主将中，胡适代表着前者，李大钊、陈独秀则代表着后者。二者都源于对中国专制政体和传统文化的批判，但是在关于中国未来的政治模式和文化道路的问题上，二者却各走一途，渐行渐远，终至形成水火之势。

从宏观和长程的历史视野来看，共产主义与资本主义一样，都是西方文化土壤中萌发出来的花朵。在文化渊源上，资本主义固然是西方近代社会所发生的一系列经济、政治变革的必然结果，而共产主义同样也脱胎于基督教的文化理想 [2]，资本主义与共产主义之间的现实矛盾深深地植根于罗马帝国的功利主义与基督教的天国理想之间的历史张力。自由主义是资本主义的意识形态，而马克思主义则是共产主义的意识形态。西方文化在全球扩张的过程中，必定会把整个世界舞台作为展现其内部矛盾的广阔场所。因此，在中国文化日益"西化"的过程中，自由主义和马克思主义必定会在中国的舞台上展开竞争。

马克思主义在中国思想界的兴起和流行可以归结为如下两个主要原因：第一，五四运动之前，中国的先进知识分子都对西方资本主义的民主自由怀着仰慕之心，但是1919年巴黎和会上西方列强对于中国势力范围的重新划分，使得中国人看到了西方资本主义国家所谓自由平等的虚伪性，对其态度也由爱生怨。李大钊在《秘密外交与强盗世界》一文中指出："我们且看巴黎会议所议决的事，哪一件有一丝一毫人道、正义、

---

① 本节文字原为我妻子刘小英教授所撰《马克思主义"中国化"的早期历程》（发表于《社会科学战线》2013年第12期），本人进行修改后纳入书中，与前后文正相协调，融为一体。特此说明。

② 关于共产主义理论的原始形态——乌托邦与基督教之间的密切关系，请参阅拙文《基督教信仰与乌托邦的变迁》，载《社会科学战线》（长春），2012年第3期。

平和、光明的影子！哪一件不是拿着弱小民族的自由、权利，作几大强盗国家的牺牲！"[①] 五四运动的起因就是爱国学生抗议巴黎和会将德国在山东的利益转让给日本，以及北洋政府丧权辱国的行为，其口号为"外争国权，内惩国贼"，充分表达了青年学子对西方列强和卖国政府的强烈愤慨。此外，第一次世界大战所造成的巨大社会灾难，也使中国人看到了西方资本主义的贪婪本性和悲惨后果。当时中国受新文化运动影响的知识分子们，一方面对西方资本主义的自由平等产生了失望，另一方面又不愿像复古主义者那样缩回到传统文化的梦幻桃源，因此他们就只能另辟蹊径，试图寻找一条新的救国之路，而刚刚传入中国不久的马克思主义恰好就适应了这种文化要求。

　　第二，从理论上来说，马克思主义所倡导的共产主义不仅和资本主义一样是西方文化的产物，而且还被看作是对资本主义的超越，是比资本主义更高的一种社会形态。按照马克思的历史唯物主义观点，资本主义作为迄今为止最先进的社会制度，已经无可置疑地在世界范围内确立了经济、政治和文化统治。但是当其生产力发展到一定程度时，必然会产生难以克服的经济危机，从而最终通过一场改变现存生产关系的无产阶级革命而过渡到共产主义。马克思、恩格斯在《共产党宣言》中宣称："随着大工业的发展，资产阶级赖以生产和占有产品的基础本身也就从它的脚下被挖掉了。它首先产生的是它自身的掘墓人。资产阶级的灭亡和无产阶级的胜利是同样不可避免的。"[②] 共产主义作为一种消灭了私有制和一切罪恶现象、人人平等的社会形态，与中国传统文化所向往的"天下为公""讲信修睦"的大同理想可谓是不谋而合，它尤其能够迎合正处于屈辱状态中的中国人的焦渴心理。更为重要的是，这种最初只是被看作乌托邦的社会理想，竟然在俄国成为现实，并且很快就改变了俄罗斯相对落后的社会面貌，使其迅猛崛起。这样就为那些贫穷落后的东方国家昭示了一个新的希望，即那些资本主义发展薄弱甚至根本就没有经历

---

① 李大钊：《秘密外交与强盗世界》，袁谦等编：《李大钊文集》下册，人民出版社1984年版，第1页。

② 马克思、恩格斯：《共产党宣言》，中共中央马克思、恩格斯、列宁、斯大林著作编译局编：《马克思恩格斯选集》第一卷，人民出版社1995年版，第284页。

资本主义阶段的国家也可以直接实行社会主义（共产主义的初级阶段）。在垄断资本主义的时代背景下，俄国布尔什维克主义的胜利意味着，落后的东方似乎比发达的西方更有可能成为社会主义生长的沃土。于是，社会主义与资本主义的关系就逐渐由历时性的超越关系演变为共时性的竞争关系，马克思为西方资本主义社会所设计的共产主义蓝图，转而成为那些对西方资本主义充满怨恨、仍然处于前资本主义状态中的中国知识分子所热衷的目标。而成功地进行了无产阶级革命、建立了苏维埃政权的俄国，也就取代了洋务运动时期的英国、戊戌变法时期的日本、新文化运动初期的法国和美国，成为中国先进知识分子向往的新理想，成为民主、自由、平等的真正楷模。

　　马克思主义与自由主义的最初分歧，可以追溯到新文化运动后期的"问题与主义之争"。1918年，李大钊在《新青年》等刊物上先后发表了《法俄革命之比较观》《庶民的胜利》《布尔什维主义的胜利》等文章，热情讴歌俄国十月革命，把关注的焦点从民主主义转向了社会主义。与此相应，研究系人士梁启超、张东荪等人也大力鼓吹英国的基尔特社会主义，甚至连依附皖系军阀的安福系政客王揖唐也大谈民主主义和社会主义。这种现象激起了推崇美国式民主的胡适的强烈不满，他于1919年7月在《每周评论》杂志上发表了一篇名为《多研究些问题，少谈些"主义"！》的文章，锋芒主要指向王揖唐等政客用"主义"骗人的把戏，同时也兼及到"马克思的社会主义"。胡适认为，当前舆论界的危险就在于，人们偏向于纸上空谈各种主义、学说，而不去实地考察和研究中国社会到底需要什么。他对思想界流行的各种"社会主义"主张挖苦道："你谈你的社会主义，我谈我的社会主义，王揖唐又谈他的社会主义，同用一个名词，中间也许隔开七八个世纪，也许隔开两三万里路，然而你和我和王揖唐都可自称社会主义家，都可用这一个抽象名词来骗人。这不是'主义'的大缺点和大危险吗？"[1]

---

① 　胡适：《问题与主义》，欧阳哲生编：《胡适文集》第2册，北京大学出版社1998年版，第250页。在当时的中国思想界，流行着各种不同"版本"的社会主义理论，如李大钊等人宣扬的马克思主义的社会主义，张东荪等人宣扬的基尔特社会主义，甚至连王揖唐之流的袁党余孽和皖系政客，也在大谈社会主义。

　　对于胡适用"问题"来取代"主义"的观点，李大钊、蓝公武等人发表了不同看法，李大钊认为："我们的社会运动，一方面固然要研究实际的问题，一方面也要宣传理想的主义。"并且明确表示："我可以自白，我是喜欢谈谈布尔扎维主义的。当那举世若狂庆祝协约国战胜的时候，我就作了一篇《Bolshevism 的胜利》的论文，登在《新青年》上。"[1] 面对着李大钊等人的回应，胡适又连续发表了几篇文章，对马克思主义的唯物史观和阶级斗争学说进行了批判，由此揭开了自由主义与马克思主义思想交锋的序幕。

　　1920 年初，陈独秀从北京来到上海，他的政治立场开始从民主主义转向社会主义，效法榜样也由欧美转向了俄国。在该年 11 月刊载在《共产党》月刊第一号上的发刊短言中，陈独秀明确表示：

　　　　要想把我们的同胞从奴隶境遇中完全救出，非由生产劳动者全体结合起来，用革命的手段打倒本国外国一切资本阶级，跟着俄国的共产党一同试验新的生产方法不可。什么民主政治，什么代议政治，都是些资本家为自己阶级设立的，与劳动阶级无关。……我们要逃出奴隶的境遇，我们不可听议会派底欺骗，我们只有用阶级战争的手段，打倒一切资本阶级，从他们手抢夺来政权；并且用劳动专政的制度，拥护劳动者的政权，建设劳动者的国家以至于无国家，使资本阶级永远不至发生。[2]

　　在此前后，陈独秀又给来中国讲学的英国著名哲学家罗素和陪同者张东荪写信，反对他们所宣扬的在中国发展教育和实业的资本主义改良方案，主张学习俄国直接进行社会主义革命。针对陈独秀的主张，梁启超、张东荪、蓝公武等研究系文人提出了"阶段说"，认为中国当前资

---

[1] 李大钊：《再论问题与主义》，袁谦等编：《李大钊文集》下册，人民出版社 1984 年版，第 32、35 页。

[2] 陈独秀：《〈共产党〉月刊短言》，任建树主编：《陈独秀著作选编》第二卷，上海人民出版社 2010 年版，第 298 页。

本主义尚未获得发展，故而不能超越现实地去实行社会主义；中国的劳动阶级亦未成熟，无法构成社会主义运动的主体。陈独秀、李大钊、何孟雄等早期共产主义者又对研究派人士的观点进行了回击，指出中国不仅已经具备了真正的劳动阶级，而且中国的现实国情使得他们完全可以"抄近路"，绕过资本主义而直接实行社会主义制度。虽然马克思最初是为西欧发达资本主义国家设计了共产主义方案，但是马克思在晚年却表述了东方社会有可能超越资本主义发展阶段而直接过渡到社会主义的观点[①]。况且俄国已经成功地进行了无产阶级革命，建立了苏维埃政权，以铁一般的事实说明了贫穷落后的东方国家也完全可以实现社会主义制度。

在这场关于中国是否应该和可能实行社会主义的论战中，李大钊、陈独秀等人以《新青年》杂志为阵地、以超越资本主义的社会主义为号召、以新生的俄国苏维埃政权为榜样，明显地占据了上风。这场论战也极大地推动了马克思主义在中国的传播，使得"俄国道路"取代了"英美道路"而成为时髦的新路向。在西方资本主义的社会弊病日益暴露、新文化运动早期向往的欧美理想逐渐破灭，而复古主义又不被大多数知识分子所认同的情况下，社会主义自然就成为知识分子和青年学生所热衷的目标。在 1923 年北京大学所进行的民意测验中，在对"现在中国流行关于政治方面的各种主义你相信哪一种"问题的回答中，选择社会主义的以 291 票居首位，其次是三民主义 153 票，再次是民主主义 66 票，另有其他各类答案 20 余种。[②] 由此可见，社会主义已经取代了新文化运动早期追求的民主主义，成为知识青年心目中的理想社会蓝图。

1927 年国共决裂之后，马克思主义与自由主义之间的理论争端开始与两条相互对立的社会发展道路结合在一起，文化的分歧演变为政治的

---

① 马克思、恩格斯在 1882 年撰写的《共产党宣言》俄文版序言中说道："俄国公社，这一固然已经大遭破坏的原始土地公共占有形式，是能够直接过渡到高级的共产主义的公共占有形式呢？或者相反，它还必须先经历西方的历史发展所经历的那个瓦解过程呢？对于这个问题，目前唯一可能的答复是：假如俄国革命将成为西方无产阶级革命的信号而双方互相补充的话，那么现今的俄国土地公有制便能成为共产主义发展的起点。"中共中央马克思、恩格斯、列宁、斯大林著作编译局编：《马克思恩格斯选集》第一卷，人民出版社 1995 年版，第 251 页。

② 朱务善：《本校二十五周年纪念日之"民意测量"》，《北京大学月刊》1924 年 3 月 5 日，转引自洪峻峰：《思想启蒙与文化复兴——五四思想史论》，人民出版社 2006 年版，第 287—288 页。

冲突。在这种情况下，中国究竟应该走什么样的道路，这将要取决于对中国社会性质和中国社会历史的认识。1927 年大革命失败之后，中国共产党内部首先在这个问题上发生了意见分歧。陈独秀在 1929 年 8 月 5 日致中共中央的一封信中，认为中国社会性质已经由封建社会转变为资本主义社会。他写道："中国的封建残余，经过了商业资本长期的侵蚀，自国际资本主义侵入中国以后，资本主义的矛盾形态伸入了农村，整个的农民社会之经济构造，都为商品经济所支配。"并且强调，中国 1925—1927 年的革命，"确已开始了中国历史上一大转变时期；这一转变时期的特征，便是社会阶级关系之转变，主要的是资产阶级得了胜利，在政治上对各阶级取得了优越地位"[①]。陈独秀的观点在党内遭到了李立三等人的激烈批判，而此前在莫斯科召开的中共第六次代表大会已明确地把中国社会性质确定为半殖民地半封建社会。与此相应，学界名人陶希圣也在上海的《新生命》杂志上发表了一篇名为《中国社会到底是什么社会?》的文章，从而在中国思想界引起了一场旷日持久的关于中国社会性质和社会史问题的大讨论。

在这场论战中，以王学文、潘东周、张闻天等人为代表的"新思潮派"（因其观点主要发表于《新思潮》杂志）与以严灵峰、任曙等为代表的"动力派"（因其文章多载于《动力》杂志），以及以陶希圣、周佛海等为代表的"新生命派"之间展开了激烈的争论，论战的焦点在于，当前中国社会的性质到底是封建社会还是资本主义社会。"动力派"和"新生命派"认为，帝国主义的入侵已经从根本上破坏了中国的封建经济，商品经济已经成为中国社会的主流，当前中国已经是一个"商业资本主义社会"。"新思潮派"则认为，西方帝国主义的入侵既促进了中国资本主义经济的生长，也使中国日益沦入殖民地的命运；另一方面，中国广大农村中仍然保留着封建生产关系，因此当前中国是一个半殖民地半封建的社会。不久以后，学术界又发生了关于中国社会史的争论，不同派别的学者们围绕着中国古代是否存在过马克思所说的"亚细亚生产方

---

① 陈独秀：《关于中国革命问题致中共中央信》，任建树主编：《陈独秀著作选编》第四卷，上海人民出版社 2010 年版，第 380、381 页。

式"、中国是否经历过奴隶制社会，以及"商业资本主义"等问题展开了讨论。针对陶希圣等人否定中国存在过奴隶社会的观点，郭沫若和吕振羽先后发表了《中国古代社会研究》《史前期中国社会研究》等著作，根据马克思主义的社会形态论，用大量历史考古资料论证了中国奴隶制社会的存在，并且提出了中国古代社会的历史分期理论。

　　这场关于中国社会性质和社会史问题的大讨论，为中国共产党总结大革命失败的教训，确定中国革命的对象、任务、动力、性质、前途等重大政治目标，提供了重要的理论依据。后来毛泽东在 1939 年冬季所写的《中国革命和中国共产党》一文中明确指出，中国是一个"殖民地、半殖民地和半封建社会"，中国社会的主要矛盾是"帝国主义和中华民族的矛盾"以及"封建主义和人民大众的矛盾"。因此，中国革命的主要对象就是帝国主义和封建主义，任务就是"对外推翻帝国主义压迫的民族革命和对内推翻封建地主压迫的民主革命"；中国革命的最基本的动力是无产阶级，而农民、城市小资产阶级和民族资产阶级分别构成了工人阶级的"坚固的""可靠的"和"在一定时期中和一定程度上的"同盟军；中国革命的性质是"新民主主义的革命"，它的终极前途则是"社会主义和共产主义"①。

　　1931 年"九一八"事变之后，救亡图存的问题日益突出，中国知识分子将各种不同的文化主张和政治分歧暂时搁置，结成广泛的抗日统一战线。在这种情况下，弘扬民族精神、强化中国意识就成为一切抗日派别的共同特点。现代新儒家自不待言，即使是曾经势不两立的国、共两党，也不约而同地打出了"中国化"的旗帜。国民党的官方哲学沿着戴季陶设计的思想路线，力图将三民主义儒学化。蒋介石于 1934 年发动"新生活运动"，以儒家的"礼、义、廉、耻"作为基本准则，宣扬"一个政府，一个主义，一个领袖"的政治纲领，提倡团结统一、绝对服从的纪律和尽忠报国、舍身捐躯的精神。蒋介石不仅反对共产主义，而且也抵制自由主义，认为二者不过是苏俄思想与英美思想的区别，同样都

————————

① 毛泽东：《中国革命和中国共产党》，《毛泽东选集》第二卷，人民出版社 1991 年版，第 621—652 页。

悖逆于中国的国计民生和文化精神。他大力宣扬"中国的国魂"，强调要以中国传统的德性精神来铸造人格：

> 如果我们做了中国人，思想不是中国人的思想，精神不是中国人的精神，情感不是中国人的情感，品性也不是中国人的品性，满脑子所装的，都是由外而搬进来的不三不四、非中非外的东西。如此名目上、皮相上虽然为中国人，而事实上不晓得他已做了那一国人精神的奴隶。[1]

共产党虽然信奉马克思主义，而且不得不接受苏联共产国际的政治领导，但是在当时的情形下也开始尝试将马克思主义"中国化"，寻找一条适合中国国情的社会主义或新民主主义道路。共产党的理论家陈伯达、艾思奇等人发起和推动了以爱国救亡和觉醒大众为主旨的"新启蒙运动"，一方面力图将五四启蒙运动的爱国精神和民主精神建立在马克思主义的基础上，另一方面则以建立广泛的抗日联合阵线为号召来激发民族意识。积极参与新启蒙运动的马克思主义学者陈唯实指出："新启蒙的思想文化运动，目前最大的任务就是唤起民众，普及和提高广大人民的民族意识，激动民族战斗的意识，使他们为民族革命而总动员抗战。"[2]已经掌握了党内领导权的毛泽东在与王明的教条主义做斗争的过程中，也深切地感受到马克思主义"中国化"的必要性，提出了把马克思主义的普遍原理与中国革命的具体实践相结合的思想主张。在1938年10月召开的中共六届六中全会上，毛泽东在题为《中国共产党在民族解放战争中的地位》的大会报告中表示：

> 我们是马克思主义的历史主义者，我们不应当割断历史。从孔夫子到孙中山，我们应当给以总结，承继这一份珍贵的遗产。……

---

① 蒋介石：《革命的教育》，《先总统蒋公全集》第1册，第1168页，转引自陈亚杰：《当代中国意识形态的起源》，新星出版社2009年版，第221页。

② 陈唯实：《抗战与新启蒙运动》，扬子江出版社1938年版，第8—9页，转引自陈亚杰：《当代中国意识形态的起源》，新星出版社2009年版，第194页。

共产党员是国际主义的马克思主义者，但是马克思主义必须和我国的具体特点相结合并通过一定的民族形式才能实现。马克思列宁主义的伟大力量，就在于它是和各个国家具体的革命实践相联系的。对于中国共产党说来，就是要学会把马克思列宁主义的理论应用于中国的具体的环境。[①]

在 1940 年发表的《新民主主义论》中，毛泽东更是提出了"建立中华民族的新文化"即"新民主主义文化"的历史使命，并且明确地将这种新文化界定为"民族的科学的大众的文化"和"人民大众反帝反封建的文化"[②]。在这里，"民族的"是针对"反帝"而言，"大众的"即民主的，则是针对"反封建"而言。从西方传来的马克思主义必须与中国的民族解放和民主变革这两个具体目标相结合，在抗日救亡的实践过程中走出一条"中国化"的道路。在当时国难当头、民不聊生的情形下，民族解放和民主变革成为中国民众普遍关心的两个主要问题。因此，共产党的"建立中华民族的新文化"主张很快就赢得了中国广大民众的热烈响应。随着共产党逐步获取全国政权，马克思主义也就取代了自由主义和保守主义而成为中国社会的主流意识形态。

---

① 　毛泽东：《中国共产党在民族解放战争中的地位》，《毛泽东选集》第二卷，人民出版社 1991 年版，第 534 页。

② 　毛泽东：《新民主主义论》，《毛泽东选集》第二卷，人民出版社 1991 年版，第 708—709 页。

第六章

当代中国文化更新之路

20世纪80年代以来，中国社会走上了改革开放的道路，随着经济转型和政治改革的不断推进，文化启蒙再一次成为广大知识分子普遍关心的热点问题。回望近三十多年来的文化变革历程，可谓是一波三折、风云激荡。从改革开放之初激动人心的新启蒙运动，到90年代幡然觉醒的传统文化复兴意识，再到21世纪势头强劲的"国学热"潮流，当代中国的文化演进路向不仅与中国崛起背景下的经济、政治变化态势相适应，而且也与全球范围内的文化保守主义潮流相呼应。在走向世界、学习西方的开放过程中，中国人从已经实现了现代化转型的西方社会借鉴了大量有利于推进经济变革和制度更新的先进成果和价值观念，极大地推动了中国社会的进步。但是，当中国在器物和制度层面上越来越深地融入全球化大潮中时，中国文化的重建问题也变得日益突出，尤其是在中国经济迅猛腾飞和综合国力不断加强的情况下，建设一种具有中国特色的现代文化体系就显得更加迫切。随着全球化程度的不断加深，中国人在文化价值取向上并没有走向"全盘西化"，反而是越来越明显地表现出本土化的思想倾向，越来越强调"中国特色"乃至"中国道路"。这种时代要求使得从新文化运动以来一直倍受压抑的儒家思想和传统文化（"国学"）呈现出蓬蓬勃勃的复兴态势，同时也助长了新左派、民族主义、国家主义等各种反西方的政治、文化主张。正如同伊斯兰教文明中的宗教激进主义运动、印度教文明中的民族主义运动一样，当代中国的"国学热"现象和传统文化复兴趋势也表现了具有悠久文明传统的亚洲古老国度面对全球化浪潮的一种自主性的应战态势。但是另一方面，这种文化保守主义倾向也使得源于西方而传播全球的基督教信仰在中国面临着政治与文化的双重压力。在全球化和"国学热"的双重背景下，古与今、中与西的老问题被赋予了新内涵。清晰地梳理和理性地反思当代中国的各种文化思想之间的张力关系，将会为中国文化重建的时代重任提供必要的理论根据。

一　新时代的思想文化张力

1. 西风再起 —— 20 世纪 80 年代的新启蒙运动

综观中国近世以来的文化启蒙历程，从洋务运动到戊戌变法，再到新文化运动及其后续的一系列文化论战，启蒙的基本宗旨随着时代的变化而逐渐演变，从向往"国强""民富"到伸张"民权""民主"，再到追求人性解放和文化更新。由于这个深化过程是在国势渐颓、西风日盛的情况下推进的，因此自始至终都带有明显的功利性色彩和片面化特点，尤其是与中国当时的民族处境和政治状况有着密切联系。在这个启蒙过程中，随着西化程度的不断加深，以儒家思想为主干的传统文化越来越多地受到进步人士的鄙夷和抨击，在许多西化派和马克思主义化的知识分子心目中，儒家思想与中国的封建制度一样，皆为旧时代的余孽流毒。虽然在抗战期间出于救国保种的现实需要，传统文化曾一度在国人心中旧梦重温，呈现出昙花一现的新儒家复兴迹象。但是"国学"的这种短暂复兴并非由于思想启蒙的文化需要，而是出于民族图存的现实要求。等到抗战结束、救亡主题消淡以后，国共两党的政治冲突又成为中国社会最迫切、最紧要的问题，一切文化启蒙理想都被搁置一旁。李泽厚在谈到中国启蒙运动的尴尬状况时指出："封建主义加上危亡局势不可能给自由主义以平和渐进的稳步发展，解决社会问题，需要'根本解决'的革命战争。革命战争却又挤压了启蒙运动和自由理想，而使封建主义乘机复活，这使许多根本问题并未解决，却笼盖在'根本解决'了的帷幕下被视而不见。"①

---

① 李泽厚：《启蒙与救亡的双重变奏》，《中国现代思想史论》，生活·读书·新知三联书店 2008 年版，第 39 页。

毛泽东在 1940 年发表的《新民主主义论》中，就把致力于建立的"中华民族的新文化"界定为"人民大众反帝反封建的文化"①。在抗日战争胜利之后，对于信奉马克思主义的中国共产党及其所领导的人民大众来说，"反帝反封建"的文化要求就直接表现为推翻国民党统治、解放全中国的政治目标。共产党之所以能在激烈的国共冲突中获胜，就在于它倡导的"反帝反封建"的文化理想赢得了广大民众的拥戴。唐君毅等现代新儒家对共产党胜利的原因总结道：

> 对中国共产党之所以能取得政权，我们不能忽视二重大的事实。第一，即共产党之坐大，初由于以共同抗日为号召，这是凭借中华民族之民族意识。第二，共产党在中国大陆能取国民党之政权而代之，其初只是与其他民主党派联合，以要求国民党还政于民，于是使国民党之党治，先在精神上解体。这是凭借中国人民之民主要求，造成国民党精神之崩溃。由此二者，即可证明中共所以有此成功，仍正由于它凭借了中国人民之民族意识及民主要求。②

所谓"民族意识"，其基本内涵就是反抗帝国主义——包括日本帝国主义和西方列强——对中国的侵略和蚕食，建设一个独立自主的新中国；而"民主要求"的基本内涵则是反对封建专制，实现人民当家做主的社会理想。1949 年以后，随着国民党的政治失败以及美、英等西方列强在华势力的衰落，中国社会终于摆脱了半殖民地半封建的状况。但是共产党领导下的"反帝反封建"的斗争并没有因此而结束，而是以一种变异偏激的形式融入国际范围内的政治意识形态冲突的大漩涡中。从 1949 年中华人民共和国成立，到 1978 年中国实行改革开放，在近三十年的时间里，一方面是由于国际上两大政治阵营对垒和"冷战"思维的影响，另一方面则是由于国内"阶级斗争为纲"思想的统摄，一种由于

① 毛泽东：《新民主主义论》，《毛泽东选集》第二卷，人民出版社 1991 年版，第 708—709 页。
② 张君劢、唐君毅、牟宗三、徐复观：《为中国文化敬告世界人士宣言》，汤一介、杜维明主编：《百年中国哲学经典：五十年代后卷（1949—1978）》，海天出版社 1998 年版，第 261 页。

政治斗争的实用需要而被严重扭曲了的马克思主义，在中国大陆被确立为至高无上的和排他性的文化形态。与此相对，自由主义被斥为西方资本主义或帝国主义的意识形态，儒家思想也被打上了封建糟粕的灰色标签。在反对封建主义和资本主义（60年代以后又加上了"修正主义"，合称"封资修"）的革命旗帜引导下，中国社会又重新走上了明朝中叶以来的闭关锁国、夜郎自大的蒙昧之路。

由于救亡图存和改朝换代的政治需要中断了文化启蒙的自然进程，使得近代以来不断加强的西化趋势受到了遏制。而且随着二战以后两大政治阵营对垒格局的形成，共产党政权下的中国民众对待西方文化的态度更是由崇拜向往一改而为蔑视仇恨，由"全盘西化"遽然转至势不两立。然而另一方面，主流社会对待中国传统文化的批判姿态也并未因此而得到改变，相反却以一种疯狂变态的方式愈演愈烈，到了"文化大革命"期间，对待儒家思想和传统文化的态度竟然发展到毁圣谤贤、欺师灭祖的极端。所谓"史无前例的无产阶级文化大革命"，实质上是中国历史上一场登峰造极的文化大浩劫。在当时的中国社会，一种打着马克思主义旗帜、实际上却充斥着封建主义内涵的"无产阶级革命文化"垄断了整个思想文化领域，对待西方文化采取拒之于国门之外的蒙昧主义态度，对待中国传统文化则采取"彻底决裂"的虚无主义态度。在这样的"革命思想"主导之下，中国的文化状况也与经济形势一样，陷入一片凋敝颓败的衰落景象中。

"文化大革命"结束之后，中国社会走上了改革开放的历程，思想文化领域也经历了如同近世文化启蒙历程一样云谲波诡的激烈变化。从官方推动的"真理标准"大讨论到学界热议的人道主义和异化问题，从揭露"文革"罪恶的"伤痕文学"到重铸民族信念的"寻根文学"，从《河殇》的"全盘西化"导向到《中国可以说不》的反西方主义煽情，从"萨特热""尼采热"等西方哲学时尚到方兴未艾的"国学热"……这一切令人眼花缭乱的文化变革，概括而言可以归结为两个方向相反、旨趣相关的思想倾向，即对西方现代文化的向往和对中国传统文化的复兴。之所以说二者旨趣相关，是因为它们都是对前三十年（1949—1978年）

政治挂帅的"革命文化"的一种反叛；而二者的方向之别，则如同新文化运动时期"西化派"与"国粹派"的分歧一样，表现了两种迥然而异的价值取向。

20世纪70年代末期的一场以《实践是检验真理的唯一标准》一文为开端的思想解放运动①，很快就在全国范围内激起了热烈的反响。这场理论大讨论不仅为不久以后召开的中共十一届三中全会确定改革开放的基本国策奠定了重要的思想基础，而且也在中国思想界引发了一系列后续反应，其中最具有影响力的就是关于人道主义和异化问题的讨论。从1980年到1984年，关于人道主义和异化问题的讨论已经明显取代了已有定论的真理标准大讨论而成为理论界众人瞩目的热点。与具有明显的政治权力博弈特点且仍然属于政治意识形态内部之争的真理标准大讨论不同，关于人道主义与异化问题的讨论更多地表现了重开启蒙意识的中国知识分子在思想上的一种"离经叛道"倾向。这场讨论虽然是在马克思主义的思想前提之下开展的，而且最终也是由官方理论权威胡乔木进行了盖棺论定式的总结②，但是在讨论过程中却出现了一些试图超出正统意识形态的激进观点。例如当时的党内理论家周扬就对"文革"以及此前十七年里人们（包括他本人）对于人性、人道主义的盲目批判进行了反省，他承认"马克思主义是包含着人道主义的"，在社会主义社会中同样也存在着各种"异化"现象，如违背经济规律而进行建设的"经济

---

① 这篇由南京大学哲学系教师胡福明初拟、经思想界多人修改并最终由时任中共中央组织部长胡耀邦审定的文章，发表于1978年5月11日的《光明日报》上，并被新华社、《人民日报》、《解放军报》等重要报刊转载，在全国理论界引起了一场规模浩大的讨论热潮。这场大讨论确立了"实践是检验真理的唯一标准"的主流观点，突破了"文革"结束后占统治地位的"两个凡是"（"凡是毛主席作出的决策，我们都坚决维护；凡是毛主席的指示，我们都始终不渝地遵循。"）的思想禁锢。

② 1984年1月3日，胡乔木在中央党校做了题为《关于人道主义和异化问题》的讲话，该讲话不久后由人民出版社印成单行本发行。胡乔木作为中共意识形态的主管人，针对当时理论界激烈争论的人道主义与马克思主义的关系问题，明确表示作为世界观和历史观的人道主义是与马克思主义的历史唯物主义根本对立的。他还批判了社会主义异化理论，认为把社会主义社会中存在的一些消极现象都纳入"异化公式"中，必定会对社会主义制度造成破坏性的影响。他认为人道主义和异化理论不仅在学术上是错误的，而且在政治上也会导致不良后果，助长对社会主义和党的领导的不信任情绪和悲观心理。胡乔木的这篇讲话代表了官方的正统观点，中国理论界关于人道主义和异化问题的讨论也此从降下帷幕。

领域的异化"、滥用人民赋予的权力而奴役人民的"政治领域的异化"，以及宣扬个人崇拜的"思想领域的异化"等。[①]另一位后来被定为"资产阶级自由化分子"的著名哲学家王若水则认为，马克思主义就是人道主义，"马克思始终把无产阶级革命、共产主义同人的价值、人的尊严、人的解放、人的自由等问题联系在一起。这是最彻底的人道主义。"他明确宣称："在进行社会主义现代化建设的今天，我们需要社会主义的人道主义。"[②]这些观点，引导人们把眼光从垄断思想意识形态的"阶级""集体"等语境深入到长期被摈弃和遗忘的"人性""个人"层面，从而激起了一种对压抑人性的思想束缚和制度暴虐进行批判的启蒙精神。在这场讨论中，那些由于率先觉醒而被或多或少地打上了"异端"标签的思想家们，实际上已经走到了马克思主义的尽头，或者说，已经从刻板化的正统马克思主义回溯到了富于批判精神的青年马克思，殊途同归地与西方马克思主义达成了某种思想共识。他们所大声疾呼的人性和人道主义理想，直接引发了国人尤其是青年一代知识分子对于西方现代哲学及文化的浓厚兴趣和狂热向往。

以真理标准大讨论为开端、以人道主义和异化理论为高潮的思想解放运动，很快就在中国民间社会引发了一场轰轰烈烈的文化启蒙运动，这场运动通常被称为"80年代的新启蒙运动"。它的标志是1984—1985年间出现的三个民间文化学术团体，即以包遵信、金观涛等人为代表的"走向未来"丛书编辑部，以甘阳、苏国勋等人为代表的"文化：中国与世界"编委会，以及以汤一介、李泽厚、庞朴等人为代表的"中国文化书院"。这三个学术团体各自具有不同的文化特点，相对而言，"走向未来"丛书侧重宣扬科学主义，"文化：中国与世界"大力弘扬人文主义，"中国文化书院"则更加沉稳地从事中国哲学和中西哲学文化比较研究。但是这三个团体都具有共同的思想倾向，那就是试图通过对当时中国社会的旧思想、旧观念、旧价值的深刻检讨与批判，以及对西方现代化的一些基本指标如市场经济、民主政治、个人主义的学习与借鉴，以实现

---

① 周扬：《关于马克思主义的几个理论问题的探讨》，《人民日报》1983年3月16日。

② 王若水：《为人道主义辩护》，《文汇报》1983年1月17日。

中华民族的自强更新，实现中国文化的现代化转型。"走向未来"丛书编委会在该丛书的"编者献辞"中指出："《走向未来》丛书力图从世界观高度把握当代科学的最新成就和特点，通过精选、咀嚼、消化了的各门学科的知识，使读者特别是青年读者能从整个人类文明曲折的发展和更迭中，理解中华民族的伟大贡献和历史地位，科学地认识世界发展的趋势，激发对祖国、对民族的热爱和责任感。"①"文化：中国与世界"编委会则在该集刊的"开卷语"中明确提出了"中国文化现代化"的历史使命：

> 中国要走向世界，理所当然地要使中国的文化也走向世界；中国要实现现代化，理所当然地必须实现"中国文化的现代化"——这是八十年代每一个有识之士的共同信念，这是当代中国伟大历史腾飞的逻辑必然。
>
> ……
>
> 当代中国文化的建设和形成必须具备三个最基本的要素或环节：一、坚持马克思主义、发展马克思主义；二、继承中国文化传统、光大中国文化传统；三、吸取世界文化成果、把握世界文化趋势——《文化：中国与世界》以此三点作为她的基本方针和奋斗目标。②

"中国文化书院"则广泛邀请海内外的一些知名学者，尤其是海外新儒家的代表人物如杜维明等人来国内进行讲学和发表论著，在介绍和引进西方现代文化成果的同时，注重发掘和发扬中国文化传统中的精粹成分。这种更加深沉的文化研究工作，为后来的中国传统文化复兴和"国学热"奠定了重要的思想基础。

与此前"突出政治"的时代和此后"发展经济"的时代相比，20世纪80年代堪称是一个注重文化的时代。由于刚刚突破"文革"时期的思想禁锢和重新打开国门看世界，那个时代的人们尤其是青年一代对于各

---

① 《走向未来》丛书"编者献辞"，四川人民出版社。
② 《文化：中国与世界》第一辑，生活·读书·新知三联书店1987年版，"开卷语"。

种新鲜事物充满了兴趣。十年"文革"已经耗尽了人们的政治热情，而经济利益的诱惑尚未充分展现出来，在这个青黄不接的时代，在这种失望与希望相交织、迷惘与反思相砥砺的精神背景下，文化问题就成为大多数知识分子共同关注的聚集点。无论是理论界影响深远的人道主义与异化问题讨论，学术界众人瞩目的中西文化比较研究，文学界风靡一时的"反思文学""现代派"小说和"现代主义诗群"，艺术界标新立异的"第五代电影""85 新潮美术"和港台流行歌曲，都同样表现了一种挣脱思想枷锁、追求人性解放的文化启蒙要求，共同构成了 80 年代新启蒙运动的组成部分。如同 20 世纪早期的五四新文化运动一样，80 年代的新启蒙运动也引起了社会各界人士的普遍关注，产生了巨大的社会效果。与"文革"时期"文化为政治服务"的意识形态导向以及 90 年代以后"文化搭台，经济唱戏"的功利主义导向不同，80 年代新启蒙运动的特点是把文化本身看作具有决定性意义的因素。当时积极推动和参与这场启蒙运动的青年学人，就像五四时期的知识分子一样，把中国贫穷、落后、专制、闭塞的原因都归结到文化问题上。他们重新在中国与西方、传统与现代、封闭与开放之间画了一条泾渭分明的界线，再一次旗帜鲜明地打出了科学、民主、自由、人权（人道主义）等旗号，掀起了一场声势浩大的文化启蒙运动。

在 80 年代，对于刚刚步入改革开放历程、重新睁开眼睛看世界的中国人来说，中国社会的蒙昧落后与西方社会的开化发达之间形成了强烈的反差。这种鲜明对照很容易在文化心态上产生一种短暂的晕眩感，即对阔别已久的西方文化的狂热崇拜和盲目模仿。受这种文化晕眩感的影响，80 年代的新启蒙运动就如同五四时代的新文化运动一样，陷入了"中国 / 西方""传统 / 现代""专制蒙昧 / 民主科学"等一系列对偶结构的思维模式和叙述方式中，从而简单地把中国文化与传统（以及专制蒙昧）相联系，而把西方文化与现代（以及民主科学）相等同。对于这场运动的许多积极参与者来说，中国的现代化道路就是要彻底摆脱传统，效法西方，实现脱胎换骨式的文化大变革。李泽厚 1986 年在《走向未来》杂志创刊号上发表了《启蒙与救亡的双重变奏》一文，论述了"启蒙"与"救亡"这两个五四时期相互促进的主题——当时二者分别表现为思想启蒙的"新文化运动"和政治救亡的"学生爱国反帝运动"——是如何由于民族危亡的现实困境，竟至转变为"革命战争""挤压了启蒙运动和自由理想"的一边倒局面，最终导致了封建传统以"革命"的名义在"文革"时期全面复活。该文的宗旨就是要重新高扬起被"救亡"和"革命"所斫折的思想启蒙大旗，将五四时期的新文化运动进行到底。这篇文章在当时的中国思想界引起了极大反响，成为80年代新启蒙运动的标志性文章，它激励青年知识分子以一种更加自觉的方式去重振五四启蒙精神和清算根深蒂固的封建传统，同时也再次明确地把启蒙的思想源泉回溯到西方文化中。

受这种具有浓郁"西化"色彩的启蒙意识的影响，《文化：中国与世界》辑刊的主编甘阳在该刊第一辑上发表《八十年代文化讨论的几个问题》一文，明确断言中国的现代化"归根结底是'文化的现代化'"。他认为，中西文化之争的实质就是古今之争、新旧之争，而中国文化现代化的历史使命就在于"挣脱其传统形态，大踏步地走向现代形态"，说到底，即对中国传统文化的根本颠覆：

> 中国要走入"现代"的世界，这就不能不要求它彻底地、从根本上改变它的"社会系统""文化系统""人格系统"，在这种巨大的历史转折年代，继承发扬"传统"的最强劲手段恰恰就是"反传统"！因为要建立"现代"新文化系统的第一步必然是首先全力动摇、震荡、瓦解、消除旧的"系统"，舍此别无它路可走，五四这一代人正是担当起了这一伟大的历史使命。……这个使命历史地落在了八十年代中国青年知识分子的肩上，因为中国的现代化今日已经真正迈开了它的步伐，有幸生活于这样一个能够亲手参与创建中国现代文化系统的历史年代，难道我们还要倒退回去乞灵于五四以前的儒家文化吗？！①

---

① 甘阳：《八十年代文化讨论的几个问题》，《文化：中国与世界》第一辑，生活·读书·新知三联书店1987年版，第35—36页。

　　这场 80 年代的新启蒙运动，其间虽然不乏精辟的睿见和无畏的勇气，但是却更多地表现了一种情绪化的特点。尤其是在对待中国传统文化的态度方面，往往缺乏深沉的理性反思，再现了五四时期知识分子"砸烂孔家店"的偏激姿态。在 80 年代的一些激进批判者眼里，曾经创造过辉煌的中华文明已经死掉了，"一百多年来，我们的民族，我们的文明，一直处于死亡的威胁之下"，"今天，在它自己成长起来的地方，解体了，退化了，变得丑陋不堪"，"文明一旦死去，谁又能够起死回生，使它重现于世？复现的'传统'甚至已不再能被称作文明，它只是历史的余响，病态的畸形儿"①。1988 年，一部六集电视政论片《河殇》在中国大陆播出，一时间在知识分子和普通民众中产生了巨大的反响。该片毫不掩饰地表现了一种历史虚无主义态度，它宣称黄河和黄土地所孕育的古老文明"已经衰老了"，它那已逾更年期的机体已经不可能再创造出新的文明，也无法抵挡蓝色海洋所滋润的西方工业文明的强劲挑战，而导致"黄色文明"衰落的罪魁祸首就是儒家文化。《河殇》解说词充满激情地说道：

　　　　这片土黄色的大地不能教给我们，什么是真正的科学精神。肆虐的黄河不能教给我们，什么是真正的民主意识。单靠这片黄土和这条黄河，已经养育不起日益膨胀的人口，已经孕育不了新的文化，它不再有过去的营养和精力。

　　　　儒家文化或许有种种古老完美的法宝，但它几千年来偏偏造就不出一个民族的进取精神，一个国家的法治秩序，一种文化的更新机制；相反，它在走向衰落之中，不断摧残自己的精华，杀死自己内部有生命的因素，窒息这个民族的一代又一代精英。②

　　面对着由于儒家文化所造成的衰败命运，濒临绝境的黄河文明唯有使自己最终"汇入蔚蓝色的大海"，融入西方工业文明的"大洪峰"中，

① 梁治平：《传统文化的更新与再生》，《读书》1989 年第 3 期。
② 电视政论片《河殇》第六集"蔚蓝色"解说词。

才能"补充新的文明因子",获得涅槃新生的希望。

《河殇》以激越的情绪、优美的语言所表达的历史虚无主义和"全盘西化"观点,代表了80年代新启蒙运动的主流倾向,赢得了热烈追捧。虽然不久以后《河殇》被打入禁宫,其过于偏激的西化观点也遭到了官方舆论和儒家学者的清算批判,但是它在80年代那场追求人性解放和思想自由的文化启蒙运动中却产生了振聋发聩的巨大效果。

80年代的新启蒙运动是在改革开放之初的思想解放氛围中产生的一场文化更新运动。这场运动虽然激情多于反思,批判多于建构,但是它却像六十多年前的五四新文化运动一样,极大地激发了中国人尤其是青年人的文化热情和自由理想。此外,这场启蒙运动还具有重要的历史转折意义,即把中国现代化变革的重心从器物层面和制度层面转移到文化层面上。[①] 正是由于这场运动的影响,80年代的中国出现了一种百花齐放、自由争鸣的文化繁盛景象。与此前人人都讲政治的革命时代和此后"一切向钱看"的功利时代相比,80年代无疑是一个最富有文化气息和人文精神的时代,而且它也成为后来竞逐于中国思想舞台上的各种文化主张得以滋生的园圃。李泽厚在追忆这场启蒙运动的具体情景时这样写道:

> 一切都令人想起五四时代。人的启蒙,人的觉醒,人道主义,人性复归……都围绕着感性血肉的个体,从作为理性异化的神的践踏蹂躏下要求解放出来的主题旋转。"人啊,人"的呐喊遍及了各个领域、各个方面。这是什么意思呢? 相当朦胧,但有一点又异常清楚明白:一个造神造英雄来统治自己的时代过去了,回到五四时期的感伤、憧憬、迷茫、叹息和欢乐。但这已是经历了六十年惨痛之

[①] 许纪霖在评价这场运动的意义时写道:"新启蒙运动是思想解放运动的历史延续,但它的重心却发生了变化。如果说思想解放运动主要诉诸政治变革的话,那么,新启蒙运动的诉求却转移到了所谓的'文化的现代化'上。从世俗性社会主义追求器物层面的现代化,到人道主义马克思主义要求制度层面的现代化,再到新启蒙运动追求文化层面的现代化,这在当时被视作改革在(泛)文化结构上由浅而深、步步深化的一种必然归宿。"(许纪霖:《当代中国的启蒙与反启蒙》,社会科学文献出版社2011年版,第8—9页。)

后的复归。[①]

2. 中国崛起与民族复兴

在 80 年代的新启蒙运动中，各种思想观点竞相绽放、争妍斗艳，但是主流趋势无疑还是"向西走"的主张，其极端表现就是以《河殇》为代表的"全盘西化"观点。但是到了 90 年代，文化风向却骤然改变，一股强劲的传统回归和民族复兴的文化潮流汹涌而至，一直到 21 世纪仍然长盛不衰。而且随着中国在国际舞台上的迅猛崛起，这股与 80 年代的西化趋势反向而行的文化保守主义潮流显现出方兴未艾的势头，演成了近年来乱花迷眼、精彩纷呈的"国学热"。

1989 年的政治风波和 1992 年的邓小平"南方讲话"构成了重要的文化转折点，前者重新凸显了中国社会主义制度与西方资本主义制度之间的政治对立，并且坚定了执政党走中国特色社会主义道路的决心和信念；后者则加快了经济改革的步伐和市场社会的成长，从而使得经济利益逐渐取代政治立场和文化趣味而成为公共社会人际交往的主要驱动力。在这种情况下，80 年代以西方现代社会的基本价值作为参照系的文化启蒙运动就日益衰变，首先是启蒙阵营内部在文化价值取向上发生了越来越严重的分歧和分裂，继而则是一种非西方主义甚至反西方主义的民族文化精神蓬勃兴起，与中国特色社会主义的政治路线相互砥砺、彼此倚重，形成了 90 年代以来的一股蔚为壮观的文化潮流。研究中国现代思想史的著名学者许纪霖教授对 20 世纪八九十年代发生的这种富于戏剧性的变化描写道：

> 20 世纪 80 年代中期的大陆思想界，曾经有过一场被称之为"新五四启蒙运动"的文化热。文化热的思想主题是中西文化讨论，虽然思潮汹涌，百家争妍，但总的趋势不外乎扬西贬中，以西方文化为武器，批判传统文化，以推动中国现代化的早日实现。然而，三十年河东，三十年河西。进入 90 年代以后，思想界的风气骤然大

---

① 李泽厚：《二十世纪中国（大陆）文艺一瞥》，《中国现代思想史论》，生活·读书·新知三联书店 2008 年版，第 270 页。

变，一股强大的反西方主义思潮先是慢慢酝酿，随后破门而出，到90年代末已呈蔚然壮观之势。我们不能说它已经是大陆思想界的主流，但是其实际和潜在影响之大，远远超出了人们的预料，引起了海内外的强烈反响。[①]

许纪霖指出，90年代中国的反西方主义思潮经历了三波发展，第一波是90年代初期何新的自说自话的反西方言论；第二波是1994年引起学界较多关注的一些新理论，如张颐武、陈晓明的后殖民文化批判，甘阳、崔之元的制度创新说，以及盛洪的文明比较论等；第三波则是1996年轰动一时的《中国可以说不》。[②]更加耐人寻味的是，这些形形色色的反西方理论，其倡导者们大多数都是80年代激进的西化论者（例如甘阳）。他们的文化态度转向并非仅仅出于个人品位和知性方面的原因，而是与时代潮流的急剧变迁——包括中国国情的变化和国际格局的变幻——密切相关。

从国内情况来看，20世纪90年代文化上的西化主张骤然降温，西方文化被视为滋生自由化的根源。在这种情况下，一些对政治失意的知识分子只能借怀古之幽思来抚慰心绪，而新崛起的一代文人墨客则把目光转向了乡土风情和民族本根，从而使80年代中期就已经在文艺界初现端倪的"寻根热"和"西北风"风靡神州。与此同时，随着西化派的失势，海外新儒家也开始在中国大陆思想界长驱直入，显示出"儒学第三期发展"的强劲势头。而1992年以后经济改革的加速又使得国人把迷惘焦虑的目光投向了一个新领域，即经济领域，从而使80年代受启蒙理想驱策的知识分子群体发生了大分化，造成了经济利益与人文精神之间的紧张，文化大繁荣的热潮逐渐被淹没在经济大发展的时流之中。

从国际格局来看，90年代初期东欧剧变之后，一种"文明冲突"的前景似乎正在取代持续了将近半个世纪的政治意识形态冲突。亨廷顿在1993年发表的《文明的冲突？》一文中，就已经预断了21世纪中国儒

---

① 许纪霖：《当代中国的启蒙与反启蒙》，社会科学文献出版社2011年版，第163页。

② 同上，第163—164页。

教文明（以及伊斯兰教文明）与西方基督教文明分庭抗礼甚至全面冲突的可能性。在 1996 年出版的《文明的冲突与世界秩序的重建》一书中，亨廷顿更是明确表示，中国的崛起对美国形成了根本性的挑战，中美在诸如"经济、人权、西藏、台湾、中国南海和武器扩散"等问题上都存在着冲突，"美国和中国几乎在所有重大政策问题上都没有共同的目标，两国的分歧是全面的"①。中国在越来越深地参与到全球化进程和国际事务的过程中，与美国等西方国家的关系也变得日益复杂和微妙。在加入WTO 和申办奥运会等重大问题上，中国屡屡遭到西方国家的刻意刁难和阻挠。1999 年中国驻南斯拉夫大使馆被炸事件和 2001 年南海撞机事件，更是激起了中国民众对西方霸权主义的强烈反感。随着中国在国际舞台上的迅猛崛起，中国民众尤其是青年人心中的民族主义情绪也在不断高涨。当中国与西方国家的利益抵牾变得日益激化时，维护国家尊严的爱国精神与效法西方启蒙的文化理想之间的矛盾也变得越来越尖锐。在这种情况下，一个和五四时期"启蒙与救亡的双重变奏"相类似的时代性问题再次凸现出来，民族精神和国家主义压倒了西方价值和启蒙理想而成为中国大多数知识分子和社会民众的思想基质。进入 21 世纪以后，网络信息时代的加速来临更是强化了这种自我陶醉的民族主义立场，煽动起所谓"崛起的一代"的强烈的反西方情绪。

从 20 世纪 80 年代末到 21 世纪初，整个中国思想界的主流是回归传统。在学术界，海外新儒家反哺内地，使得 80 年代在西化潮流压抑下的国学派扬眉吐气。与此相应，后现代主义思潮、后殖民文化批判、"新左派"思潮等具有明显反西方情调的理论也竞相登场，对以西方为标准模式的现代化道路进行了反思和批判。80 年代的"青年思想导师"李泽厚也在海外发表了"告别革命"的思想，对戊戌变法、辛亥革命和五四运动的历史后果进行深刻反省和重新评价，得出了"以经济建设为中心"和"要改良不要革命"的保守结论。在文艺界，80 年代中期出现的"寻根文学"产生了越来越大的心理涟漪，激起了人们对"黄土地"的无限

---

① 塞缪尔·亨廷顿著，周琪等译：《文明的冲突与世界秩序的重建》，新华出版社 1998 年版，第254 页。

眷恋（与《河殇》对"黄土地"的贬抑之情大异其趣）。以陈凯歌、张艺谋等人为代表的"第五代电影"导演继 80 年代崭露头角的《黄土地》《红高粱》之后，在 20 世纪 90 年代又连续推出了具有浓郁民族情调和乡土气息的《大红灯笼高高挂》《霸王别姬》和"秋菊"系列。美术音乐方面的情况也大体相似，带有明显后现代主义特点、将原始情调与民间风格相结合的"寻根艺术"取代了深受西方人文主义影响的"85 新潮美术"，苍凉遒劲的"西北风"和"信天游"压倒了缠绵悱恻的港台流行歌曲。凡此种种，都不约而同地表现了一种文化价值取向的变化趋势，即民族精神的振兴和西方情趣的衰减。这种变化趋势也与日益凸显的中国特色社会主义的时代主旋律相契合——随着中国经济的腾飞和综合国力的提升，怀古情调的"西北风"顺理成章地就演化为充满自信的"中国风"。1996 年 5 月，一部内容庞杂但却气概激昂的政论性读物《中国可以说不——冷战后时代的政治与情感抉择》在中华大地上不胫而走，掀起了一股反西方的情感狂澜。

与《河殇》的基调针锋相对，在《中国可以说不》中，作者（宋强、张藏藏、乔边等）讲述了自己是如何从早先狂热的"亲美情结"中觉醒过来，走向了公然对美国和西方价值说"不"的民族主义立场。该书指出，80 年代中国绝大多数学生都是以美国的价值观作为效法的榜样，这种浅薄、势利的态度恰恰说明了我们这一代人的没出息。在"苍天当死，黄天当立"一章中，作者宣称，当今主导着世界潮流的美国实际上是一个日益衰退、"透着眼神里的慌"的民族，"被广告策划人和电脑神童所统治的白宫"已经丧失了与其大国地位相匹配的睿智反应能力。更重要的是，"美国青年一代堕落的迹象，在吸毒、性爱和电子游戏机背后，已经显现出被人类文明抛弃的端倪"，"美国的年轻一代注定是葬送他们大国地位的'八旗子弟'，他们有太多的不良嗜好和娇滴滴的豪门风气"，因此，"美国的没落，可能比我们所预想的还要早。因为它已经显示出集体民众心理上闭关锁国的强烈征兆"[1]。书中谴责"绅士的英国"是靠卖

---

[1]　宋强、张藏藏、乔边等：《中国可以说不》，中华工商联合出版社 1996 年版，第 25、26、28 页，书中所指责的美国年轻一代的这些堕落现象，不久以后在 21 世纪的中国"富二代"身上变本加厉地表现出来。

鸦片起家，"自由的美国"是武器走私贩子，标榜高雅的法国做过不少海盗行径，德国和日本的情况就更加糟糕了。这些所谓"文明的"西方国家曾经用极其卑劣野蛮的手段奴役和掠夺了世界各国人民，现在是轮到我们对他们说"不"的时候了。该书对美国遏制中国的国际战略、颠覆中国的政治阴谋以及毒害中国青少年的好莱坞文化进行了无情的揭露和猛烈的抨击，并以一种先知口吻预言，不出 15 年时间，西方经济一定会出大问题，整个世界局势将出现有利于中国的大变化。与西方的没落相映成趣，中国的现代化进程正在有序地向前推进，而民间的觉醒更是代表了一个巨大的声音。该书作者激情澎湃地宣称：

> 随着西方神话的破灭，取而代之的是东方文明的复兴。……我们现在说不的声音还不够洪亮，但毕竟开始了，这是足以使我们的心情舒畅的一件事。很好，我们扔给了西方人一个反思的机会，这是二十世纪最后日子里的一件东方式的圣诞礼物。①

在该书的结尾处，作者谈到了 1993 年秋国际奥委会在某些西方国家操纵下使中国申奥蒙羞之事，并由此断言，美国等西方国家利用奥运会来制裁中国的卑劣做法只能促使中国年轻一代知识分子幡然猛醒，放弃对西方的幻想，重新树立起"天行健，君子当自强不息"的民族自信心，义无反顾地去实现中国的强国理想。作者最后引用拿破仑关于中国睡狮即将觉醒的著名比喻来终结全书：

> 我们知道狮子比驯狮者更强大，而且驯狮者也知道这点。问题是狮子并不知道这点。假如狮子已经觉醒，而驯狮者还沉浸在自己的角色里，结果又将怎样呢？②

在 1996 年，《中国可以说不》在民间激起了一股比夏日的酷暑还要炎

---

① 宋强、张藏藏、乔边等：《中国可以说不》，中华工商联合出版社 1996 年版，第 215 页。
② 同上，第 344 页。

热的思想巨浪，成为从大学讲坛到市井街巷人人谈论的热门话题。该书出版后一时洛阳纸贵，印刷量高达 300 万册，并被译为多国文字，在中国和美国都成为轰动一时的畅销书。继该书之后，坊间很快又出现了《中国还是能说不》《中国仍然可以说不》《中国为什么说不》等一系列类似书籍，"说不"一词也迅速蹿红为一个时髦术语。该书鲜明的民族主义立场赢得了大量青年人的热烈喝彩，同时也激起了一批自由知识分子的强烈反感，贬斥《中国可以说不》体现了某种"网络时代的义和团精神"[①]。

然而，自由知识分子的批评往往也具有攻其一点、不及其余的片面特点。实际上，《中国可以说不》并非只是表达了某种"网络时代的义和团精神"，它也以激进的方式反映了民间一股正在迅猛生长的精神力量，这就是自近代以来一直不断积聚的卧薪尝胆、发愤图强的民族自信心。这种发自知识分子和普通民众的民族自信，与官方大力渲染的大国心态相互激荡，从而将民族主义提升到国家主义的高度，在中国特色社会主义的旗帜下汇成了一股爱国主义的汹涌大潮。与此同时，它也不可避免地激发起社会底层的各种"愤青"现象，尤其是在网络时代，这种强烈的民族自尊心更容易在草根阶层中催生出一些非理性的行为。

在刚刚进入 21 世纪的 2001 年，发生了两件轰动世界的事情：一件是中国申奥成功，另一件是美国遭受恐怖主义袭击。这两个极富戏剧性的事件似乎暗示，一个世界权力中心发生转移的新时代已经遥遥在望。在这种情况下，由《中国可以说不》而发轫的崛起感受和大国意识就在官方媒体和民众心中不断地震荡放大，营造出一种意气风发的时代精神氛围，对西方世界说"不"的底气也越来越足。到了 2006 年，随着中国经济的迅猛腾飞和综合国力的显著提升，与市场繁荣、股市飙升的乐观情绪相呼应，一部 12 集电视系列片《大国崛起》也在中央电视台隆重推出。该片所讲述的对象虽然是 15 世纪以来相继崛起的九个西方国家（即葡萄牙、西班牙、荷兰、英国、法国、德国、日本、俄罗斯和美国），

---

① 许纪霖认为，《中国可以说不》一炮走红的原因在于，"它直接迎合了一部分社会群体的非理性心态，以一种极端化的话语方式表达了社会意识中潜在的、非主流的反西方情绪，体现了某种'网络时代的义和团精神'"。许纪霖：《当代中国的启蒙与反启蒙》，社会科学文献出版社 2011 年版，第 164 页。

但是他山之石可以攻玉，拍摄和播出此片的目的就是要通过总结西方强国兴衰的历史经验，为正在实现的中华强国之路进行心理铺垫和舆论准备。2008 年，当北京奥运火炬传递活动在法国等西方国家受到反华势力的干扰时，中国人的反西方情绪再度爆发，一些爱国大学生自发地开展了围堵抵制法国企业家乐福的活动。2008 年 8 月北京奥运会的成功举办，尤其是开幕式的恢宏场面以及中国所获金牌数第一次超过了体坛霸主美国，更是使得中国人的自豪心理极大膨胀。在这种踌躇满志的心境下，2009 年 3 月，一部比《中国可以说不》更加系统，也更加直白的反西方著作《中国不高兴——大时代、大目标及我们的内忧外患》横空出世，再度引起了整个社会的巨大反响。

《中国不高兴》仍然是宋强那批人所撰，其中的合作撰稿人如宋晓军、王小东、黄纪苏等都是坚定地站在民族主义甚至国家主义立场上的民间"鹰派"人物。他们呼吁中国政府对美国和西方国家采取强硬的态度，并且对向往西方民主制度和宣扬普世价值的自由知识分子进行了猛烈攻击。撰稿人之一王小东甚至发明了一个新名词，叫作"逆向种族主义"，用来指称那些具有崇洋媚外、数典忘祖之嫌的人（主要指向当代的西化派知识分子）。该书认为，随着 2008 年全球金融危机的爆发，中国的产业结构被迫调整，中国与西方之间的矛盾日益加深，这样就催生了中国年轻人的"不高兴"。这种"不高兴"的情绪，将会使中国年轻人产生出更多"高尚的东西"，并且与国家发展的时代大目标相认同。"火炬事件最大的标志，就是中国产生大目标的土壤出现了。也就是说，当一个国家的年轻人在审视自己未来的同时，发现与国家发展的大目标有某种关联时，离大目标的形成就不远了。"[1] 该书作者大力张扬民族复兴、国家强盛的时代大目标，强调中国特色和渲染大国意识。在"内修人权，外争族权"思想共识下，他们一方面主张遏制国内不断加剧的腐化堕落和贫富悬殊现象，另一方面则对自由派人士宣扬的西方启蒙理想嗤之以鼻，尤其是对那些打着自由、民主大旗而向西方势力奴颜婢膝的

---

[1]   宋晓军、王小东等:《中国不高兴——大时代、大目标及我们的内忧外患》，江苏人民出版社 2009 年版，第 13 页。

知识分子深恶痛绝。他们激愤地写道:

> 我们时代的病相很多，最突出的有两个问题:一个问题是精英腐朽对于我们国家凝聚力的巨大损害;另一个问题是思想界、文艺界、新闻界知识分子精英的逆向种族主义倾向有时候达到了一种非常可怕的地步。一些大学教师、新闻工作者、文艺工作者等等，像发疯一样仇视我们自己的国家。[①]

《中国不高兴》虽然情绪激昂、语词犀利，但其锋芒所指，还只限于当代的西化派知识分子。而在不久以后出版的《中国站起来》一书中，批判的对象就向前追溯到五四时期的知识精英，从而演变为对五四启蒙运动的文化大清算，从李泽厚的"告别革命"进一步推出了"跨越五四、回归康梁"的文化主张。

《中国站起来》的作者是在当代青年中颇具影响力的作家摩罗，他曾经因为深刻反省中国文化传统、忏悔中国知识分子的道德堕落而著称（1998 年《耻辱者手记》、1999 年《自由的歌谣》等），被研究中国现当代文学的著名学者钱理群誉为鲁迅之后的"精神界战士谱系的自觉继承人"。但是这位富于批判精神的文人在 2010 年推出的《中国站起来》中，突然发生了一个 180 度的"华丽转身"，摇身变为坚定的中国文化捍卫者。在这本书的前言中，摩罗就对新中国成立以来的历史做了一个三部曲式的划分:1949 年以后三十年的时代主题是"独立创业"，1979 年以后三十年的时代主题是"改革开放"，而 2009 年以后三十年的时代主题则是"崛起"。在这个时代主题的感召下，摩罗对近代以来中国人所遭受的苦难和屈辱进行了反思。他认为，自鸦片战争打开中国国门之后，从林则徐、魏源到曾国藩、李鸿章等政治家面对中华民族在西方列强面前节节败退的残酷现实，心中始终保持着坚忍不拔的自强精神;康有为、梁启超与孙中山、黄兴虽然政见不合，然而大家在心中却同样坚

---

① 宋晓军、王小东等:《中国不高兴——大时代、大目标及我们的内忧外患》，江苏人民出版社2009 年版，第 206 页。

守着傲然挺立的爱国情操。但是到了五四时期，中国人的精神开始大崩溃，而始作俑者就是陈独秀、胡适、鲁迅、蔡元培等新文化运动的精英。从此以后，一代又一代"吃五四的奶长大的"中国知识分子就走上了一条"自轻、自贱、自虐"的洋奴之路。这位曾经对鲁迅和五四精神推崇备至，甚至连其笔名也是取自于鲁迅《摩罗诗力说》的"民间思想家"激愤地写道：

> 原来，这在一定程度上是五四启蒙运动种下的祸根，是一些五四的精神领袖们惹下的祸。原来，他们率先丧失了中国文化和民族信心，率先精神大崩溃，盛情礼赞西方人，无情妖魔化中国人，批判中国国民劣根性，开启了"全盘西化"的民族自强的发展战略，最终将中国人带上了崇洋媚外的疯狂列车。[①]

面对近一百年来这种精神大崩溃的颓势，摩罗认为，现在终于到了我们重新做出抉择的时候了。在中国崛起的时代背景下，是继续停留在五四时代建构的那种妄自菲薄、崇洋媚外的启蒙意识中，还是挺起脊梁和膝盖，进行一场捍卫中国立场和中国利益的新启蒙运动，这就是放在每一位当代中国人面前的时代问卷。摩罗本人的回答是：

> 跨越五四，回归康梁，从康梁这里重新起步，以"飞龙在天"的雍容豪迈之气崛起一个古老而又崭新的中华文明，这才是我们的康庄大道。[②]

与推崇普世价值、向往西方启蒙理想的自由知识分子针锋相对，"中国×××"系列的作者们不仅呼吁国人重新挺立起民族的脊梁，拒绝在西方文化面前顶礼膜拜，而且还豪气十足地宣称"要让环球人类同沐大汉

---

① 摩罗：《中国站起来——我们的前途、命运与精神解放》，长江文艺出版社2010年版，第2页。
② 同上，第100页。在该书的第217页，摩罗又写道："五四时期的启蒙，重在输入一种异质文化。今天，中国的知识分子需要一场国家利益的启蒙。"其国家主义的立场鲜明可见。

风"①，将抵御西方普世价值的"中国特色"变成了志在天下、一统寰宇的"中国模式"②。一百多年来，当大批洋货和文明新事物从西方涌入中国时，中国人在器物、制度和精神等方面也亦步亦趋地模仿西方；而今，当中国人开始把大批的"中国制造"和孔子学院输向世界时，"中国模式"似乎大有希望取代"西方中心"而成为全球文明的引领者。

　　这种扬眉吐气的感觉确实使人欣慰，但它是否也包含着某种令人警觉的东西？从自惭形秽到妄自尊大，这种过度亢奋的精神转化很容易让人联想起二战之前的德国和日本。当今中国不仅要面对"外争族权"的问题，而且同样也要面对"内修人权"的问题。片面强调民族尊严和国家利益，却忽略了国内不断暴露和恶化的各种严重危害国计民生的弊端隐患，如官场腐败、贫富分化、信仰缺失、道德滑坡、环境污染等，试图以国家的强盛来掩饰社会的不公，这种偏颇态度究竟会把中国引向何方？这的确是一个值得人们，尤其是爱激愤的青年知识分子思考的大问题。当摩罗发表了《中国站起来》之后，一位网络作者对于摩罗从一个"充满罪感的耻辱者"和一个"充满无力感的彷徨者"向一个国家偶像的崇拜者的惊人转变调侃道："十年后的摩罗，旗帜鲜明地宣判了前两者的死刑。中国站起来，摩罗开始跪拜。"③与网络上的冷嘲热讽相呼应，学术界的自由知识分子们也在严肃地反思近十多年来从守护民族传统的文化保守主义向崇拜国家利益的政治保守主义的转化轨迹，并且忧心忡忡地向国人发出了警惕国家拜物教的呼声：

　　　　一股国家主义的思潮正在中国思想界兴起，风头所向，横扫左

---

① 抗战时期《国民革命军新一军知识青年从军歌》中的歌词，转引自宋晓军、王小东等：《中国不高兴——大时代、大目标及我们的内忧外患》，江苏人民出版社 2009 年版，第 147 页。
② 摩罗在《中国站起来》的结尾处引用了英国历史学家汤因比关于中国将会统一世界的预言，然后充满信心地写道："日后康有为磅礴而出，以拼命三郎的姿态推进中国的变法，能说仅仅是为了挽救中国吗？也许中国文化先天地具有公心，中国人民自古以来就是志在天下？汤因比的预言其实一点也不神秘，原本只是一个常识。"摩罗：《中国站起来——我们的前途、命运与精神解放》，长江文艺出版社 2010 年版，第 263 页。
③ 楚望台：《日光之下，并无新事：我看摩罗的转向》，http://chinatransition.blog.sohu.com/146109110.html。

翼、保守两派阵营。……中国的国家主义在中国崛起的大背景下，力图证明自己是一种与西方不同的、具有中国特色的政治道路和政治模式，是足以挑战普世性的西方民主的制度创新，其正在通过将人民利益与中华文明的神魅化，建立一种国家的拜物教。[①]

3. "新左派"与"乡土情结"

与"国家拜物教"的制造者不同，自由知识分子作为"五四"启蒙理想的继承者，追求以西方现代社会为典范的具有普遍意义的价值理念和制度规范，从理论上对各种保守主义思潮进行了不同角度的批判。他们主张价值的多元化，反对独断式的确定感，大力推崇自由、民主、人权、正义等普遍性价值。

然而，在近十多年来的中国思想文化领域，自由知识分子的精神感召力似乎正在减弱。这种变化具有多方面的原因，其一是由于在当今中国社会，文化保守主义对民族传统的强调使得以西方模式为典范的自由主义日益显得不合时宜。其二是由于自由知识分子所推崇的普遍性价值，对于关注现实民生的中国一般民众来说，显得有些虚无缥缈。知识精英们关于托克维尔的"美国式民主"、罗尔斯的"社会正义"、哈耶克的"自由秩序"等等的高谈阔论，对于平民百姓来说，难免带有一种阳春白雪的格调。

在这一背景之下，国家主义者指责自由知识分子在国家需要发展"硬实力"（航空母舰、实体经济等）时却只会高唱"文艺腔"。"新左派"人士则指责自由主义者高谈阔论的只是"富人的自由、强人的自由、能人的自由"，却漠不关心"弱者的权利、不幸者的权利、穷人的权利、雇工的权利、无知识者的权利"。

然而，尽管存在着种种弊病和受到各方攻击，自由知识分子仍然是一批继承了五四启蒙理想的思想者。当新左派、新儒家以及新生代知识青年在思想倾向上共同表现出一种向民族传统和国家本位回归的文化大

---

① 许纪霖：《当代中国的启蒙与反启蒙》，社会科学文献出版社 2011 年版，第 236 页。

趋势时，自由知识分子却坚持认为，对于全球化背景下的中国发展而言，以西方现代社会为参照系的普遍性价值依然具有重要的现实意义。

与自由主义者在思想观点上针锋相对的是"新左派"，世纪之交发生的自由主义与"新左派"之争，无疑是中国当代知识分子思想大分裂的一个典型事件，其思想余波至今未平。这场争论虽然并非是以文化问题，而是以社会经济和政治问题为中心而展开的，但是它与当时中国文化潮流的转向密切相关。在这场关于中国社会将往何处去的思想争锋中，"新左派"表达了与自由主义背道而驰的思想主张。①

"新左派"的主要思想家如崔之元、汪晖、甘阳、王绍光等人，借鉴西方马克思主义和社会民主主义对全球资本主义的批判理论，以社会公正和平等作为基本价值诉求，对中国在改革开放过程中融入市场经济和全球化的大趋势提出了质疑。他们主张探索一条与西方资本主义和传统社会主义不同的"制度创新"道路，提倡让底层民众直接参与经济决策和管理过程的经济民主，以及让平民大众广泛参与公共生活的"积极自由"和"直接民主"，并且强调国家对于经济活动和政治生活的积极调控和干预。

与其在经济、政治方面的平民化和反资本主义化的态度相适应，"新左派"在文化观上也表现出对民族传统的回归和对西方文化的扬弃。一些新左派人士主张对西方启蒙价值进行全面颠覆，他们认为，自从孔子以来，中国就已经奠定了以"仁"为核心的道德理性启蒙传统，所以不需要像西方近代那样从内部发生一次新的启蒙运动。在他们看来，中国近世以来的所谓"启蒙"，只是在被动挨打的处境下不得已而模仿西方所致。这种"启蒙"破除了对中国文明妄自尊大的旧迷信，但是却陷入

---

① 自由主义的代表人物徐友渔在《新左派与自由主义的分与合》一文中把论战双方的基本分歧总结如下："（新左派）以平等与公平为核心价值，把中国走向市场经济的转型过程中的社会分层化、社会失范与社会问题理解为资本主义社会矛盾的体现，并以平均主义社会主义作为解决中国问题的基本选择的社会思潮。其核心问题是反思'现代性'，强调国家对经济、社会生活的干预。……（自由主义）在经济上要求市场机制，与计划体制相对而立；它在政治上要求代议制民主和宪政法治，既反对个人或少数人专制，也反对多数人以'公意'的名义实行群众专政；在伦理上它要求保障个人价值，认为各种价值化约到最后，个人不能化约、不能被牺牲为任何抽象目的的工具。自由主义的核心就是对个人价值和尊严的肯定，对个人权利和利益的尊重与保护。"

了对西方文明盲目崇拜的新迷信，结果就导致了五四以来不断重现的各种"全盘西化"和妄自菲薄的文化弊病。而今中国新一轮的文化启蒙，就是要打破这种新迷信，摆脱"西方人的指引"，用自己的脚来走路。

"新左派"与自由主义的论辩深深地植根于中国的社会发展和经济变革，而在经济改革取得显著成效和综合国力迅猛提升的大背景下，日益增长的大国意识又催生了建设社会主义文化强国的战略需要。这种以中华传统美德而非西方普遍性价值作为社会主义文化建设之根基的文化意识形态，与"新左派"等民间知识分子所倡导的文化理想在精神气质上无疑是彼此应和的。这些文化战略即使不能推论出一种"儒家社会主义"的结论，至少也表明了以儒家思想为主体的传统文化是构建中国特色社会主义文化的活水源头和重要组成部分。在此情形之下，"依托乡土"和弘扬传统的文化认同就构成了主流文化意识形态与"新左派"等民间保守主义之间的精神纽带，它同样也以一种更加直白的形式表现在当代儒家的文化理想和"国学热"的文化热潮中。

4. 当代儒家的文化理想

与一味煽情的民粹主义和专擅批判的自由主义不同，当代儒家一直在孜孜不倦地探索如何把传统文化资源与中国现代化进程和谐相融，试图从《春秋》《礼记》等先秦儒家经典和汉宋儒学思想中为当代中国的政治经济制度提供文化合法性根据。早在20世纪80年代的文化热潮中，虽然"向西走"的呼声构成了毋庸置疑的主流，但是主张深入发掘、反思和弘扬儒学传统（以及其他本土文化传统）者就大有人在。1987年10月，在以介绍西方现代学术思想为主的《文化：中国与世界》辑刊上，刊载了海外新儒家代表人物杜维明教授的《儒学第三期发展的前景问题》一文。在这篇文章中，杜维明对儒家传统的现代命运和中国现代化的坎坷历程进行了系统探讨，从"文化认同"的角度考察了西化与现代化之间的历史关系，对"儒学""儒家传统"和"儒教中国"等概念做出了学理上的辨析，在此基础上针对西方学者关于儒家传统业已死亡的结论，提出了儒学第三期发展的前景。杜维明像牟宗三、唐君毅等老一辈新儒家一样，一方面承认儒家传统中确有一些致使近代中国凋敝落后的因素，另一方面又坚持认为儒家传统是使中华民族"苟日新、日日新、又日新"的泉源活水。他对当时甚嚣尘上的"全盘西化"观点进行了批判，引用王阳明七绝中的诗句"抛却自家无尽藏，沿门托钵效贫儿"来讥讽时人的自贱之弊。他坚信，儒家传统在经历了一百多年的颓运磨难之后，已经显现出一阳来复的振兴征兆。在现代化的时代背景下，儒学要想继先秦两汉儒学和宋元明清儒学之后实现第三期发展的前景，必须充分吸取西方文化和世界其他文化的优秀成果，摆脱保守主义、权威主义和因循苟且的心理，通过深刻的自我批判来实现文化更新。在文章的结尾处，杜维明写道：

> 儒学要有进一步的发展，必须接受西化的考验，但我们既然想以不亢不卑的气度走向世界并且以兼容并包的心胸让世界走向我们，就不得不作番掘井及泉的工夫让儒家传统（当然不排斥在中国文化中源远流长的其他传统，特别是道家和佛教）的源头活水涌到自觉的层面。只有通过知识分子群体的、批判的自我意识，儒学才有创新和进一步发展的可能。[1]

杜维明作为美国哈佛大学东亚系教授和美国人文社会科学院院士，对于长期生活于其间的美国社会以及西方文化有着切身的体验和深入的认识；而且作为一名来自台湾的学者，他对自由主义的政治理念也怀有一种尊重和亲近的感情。虽然他在精神秉性上继承了牟宗三、徐复观、唐君毅等现代新儒家的思想衣钵，立志要实现儒学第三期发展的宏愿，但是他对西方文化却始终能够秉持一种"不亢不卑"的客观态度，积极吸取其精华，以实现儒学的自我更新。他充分意识到鸦片战争以来儒学式微的现实状况，意识到现代西方文明所创造的一些不容忽视的积极成果（虽然它也导致了现代社会的诸多弊病）。在他看来，儒学第三期发

---

[1]　杜维明：《儒学第三期发展的前景问题》，载《文化：中国与世界》第二辑，生活·读书·新知三联书店 1987 年版，第 139 页。

展是否可能，完全取决于儒学能否对西方文化挑战进行一种创造性的回应。"新儒学所面临的挑战是，复兴的儒家人文主义如何回应启蒙精神所提出的诸种问题"，这些问题包括市场经济、民主政治、科技效应、个人主义等。① 杜维明大力弘扬儒家传统的道德精神和伦理价值，试图推进儒家与马克思主义的对话并发掘二者之间的精神契合点，同时也不否认源于西方的自由、民主等价值的普世性意义。他一方面认为，儒学的第三期发展将不再局限于中国或东亚，而是会流向更加广阔的世界去吸纳"新的水源"；另一方面又强调："在孔子、孟子、董仲舒、朱熹、王阳明和当代新儒家的激励之下，一个新儒家的信念可能会以现代西方作为出发点。"② 正是这种扎根传统，面向现代，立足儒学，兼蓄西学的开放态度，使得杜维明等海外新儒家所倡导的"儒学创新""文化中国""全球伦理""文明对话"等观点在中国大陆的儒学推崇者心中产生了极大的影响；而掌握着哈佛大学燕京学社的海外"国学"话语权，并与北京大学的汤一介先生等国内儒学重镇遥相呼应的杜维明本人，也一度成为中国当代新儒家中引领潮流的擎旗人物。

1989 年之后，由于政治风向的转变，西化派的文化主张遭到重创，与此相应，传统文化复兴就成为与经济发展主流相呼应的文化新趋势。在这种情况下，新儒家的立足本土、兼收并蓄的文化主张就受到越来越多人的关注和赞同，而且也与执政党提出的"一个中心、两个基本点"（即以经济建设为中心，坚持四项基本原则和改革开放）的基本路线相适应。在新的时代背景和社会环境中，当代儒家的思想观点也发生了与时俱进的变化。与梁漱溟、熊十力、冯友兰等第一代新儒家所面临的贫穷落后的旧处境不同，20 世纪末尤其是 21 世纪的中国已经是今非昔比，正在以大国姿态迅猛崛起于世界舞台。与唐君毅、牟宗三、徐复观等第二代新儒家在传统文化风雨飘零的颓势中弘扬儒家"心性之学"的保守姿态不同，当代儒家不再满足于内在的"心性之学"，而要让儒学在公共社会和政治领域发挥更大的作用，某些"儒家宗教激进主义者"

---

① 杜维明著，陈静译：《儒教》，上海古籍出版社 2008 年版，第 140—141 页。
② 同上，第 148 页。

甚至提出了重建"政治儒学"或"王官学"的主张，将民间意义的"儒家"提高到国家意识形态的"儒教"高度。此外，与官方在海外广泛建立孔子学院的文化输出战略相呼应，当代儒家也大力倡导将儒学的仁爱、礼义、孝悌、和谐等基本理念推广于全世界，使之成为与西方普世价值（自由、民主、人权、法制等）相互补充甚至高于其上的普世价值。

牟宗三、唐君毅等老一辈新儒家坚持"老内圣开出新外王"的文化理想，认为从儒家传统的思想资源中可以开出现代民主和科学。但是到了21世纪的现实处境中，这种文化理想在当代儒家那里已经发生了微妙的变化，而且是朝着两个完全不同的方向发生变化的。

当代儒家的一种比较温和、理性的修正意见认为，近一百多年来，西方文化构成了推动儒学实现现代转型的重要动力。那些最初发萌于现代西方文化温床，而后逐渐被世界各文明地区所普遍认同的基本价值（如自由、民主、宪政、科学等），它们虽然并不能直接从儒学传统中被"开出"，但是却可以与儒家的道德心性相协调，在儒家文化的土壤中绽开出更加绚丽的现代花朵。上述杜维明等海外新儒家大多持有这种观点，这与他们的西方处境有关，而与他们过往甚密的一些国内新儒家代表人物也所见略同。例如国内新儒家思想巨擘、北京大学教授汤一介先生一方面满怀信心地展望21世纪儒学在中国乃至世界复兴的大趋势，另一方面则强调西方文化对于儒学复兴的巨大推动作用。他说道："正是由于'西学'对中国文化的冲击，使得我们得到对自身文化传统进行自我反省的机会。我们逐渐知道，在我们的传统文化中应该发扬什么、应该抛弃什么以及应该吸收什么。因而在长达一百多年的岁月中，我们中国人在努力学习、吸收和消化'西学'，为儒学从传统走向现代奠定了基础，为中国文化的更新提供了难得的契机。"[①]针对那些主张把"儒教"确立为"国教"的儒家宗教激进主义者，汤一介先生明确地表示了反对"政统的儒学"、慎对"道统的儒学"和提倡"学统的儒学"的基本态度。清华大学国学研究院院长陈来教授提倡"价值的多元普遍性"，认为儒

---

① 　汤一介：《儒学十论及外五篇》，北京大学出版社2009年版，第129—130页。

家的仁爱、平等、责任、同情、社群等价值与源于西方的正义、自由、权利、理性、个性等价值一样，都具有普遍主义的意义，都是全球化时代的人类社会所不可或缺的价值。因此，不同文明实体中的人们应该在承认价值多元普遍性的前提下实现"和而不同"的共存共荣理想。[①]另一位国内新儒家代表、武汉大学国学院院长郭齐勇教授也表达了对于西方文化的开放态度和对话意愿，强调了儒家传统价值与西方普世价值以及一切人类文明优秀价值协调互补的必要性。他承认，儒学虽然与基督教、印度教、伊斯兰教等传统宗教一样，"不能直接地开出科学、民主、自由、人权"等现代价值，但是它却可以通过自身的批判继承、创造转化而充分吸纳和消化这些现代价值，使之在新的文化土壤上更加健康地成长。他对"开放的儒学"充满了信心：

> 现在是开放与对话的时代，我们以开放的胸怀，接纳、促进新时代的诸子百家，促进古与今、东与西、中西马、儒释道、诸子百家间的对话，以及广义的儒教徒、基督教徒、伊斯兰教徒、印度教徒、佛教徒之间的对话，在文明对话的过程中，把自己的珍宝传承下来并努力地输送出去，让全人类共享！儒家有丰富的资源与马克思主义、自由主义、社群主义、女性主义等思潮对话，在对话中彼此理解、沟通、融会、丰富。[②]

与这种温和、理性的开放态度相区别，当代儒家的另一种修正意见则表现了与西方文化势不两立的偏激立场，彻底否定了老一辈新儒家从老内圣开出新外王的必要性。这些力主在当代中国社会全方位复兴儒教的宗教激进主义者，他们不满足于宋明儒家的"心性之学"，试图将儒学的价值理念全面贯彻到社会各领域，将儒教树立为"政教合一"的

---

① 陈来：《走向真正的世界文化——全球化时代的多元普遍性》，陈来：《孔夫子与现代世界》，北京大学 2011 年版，第 290—291 页。

② 郭齐勇：《儒学与马克思主义中国化及中国现代化》，郭齐勇：《中华人文精神的重建：以中国哲学为中心的思考》，北京师范大学出版社 2011 年版，第 93—94 页。

国教或者国家意识形态。这一派的代表人物当首推隐居贵州龙场阳明精舍、以今文经学和公羊学传统来为中国现代社会设计政治制度的蒋庆先生，其余大同小异的志同道合者有陈明、康晓光等"60后""70后"的儒学新秀（虽然其中一些人并不认同"儒家宗教激进主义"这个称谓）。他们或者要将心性儒学提升到政治儒学（"王官学"）的高度，通过官方和民间两条路线全方位地复兴儒教，使中国成为"政教合一"的儒教国家；或者主张走"下行路线"，将儒教树立为中国的公民宗教，以连接贯通民间的宗教信仰与官方的政治体制；或者要将儒家的礼义人伦、王道政治作为"优质的普世价值"来与西方的自由、民主、平等、人权等"劣质的普世价值"相抗衡，恢复儒家在中国政治生活中的统治地位。偏激派的这些文化主张，都散发出一股强烈的反西方气息，与上述理性派新儒家以中国传统文化来嫁接、融通西方现代价值（或老一辈新儒家的"老内圣开出新外王"）的观点分道扬镳。

"当代大儒"蒋庆把"儒家"说成是"中国历史文化的衰世之词"，却把"儒教"界定为"中国历史文化的盛世之词"，并以"公羊春秋"笔法表述了一段"儒家"与"儒教"的兴衰嬗变史。他认为，早在伏羲时代，中国就有了"圣王合一""政教合一"的"儒教"，至春秋战国之际，"王官学"的"儒教"逐渐衰落和边缘化为"诸子学"的"儒家"。到了汉武帝"独尊儒术"之后，"儒家"重新回到中国文化权力的中心，又上升为"儒教"，一直到1911年清朝帝制崩溃，儒教失去了"王官学"的至尊地位，再度下降为"儒家"。有鉴于此，蒋庆呼吁，当今中华文明复兴的首要之义，就是要全方位重建儒教文明，以与西方基督教文明分庭抗礼。在《关于重建中国儒教的构想》一文中，蒋庆系统地设计了一套儒教重建方案，这个"伟大而艰辛"的儒教复兴大业通过相辅相成的"上行路线"和"下行路线"来实现。"上行路线"需要自上而下地由"圣王"来创制，将"尧舜孔孟之道"作为立国之本写入宪法，将儒教提升为"王官学"或国家意识形态，建立政教合一的"儒教宪政体制"；重建新的科举制度和经典教育制度，形成一套礼乐教化的"礼制"和"文制"，对整个社会进行礼法规范和道德熏陶。"下行路线"则通过民间的

"中国儒教会"来推进儒教的全面复兴，其内容包括重建儒教的政治形态（仁政、王道政治与大同理想）、儒教的社会形态（礼乐教化、乡村自治、社区文化等）、儒教的生命形态（对天神、地示、人鬼或"天地亲君师"的信仰）、儒教的教育形态（新科举制度和经典教育）等十项事业。蒋庆强调，儒教崩溃而亟待复兴的今天，重建儒教首先必须走政治上的"上行路线"，"因为'上行路线'是儒教形成的正途"，"下行路线"则是应对时代变化而采取的"变通路线"。如果二者可以相辅互济，儒教的重建和中华民族的复兴就指日可待了。蒋庆满怀激情地宣称：

> 儒教就是中国文化和中华文明的载体，是中华民族道德精神和生命信仰的集中体现，儒教与中华民族、中国国家的命运紧密相连：儒教兴则华族兴中国兴，儒教衰则华族衰中国衰。……正是因为这一原因，在今天的中国重建儒教，是每一个热爱中华民族与中华文明的中国人的责任。①

蒋庆重建儒教的构想可谓情真意笃、用心良苦，然而在王道政治、科举制度、宗法社会已经土崩瓦解的现实社会中，儒教的复兴将何以为据？所谓"皮之不存，毛之焉附？"诚如著名海外新儒家余英时先生所指出的，今天儒家与制度之间的联系已经中断，缺乏制度支撑的儒学只能成为依附于个人心性和大学讲堂的"游魂"。"如果儒学不甘仅为'游魂'而仍想'借尸还魂'，那么何处去找这个'尸'？以'家'为'尸'吗？今天是小家庭制度，孝悌将如何安顿？更如何应付愈来愈显著的个人主义的趋势？以'国'为'尸'吗？今天中国人所追求的是'民主'，这恰恰不是儒学最见精彩之所在。"②至于要想重建儒教赖以栖身的那些基础性的社会制度（如蒋庆在《政治儒学》一书中构想的"议会三院

---

① 蒋庆：《关于重建中国儒教的构想》，任重、刘明主编：《儒教重建：主张与回应》，中国政法大学出版社 2012 年版，第 14 页。

② 余英时：《现代儒学的困境》，余英时：《现代儒学的回顾与展望》，生活·读书·新知三联书店 2004 年版，第 58 页。

制""太学监国制"等），在全球化和市场化的今天则更是异想天开！蒋庆先生复兴儒教的满腔热忱固然令人敬佩，而且他本人长期固守阳明精舍践行儒教精义，更是显现出儒家知行合一的真性情，但是他关于重建儒教的构想却未免流于空泛，成为现代社会的天方夜谭。

正是由于蒋庆重建儒教的实施方案过于虚幻，复古气息又过于浓郁，致使一些赞同儒教理想的学者纷纷提出了更加切合实际的修改方案。例如，陈明教授把蒋庆的思想概括为八个字："意义很大，问题很多"。前者是指蒋庆对现实社会的批判和对儒学传统的弘扬都具有发人深省的深刻意义，后者则是指蒋庆的政治儒学缺乏学理上的充足根据和实践上的可操作性。与蒋庆沿袭董仲舒的"复古更化"主张，试图在当今中国恢复古圣王之教以转化中国政治秩序的"上行路线"不同，陈明坚持认为重建儒教必须从公民社会入手，使儒教成为中国的公民宗教（如同基督教之于美国社会一样），并且通过"使自由平等民主宪政打上儒家的烙印，成为儒家式的"，自下而上地从社会到国家来推进政治重建进程。①另一位当代儒家的著名学者张祥龙教授一方面明确表示赞同蒋庆"重建儒教"的主张，另一方面又认为在全球化和西方化的政治经济大潮方兴未艾的情况下，寄希望于当政者来使儒家进入政治权力核心、立儒教为国教的"上行路线"是不切实际的，而通过"中国儒教会"的教育、宗教功能来复兴儒教的"下行路线"同样也是前景暗淡。因此，张祥龙从儒教不同于其他宗教的精神特质出发，提出了"中行路线"的设想，即"专注于儒教的人间生活化和亲子源头性的特质"，复兴和维护已经被严重破坏了的传统家庭和家族模式，以家庭关系和亲子源头为基础来重建儒教。具体做法就是建立"以家庭和家族的聚居为基本社会结构，以农业为本，士农工商皆有，三教九流并存"的儒家文化保护区或儒家文化特区，在经济上奉行环保的自然生活形态，在教育上推行儒家的礼乐教化，在政治上实行儒家导向的天人合一的家族社团民主。以这种生物保护区似的儒家文化特区为"根据地"，源源不断地向主流社会输出合格

---

① 参见陈明：《大陆新儒学略说——蒋庆、陈明、康晓光的分析与比较》，陈明：《文化儒学：思辨与论辩》，四川出版集团、四川人民出版社2009年版，第118—123页。

儒生、教育模式、政治体制、技术形态等，从而逐渐在中国全社会实现儒教重建的宏伟事业。①

　　近年来，在较为年轻的一些儒家学者中间，出现了更为激进的儒学复兴主张，甚至走向了用"儒家普世价值"来对抗和否定"西方普世价值"的地步。在他们看来，以往的新儒家都试图从儒家价值中引申出西方那套普世价值（如牟宗三等人），或者用儒家价值来附和西方普世价值（如杜维明等人），但是他们却要强调儒家价值本身所具有的普世意义，以此来取代西方普世价值。2011 年 11 月，在复旦大学"儒家文化研究中心"召开了一次关于"儒家与普世价值"的研讨会，与会的新儒家少壮派语出惊人地喊出了"拒斥西方，排斥异端"的口号，声称要把长期以来"鸠占鹊巢"的马克思主义和自由主义"踹出去"，让真正的主人（儒家）住进来。他们主张用儒家的"人伦"来取代西方的"人权"作为普世价值的核心，用儒家的"优质的普世价值"来超越西方的"劣质的普世价值"。他们认为，右派（自由主义）和左派（马克思主义）都不能救中国，"只有中国文化才能救中国"。他们甚至异想天开地要用儒释道等传统文化来替代马克思主义，作为中国共产党和社会主义的理论基础：

　　　　我们现在要做的事情，就是要共产党割断与西方马克思主义的联系，效法孙中山的做法，认祖归宗。这一百年来，我们一直认外来的东西为祖宗，其中最等而下之者，则是自由主义认贼作父的搞法。现在，我们应该回归自己五千年的大传统了。②

　　对于这些儒学复兴的激进派来说，自由、民主、平等、人权等西方的"劣质普世价值"是不值得效法的，西方传入的基督教更是具有笼络人心、窥伺中华之嫌，必须联合儒释道等本土宗教，将其拒于国门之

---

① 参见张祥龙：《重建儒教的危险、必要及其中行路线》，任重、刘明主编：《儒教重建：主张与回应》，中国政法大学出版社 2012 年版，第 74—77 页。

② 曾亦、郭晓东编著：《何谓普世？谁之价值？——当代儒家论普世价值》，华东师范大学出版社 2013 年版，第 50 页。

外。①这种对于西方文化的"全盘否定"态度，不仅使"儒家宗教激进主义"与源于西方的自由主义、马克思主义鼓角相对，而且也与已经具有"全球化素质"的基督教势不两立，从而表现出一种背离儒家宽容胸襟的偏激姿态。

与官方舆论潜移默化地把"中国特色"转变为"中国道路"和"中国模式"的做法相契合，当代儒家大张旗鼓地把传统的儒家价值提升到普世价值的高度。在现代化的进程中，中国最初只不过是一个被迫变革的特例；然而在后现代的语境中，它却有可能成为一个具有普遍启示意义的后来居上典范。儒家的那些价值理念，曾经被启蒙时代的知识精英当作封建糟粕而加以抛弃，今天却被传统文化的崇拜者们奉为克服现代社会弊病、实现大同世界理想的法宝。在中西古今的对偶中，天平开始从西方倒向中国，今胜于古也转变为古超越今。亨廷顿在谈到亚洲未来的文明复兴时，曾经说过一句意味深长的话：

> 或许正像弗里德伯格所说的那样，欧洲的过去就是亚洲的未来。但更为可能的是，亚洲的过去将是亚洲的未来。②

二 "国学"复兴与"西潮"浸润

在所有具有悠久文明传统的国家和地区，随着后殖民时代的政治独立和经济发展，传统文化的复兴必将成为文化上的显著趋势，一个文化保守主义的时代正在取代"全盘西化"的激进潮流而成为 21 世纪的世界基本文化态势。在中国，由于近几十年来的经济迅猛发展和综合国力增

① "中国人讲宽容，绝不是要照单全收那些外来的东西，是要有所甄别的，尤其对于想要喧宾夺主的耶教，当然要拒之门外。更何况，目前许多中国人信仰耶教，对时局是个不安定因素，非常危险。""目前，耶教凭籍其社会化的优势，笼络了越来越多的国人，形势真是堪忧。佛教应该振作起来，这不仅有益于政府，有益于民生，而且，还能在抵御耶教的渗透方面，发挥其文化和政治功能。"曾亦、郭晓东编著：《何谓普世？谁之价值？——当代儒家论普世价值》，华东师范大学出版社 2013 年版，第 39、40 页。
② 塞缪尔·亨廷顿著，周琪等译：《文明的冲突与世界秩序的重建》，新华出版社 1998 年版，第 266 页。

强，"国学"复兴也成为一道亮丽的文化风景线，朝野各界都大力倡导弘扬民族精神、振兴文化传统，以此来作为中和、抵御西方文化潮流的重要根据。但是另一方面，全球化时代的开放氛围和普遍潮流又使得作为西方文化精神根基的基督教信仰在世界各地和中国都获得了长足的发展，从而与强劲复兴的本土文化传统形成了强烈反差和精神抵牾。诚如政治上的保守主义与自由主义之间的张力关系一样，"国学"复兴与基督教发展也成为当代中国文化领域中引人注目的重要现象，如何协调二者之间的矛盾，或将影响中国文化未来的发展前景。

1. "国学热"与全球文化保守主义浪潮

当代儒家的思想主张，主要流行于大学课堂和学术社团的范围内，力主复兴儒教者，除了蒋庆等极少数民间人士之外，大多也都是大学和研究机构中的教授、学者，他们只能通过大学讲台和学术论著来传播儒学思想。在中国传统社会中，儒家思想的影响几乎是无处不在的，通过宗法家族的伦常规范、私塾书院的经典教育、科举考试的仕途进取以及士大夫阶层的政治特权，儒家不仅使其基本价值理念深入人心，而且也对整个社会的政治、经济、文化制度产生了不可估量的巨大影响。然而，自20世纪初叶科举制度和封建帝制被废除之后，儒学与政治制度之间的联系就中断了；新文化运动又进一步清算了儒学对于中国文化的深层影响，颠覆了孔孟之道在国人心中的神圣地位。再往后，随着封闭的自然经济体系被西方主导的全球化进程彻底打破，以及以血缘关系为纽带的宗法社会的逐渐瓦解，儒学在经济和社会层面的影响也日趋式微。而且由于儒家（或所谓"儒教"）又不像基督教、伊斯兰教、印度教、佛教等宗教那样拥有独立而稳定的宗教场所和经济资源，可以"达则兼济天下，穷则独善其身"，所以一旦当它与制度之间的联系中断了，它就很容易变成无处栖身的"游魂"，只能作为一种思想体系而存在于纯粹的学术领域中。这就是儒学在当代社会中所面临的尴尬处境，即陷入一种无根（现实制度之根）的畸零状态。牟宗三等现代新儒家之所以侧重于"心性儒学"，正是由于他们明智地认识到"儒教"赖以维系的社会基础已经崩塌；余英时等海外新儒家也不得不感叹："是不是儒学的前途即寄托在大学讲堂和少数学人的讲论之间？"[1]而蒋庆等当代儒家也同样深切地意识到这个问题的严重性，因此他极力倡导要把作为一个思想派别的"儒家"提升到作为"王官学"或国家意识形态的"儒教"，从学术象牙塔中的"心性儒学"全方位地走向"生命儒学""政治儒学""民间儒学"和"宗教儒学"[2]。张祥龙教授也非常生动地描述了20世纪儒家凋敝颓败的悲惨状况：

> 如果从未来回顾，20世纪很可能是儒家生存史上最惨痛衰微的一页。其中一大教训就是儒家懵头昏脑地丧失了自己的团体性存在。不但以科举入仕来形成团体的形态顷刻覆灭，就连讲学团体式的存在也基本消失，"两处茫茫皆不见"，可见中国主流知识分子文化反水的洪水猛兽之势。这样一来，人绝道丧，人类文化史上的一个奇观出现了：一个存在了两三千年的主流文化，几十年间就在其本土灰飞烟灭了。所残留的只是在西式大学中的一些个体的儒家研究者，或做外观式研究，或自称新儒家，虽然聊胜于无，具有某种提示的作用（当然也有掩盖儒家衰危的遮蔽真实的一面），但已无关大局了。而官方同意的祭孔，没有儒家团体的主持，也不过一旅游项目或一统战姿态罢了。[3]

面对这种令人无奈的尴尬，当代儒家理想的热忱鼓吹者们力倡让儒学走出狭隘的校园，走向广阔的社会，试图像王阳明那样开辟一条"觉民行道"的儒学复兴之路。然而，在时过境迁的全球化时代，当代儒家的各种重建"儒教"方案在现实社会中都显得志向远大而践履乏力，难

---

[1]　余英时：《现代儒学的困境》，余英时：《现代儒学的回顾与展望》，生活·读书·新知三联书店2004年版，第57页。
[2]　参见蒋庆：《我所理解的儒学》，蒋庆：《儒学的时代价值》，四川出版集团、四川人民出版社2009年版，第52—56页。
[3]　张祥龙：《重建儒教的危险、必要及其中行路线》，任重、刘明主编：《儒教重建：主张与回应》，中国政法大学出版社2012年版，第71—72页。

以付诸实施。

不过当代儒家的这种夙愿，倒是与执政党弘扬民族文化的新时代战略多有契合。虽然中国共产党绝不会以儒家思想来取代马克思主义作为立党执政的理论基础（当然它会使马克思主义越来越具有"中国特色"），而且对于重建"儒教"和"王官学"的政治儒学路向也颇不以为然，但是它却需要通过弘扬儒学和其他传统文化来推动中国特色社会主义文化建设，并且为中国作为大国在国际舞台上的崛起确立一个合适的文化身份。由于官方的支持和参与，近年来民间出现了许多场面盛大的振兴传统文化的活动，如祭奠黄帝、炎帝陵寝，举办孔子诞辰庆典、孔子文化节等。在海外，数以百计的孔子学院如同雨后春笋一般建立起来，虽然其主要功能只是对外国人教授汉语和一些中国传统文化技能（如书法、太极拳等），但是却明确地向全世界宣示了孔子（而不是孙中山或毛泽东）作为中国文化代表的至尊地位。在国内，各种级别和规模的儒学学会、国学院、国学培训班、国学大讲堂等也纷纷成立，不仅面向大学院墙内的青年学子，而且更注重对社会成功人士和权势阶层——企业高管、政府官员等——进行传统文化的熏陶。当然，由于市场经济的影响，这些面向社会的"国学"教育往往带有较强的商业动机，昂贵的学费也让一般民众望而却步。相比之下，倒是易中天、于丹等人在中央电视台"百家讲坛"等大众传媒中对古代历史和儒道经典的通俗化讲解，更能够激起普罗大众对于中国传统文化的强烈兴趣，从而在全国范围内激起了一股声势浩大的"国学热"潮流。从某种意义上说，易中天、于丹等学术明星对于推动传统文化复兴所发挥的作用，比起当代儒家知识分子重建"儒教"的高谈阔论来，要更加广泛和持久得多（虽然后者始终对前者的通俗化做法不屑一顾）。这种现象恰恰说明了全球化时代文化传播的消费化和娱乐化特点，它对于当代儒家魂牵梦萦的"儒教"国教化的宗教激进主义理想无疑也是一种绝妙的讽刺，但是它却实实在在地激起了广大民众对于传统文化的热情关注。

近十年来，在中国出现了一股引人注目的文化热潮，这就是所谓的"国学热"。无论是在收视率一度飙升的中央电视台"百家讲坛"栏目中，在汗牛充栋的书市里，还是在激烈竞争的商场上，人们都在大力推广或推销以"国学"为标签的东西。在阳春白雪的高雅文化圈，大学开办的国学院、国学所、国学班和国学讲堂大力宣扬传统的儒、释、道等学术思想；在下里巴人的乡间坊里，各种死灰复燃的旧习俗和方兴未艾的新事物也纷纷打着国学的旗号以壮声威，祭炎黄、拜孔庙等祭祀活动搞得声势浩大，风水、占卜、星相之术也大行其道。摩罗在《中国站起来》中提出要从三个方面来发掘中国文化的宝贵资源："第一个方面，从本土宗教上着手发掘我们的文化资源""第二个方面，从中国历代各种学说、各种学派、各种典籍中发掘文化资源""第三个方面，从中国底层社会的文化实践中，发掘文化资源"①。如此一来，可谓中国古往今来的各种文化资源——从宗庙朝堂的典章制度到民间里坊的风水八卦——无不囊括其中，远比单纯的儒学或儒教要广泛、庞杂得多。当代中国社会中汹涌而起的，正是这样一种包罗万象、纷纭芜杂的"国学"复兴热潮。这股"国学热"具有极强的精神感召力，与中国高速增长的经济实力和日益复苏的大国理想相互砥砺、相得益彰，使得当今中国文化在精神面貌上呈现出一种与改革开放初期的"全盘西化"倾向迥然而异的景象。事实上，这股强劲的"国学热"不仅是中国的一道瑰丽的文化风景线，它也与全球范围内蓬勃发展的文化保守主义遥相呼应。早在二十年前，美国哈佛大学的著名国际政治学教授塞缪尔·亨廷顿就预示了21世纪亚洲各大文明回归传统和对抗西方的文化大趋势，他甚至还展现了日益强盛的中国儒教文明与伊斯兰教文明联合起来共同对抗西方基督教文明的未来前景。

1993年夏季，亨廷顿在美国颇有影响的《外交》杂志上发表了名为《文明的冲突？》的长文，文中提出了一个骇人听闻的观点：文明的冲突将可能取代政治意识形态的冲突而成为21世纪人类冲突的主要形式。在这篇长文中，亨廷顿列举了大量事实来证明，以不同的宗教信仰作为主要精神纽带的各大文明之间的差异和抵牾，远远比政治意识形态的对立

---

① 摩罗：《中国站起来——我们的前途、命运与精神解放》，长江文艺出版社2010年版，第249—253页。

和民族国家的矛盾更为持久和根深蒂固。因此，随着以美国和苏联为首的两大政治阵营对垒的消解和"冷战"时代的结束，不同文明之间被遮蔽已久的文化壁垒将会在21世纪再度呈现出来，并且有可能成为引发人类冲突的主要根源。那些曾经被西方文明所统治和影响的东方各古老文明，一旦其元气恢复，必将与西方文明处于直接的冲突状态。其中尤其对西方基督教文明具有潜在威胁的强劲对手，就是日益崛起的中国儒教文明。①

亨廷顿的这篇文章犹如一颗重磅炮弹，一时间在国际学术界激起了轩然大波，华人学者也纷纷撰文对亨廷顿的所谓"文明冲突论"进行了回应，指责亨廷顿的"文明冲突论"是居心叵测，唯恐天下不乱。为了替自己的观点辩白，亨廷顿教授在1996年又出版了一部相关著作，书名为《文明的冲突与世界秩序的重建》。②在这本书中，亨廷顿一方面声明自己提出"文明冲突论"的初衷并非是要倡导或鼓吹文明冲突，而是旨在唤起世界人民对于文明冲突可能性的警觉意识和防范心理；但是另一方面他又坚持认为，在21世纪，一种以传统宗教信仰为基本纽带的文明新格局将取代由政治意识形态和西方大国所主宰的世界旧秩序，中国文明的迅猛崛起及其与西方文明的全面冲突势将难以避免。在这本书中，亨廷顿还发人深省地提出了关于"西方价值悖论"的观点，这种观点认为，西方文化全球扩张的最终结果，并没有造成全球的西方化，而是促成了各种本土文化和传统宗教的复兴。他写道：对于非西方世界来说，

在变化的早期阶段，西方化促进了现代化。在后期阶段，现代化以两种方式促进了非西方化和本土文化的复兴。在社会层面上，现代化提高了社会的总体经济、军事和政治实力，鼓励这个社会的人民具有对自己文化的信心，从而成为文化的伸张者。在个人层面

---

① 参见亨廷顿：《文明的冲突？》，《二十一世纪》（香港）1993年10月号。
② 事实上，在《文明的冲突？》与《文明的冲突与世界秩序的重建》之间，亨廷顿还在《外交》杂志1993年11/12月号上发表了一篇题为《如果不是文明，那又是什么？》的文章，对《文明的冲突？》一文发表以来所受到的各种批判和反响进行了反驳和回应。

上，当传统纽带和社会关系断裂时，现代化便造成了异化感和反常感，并导致了需要从宗教中寻求答案的认同危机。[①]

早在亨廷顿提出"西方价值悖论"之前，一些见解深刻的西方思想家就已经表达了类似的观点，例如 20 世纪杰出的英国历史学家汤因比就曾经指出非西方世界的人们采纳世俗西方文明所导致的尴尬后果[②]。这种邯郸学步的做法使得非西方世界的社会精英和知识分子们在文化上陷入了一种"精神分裂"的痛苦状态，深切感受到西方与本土的文化价值之间的巨大张力，这种痛苦的精神危机致使他们在经济上或政治上采纳了西方模式的同时，在文化上却选择了一条非西方化的道路。由于这种"西方价值悖论"的作用，21 世纪最引人注目的现象不是西方文化在全球范围内的凯歌高奏，而是非西方世界的传统文化与宗教的强劲复兴。尤其是在占世界人口总数 60% 以上的亚洲地区，伊斯兰教、印度教以及中国"国学"的复兴潮流已经成为无可争议的事实。

在后殖民时代，非西方世界的文化发展呈现出两种截然不同的模式。第一种模式是拉丁美洲和非洲（撒哈拉大沙漠以南的非洲）的发展模式，这些地区由于在被西方殖民主义者征服之前尚未建立起独立的文明体系（或者其古老的文明体系已经在一种自我封闭状态中逐渐衰亡了），它们的文明化进程是与殖民化过程同步发生的，所以西方文化的"基因"已经在殖民过程中深深地注入它们的机体之中，使这些地区很平稳地沦为西方文明的边缘地带或文化附庸。即使是在获得了政治独立之后，这些地区仍然在文化上与西方保持着不可分割的血脉关系，把西方的宗教信仰（基督教）作为自己的安身立命之本。然而，与拉丁美洲和（撒哈拉大沙漠以南的）非洲的情况不同，亚洲地区（包括伊斯兰教的北非地区）的文化发展则表现为另一种模式。在西亚、中亚和北非的伊斯兰教文明

---

① 　塞缪尔·亨廷顿著，周琪等译：《文明的冲突与世界秩序的重建》，新华出版社 1998 年版，第 67—68 页。
② 　参见汤因比著，晏可佳、张龙华译：《一个历史学家的宗教观》，四川人民出版社 1990 年版，第 168 页。

圈和南亚次大陆的印度教文明圈，政治独立之后的文化发展基本上是沿着一条文化保守主义道路前进的，即在实现经济、政治现代化转型的同时，拒绝或淡化西方文化而复兴本土文化。究其原因，是因为这些地区和国家在被西方列强征服之前就已经有了根深蒂固的文明传统，政治上和经济上的殖民化并没有从根本上消除传统宗教和文化的深刻影响。因此，一旦摆脱了西方殖民统治和政治意识形态的阴影，这些地区和国家的人民就在推进现代化的同时，全面而迅速地掀起了一场复兴本土宗教文化的保守主义运动。

　　作为亚洲的一个古老文明国度，中国目前的文化发展模式明显地类似于伊斯兰教社会和印度，而完全不同于拉丁美洲和非洲。而且与伊斯兰教地区和印度相比，中国文化传统不仅在漫长的历史过程中未曾遭受过严重的中断和分裂，始终保持着一脉相承的文化连续性和统一性，而且在改革开放以后，随着经济的迅猛发展和综合国力的明显提升，中国文化在世界范围内的影响力也越来越大。

　　按照亨廷顿的观点，构成任何一种文明的主要因素都是语言和宗教。就语言的情况来看，虽然由于英、美近代以来在国际事务中的强势地位，英语现在已成为流行于全世界的通用语言，但是以汉语普通话作为主要语言的人口，绝对超过了以英语作为主要语言的人口。根据《世界年鉴和事实》的统计，截至 1992 年，主要讲汉语普通话的人口占世界人口的 15.2%（这个数字还不包括讲广东话、闽南话、吴语和客家话等其他汉语形式的人口），主要讲英语和西班牙语的人口分别占世界人口的 7.6% 和 6.1%，主要讲阿拉伯语和印地语的人口比例则分别为 3.5% 和 6.4%。如果加上广东话等其他汉语形式，1992 年主要使用汉语的人口总数为 11.19 亿人，占世界总人口的 18.8%；而使用各种西方语言的人口总数（包括曾经作为西方殖民地而至今仍然使用西方语言的拉丁美洲、大洋洲和非洲部分地区的人口在内）为 12.37 亿，占世界总人口的 20.8%。[①] 由此可见汉语的影响力之大。进入 21 世纪以后，汉语的国际影响力更是随

① 资料来源：《世界年鉴和事实》关于使用各种语言的统计报告，转引自塞缪尔·亨廷顿著，周琪等译：《文明的冲突与世界秩序的重建》，新华出版社 1998 年版，第 48 页表 3.1 和第 50 页表 3.2。

着中国的日益崛起而增长。2008 年北京奥运会向全世界展示了中国文化的巨大魅力，极大地促进了各国人士对中国文化的了解和喜爱，从而也使汉语在世界更大范围内得到推广。

　　当代中国的文化发展不同于伊斯兰教地区和印度的一个显著特点，就在于它的文化复兴并未以一种宗教信仰的形式而出现。事实上，在中国传统文化中，尤其是在儒家知识分子或士大夫所代表的精英文化中，始终具有一种远鬼神近人事、黜玄想重实用的人文主义倾向。尽管在 20世纪以前中国社会也流行着各种民间宗教，但是那些形形色色的民间宗教并没有形成一个统一的宗教信仰和教会系统，而是处于教派林立、此起彼伏的混乱状态，对于中国社会的影响力远远无法与儒家思想相比拟。根据《世界基督教百科全书》的统计，在 1900 年，中国民间宗教信仰者占世界人口总数的 23.5%，到了 1980 年（那时中国刚刚经历了"横扫一切牛鬼蛇神"的"文化大革命"），这个比例骤然下降为 4.5%。与此相应的另一组数据是：1900 年非信徒和无神论者只占世界人口的 0.2%，到 1980 年这个比例却剧增至 20.9%。[①] 这两组变化趋势相反的数据恰恰表明，中国的民间宗教信徒与非信徒或无神论者之间是非常容易打通的。从民间宗教信徒到非信徒或无神论者的转变固然是由于 1949 年以后政治意识形态的影响，但是它也与中国人自古以来对待宗教信仰的实用主义态度有关。中国改革开放以后，随着宗教政策的日益宽松，各种民间宗教与外来宗教（主要是基督教）一样，又出现了明显的增长势头。但是相比之下，民间宗教在中国当代文化中的影响力仍然十分有限，其重振的声势远不如儒家思想的复兴和基督教信仰的"井喷"那样引人注目。

　　在这种情况下，一方面，中国作为有着悠久而强大的文化传统的文明体系，与同属亚洲的伊斯兰教文明和印度教文明一样，在政治独立和经济发展之后必将大力复兴和弘扬自己的本土文化；另一方面，自古以来的文化传统和社会主义的意识形态又使得宗教在中国的影响力远远不能与伊斯兰教地区和印度相比。因此，当代中国的传统文化复兴必将以

---

① 戴维·巴雷特主编：《世界基督教百科：公元 1900—2000 年现代世界各教会和各宗教比较研究》，牛津大学出版社，1982 年，参见同上书，第 55 页。

轻鬼神、重人伦的儒家思想为主，辅之以佛教、道家和民间宗教等各种资源。而所有这些传统文化资源，共同构成了所谓的"国学"。由此看来，以振兴儒学为主要内涵的"国学热"并非少数学人或媒体主观炒作的偶然结果，而是全球性的文化保守主义浪潮与中国特色的文化传统相互砥砺的必然产物。

2. "国学"的概念内涵与现代命运

"国学"是一个内涵模糊、众说纷纭的概念，它最早出现于 20 世纪初叶西学东渐之势高涨、中国传统文化受到严峻挑战的时代，由那些意欲保存和弘扬国故、抵制西化潮流的人士所倡导，其起意无非是针对"西学"而言。1905 年曾在上海发起成立国学保存会、创办《国粹学报》的著名国粹派人士邓实先生对"国学"一词解释道："国学者何？ 一国所自有之学也。有地而人生其上，因以成国焉。有其国者有其学。学也者，学其一国之学以为国用，而自治其一国者也。"[①] 这种关于"国学"的解释过于宽泛，几乎涵盖了中国传统文化的所有内容。后来在新文化运动中，胡适先生也提出了"整理国故"、研究"国学"的任务，他以一种"科学的态度"对"国故"和"国学"概念进行了如下定义："中国的一切过去的文化历史，都是我们的'国故'；研究这一切过去的历史文化的学问，就是'国故学'，省称为'国学'。"[②] 1922 年，国学大师章太炎在上海连续举行了十场国学讲座，大力弘扬传统文化，对新文化运动尤其是白话文运动大加挞伐。其时，太炎先生把"国学"兴衰与国家存亡直接联系在一起，他说道："夫国学者，国家所以成立之源泉也。吾闻处竞争之世，徒恃国学固不足以立国矣；而吾未闻国学不兴而国能自立者也。吾闻有国亡而国学不亡者矣；而吾未闻国学先亡而国仍立者也。故今日国学之无人兴起，即将影响于国家之存灭，是不亦视前

---

① 邓实：《国学讲习记》，载《国粹学报》第 2 年第 19 期，1906 年 8 月。

② 胡适：《〈国学季刊〉发刊宣言》，欧阳哲生编：《胡适文集》第 3 册，北京大学出版社 1998 年版，第 10 页。

世为尤岌岌乎？"① 与此相应，各种昌明"国粹"、振兴"国学"的呼声不绝于耳，刘师培和黄侃在北京创办《国故》月刊，梅光迪、吴宓在南京创办《学衡》杂志，章太炎在上海创办《华国月刊》，南北呼应，形成了一股强劲的传统文化复兴潮流。面对着这种始料未及的复古逆流，胡适不得不改弦更张，弃绝"国学"，再推"西学"。一向抨击中国传统文化的陈独秀则对"国学"概念本身进行了质疑，认为其充满了"含混糊涂"之意：

> 国学是什么，我们实在不大明白。当今所谓国学大家：胡适之所长是哲学史，章太炎所长是历史和文字音韵学，罗叔蕴所长是金石考古学，王静庵所长是文学，除这些学问以外，我们实在不明白什么是国学？不得已还只有承认圣人之徒朱宗熹先生的话："国学者，圣贤之学也，仲尼孟轲之学也，尧舜文武周公之学也。"
>
> 曹聚仁先生说："国学一名词虽流行于全国，实际上还含混糊涂，没有明确的观念可得到呢！"我老实说，就是再审订一百年也未必能得到明确的观念，因为"国学"本来是含混糊涂不成一个名词。②

自"国学"概念被提出以来，其内涵和外延一直缺乏统一的共识，通常是经史子集无所不包，雅俗良莠兼收并蓄，故而难免有"含混糊涂"之嫌。但是究其根本，"国学"无疑是以儒学作为主要内容，以儒家所侧重的仁义道德和经世致用作为精神实质，兼及其他各种传统的思想流派、典章制度、文学艺术、宗教信仰、器物技艺、风俗礼仪，等等。自从 20 世纪初邓实等人明确倡导"国学"以来，经过一百年的沉浮衰荣，到了 21 世纪中国崛起的时代背景下，"国学"似乎再度枯木逢春、否极泰来，形成了一道汹涌澎湃的"国学热"盛况。面对当前这种繁荣昌盛且又乱

---

① 章太炎：《国学讲习会·序》，转引自章太炎讲演、曹聚仁整理、汤志钧导读：《国学概论》，上海古籍出版社 1997 年版，第 6 页。

② 陈独秀：《寸铁·国学》，任建树主编：《陈独秀著作选编》第三卷，上海人民出版社 2010 年版，第 101、102 页。

象丛生的"国学热"现象，中国当代新儒家的代表人物之一郭齐勇教授对"国学"概念进行了较为细致的诠释：

> 我们现在所说的国学，包括中华传统文化的各方面，例如中华各民族从古代到今天的蒙学读物、衣冠文物、习俗、家训、礼仪、语言、文字、天学、地学、农学、医学、工艺、建筑、数学与数术方技、音乐、歌舞、戏剧、绘画、书法、思想、心理、信念等。国学中包含有大量的社会、民俗、制度、生活世界的内涵，特别反映在历史、文学、艺术、哲学、宗教方面，同时又是中华人文精神之根，是我们民族的终极信念之所在，是安身立命之本。国学是开放的，包含了历朝历代消化吸收了的外来的各种文化（包括物质层面的、制度层面的与精神价值层面的）。中外文化总是处在不断的交融互动之中。故所谓国学，乃中国传统文化的通称。①

　　在郭齐勇看来，儒学无疑构成了"国学"最重要的组成部分，儒学的复兴状况将对"国学"的未来发展产生至关重要的影响。虽然郭齐勇认为当前的"国学热"只是一种表面的"假热"现象，"国学"的真髓精粹并没有真正渗透到国人的日常生活、文化教育、道德价值和民族精神层面，"国学热"也没有从根本上改变西化的大趋势，但是"国学"仍然在"弘扬中华人文精神"和"构建中华民族主体性的价值体系"等方面发挥着积极作用，成为推动中国现代化建设的"软实力"。

　　如果像章太炎先生所言，"国学"的兴衰与国家的存亡密切相关，那么儒学的命运则与"国学"的前途休戚与共。儒学或儒家思想自汉武帝"罢黜百家，独尊儒术"以来，在漫长的历史过程中逐渐发展成为中国文化的主流形态。儒学不仅是一门仁义道德之学，同时也注重经世致用之道，把个人内在的道德修养与治国平天下的政治理想结合起来，其最高境界就是"成己成物""内圣外王"的"天人合一"理想。儒学经典《大

---

① 郭齐勇：《中华人文精神的重建：以中国哲学为中心的思考》，北京师范大学出版社 2011 年版，第 31—32 页。

学》开篇写道："大学之道，在明明德，在亲民，在止于至善。"儒学的这种以德治国、学以致用的文化特质，自隋唐创立科举制度以来，得到了淋漓尽致的发挥。科举制度将儒家的求知为学、修德成圣与仕途进取结合成一种"三位一体"的关系，将"内圣之学"与"外王之道"有机地结合起来，从而使儒学成为传统中国人，尤其是传统知识精英（士大夫）的安身立命之本。

两千年来，中国人一直在儒家思想和伦理规范的影响之下，形成了一套根深蒂固的文化观念和价值体系。在古代闭塞的文化环境中，在不存在"西学"威胁的情况下，自然也就无所谓"国学"。数千年来中国文化的基本状况是以儒学为主、儒释道互补、兼及各种民间宗教和文化传统，形成了浑然一体、张弛有序的价值体系和社会规范。但是自从鸦片战争以后，自成一统的传统价值体系和社会规范开始受到西方文化的强劲挑战。随着中华帝国紧闭的国门不断被西方列强轰开，"向西走"的文化呼声也逐渐高涨，以儒学为主体的"国学"则危殆日深。在此紧迫形势下，张之洞试图挽狂澜于既倒，提出了"中学为体，西学为用"的文化主张，想在"固根柢"的中学和"补阙遗"的西学之间达成一种融通互济之势。然而，这种"中体西用"的文化主张自提出之日起，就不断遭到来自激进和保守两个方面的质疑。批驳者们不仅在文化立场上不赞同"中体西用"的折中方案，而且从学理上也指出了这种主张的荒谬之处[1]。与"中体西用"的主张相对峙，近百年来中国文化界又先后出现了"复古主义""全盘西化""西体中用"等多种观点，相互争锋，各显身手。但是在此过程中，总的趋势是"西学"日盛、"国学"渐衰。再加上政治意识形态方面的影响，所谓"国学"曾一度被看作是封建糟粕，横遭摧残，几近湮灭。

然而到了 20 世纪 90 年代以后，随着国际格局的剧烈变化和中国国力的迅猛增长，在一个"文明冲突"或文明对垒的新时代背景下，加强族群内部的文化认同自然就成为建设中国特色社会主义的现实需要。在

---

[1]　例如前文所引严复、陈序经等人对于割裂体用关系的批判。

这种情况下，跟随"儒学第三期发展"的文化预期而来的，必定是汹涌澎湃、泥沙俱下的"国学热"。杜维明在宣扬"儒学第三期发展"的宏愿时，曾经充满信心地预示："我并不认为儒学的命运便就此终结了。相反，儒学作为中国主要精神力量再度出现的可能性是存在的。……在艺术、文学、历史和哲学中的儒学的精神价值将会再度表现出它对塑造整个中国创造性心灵的影响。"① 为了实现儒学复兴的理想，杜维明等海外新儒家频繁奔走于中国的大陆和台湾地区和美国的各种讲坛之间，大力阐扬儒家价值理念。蒋庆等当代儒家更是身体力行，试图全面恢复儒教在中国政治生活和文化生活中的至尊地位，将儒家思想从大学讲堂的精致学术落实到平民百姓的日常生活。遗憾的是，在网络化和信息化的今天，这些博学鸿儒的文化努力并没有取得令人满意的效果，儒学复兴理想仍然局限在知识分子的"学问"象牙塔中，与时下流行的大众文化格格不入。然而在近十年间，中国朝野社会却通过电视媒体和大众读物等途径，在推广普及"国学"知识、激发"国学"热情方面取得了极其显著的成效，从而在民间掀起了一股势不可挡的"国学热"。就这一点而言，易中天、于丹等学术明星借助大众传媒，"与时俱进"地助长的"国学"热潮，比起杜维明等人的"儒学第三期发展"计划和蒋庆等人的政治儒学理想，所产生的社会效应无疑要大得多。

近年来"国学热"现象的出现，固然与现代传媒的巨大影响和快餐文化的明星效应有关系，也与全球性文化保守主义潮流相呼应，但是它同样也反映了儒学以及其他传统文化的强大生命力及其对中国文化的深刻影响。儒学在 20 世纪的中国虽然历尽坎坷，但是它毕竟在数千年的历史过程中成功地铸造了中国人的精神特质和价值观念，成为中国人的安身立命之本。儒家所提倡的自强不息的君子人格、刚毅纯正的浩然之气、敦实宽厚的仁义精神、以天下为己任的忧患意识、远鬼神尽人事的生活态度、黜玄想重实用的价值取向等精神内涵，仍然在当代中国社会中发挥着巨大的作用，并且完全具有进行"创造性转化"的现实可能

---

① 杜维明：《人性与自我修养》导言，中国和平出版社 1988 年版，第 2 页。

性。而近百年来儒学几度复兴的事实也表明，它在中国文化土壤中有着深厚的根基和丰富的营养之源，没有任何外来资源可以取而代之。其他诸如佛教、道教、各种民间宗教和文化资源在全球化时代也同样显示出顽强的生命力，与儒学一样共同构成了中华文化实现自我更新的活水源泉。由此可见，以儒学为主体的"国学"复兴对于中国特色社会主义文化建设无疑具有十分重要的现实意义，它与当前中国综合国力增强、大国意识觉醒和民族精神振兴等现实状况之间具有高度的精神一致性。毋宁说，"国学"复兴或所谓"国学热"正是上述现实状况在文化上的必然要求。

然而，"国学热"究竟只是喧闹一时的快餐消费，还是深入持久的文化更新，这就要看"国学"是否真正能够与全球化时代的普世价值和谐对接，从根本上实现自身的"创造性转化"。著名华人学者林毓生先生曾经多次谈到文化传统的"创造的转化"（creative transformation），他对这一概念解释道：

> "创造的转化"是一个过程；在这个过程中，新的东西是经由对传统里的健康、有生机的质素加以改造，而与我们选择的西方观念与价值相融会而产生的。在这种有所根据的创造过程中，传统得以转化。这种转化因为不是要在全盘否定传统中进行，而是与传统中健康、有生机的质素衔接而进行……所以一方面能使传统因获得新的意义而复苏，另一方面因的确有了新的答案而能使我们的问题得以解决。①

在全球化浪潮席卷下的当今中国社会，以儒学为主体的"国学"面临着诸多的困境。其一，儒家或儒教不同于基督教、伊斯兰教等宗教那样拥有独立于家庭和世俗政权（国家）之外的相对稳定的社会组织（教会），它的根基一直附着于依靠血缘关系而建立起来的宗法社会。今天，

---

① 　林毓生：《中国传统的创造性转化》，生活·读书·新知三联书店 1988 年版，第 388—389 页。

传统的宗法社会已经土崩瓦解，皮之不存，毛将焉附？儒家伦理价值系统在现代社会中丧失了赖以维系的现实基础。这是儒学复兴所面临的最为纠结的难题。其二，在隋唐以降的传统社会中，儒学通过科举制度开辟了从"田舍郎"到"天子堂"的通衢大道，将读书修德与及第入仕协调地统一起来。但是今天科举制度已经被废除，现代教育体制无论在内容上还是形式上都与儒学格格不入。随着科学教育的普及化，儒生或者"士"作为一个社会阶层已经不复存在，由"士子"晋身于"大夫"之间的通途已经中断，儒学只能退而成为一种内在的心性之学，很难再从"内圣"之学开出"外王"之道。在这种情况下，儒学是否应该像基督教在西方现代社会中的角色一样，将主要功能转换为安顿人们内在的道德情感需要？其三，全球化时代的"夏夷"关系已经发生了根本的变化，儒家现在面对的已经不是比自己落后、蒙昧的夷狄之族，而是更加先进的西方现代文明。在这种情势下，传统的"以夏变夷"模式已经难以奏效，而更新自身以适应新形势（"变夏以应夷"）或许才是儒学的复兴之路。对于由西方文明发轫的那些普世价值和现代模式，儒家既不能采取闭目塞听的拒斥方式，也不应一厢情愿地指望从自身传统中推陈出新，而必须虚心坦诚地直面相对，通过自身的"创造性转化"以做出符合时代要求的应战方式。

3. "国学"的时代更新和创造转化

在全球化的时代背景下，反思百年来中国人回应西方文化挑战的三条主要文化路向——复古主义、"全盘西化"和"中体西用"——复古主义只能是死路一条，而"全盘西化"既无必要也不可能，因此只有"中体西用"的道路才具有现实的可能性。台湾著名自由主义思想家殷海光在批判"全盘西化"观点时指出："主张'全盘西化'的人士不明了文化的变迁不可能一蹴而就，文化特征的吸收也不是说要吸收就能吸收的。任何人不可能把他们代代相传的文化从后门完全赶出去，从前门把一个新文化像迎新娘子似的迎进来。文化的变迁无论怎样是有连续性的。每个新的文化特征，细细追溯及分析起来，常是以过去的文化特征作要素组合而成的。"[1] 未来中国文化的参天大树，仍然必须植根于传统文化的宽阔土地上，因此"国学"的复兴展现了一条有中国特色的文化重建道路。但是另一方面，"国学"的复兴并不等于复古主义，中国文化的重建必须建立在"国学"的自我批判和创造更新的基础上，唯有这样才能避免中国走上复古主义和民粹主义的歧途，才能赋予"中体西用"以全新的时代内涵。近代以来，回归传统与"全盘西化"这两种观点如同相互撕咬的幽灵一般萦绕在国人心头，要想走出一条既具有独特的民族文化特点，又适应普遍的时代精神潮流的现代化道路，当务之急就是对我们的"国学"进行深刻的自我批判，使之通过"创造性转化"来顺应时代和弘扬传统。

既然只有"中体西用"是唯一现实的可行之途，那么如何实现"中体"与"西用"之间的有机结合，就成为问题的关键所在。[2] 以往的"中体西用"试图把对西方的新"用"嫁接到中国的旧"体"之上，这当然是不可能成功的，故而才有严复的"牛体焉能有马用"和陈序经的"以目嗅味，以鼻视物"之讽。但是，如果能对中国之旧"体"（以儒学为主干的"国学"）进行自我更新式的变革，如同西方基督教的近代改革一样，从旧"体"中生出新枝芽，逐渐成长为能够与发轫于西方、普及于世界的现代价值（"西用"）相适应的中国文化之新"体"，那么这种意义上的"中体西用"则是完全可能的。由此看来，问题的关键并不在于"中体"能否承接"西用"，而在于以什么样的"中体"来承接什么样的"西用"。如果以旧时代之"中体"来承接新时代之"西用"，试图在儒家传统的伦常纲纪的旧根基之上嫁接自由、民主、科学、法治的新时代枝芽，则注定是要失败的。因此，"中体西用"唯一可能的成功之道就在于，如何能够首先实现"中体"自身的自我批判和时代更新。

---

[1] 殷海光：《中国文化的展望》，上海三联书店 2002 年版，第 366 页。在这里殷海光还说明了"全盘西化""既不可能，又无必要"的道理。

[2] 事实上，除了复古主义和"全盘西化"这两条极端的道路之外，任何其他的主张都可以归于"中体西用"的范围，即使是所谓的"西体中用"论、"中西互为体用"论等观点，说到底仍然脱不出"中体西用"的藩篱，其实质仍然是以一种折中的方式把中国文化与西方文化结合起来。在这里，关键的问题在于如何理解"中体"和"西用"。

　　首先来看看"西用"的问题。以往一些曾经被视为"西用"的东西，经过时代的传播和检验，今天已经成为具有普遍意义的人类共同价值。那些最初由西方文化自西向东、自北向南传播的器物、制度和价值观念，从现代化的科学技术和生产生活设施，到经济运行模式和法制规范，再到自由、民主、平等、人权等价值观念，现今无疑已经成为全人类共同追求的物质目标和精神目标，拒绝这些普遍性的物用和价值就意味着自绝于现代社会。但是，并非所有源于西方文化的事物都因此而成为具有普遍意义的东西，例如作为西方人安身立命之本的基督教信仰（它同时也是西方文化的精神之"本"），就并没有像汽车取代牛车、民主取代专制那样，取代非西方地区的传统宗教信仰和价值系统（虽然它在当今时代显示出蓬蓬勃勃的全球发展之势）。对于阿拉伯地区的穆斯林来说，来自西方的高科技是大受欢迎的，然而基督教却是另外一回事。同样对于中国人来说，源于西方的市场经济已经被接受，但是西方的家庭模式和人际关系却显得较为隔膜。在当今的中国社会（以及其他非西方社会），应该并且可以被接受的"西用"主要是那些发轫于西方而又具有普世价值的东西，并非所有源于西方的东西。这一点正是"中体西用"与"全盘西化"的差别所在。

　　再来看看"中体"的问题。两千年来中国文化之主体无疑当数儒家文化，这一点是毋庸置疑的。近代以来，儒家文化虽然屡遭批判，但是这些批判或者是在一种国运颓败的屈辱情况下（如新文化运动），或者是在一种政治斗争的迷狂情况下（如"文化大革命"），出于某种急功近利的心理而进行的，因此每次批判的结果都导致了一种彻底否定儒学、摒弃国故的文化虚无主义。另一方面，那些主张复兴儒学的人士又往往缺乏真正的批判精神，一厢情愿地试图从"老内圣开出新外王"，以开新之名而大行返本之实。近代以来，无论是高喊"砸烂孔家店"的"新青年"，还是主张弘扬孔教的老古董，都未曾静下心来对儒家文化进行深入细致的批判。即使是那些自称要"批判地继承"传统文化的新儒家，往往也只是做一些扬长护短、文过饰非的功夫，其目的并不在于儒学的自我更新和创造转化，而在于"为往圣继绝学"。在儒家文化传统中，固然有许多精华性的东西可以成为中国现代化建设的重要精神资源（如上文所说的仁义之心、浩然之气、忧患意识、人文精神等），但是同样也有许多东西属于旧时代的糟粕，必须通过自我批判而加以根除。例如三纲五常的伦理规范、尊卑贵贱的等级思想、与民做主的伪民主观念、政教合一的"王官学"意识等，这些都是与现代社会的价值理念相悖逆的。传统的儒家文化，立足于仁义道德之本，并衍生出经世致用之道，强调从"内圣"之体中开出"外王"之用。方克立先生指出："在传统儒学中，内圣与外王是统一的，'君臣父子，仁义礼乐，历世不变者，其体也；举而措之天下，能润泽斯民，归于皇极者，其用也'，体和用，内圣和外王都属于同一个价值系统。"[①] 儒家的"内圣"之学注重于个人内在的心性修养和良知陶冶，在工具理性膨胀、物质欲望横流的当今社会，仍然具有非常重要的现实意义。但是当其由内在的道德修养发展演化为外在的伦理规范时，就容易落入三纲五常的封建桎梏。因此就"内圣"之体而言，仁义精神自当保留和弘扬，礼乐规范（传统意义上的）却应批判地改造。至于"外王"之用，具体体现为中国古代社会的宗法秩序、典章制度和王道政治，它们构成了君主专制政体的理论基础，与现代社会的自由、民主、平等、法治等价值理念相去甚远，因此必须从根本上加以颠覆。此外，对于儒学的"内圣"与"外王"之间的一般关系模式，也必须进行深入的批判，这样才能真正实现政教分离，打破儒学的独尊地位和"王官学"意识。只有经历了深刻的自我批判、实现了深刻的创造转化的"中体"，才能够承接起具有普世意义的"西用"。

　　在今天，"西用"作为一些普遍性的共同价值已经是一个毋庸置疑的事实，因此关键的问题就在于如何实现"中体"的时代更新和创造转化。傅伟勋先生曾经把中国文化传统分为"大传统"和"小传统"，"大传统"即古代知识分子和士大夫所推崇的儒学，"小传统"则指平头百姓信奉的各种民间宗教。中国文化（或"国学"）的自我批判，当然应该包括对这两个传统的批判，其中"大传统"即儒学的自我批判，更是直

---

①　方克立：《现代新儒学与中国现代化》，天津人民出版社 1997 年版，第 51—52 页。

接关系到中国文化重建的命脉。

从中国文化的"大传统"来看，儒家思想最大的资源和隐患都在于那种唯道德主义或泛道德主义的精神特质。就个人层面而言，这种唯道德主义虽然不利于科学知识的增长，但却有利于道德心性的修养和君子人格的陶冶，培养出生生不息的仁义之心和浩然之气。然而在社会层面，这种唯道德主义却导致了封建社会的伦常纲纪、宗法制度、君主专制和政教合一。当代新儒家重镇刘述先先生承认："我们必须分别出儒家思想中与时俱朽的成分与万古常新的成分。古老的宗法社会，汉儒的宇宙论，政治化的儒家，朝廷的典章制度，这些东西都一一地倒塌了。但儒者所体证的生生之仁心，到现在还新鲜活跳着。"[①] 但是，如何从儒家传统的仁义道德之本中开出现代科学、民主之用？换言之，如何从"老内圣"中开出"新外王"？这一直是令新儒家们大伤其神的棘手问题，它也从根本上涉及"体"与"用"在新时代语境下的关系模式。

由于受泛道德主义精神特质的影响，现代新儒家总是习惯于顺理成章地从"内圣"中推出"外王"，从儒家的仁义道德中引出现代科学与民主的结论。例如现代新儒家大师冯友兰力图从儒家思想中开掘出一套新的政治意识形态，重建儒家的"外王"经世之道；张君劢"一生兴趣，徘徊于学术与政治之间"，试图"以儒家精神落实于宪法上"；牟宗三认为可以通过"道德主体"的"自我坎陷"自然而然地转出"知性主体"，从儒家的道德仁义之"道统"中开出科学知识之"学统"和民主政治之"政统"[②]。1958年初，张君劢、唐君毅、牟宗三、徐复观四鸿儒联名发表的《为中国文化敬告世界人士宣言》明确宣称，在中国文化传统中，从来就不缺少科学与民主的种子，儒家的利用厚生思想与现代科学技术并无矛盾，而儒家的"道德上之天下为公、人格平等之思想，必然当发展

---

① 刘述先：《大陆与海外——传统的反省与转化》，台湾允晨出版社 1989 年版，第 230 页。

② 牟宗三虽然看到了"道德主体"与"知性主体"之间相通的困难，他却仍然坚持认为："识心之执与科学知识是知体明觉之所自觉要求者。依此义而说无而能有，即它们本是无的，但因知体明觉之自觉地要求其有，它们便能有。"（牟宗三：《政道与治道》，台湾学生书局 1983 年版，第561 页）

至民主制度之肯定"①。当代新儒家代表杜维明虽然慎言"老内圣开新外王"的观点，但是他仍然把新加坡的资本主义说成是儒家文化的结果，以证明从儒家的道德土壤中也可以生长出现代科学、民主之花。而蒋庆等儒家宗教激进主义者们，更是要直接从圣贤之教中开出王道政治来。

然而，这种从"老内圣"开出"新外王"的观点不仅缺乏事实根据，而且于学理上也说不通。唐君毅等人只看到了儒家的"利用、厚生"思想与现代科学技术之间的相容性，却忽略了传统儒家思想对于所谓"机事""机心"和"奇技淫巧"的贬抑与排斥。至于儒家的"天下为公"和"人格平等"的道德思想，在中国传统社会中只开出了"与民做主"的伪民主和真专制，与"主权在民"的现代民主政治相去何止十万八千里！殷海光在批评那种将道德礼教与科学知识（即"礼"与"理"）混为一谈的理论混乱时挖苦道："无论一个人怎样会讲礼，他由讲礼这条道路讲不出理。所以，周公证不出几何题目。"②新加坡国立大学的郭振羽教授在反驳所谓"儒家资本主义"的观点时指出，新加坡的资本主义并不是儒学影响的结果，而是提倡儒学的原因。早在20世纪60年代，新加坡就开始推进工业化和都市化，并在70年代末取得了巨大成就。后来只是有感于一些社会问题和道德危机，新加坡政府才于80年代将"儒家伦理"列入中学课程，进而推广为普遍的社会运动。③至于儒家宗教激进主义试图在当今社会恢复古圣王之教以改变中国政治秩序的"上行路线"，其异想天开之处更是毋庸赘言。

从更深一层的意义来分析，这种"老内圣开出新外王"的泛道德主义精神特质，恰恰反映了儒家文化传统中的唯我独尊心态和政教合一情结。这种以道德优越感作为根据的"道统"意识，很容易衍生出一种学术上和政治上的"正统"意识，从而把道德优越感与绝对真理和政治特

---

① 张君劢、唐君毅、牟宗三、徐复观：《为中国文化敬告世界人士宣言》，汤一介、杜维明主编：《百年中国哲学经典：五十年代后卷（1949—1978）》，海天出版社1998年版，第257—258页。

② 殷海光：《中国文化的展望》，上海三联书店2002年版，第194页注释⑥。

③ 参见郭振羽：《新加坡推广儒家伦理的社会背景和条件》，转引自刘绪贻著，叶巍、王进译：《中国的儒学统治 —— 既得利益抵制社会变革的典型事例》，中国人民大学出版社2006年版，"出版说明"第14页。

权结合起来，使儒学成为一种"王官学"或"国教"。林毓生教授一针见血地指出："受儒家思想影响的中国人一向认为道德与思想是政治秩序的基础。这种看法与西方民主国家以法治为政治秩序的基础的看法，是根本不同的。"[①]这种被林毓生称之为"借思想、文化以解决问题的方法"（the cultural-intellectualistic approach），不仅一再表现在中国封建社会的德治理想和王道政治中，而且在近代以来的历次社会运动和政治运动中也不断地重现出来，说到底仍然是一种泛道德主义和政教合一的思维模式在作怪。

在这方面，西方文化超越泛信仰主义和政教合一的历史经验值得我们借鉴。众所周知，16 世纪发生于北部欧洲的宗教改革运动打破了罗马天主教会一统天下的专制格局，开启了宗教信仰内在化（"因信称义"）和民族化（"教随国定"）的过程，从而使西北欧的许多国家纷纷摆脱了罗马天主教会的控制，逐渐实现了政教分离。但是宗教改革运动本身却并没有推动科学与民主的发展，它只是强化了信仰和《圣经》的权威地位（路德的"唯独信仰！唯独《圣经》！唯独恩典！"）以及精英主义的"选民"意识（加尔文的"双预定论"），这些东西恰恰是与现代科学和民主背道而驰的。也就是说，仅就基督教内部的变革活动（宗教改革）来说，它并没有从"老内圣开出新外王"。真正孕育了现代科学与民主的温床是 17、18 世纪的启蒙运动，它由最初披着基督教信仰外衣的英国自然神论，逐渐发展成为激烈批判基督教的法国无神论，从而使科学理性和民主精神逐渐由弱到强，终于取代了基督教信仰而成为西方近代文化的基本特征。但是，启蒙运动在传统的基督教信仰与新兴的科学理性之间，造成了巨大的思想张力。因此在 19 世纪以来的西方文化发展过程中，二者之间的关系就逐渐由对立而转向协调。在当今那些发达的资本主义国家里，宗教信仰与科学理性形成了一种微妙的互补关系，西方人一方面推进着日新月异的科学技术和不断完善的民主制度，另一方面却仍然坚定不移地把基督教信仰作为内在的安身立命之本。科学技术和民

---

① 　林毓生：《中国传统的创造性转化》，生活·读书·新知三联书店 1988 年版，第 99 页。

主制度关系到人们的外在生活状况，基督教信仰却关系到人们的内在灵魂寄托。从西方文化现代发展的例子中可以看出，"内圣"与"外王"并不是一种"开出"的关系，而是相互协调的关系。西方人并不是从传统的基督教信仰中"开出"了现代科学与民主，而是使基督教信仰变得越来越与新兴的科学、民主精神相适应。① 由此可见，在传统社会中，由于政教合一是一种普遍现象，因此从"内圣"中可以开出"外王"；但是现代社会的基本特点恰恰是政教分离，在这种情况下，"老内圣"就再也开不出"新外王"了。在现代社会中，"内圣"（体）与"外王"（用）之间的关系并非因果关系，而是相关关系。故而今天儒学的自我批判和创造转化，其目的只是为了使儒学作为个人的内在心性之学，更加适宜于与科学、民主、平等、法治等普世价值相对接，而不是为了从儒学的"老内圣"中开出什么"新外王"。换言之，实现了自我批判和时代更新的儒学只应当专注于个人的道德修养，而不应该再去涉足知识和政治的领域（正如基督教在西方现代文化中的情况一样）。因此，复兴儒学和弘扬"国学"万万不可忽略了科学、民主的建设与发展。

在中国文化的"小传统"方面，随着中国的改革开放和经济腾飞，各种民间宗教乃至神仙方术也纷纷打着"国学"之名而死灰复燃。帝王将相的宫闱秘史、才子佳人的逸闻趣事，通过大众传媒而大行其道，成为百姓闲暇生活的重要精神佐料。《文学评论》1994 年第 6 期上刊载的一篇文章这样写道："在更广泛的社会生活中，复古主义和传统文化的回潮，更是全方位和多元化的。从大众传媒中的评书艺人说'杨家将'、'岳家军'、'三侠五义'、'小八义'，电视台连篇累牍地播放'唐明皇'、'杨贵妃'、'康熙'、'雍正'、'乾隆'、'慈禧'等宫廷戏，到著名影星刘晓庆、巩俐等纷纷出演'武则天'，到久盛不衰的"易经"热，蜂拥而上的白话今译经、史、子、集，到蔡志忠的连环画经典系列，从大量的仿古建筑，以'皇家花园'、'行宫'等命名的住宅区，到所谓的

---

① 除了西方文化本身的例子之外，土耳其、印度等非西方国家的情况也是如此。这些国家的人民一方面坚持传统的宗教信仰，另一方面却学习和采纳源于西方的科学、民主、法治等事物。他们并不要求从自己的传统宗教信仰中开出这些新时代的事物，而是想法将二者和谐地结合起来。

宫廷秘传的占卜术、生男生女术，和以古代佳丽命名的美容护肤用品，乃至古代的房中术、推背图，以整理古籍为名出版的明清艳情小说……称本世纪以来，怀旧和复古思潮，于今为烈，大约不是妄断。"①这里描述的还只是 1994 年以前的情形，如果再看看 21 世纪的今天，中国各种大众传媒和民间坊里铺天盖地的"国故"奇观，从"小燕子传奇"到"乾隆爷艳遇"，从各种气功神法到遍地祭坛神庙，更是令人眼花缭乱、目不暇接。这些"小传统"的文化现象虽然具有某种后现代的调侃意味和复古主义的浪漫情调，足以宽慰和调节人们由于激烈的社会竞争和紧张的人际关系而被弄得疲惫不堪的心灵，但是它却与普世性的时代精神相抵牾，而且也是与现代社会的精神文明相悖逆的。尽管这些旧时代的阴魂往往也打出"国学"的旗号，但是它们显然与当今中国社会的科学发展观格格不入。胡适先生当年在批判玄学派的那种排斥科学的落后人生观时指出：

> 我们试睁开眼看看：这遍地的乩坛道院，这遍地的仙方鬼照相，这样不发达的交通，这样不发达的实业，——我们哪里配排斥科学？至于"人生观"，我们只有做官发财的人生观，只有靠天吃饭的人生观，只有求神问卜的人生观，只有《安士全书》的人生观，只有《太上感应篇》的人生观，——中国人的人生观还不曾和科学行见面礼呢！我们当这个时候，正苦科学的提倡不够，正苦科学的教育不发达，正苦科学的势力还不能扫除那迷漫全国的乌烟瘴气……信仰科学的人看了这种现状，能不发愁吗？能不大声疾呼出来替科学辩护吗？②

近一个世纪以后，当我们再次回首"五四"时期新文化运动的主将们对"国学"中那些糟粕东西的猛烈批判时——虽然他们的观点也不无

---

① 沉风、志忠：《跨世纪之交：文学的困惑与选择》，载《文学评论》1994 年第 6 期，第 122 页。
② 胡适：《科学与人生观》序，参见葛懋春、李兴芝编：《胡适哲学思想资料选》（上），华东师范大学出版社 1981 年版，第 285 页。

偏激之处——我们不能不对当下中国文化的现状进行深刻的反思。在中国综合国力日益强盛、大国意识逐渐复苏并且开始自觉地进行文化重建的今天，面对着"国学热"急速升温的现象，如何在一种冷静的心态下对"国学"进行深刻的自我批判，而不是采取盲目跟风、一味溢美的轻率姿态，这种态度的选择必然关系到中国文化更新重建的成败。如果不能以一种科学理性的精神来进行"国学"的自我批判，那么愈演愈烈的"国学热"或者将蜕变为一种不合时宜的复古主义，或者将聚变为一种狭隘偏执的民族主义①。无论是哪一种结果，都不利于当代中国文化的重建，同样也是与建设中国特色社会主义的时代目标相背离的。从这种意义上来说，"国学"的自我批判和时代更新，尤其是儒学的创造转化及其与普世价值的和谐对接，将成为当代中国文化重建的最必要和最关键的环节。

4. 基督教的全球发展态势

如果说"国学热"和文化保守主义潮流在当今中国的官方话语和知识阶层中占有明显的优势，那么在无权和弱势的草根阶层中，近数十年来却出现了基督教信仰迅猛发展的"井喷"现象，形成了一道与主流社会的"国学热"分庭抗礼的"基督潮"。虽然基督教信仰不像现代化的器物和制度那样具有无可争议的普世性特点，而且它往往也可能会与非西方世界的本土宗教相抵牾，但是在全球化时代的各种世界性宗教中，基督教的传播和发展无疑具有最引人注目的强劲势头。尤其是在中国民间社会，上帝的灵性呼唤往往比主流社会的政治宣传更加具有精神感召力。

基督教的发展是一种全球性现象②，基督教无疑是当今世界各大宗教中影响范围最广，最具有跨文化、跨地域、跨种族传播能力的宗教。因

---

① 在这方面，近代德国和日本的崛起与演变为我们提供了一个深刻的历史教训。德国和日本曾经都属于"后发现代化"类型的国家，它们是在英、法等西方强国的刺激和影响下，通过将自己的民族传统与普遍性的时代价值成功地加以结合而发展壮大起来的。它们由于弘扬民族传统而得以振兴和崛起，后来却由于过分地和非批判性地强化民族传统而走向了疯狂，给全人类制造了巨大的灾难。

② 本书中所使用的"基督教"一词，是指广义的基督教（Christianity），包括基督新教（狭义的基督教）、天主教和东正教等三大主流教派。

此，在具体分析基督教信仰对当代中国的影响之前，首先来看看近百年来基督教的全球发展态势。

在全球西方化浪潮的涨落过程中，非西方世界的诸多国家由于不同的历史文化背景，对于作为西方文化重要标志的基督教采取了迥异的应战姿态。大体而言，那些在殖民时代之前尚未确立起高级宗教－伦理价值系统和稳固的文明体系（或者曾经建立的文明体系已经处于风雨飘零状态中）的地区，如南北美洲、大洋洲和撒哈拉大沙漠以南的非洲，往往会比较顺利地接受西方文化，成为基督教发展的新热土；然而，在有着源远流长的文明传统和根深蒂固的高级宗教－伦理价值系统的亚洲地区（以及北非地区），基督教的发展却在文化上面临着较大的障碍。

2002 年，美国宾夕法尼亚州立大学杰出历史学教授菲利浦·詹金斯曾在《下一个基督王国》中表述了一个著名观点，即"上帝在南下"。他认为，20 世纪世界范围内所发生的重要事件，除了法西斯主义、共产主义、女权运动、环保运动等之外，就是宗教的大变迁，尤其是基督教向西方以外地区的爆炸性扩张。自殖民化时代以来，人们已经习惯于把基督教看作是西方的、白种人的、发达资本主义世界的宗教信仰。但是在 20 世纪，却出现了基督教向非西方地区、有色人种和发展中国家的大迁移和大传播。按照这种发展趋势，到 21 世纪，基督教很可能会转变成为一个非西方世界的主流宗教。詹金斯写道："过去一世纪以来，基督宗教世界的重心却坚定地向南转移，移到了亚洲、非洲和拉丁美洲。""西方基督宗教的时代已在我们有生之年逝去了，南方基督宗教的时代正值黎明。"[①] 他还援引了大量统计资料来预测，到 2050 年，拉丁美洲和非洲的基督徒人数都将超过欧洲。到那时，人们关于基督宗教的刻板印象将会发生根本改变——基督宗教将成为南方贫穷世界中的弱势群体和有色人种的主要宗教信仰（正如它最初就是从地中海世界的弱势群体和有色人种中生长起来的一样）。

2009 年，西方著名学术机构"世界基督宗教研究中心"出版了关于

① 菲利浦·詹金斯著，梁永安译：《下一个基督王国》，台北立绪文化事业有限公司 2003 年版，第 4、5 页。

全球基督教状况的最新统计资料《世界基督宗教图集：1910—2010》。该书也以大量数据说明了近百年来基督教重心南移的大趋势，尤其表明了基督教在文明初甦的非洲地区迅猛发展的情况 [①]：

各大洲总人数与基督徒人数比例

	1910 年			2010 年		
	总人数	基督徒	%	总人数	基督徒	%
非洲	124,228,000	11,663,000	9.4	1,032,012,000	494,668,000	47.9
亚洲	1,028,265,000	25,123,000	2.4	4,166,308,000	352,239,000	8.5
欧洲	427,154,000	404,687,000	94.5	730,478,000	585,739,000	80.2
南美洲	78,269,000	74,477,000	95.2	593,696,000	548,958,000	92.5
北美洲	94,689,000	91,429,000	96.6	348,575,000	283,002,000	81.2
大洋洲	7,192,000	5,650,000	78.6	35,491,000	27,848,000	78.5
总计	1,759,797,000	612,028,000	34.8	6,906,560,000	2,292,454,000	33.2

从上表中可以看出，近百年来，基督徒占人口比例在发达资本主义世界的欧洲和北美出现了一定的下降趋势，在拉丁美洲和大洋洲变化不大，在亚洲略有上升，在非洲却呈现出迅猛增长的势头。

基督教在其传统地区欧洲和北美的衰落是由于现代化的诸多因素造成的，这些因素包括市场化和世俗化潮流的冲击、科技知识和网络信息的影响、本土人口衰减和外族移民激增等，它们都使得欧洲和北美的年轻人对传统的宗教信仰逐渐降低了热情。但是尽管如此，基督教今天仍然是西方世界的主要宗教信仰，尤其是在美国社会，基督教作为公民宗教仍然具有不可取代的主流地位。自从美利坚合众国建国以来，甚至自从《五月花号公约》签署以来，基督教就一直是美国人民的精神之基和立国之本。后来虽然经历了各种社会变革和文化变迁，但是上帝在美国人民心中的中流砥柱作用却是无法取代的。事实上，基督教在当今的美国（以及欧洲）已经从传统意义上的宗教信仰泛化为一种广义的文化形态，它所包含的那些基本的价值观念、道德情怀、伦理规范、行为方式

① 参见 Todd M. Johnson and Kenneth R. Ross Editor: *Atlas of Global Christianity, 1910～2010*, Edinburgh University Press, 2009, p.9, 本表只保留各大洲数据，省略了原表中各大洲内不同地区的数据。

等等，都已经深深地渗透到西方人的思想情感和社会秩序之中。正是从这种意义上说，在全球化和世俗化的 21 世纪，欧美世界仍然可以当之无愧地称之为"基督教文明"。而老欧洲之所以与后来居上的美国在经济利益摩擦加剧的情况下仍然能够保持一致对外的基本口径，也正是基于对"基督教文明"的文化认同。

在后"冷战"时代，随着两大政治阵营对立的消解，美国的主流社会和广大民众将会在亨廷顿所谓"文明冲突"的时代背景下，一如既往地奉行基督教的价值理念和文化理想。众所周知，清教主义是美国文化的基石，美国的宪政体制植根于基督教的"圣约"传统，[①]美国在当代国际经济、政治、军事、文化等领域中的霸主地位也在不断强化着清教主义的圣洁意识——这种圣洁意识使得许多美国人坚信自己承担着替上帝在人间主持公义的神圣职责。在"文明冲突"取代了政治意识形态冲突的 21 世纪，基督教的清教精神或许比资本主义的自由理想更能够代表美国的价值观念（这也是全球性的文化保守主义潮流在西方基督教文明中的一种表现）。由于基督教信仰对于美国人的家庭观念和社会规范仍然具有极其深刻的影响（部分美国人甚至因此而指责欧洲人已经背弃了基督教信仰），而且美国的人口也没有像欧洲那样出现明显的下降趋势，反倒一直保持着增长势头。[②]这就使得美国在当今时代无可争议地成为西方基督教文明的精神领袖，绝大多数美国人也是如此自信的。[③]虽然由于受世俗化等因素的影响，美国基督徒占人口比例也比一百年前有所下降，但是从信徒的绝对人数来看，在未来几十年里美国仍将是世界上第一大基督教国家。[④]

拉丁美洲和大洋洲作为西方列强在海外建立的殖民地，其宗教信仰

---

① 参见拙文《加尔文教的"两个国度"思想对西方宪政民主的深远影响》，载《求是学刊》2012年第 1 期。

② 1910 年美国人口为 9000 多万左右，2010 年为 3 亿 1000 万左右，预计至 2050 年将达到 4 亿左右。

③ 在 2001 年的"9·11"事件发生时，美国人在心理上的第一反应就是："上帝保佑美利坚！"后来在对阿富汗、伊拉克等所谓"邪恶国家"进行报复时，许多美国人也是怀着一种基督教的"正义"观念投身战场的。

④ 根据美国政府发布的《国际宗教自由年度报告》（Annual Report on International Religious Freedom），2000 年美国的基督徒（各种教派）人数为 2.25 亿，预计至 2050 年将达到 3.3 亿。

和文化形态早在殖民时代就已经打上了深深的西方化烙印。在今天，大洋洲的国家（澳大利亚、新西兰等）已经毋庸置疑地属于"西方世界"的范畴；而拉丁美洲诸国却处于一种比较尴尬的"边缘状态"，它们在宗教信仰和价值观念等方面与西方国家颇为相近，但是在经济水平和社会制度等方面却与西方有着较大差距。但是总体而言，拉丁美洲与大洋洲以及北美洲的历史文化背景都比较相似，它们都是在殖民时代被信仰基督教的西欧殖民主义者——无论是征服拉丁美洲的西班牙、葡萄牙等天主教殖民主义者，还是统治北美洲和大洋洲的英国、荷兰等基督新教殖民主义者——从基本蛮荒状态带入到文明教化过程中的。因此，这些地区在文化上的一个基本特点就是：其文明化历程与殖民化历程相同步。换言之，它们是在被西欧殖民主义者征服和统治的过程中才开始告别蛮荒、走向文明的。这样就决定了这些地区的人们很容易接受其宗主国的宗教信仰和文化形态（而且他们当中的相当一部分人本身就是从欧洲迁徙来的移民），成为基督教的皈依者。这种对基督教的皈信并没有随着殖民状态的终结而中断，政治上的独立和经济上的发展也没有改变文化上的归属。因此，拉丁美洲诸国就与北美洲、大洋洲诸国一样，成为上帝借殖民时代之劲风跨越大西洋而"西进"的永久性成果，成为整个"基督教文明"的组成部分。只不过由于在后来发展过程中的历史机缘之别，有些地区（如北美洲）跃升为"基督教文明"的核心部分，有些地区（如拉丁美洲）则落魄为"基督教文明"的边缘地带。

　　非洲这片大陆可以从历史文化角度分为两个迥然而异的板块，第一块是北非地区，包括埃及和历史上被称为"马格里布"（Maghrib）的西北非诸国（利比亚、突尼斯、阿尔及利亚、摩洛哥等）。这个地区曾经是人类最古老的文明发源地之一，在古代世界里展现过绚丽的辉煌。而且这里也曾经是基督教早期生长的沃土，在使徒和教父时代，北非在基督教世界中扮演着远比欧洲更为重要的角色。但是自从公元7世纪以后，北非地区就成为伊斯兰教的重镇，其后虽经沧海桑田的历史变迁，近代以来也曾一度被西方殖民化，但是其伊斯兰教的文化根基已经是牢不可撼了。因此在这个地区，基督教信仰很难取得实质性的进展。第二块则是撒哈拉大沙漠以南的非洲广大地区，包括东非、西非、中非和南非，即曾经被西方人贬称为"黑非洲"的地区。这个地区的东西海岸以及南非曾在大航海时代被西方殖民主义者所控制，但是广阔的非洲内陆却长期处于未开化的蛮荒状态。20 世纪全球殖民主义浪潮消退之后，撒哈拉以南的非洲地区产生了诸多独立国家。由于缺乏根深蒂固的历史传统，这些国家在文化上往往处于由北非向南方扩展的伊斯兰教和从南非及东西海岸向内地渗透的基督教的激烈争夺之中。但是从总体上看，近一百年来基督教在非洲的发展情况相当可观。①具体而言，近一百年来东非、中非、南非、西非这四个撒哈拉以南地区的基督徒占人口比例分别从 15.9%、1.1%、37%、1.7% 飙升到 64.7%、81.7%、82%、35.8%；而北非地区这一比例则从 9.7% 下降到 8.5%（2010 年北非地区的穆斯林占人口比例则高达 88.3%）。② 由此可见，近百年来基督教在缺乏深厚文化根基的东非、中非、南非等地区发展迅猛，而在有着悠久文明传统的北非地区却举步维艰；至于在基督教与伊斯兰教激烈角逐的西非地区，则形成了二者平分秋色的僵持局面③。在今天的非洲，宗教上的分歧与族群矛盾、政治动乱、大国操纵等因素非常复杂地纠结在一起，使得非洲社会呈现出一片乱象。但是从文化角度来看，以撒哈拉大沙漠为分界线的非洲两个板块形成了泾渭分明的文化特征，基督教在这两个板块中遭遇到了天壤之别的命运。

基督教最初是在亚洲的文化土壤中生根发芽的，后来才在北非和欧洲开花结果。上帝的圣灵从耶路撒冷出发，首先向西渗入希腊罗马文明圈，而后向北去教化日耳曼蛮族，到了近代又漂洋过海成功地感召了非洲海岸、南北美洲和大洋洲的土著。在世界上转了一大圈之后，当上帝重新回到亚洲时，他才发现自己在故土遇到了比在其他任何地方都更加

---

① 从上表中可见，基督徒占非洲人口比例从 1910 年的 9.4% 猛增至 2010 年的 47.9%。

② 参见 Todd M. Johnson and Kenneth R. Ross Editor: *Atlas of Global Christianity, 1910～2010*, Edinburgh University Press, 2009, p.112.

③ 以地处西非地区的非洲第一人口大国尼日利亚（Nigeria）为例，其基督徒与穆斯林在人数上难分轩轾：2010 年尼日利亚的基督徒人数为 72,302,000，穆斯林人数为 72,306,000，在该国的三大种族中，北方的毫萨族（Hausa）信仰伊斯兰教，东方的伊格博族（Igbo）是基督徒，而约鲁巴族（Yoruba）则是两种信仰参半。

难以对付的文化劲敌。亨廷顿在《文明的冲突？》一文中预断，21 世纪的"文明冲突"将主要发生于基督教文明与伊斯兰教文明和儒教文明的联盟之间，而亚洲则是伊斯兰教文明和儒教文明（以及印度教文明）的共同发源地和栖身地。亨廷顿后来在为"文明冲突论"提供理论根据时，表述了如下发人深省的观点：

> 20 世纪伟大的政治意识形态包括自由主义、社会主义、无政府主义、社团主义、马克思主义、共产主义、社会民主、保守主义、国家主义、法西斯主义和基督教民主。它们在一点上是共同的，即它们都是西方文明的产物。没有任何一个其他文明产生过一个重要的政治意识形态。然而，西方从未产生过一个主要的宗教。世界上的伟大宗教无不是非西方文明的产物，而且，在大多数情况下是先于西方文明产生的。当世界走出其西方阶段时，代表晚期西方文明的意识形态衰落了，它们的地位被宗教和其他形式的以文明为基础的认同和信奉所取代。……西方所造成的文明间的政治思想冲突正在被文明间的文化和宗教冲突所取代。[1]

虽然亚洲也曾是基督教的滥觞之源，但是当基督的门徒离别故乡、西传福音之后，穆罕默德的继承者们开始在这片旧土地上播下了新文化种子。至于在远东的广大区域，基督教更是从未产生过实质性的影响，这里几千年来一直都是儒家伦理和佛教-印度教的氤氲之地。面对今天的国际格局，人们尽管可以反对亨廷顿的"文明冲突论"，但是却无法否认 20 世纪下半叶以来亚洲各大文明地区不约而同地出现的传统宗教文化复兴浪潮，例如伊斯兰宗教激进主义运动、印度教民族主义复兴以及中国的"国学热"。在伊斯兰教、印度教和中国"国学"纷纷强劲复兴的情况下，上帝要想荣归故里，在亚洲重现他在美洲、大洋洲或者撒哈拉以南的非洲地区所完成的宏伟事业，无疑将会遇到极其强大的文化

---

[1] 塞缪尔·亨廷顿著，周琪等译：《文明的冲突与世界秩序的重建》，新华出版社 1998 年版，第 40 页。

阻力。毕竟亚洲与拉丁美洲以及非洲的情况不同，亚洲各文明地区早在被西方殖民主义者征服之前就已经确立了稳固的高级宗教-伦理价值系统[1]，殖民时代的"西化"潮流并没有，也不可能从根本上摧毁这种源远流长的文化传统。所以，一旦当亚洲国家在后殖民时代获得了政治独立和经济发展之后，曾一度被"西化"潮流所削弱和边缘化的本土文化必然会出现强劲的复兴势头。在这种情况下，基督教在亚洲各传统文明地区就面临着与它在拉美、非洲的发展情况大相径庭的艰难处境。

在亚洲，无论是与西方世界结有深刻宿怨的西亚地区，还是与西方国家保持密切联系的南亚次大陆，基督教都受到了本土宗教——伊斯兰教和印度教——的有力抵制。例如，在作为伊斯兰教大本营的西亚地区，基督徒占人口比例从 1910 年的 22.9% 骤降至 2010 年的 5.7%；在南亚的印度，2010 年人口总数已超过 12 亿，其中印度教徒为 8.9 亿，占人口总数的 73%，基督徒为 5800 万，仅占人口总数的 4.8%。[2] 如果说在与西方基督教文明长期抵牾的伊斯兰教地区，基督徒人数的弱小是可以理解的；那么在与西方世界一直保持友好关系、至今仍然是英联邦成员国的印度，基督教信仰也是如此势单力薄，这就只能归因于文化传统之间的抵触与隔膜了。

同样的，在东南亚和东亚地区，在那些主要信奉伊斯兰教的国家（如马来西亚、印度尼西亚等）、主要信奉佛教的国家（如泰国、柬埔寨、蒙古等）、主要信奉神道教的国家（日本），以及至今仍然坚定不移地奉行共产主义意识形态的国家（朝鲜），无论其与西方国家的政治经济联系是疏是密，基督教在当地都无一例外地遭到了冷遇。只有在那些

---

[1]　汤因比曾对"高级宗教"进行了解释，"我所说的高级宗教，它的意思就是使每个人自己直接地接触到'终极的精神之存在'。就是说，同样是接触'终极的精神之存在'，但不是通过人以外的自然力量，也不是通过人的集体力量所具体化的制度等媒介间接地去接触"。（汤因比、池田大作著，荀春生等译：《展望二十一世纪——汤因比与池田大作对话录》，国际文化出版公司 1985 年版，第 383 页。）当今世界主要的高级宗教包括基督教、伊斯兰教、印度教、佛教等。本人认为，中国的儒家思想并不能归于宗教之列，毋宁称其为一种高级的伦理价值系统，但是它对于中国文明所产生的文化影响，与基督教、伊斯兰教、印度教等各种高级宗教对于各自文明体系的文化影响是相当的。

[2]　参见 Todd M. Johnson and Kenneth R. Ross Editor: *Atlas of Global Christianity, 1910—2010*, Edinburgh University Press, 2009, p.136, p.12, p.144。

受亚洲传统宗教和伦理价值影响较弱的边缘地带（如菲律宾、帝汶、韩国等），基督教才获得了长足的发展。从上面所列的统计表中可以看到，基督徒占亚洲人口比例虽然从 1910 年的 2.4% 上升到 2010 年的 8.5%，但是与其在美洲、大洋洲和非洲的发展情况相比，仍然是微不足道的。相比之下，在 2010 年的亚洲总人口中，穆斯林为 26%，印度教徒为 22.6%，不可知论者（主要在中国）为 11.8%，佛教徒为 11.1%，中国民间宗教信徒为 11%，[①]均超过了基督徒所占人口比例。虽然基督教仍然是当今世界的第一大宗教，然而在有着古老文明传统的亚洲地区，基督的感召力在真主、梵天、佛陀、孔圣关帝等传统神圣面前却相形见绌。[②]

5. 基督教在当代中国所面临的发展机遇和文化挑战

通过以上的分析，可以看到基督教在全球传播过程中所遭遇的两种不同结局，一种是拉美-非洲处境，即基督教在基本处于蛮荒状态的异域土地上成功地开花结果；另一种则是亚洲处境，即基督教在文明传统深厚的东方世界遇到了强大的文化阻力。基督教在中国的发展情况无疑属于后一种处境，但是又有其特殊性。正是这种特殊性使得基督教在当今中国社会既面临着良好的发展机遇，也面临着严峻的文化挑战。

从发展机遇来看，由于中国社会不存在伊斯兰教或印度教那样强势的主流宗教信仰，在中国传统文化中占主流地位的儒家思想虽然具有一种"敬鬼神而远之"的人文特质，但是对于各种民间宗教信仰却采取兼收并蓄的宽容态度，这样就使得基督教在华传播时面对着较小的宗教压力（但是却有较大的政治压力）。特别是经过十年"文化大革命"，中国的一切宗教信仰——无论是本土的还是外来的——均遭到了无情摧残，人们在宗教生活方面处于一片空白状态。[③]改革开放以后，20 世纪 80 年

① 参见 Todd M. Johnson and Kenneth R. Ross Editor: *Atlas of Global Christianity, 1910—2010*, Edinburgh University Press, 2009, p.136。

② 关于基督宗教在亚洲各文明地区所碰到的各种"硬钉子"和"软钉子"的具体情况，请参见拙文《后殖民时代基督宗教的全球发展态势》，载《江海学刊》2011 年第 4 期。

③ "文化大革命"时期的中国人普遍陷入一种政治信仰的迷狂状态，这种对于共产主义的狂热崇拜排除了一切传统的宗教信仰。因此，当改革开放时代突破了这种政治信仰的束缚之后，各种本土的和外来的、传统的和新兴的宗教信仰就同如雨后春笋一般涌现出来。

代的中国社会掀起了一股强劲的文化启蒙浪潮，冲决思想禁锢的青年一代像"五四"时期的启蒙先驱一样，再次将阔别已久的西方文化奉为偶像。对于推崇"西化"的知识分子和青年学生来说，在文化上认同基督教的价值乃至信仰，与在经济上引进市场机制、在政治上效法民主法制一样，都是一种时尚而开化的表现。而且在当时复兴的各种宗教中，只有基督教是不仅源于西方而且也能够与现代社会相适应的宗教信仰。由于当时人们的这种"向西走"的强烈意愿，再加上中外传教者们的奉献精神和不懈努力，使得基督教信仰在 80 年代以来的中国社会呈现出所谓的"井喷"现象，在知识界也出现了许多虽未接受教会洗礼，但却认同和宣扬基督教价值理念的所谓"文化基督徒"。除了被官方认可的建制内教会——"中国基督教两会"（即"中国基督教三自爱国运动委员会"与"中国基督教协会"）和"中国天主教爱国会"属下教会——的信徒人数在不断增长之外，一些建制外的、带有半地下色彩的家庭教会更是人数激增。乐观的传教士和研究者甚至预言，未来几十年中国将会继韩国之后，成为基督教在亚洲生长的新热土。

据统计，1900 年中国的基督徒人数约为 120 万，1949 年上升到 500 万。[1]但是在此后的三十年里，由于政治原因的影响，基督教在中国几乎销声匿迹。到了改革开放时代，随着政治热情的衰减和宗教需求的增长，基督教信仰在中国死灰复燃，并且展现出蓬勃发展的势头。关于当今中国基督徒的人数问题，由于政治方面和技术方面的原因，始终是一个令人困惑的迷局。詹金斯认为："亚洲统计数字最成谜的国家是中国。"[2]根据 2010 年中国"宗教蓝皮书"公布的《中国基督教入户问卷调查报告》的调查结果，中国现有基督新教信徒为 2305 万人，约占全国人口的 1.8%；[3]

---

① 菲利浦·詹金斯著，梁永安译：《下一个基督王国》，台北立绪文化事业有限公司 2003 年版，第 57 页。

② 同上，第 105 页。

③ 中国社会科学院世界宗教研究所课题组：《中国基督教入户问卷调查报告》，载金泽、邱永辉主编：《宗教蓝皮书：中国宗教报告（2010）》，社会科学文献出版社 2010 年版，第 191 页。这份调查报告带有官方权威色彩，被调查的对象应该多为建制内的教会信徒。至于那些处于半地下状态的家庭教会信徒，由于其分散、隐蔽以及拒绝被调查等特点，往往无法进行有效的统计。但是据一些研究中国家庭教会发展状况的国内外学者推算，中国家庭教会的信徒人数可能要远远高于建制教会的信徒人数。

另有天主教徒 600 万—1200 万，不及全国人口的 1%，[①] 二者加起来不超过 3500 万。但是根据《世界基督宗教图集：1910—2010》的统计，2010 年中国基督宗教的信徒（Christians，包括基督新教信徒和天主教徒）为 1.15 亿，占全国人口的 8.6%。[②] 这两个统计数据之间的差距之大，令人无所适从。研究者们通常倾向于在二者之间取其中值，大体估算中国的基督徒——包括建制内和建制外各种教会的基督信徒——大约有 6000 万—8000 万人。

从绝对数字来看，6000 万—8000 万不是一个小数目；但是与中国 13 亿人口相比，所占比例不过是 5%—6% 左右。由此可见，所谓基督教信仰在中国的"井喷"现象，只是因为从一个几乎为零的较低起点陡然增长，从而使观察者们产生了一种晕眩效应。事实上，80 年代以来不仅是中国基督徒人数发生了"井喷"，而且其他传统宗教的信仰者也都出现了爆炸性的增长。相比之下，儒释道以及各种民间宗教信徒的增长速率可能比基督徒还要更加迅猛一些。撰写 2011 年中国"宗教蓝皮书"之"基督教报告"的黄海波博士在全面分析了中国基督徒的增长情况之后指出，中国基督徒所占人口比例"远远低于佛教信仰者的比例"，他由此得出两点结论："（1）尽管基督教在改革以后获得较快发展，但显然没有像以往所认为的那样，达到'井喷'的程度；（2）基督教在中国社会仍然处于比较边缘的地位，并没有像某些过于乐观的人士所认为的那样，已经或正在'进入中国的主流社会'。"[③] 尽管如此，基督教在中国的民间社会仍然呈现出旺盛的生机，尤其是在华东地区、东北地区和华中地区，其发展势头不可小觑。

另一方面，基督教在当代中国也面临着不断加强的现实挑战。除了"冷战"时代遗留下来的政治意识形态的巨大压力之外，基督教还必

---

① 王美秀：《2009 年中国天主教观察》，载金泽、邱永辉主编：《宗教蓝皮书：中国宗教报告（2010）》，社会科学文献出版社 2010 年版，第 107 页。

② 参见 Todd M. Johnson and Kenneth R. Ross Editor: *Atlas of Global Christianity, 1910—2010*, Edinburgh University Press, 2009, p.140.

③ 黄海波：《走向建构中的公民社会——2010 年中国基督教的责任与反思》，载金泽、邱永辉主编：《宗教蓝皮书：中国宗教报告（2011）》，社会科学文献出版社 2011 年版，第 129 页。

须面对方兴未艾的传统文化复兴浪潮（"国学热"）的强劲抗衡。中国历史上虽然缺少排他性的主流宗教信仰，但是却有着惯性强大的"政主教从"传统，一切宗教信仰都必须服从政治的需要，这种传统至今仍然对于中国的宗教生态产生着决定性的影响。此外，中国还有着根深蒂固的儒家伦理价值系统，它与伊斯兰教、印度教等高级宗教信仰一样，构成了亚洲不同文明体系中的人们赖以安身立命的精神根基。今天，以复兴儒家价值为主要内容的"国学热"，既符合建设中国特色社会主义文化和实现"中国梦"的政治需要，也与全球范围内汹涌澎湃的文化保守主义潮流相适应。在这种政治与文化的双重压力之下，基督教在中国经历了所谓的"井喷"式发展之后，或许会面对一种"高压阀效应"，即在高压释放以后增长势头逐渐趋缓的情形。在未来的中国社会，或许会出现一种文化大分化的情形——主流社会以"中国特色"为精神旗帜，大力推进社会主义核心价值观和复兴儒家价值理念，民间社会则将出现基督教与各种本土宗教（佛教、道教、妈祖崇拜等）彼此竞争和互济共融的情景。

自从利玛窦等西方传教士在明朝后期入华传教以来，基督教在中国的发展可谓是一波三折、历尽坎坷。长期以来，基督教一直被深怀"夏夷之防"观念的传统中国人视为夷狄之邦的旁门左道，后来又一度被满脑子政治情结的现代中国人看作西方资本主义的意识形态。时至今日，虽然中国在经济上已经纳入全球化轨道，在文化上已经融入互联网大潮，但是基督教在许多中国人心中仍旧难脱政治上的"窥伺"之嫌和文化上的"异类"之防。基督教在未来中国的发展前景，仍将面临着上述两个方面的严峻挑战。

在20世纪初期的新文化运动中，中国最先进的知识分子们就在引进西方的"德先生"和"赛先生"时，一面猛烈批判孔孟之道，另一面则对基督教嗤之以鼻。陈独秀、李大钊等人信奉唯物主义，胡适、蔡元培等人则推崇实验主义和世俗教育，他们都把宗教看作是科学的死敌。到了1919年巴黎和会之后，出于对西方列强宰割中国的卑劣行径的愤慨，陈独秀等人又把基督教视为帝国主义欺凌中国的邪恶帮凶。[①] 20年代中国大学生中掀起的声势浩大的"非基督教运动"，就明确地把基督教斥为西方帝国主义对中国实行文化侵略的急先锋，而领导这场运动的主要人物就是李大钊、胡鄂公、邓中夏、柯柏年等共产党人。在中国共产党后来所领导的反帝反封建的斗争中，基督教与孔孟之道分别被视为帝国主义和封建主义的意识形态，遭到了马克思主义这把双刃剑的无情砍杀。1949年以后尤其是在"十年浩劫"期间，"救世主"和"孔老二"均被打入"牛鬼蛇神"之列，成为"无产阶级文化大革命"的专政对象。到了改革开放时代，基督教曾一度受到知识分子和普遍民众的青睐，中国基督徒人数也出现了"井喷"式的快速增长。但是进入21世纪以后，随着中国大国意识的复苏和民族精神的高涨，文化保守主义的力量日益壮大，基督教开始陷入政治上和文化上腹背受敌的处境。一方面，大国崛起的良好感觉促使官方权力在主流社会不断宣扬与西方文化分庭抗礼的中国特色社会主义文化；另一方面，《中国可以说不》《中国不高兴》等带有强烈反西方情绪的作品在中国民间点燃了"网络时代的义和团精神"。在这种新的时代氛围中，马克思主义的双刃剑就变成了单面斧，只砍向西方资本主义的意识形态（基督教理所当然地被列入其中），对于以孔孟之道为代表的中国传统文化却转而大力弘扬。

2011年初，一座高达9.5米（"九五之尊"）的孔子塑像一度被堂而皇之地竖立在摆有孙中山和毛泽东的巨幅画像的天安门广场之侧，明确昭示了以孔子为代表的儒家思想仍然是当代中国文化的活水源头。虽然不久以后这座塑像又被从天安门广场之侧移到国家博物馆的雕塑庭园中，但是这件事却引发了关注中国文化重建的海内外人士的无尽遐想。在此之前，官方在海外广泛建立以传播中国文化的机构，也被命名为"孔子学院"，无疑向全世界公开表明，中国文化的精粹仍然在于孔孟之道。

---

① 陈独秀在《对于非宗教同盟的怀疑及非基督教学生同盟的警告》一文中列举了基督宗教的十条罪状，包括教义的非科学、教会的专制、信仰的非理性等，而其中的第六条即是："因为新旧教在中国都有强大的组织，都挟有国际资本帝国侵掠主义的后援，为中国之大隐患。"任建树主编，《陈独秀著作选编》第二卷，上海人民出版社，2010版，第457页。

近年来兴起的声势浩大的"国学热"更是民族意识强化和传统文化复兴的一个明证，被官方意识形态压抑多年的儒释道甚至神仙巫术纷纷泛起，汇聚成当今中国社会的文化主流。这种新局面使得基督教在当代中国除了要面对政治上的"硬阻力"之外，还要面对文化上的"软阻力"。因此，在经历了一阵"井喷"的兴奋之后，基督教在中国的发展很可能会面临一种"高压阀效应"的降温局面。

在当今中国社会，传统文化复兴和"国学热"已经成为一股不可抗拒的文化潮流。民粹主义、"新左派"和当代儒家的激进派（儒家宗教激进主义），尽管彼此之间在细节问题上有所龃龉，但是在对待民族传统、普世价值等中西文化基本问题上，却多有共识；而且它们的文化理想与当局致力于实现的中国特色社会主义文化的大目标之间，也形成了一种相互砥砺的精神默契。在政治上，它们在相互磨合中结成了抵制西方自由、民主等"普世价值"的统一战线，共同站在自由主义对立面上与之抗衡；在文化上，它们则对至今仍为西方文化之精神根基和中流砥柱的基督教信仰防范有加，心怀芥蒂地将其视为"窥伺中华"的异端邪说。当代儒家的重要代表蒋庆就明确表达了对基督教在华发展势头的深切忧虑：

　　当今中国，基督教凭借着西方强大的政治、经济、科技、文化、教育、媒体、教会的力量向中国人传教，据有关人士统计，现在中国的基督徒已近一亿人！如果对这一趋势不加阻止，任其发展，致使今后中国的基督徒超过中国人口的一半，中国就可能变为一个基督教国家，基督教文明就会取代中华文明入主中国，此时再谈复兴儒教重建中华文明已经来不及。现在非洲已经有一半以上的人口成为基督徒，非洲原生态的许多文明已经被基督教文明取代，非洲要回到自己的传统文明已经不可能，故中国不能步非洲的后尘。此外，现在西方超级霸权国家看到不能通过军事威胁、经济制裁、政治演变改变中国，开始谋划通过"宗教颜色革命"改变中国，美国布什总统在白宫公开高调接见中国大陆地下教会人士就是明证。如果中国真的成了第二个波兰，那中国文化的复兴与中华文明的重建亦将不复可能。因此，只有复兴儒教，才能抗拒基督教在中国的扩张性传播，才能保住中国的文明自性，才能使中国永远是体现中华文明的"儒教中国"。①

在这种反西方的文化趋势的影响下，近年来一些大学教师和年轻学者在民间社会组织发起了一系列针对基督教的抗议活动。例如，2006 年圣诞节前夕，北京大学、清华大学等著名高校的十位博士生在"中国儒教网"等多家网站上联名发表了《走出文化集体无意识，挺立中国文化主体性——我们对"圣诞节"问题的看法》一文，对国人在"挟洋自重"心理和商业炒作的影响下所表现出来的"圣诞狂欢"景象深表忧虑。面对中国日益严重的"耶教化"状况，这些捍卫儒教立场的博士生们呼吁国人"树立中国人的自尊心和中国文化的自信心"，挺立中国文化的主体性，消除"中劣西优"偏见和"崇洋媚外"心态，重建儒教和弘扬佛道，以抵制基督教不断扩张的影响。② 又如，2010 年 12 月 22 日，中国大陆和台湾的十位著名学者又联署在网上发表了题为《尊重中华文化圣地，停建曲阜耶教教堂——关于曲阜建造耶教大教堂的意见书》的公开信，呼吁从曲阜到中央的四级政府制止当地教会在孔子圣地曲阜建造规模宏大的基督教堂。③《意见书》声称："今在'三孔'之地建造耶教大教堂，无疑唐突中华文化圣地，伤害儒家文化信众情感，有违海内外炎黄子孙心愿。"④ 在信中，十教授再次表达了重建儒教、挺立中华文化主体性、守护中华民族精神家园的迫切要求。《意见书》得到了海内外多个儒家学术团体（"国际儒学大会""国际孔教大会"等）和网站（"中国

① 蒋庆：《关于重建中国儒教的构想》，任重、刘明主编：《儒教重建：主张与回应》，中国政法大学出版社 2012 年版，第 13—14 页。

② 刘聪等：《走出文化集体无意识，挺立中国文化主体性——我们对"耶诞节"问题的看法》。

③ 2010 年 12 月 9 日，新华网报道了曲阜将在距孔庙 3 公里之处建造占地 4 亩、高 41.7 米、一次能够容纳 3000 信徒进行宗教活动的哥特式圣三一大教堂，并表示此举有利于加强基督教与儒家文化之间的交流，展现中华文明对外开放的宽阔胸襟。该消息很快就激起了儒家方面的强烈反应，陈明发起海内外十位著名儒家学者（武汉大学郭齐勇、北京大学张祥龙、贵州大学张新民、民间学者蒋庆、台湾师范大学林安梧、山东大学颜炳罡、陕西师范大学韩星、首都师范大学陈明，中国人民大学康晓光、首都经济贸易大学王瑞昌），联署发表了这份意见书。

④ 郭齐勇等：《尊重中华文化圣地，停建曲阜耶教教堂——关于曲阜建造耶教大教堂的意见书》。

儒教网""儒教复兴论坛"等）的热烈响应，数以百计的儒学推崇者纷纷
签名表示支持，一时间在中国思想界激起了复兴儒教、抵制基督教的轩
然大波。一位自称"自由主义之儒者化"的公共知识分子秋风（姚中秋）
对此事评价道："可以说，曲阜教堂事件，由此引起的十学者意见书及随
后的签名活动，其意义可比拟于梁启超、张君劢、梁漱溟先生在新文化
运动的狂澜中标举中国文化，相当于1958年新儒家四大贤发表《为中国
文化告世界人士宣言》。"① 由此可见其影响之重大。

　　从海外新儒家名流杜维明教授回归北大积极推进"儒学第三期发
展"，到儒家宗教激进主义领袖蒋庆先生固守僻壤呼吁重建儒教和"王
官学"；从"儒家社会主义"的倡导者们力图从《礼记·礼运》中去寻
找中国社会主义的滥觞之源，到高等学府的博学鸿儒以捍卫中华文化主
体性为由联名反对在曲阜修建基督教堂；从北京大学、清华大学、中国
人民大学等名校举办的阳春白雪的"国学院""国学班""国学大讲堂"，
到政府投入巨资遍布欧美以传播中华文化的孔子学院；从大众传媒热播
的帝王将相的丰功伟绩，到民间里坊流行的驱邪镇妖的风水八卦……这
一切令人眼花缭乱的"国学"复兴盛况，都不约而同地表达了同一种文
化价值取向，那就是将弘扬民族文化传统，用"中国模式"来抗衡西方
话语霸权。这股不断加温的"国学热"将使一向难脱"洋教"恶名的基
督教在当今中国社会面临着比政治阻力更加绵亘厚实的文化壁垒。

　　近年来风靡一时的"国学热"，使得曾经花果飘零的儒释道思想和
各种民间宗教呈现出一阳来复的繁盛景象，对中国的社会精英和普罗大
众都产生了重要影响。对于大多数社会精英来说，儒家"为仁由己"的
道德观念和"敬鬼神而远之"的人文精神进一步强化了从小形成的无神
论信仰，从而使他们很难接受基督教的罪孽意识和救赎福音；而在民间
百姓中，根深蒂固的宗教实用化倾向不仅使得基督教在与各种本土宗教
的竞争中难以占据上风，而且还会致使基督教信仰逐渐丧失掉自己的精
神特质和神学内涵，与各种传统的巫术迷信同流合污，就像一百多年前

---

① 秋风：《儒家、基督教、自由主义：相互宽容或者冲突？——试析曲阜教堂事件的观念和政治
意义》，任重、刘明主编：《儒教重建：主张与回应》，中国政法大学出版社2012年版，第287页。

走火入魔的"拜上帝会"一样。事实上，今天中国的家庭教会就存在着非常严重的实用化和巫术化倾向，诸如通灵、治病、消灾、驱邪之类的活动就经常出现在一些环境闭塞且缺乏正统神学指导的家庭教会中。

中国社会在经济迅猛发展的过程中，也产生了日益严重的政治腐败、贫富分化、道德沦丧、信仰缺失等社会问题，对于在经济改革大潮中承受着两极分化恶果的下层民众来说，基督教的彼岸福音无疑是一副抚慰心灵的安魂剂。在当今中国社会，基督教面对着主流社会的政治、文化压力，就像当初在罗马帝国的环境中一样选择了一条低端路线，主要在下层民众和弱势群体中发展（与盛行于知识分子和官员商贾中间的儒释道文化形成了鲜明对照）。正因为基督教的福音信仰和价值理念在社会下层具有更大的精神感召力，所以目前中国基督教人群中存在着明显的"四多"现象，即农村人口多、文化水平低下者多、妇女多、老人多。根据《中国基督教入户问卷调查报告》的统计结果，在中国基督徒群体中，女性与男性分别占69.9%和30.1%，小学及以下学历者占54.6%，55岁以上者占51.3%。[①]虽然随着中国城市化进程的高速发展，数以亿计的农民工进入城市，从而使大量的农村教会和农民基督徒转变为城市教会和城市基督徒，[②]但是中国基督教在中国社会中的弱势地位并没有因此而改变。在未来几十年里，中国社会是否会在信仰方面出现一种分化趋势，即上流社会更多地转向儒释道等"国学"传统，而下层民众则更多地皈信基督教？目前尚且难以断定，但是这种可能性却是存在的。在建设中国特色社会主义文化和"国学"复兴的时代背景下，基督教在未来中国的发展前景仍然处于扑朔迷离之中，它既不可能像在非洲和拉丁美洲那样一帆风顺，也不可能像在伊斯兰教世界和印度教世界那样举步维艰。有许多变数都可能影响基督教在未来中国的发展状况，尤其是政治和经

[①]　中国社会科学院世界宗教研究所课题组：《中国基督教入户问卷调查报告》，载金泽、邱永辉主编：《宗教蓝皮书：中国宗教报告（2010）》，社会科学文献出版社2010年版，第191—192页。

[②]　研究者指出，在中国城市化进程中，"从2009年到2030年，将有6亿左右的农村人口进入城市"。与此相应，"以往占基督徒总人口的80%的农村基督徒多数将转入城镇，中国基督教人口的主体也将转为城市人口"。（段琦：《2011年中国基督教主要事件及城市化对教会的影响》，载金泽、邱永辉主编：《宗教蓝皮书：中国宗教报告（2012）》，社会科学文献出版社2012年版，第88页）

济方面的因素，在短时间内往往会比文化方面的因素影响更大。

在全球化时代，改革开放进程中的中国社会变得越来越复杂，萦绕在当代中国人心头的不仅有传统文化的深刻影响，而且也有现代化过程中的种种困惑。在这种情况下，基督教不仅要面对如何与中国传统文化资源相协调的本土化或处境化问题，而且也要面对市场经济冲击下价值失衡、道德滑坡、精神迷惘等全球性问题。这种地域性和全球性的双重使命使得基督教在当代中国社会将面临更加严峻的考验，同时也要求基督教必须具有更加清醒的责任意识和对话意识。在这种情况下，基督教在华发展的最重要的时代课题，就是寻求"中国特色基督教"的可能性和现实途径。具体地说，就是在解决"中国的基督教化"这个理想问题之前，首先解决"基督教的中国化"这个现实问题。[1] 在与精英阶层的儒家思想（以及官方意识形态）和下层民众的迷信习俗相互磨合的漫长过程中，基督教如何能够继续遵循"利玛窦路线"[2]，在保持自身精神特质和信仰内涵的情况下，走出一条适应中国处境的福音之路，这将成为基督教能否在未来中国生存和发展的关键所在。曲阜教堂事件发生之后，"中国基督教两会"也进行了深刻的反省，发表了《曲阜建堂风波回顾及其思考》一文。文中再次强调了基督教"中国化"的重要性，提出基督教无论在宗教形式 —— 教堂建筑、崇拜音乐、教会礼仪、艺术风格等 —— 还是神学思想方面，都应该符合中国的国情、民情和教情，努力与中国文化和社会相融合，使自身真正从"洋教"转化为中华文化的一部分。[3] 这种富于自我批判精神的文化反思，或许有利于基督教在当代中国社会的平稳发展。

当然，近年来儒家与基督教之间发生的一些文化龃龉并不意味着儒

---

① 毫无疑问，基督教与中国文化的关系是一个双向作用的动态过程，但是从逻辑和历史的角度来说，"基督教的中国化"始终应该优先于"中国的基督教化"。在这方面，东汉以来佛教的中国化过程以及公元最初几个世纪里基督教的希腊化和拉丁化过程都是可资借鉴的例证。

② 所谓"利玛窦路线"或"利玛窦规矩"是指，遵循明朝晚年利玛窦在中国传播天主教的做法，充分尊重中国的儒家文化和传统礼仪，认同中国教徒继续保持祭天、祀祖和拜孔的旧俗，奉行一条协调中西文化差异的温和传教路线。

③ 参见段琦：《2011年中国基督教主要事件及城市化对教会的影响》，载金泽、邱永辉主编：《宗教蓝皮书：中国宗教报告（2012）》，社会科学文献出版社2012年版，第73—75页。

家文化本身缺乏对外来文化的包容精神。以曲阜教堂事件为例，许多声援《意见书》的儒家学者，包括十教授中的多数学者都绝非泥古不化的"死儒"，他们并非盲目地反对修建基督教堂，而是认为该教堂的选址、规模、建筑风格以及宣传造势等可能会伤害敬重儒家的国人感情。正是这些儒家学者，近年来一直积极地致力推进儒耶对话，其中一些人始终坚定不移地认同西方发轫的普世价值，提倡儒学的自我批判和创造转化，推动中西文化之间的交流融通。从历史上看，儒家也不同于伊斯兰教、印度教等排他性较强的宗教，对于外来宗教往往具有兼收并蓄的宽厚胸怀，能够与之互补共济，和而不同。例如，佛教自东汉年间入华传播之后，经过数百年的儒佛互补，不仅产生了禅宗、华严宗、净土宗等具有中国特色的大乘佛教宗派，而且也导致了宋明理学的大放光彩。在今天，佛教已经毋庸置疑地打上了深深的"中国化"烙印，成为与古代印度佛教和现代东南亚佛教分宗自立的中国佛教。有鉴于此，在未来数百年间，基督教是否也可能在中国文化氛围的濡染融会之下逐渐演变成"中国化"的基督教①，从而使中国文化呈现出儒、释、道、耶"四教合一"的新面貌？

---

① 事实上，基督教自从公元 1 世纪脱离犹太教母体开始向外邦人传播以来，在一千多年的时间里先后经历了"希腊化"（其结果即为东正教）、"罗马化"（其结果即为天主教）和"日耳曼化"（其结果即为各支基督新教）等本土化或处境化的演变，在殖民化时代又演化出拉丁美洲、非洲、韩国等地的各种独具特色的教会体系和神学思想。关于基督教的这个漫长的本土化或处境化的演变过程，请参阅拙文：《基督教的普世化与本土化》，载《当代中国宗教研究精选丛书——基督教卷》，民族出版社 2008 年版。

附　录

"轴心时代"中西文化比较

冯天瑜、唐翼明、赵林、陈浩武

编者按：2019 年 4 月 17 日，由武汉大学中国传统文化研究中心、武汉大学历史学院、武汉研究院"一个人一座城"制作组共同主办的珞珈中国传统文化论坛第 111 期之《文化名家四手联谈（一）："轴心时代"中西文化比较》成功举行。本次活动由"世界文明阅读与行走"创办人陈浩武先生主持，由武汉大学人文社会科学资深教授冯天瑜先生、华中师范大学国学院院长唐翼明先生、武汉大学哲学学院教授赵林先生担纲主讲。本文系本次"联谈"的谈话记录整理稿，并由各位主讲者分别进行了订正修改。

陈浩武：

今天我们荣幸邀请到冯天瑜先生、唐翼明先生、赵林先生三位著名人文学者，一起来探讨人类文明史上的"轴心时代"主题，因为是四个人，所以我们把今天的讨论称作"四手联谈"，以"轴心时代"和"轴心文明"的话题为中心。本人陈浩武，也是武汉大学毕业的学生，当年读的经济学系，今天回到母校非常高兴。

感谢武汉大学中国传统文化研究中心和历史学院，感谢杨华主任为我们提供这么好的交流场所，也感谢杨俊女士的《一个人一座城》栏目组的策划。

德国有一个非常著名的学者叫雅斯贝尔斯，他提出了一个概念，叫"轴心时代"。所谓"轴心时代"，是指在公元前 8 世纪到公元前 2 世纪左右发生的一场非常重要的人类文明突破。这场文明突破发生在北纬25°到北纬35°之间的一个地理带上，同时发生在公元前8世纪到公元前2世纪这么一个时间轴心上。"轴心时代"或"轴心文明"概念的提出，在历史学上有非常重要的意义。不知道现在的学校里教科书还用不用所谓"四大文明古国"这个说法，我认为所谓四大文明古国这个说法并不科学，也不完全符合事实，而称为"轴心时代"则合理得多。所以我们今天的对话主要围绕"轴心文明"这个话题来展开。

我们开始谈第一个问题，就是什么叫"轴心文明"？什么叫"轴心时代"？我们怎么来界定这个概念？这个问题我想先请冯天瑜先生来讲一讲，欢迎冯天瑜老师。

冯天瑜：

人类诞生意味着文化的开始，经历蒙昧时代（旧石器时代，采集－渔猎经济）、野蛮时代（新石器时代，农业发明），再跨入文明门槛（以金属工具发明、文字发明和国家建立为标志），经千百年文明积淀，进入一个重要节点，这便是"轴心时代"。大约在公元前8世纪至公元前2世纪前后的几百年间，在东地中海沿岸、南亚次大陆、东亚大陆黄河长江流域，不约而同地涌现了几种具有原创性的、高水平的"轴心文明"——希腊文明、希伯来文明、印度文明、中华文明。

"轴心时代"这一概念由卡尔·雅斯贝尔斯正式提出，他在《历史的起源与目标》一书中把公元前600年前后同时出现在中国、印度、希伯来、波斯、希腊等地区的人类文化突破现象称为"轴心时代"。当然，"历史的轴心"这一观念的提出，比提出"轴心时代"还要早得多，是在雅斯贝尔斯之前约一个世纪（也就是在19世纪初）由黑格尔提出，他在《历史哲学》中说："上帝只有被认为是'三位一体'以后，才被认为是'精神'。这个新原则是一个枢纽，'世界历史'便在这枢纽上旋转。'历史'向这里来，又从这里出发。"黑格尔将基督教和《圣经》的产生视为"历史的轴心"，认为历史都是向着一个目标走，这个目标就是记录上帝之子，这显然是立足于基督教世界的"西方中心论"的产物。

　　其实，中国人也有与之类似的提法，在黑格尔之前 2000 多年，公元前 6 世纪，孔子对于中国文明史的过程有一个很著名的概括："周监于二代，郁郁乎文哉，吾从周。"意思是说，周代的文明已经非常繁盛，这是因为它借鉴学习和继承了夏、商文化，在此基础上，形成了一个"郁郁乎文哉"的非常发达繁荣的文明。显然，"监于二代"的周王朝就是孔子心目中的"轴心时代"。

　　实际上，雅斯贝尔斯对"轴心时代"的阐述，其贡献在于完整性和系统性。我很赞成陈浩武先生前面所说，"四大文明古国"的说法虽然有一定的道理，但并不十分确切。除了中国、印度、埃及、巴比伦以外，还有好几个至少比中国还要古老的国家（比如波斯），因此这一说法并不十分妥当。比较而言，"轴心文明"之说更深刻、更有涵盖力一些。

　　"轴心文明"产生的时间和空间含有非常丰富的内涵。就时间而言，"轴心文明"产生于雅斯贝尔斯所强调的公元前 8 世纪到公元前 2 世纪，尤其是公元前 6 世纪到公元前 2 世纪之间。就空间而言，"轴心文明"产生在被称作人类文明发生线的北纬 30°左右，产生在亚欧大陆这个宽阔的胸膛上。自西徂东，乃至于南亚次大陆和中国的长江和黄河流域。在这一时段，这些地区的文明基本上都是独立发展起来的，我们的中国文化尤为典型，基本上没有受到域外文化诸如希腊文化和印度文化的影响。各大文化圈彼此独自地而且几乎是同时地达到了很高水准的文明程度，深刻影响后世至今。

　　就精神文明而论，从西方文化的两大源头（即希腊与希伯来）来看，东地中海出现了希腊的群哲，如苏格拉底、柏拉图、亚里士多德等。希伯来的那些宗教的祭司和先知们也有重要的思想创造。在印度半岛，出现了一系列对人类的思想产生了深刻影响的元典，如《奥义书》乃至佛教的佛经。他们对于宇宙之博大乃至其构造的分析十分精致，比如佛教提出了"三千大千世界"的假说，这用现在的天文学知识看也是十分充分和深刻的，他们认识到宇宙浩瀚无垠，我们生活的这个世界不过是当中一个小小的尘埃。

　　在中国，老子、孔子、墨子、孟子、庄子等哲人也是在一个相近的时间段内出现的，构成中国文化的"诸子时代"，成就辉煌，光被后世。有人说，整个西方的哲学史或思想史不过是柏拉图的注脚，就此而论，我们中国的思想也是对《周易》和诸子思想的一个注脚。当然"注脚"绝不是指重复，而是指围绕着"轴心"的螺旋式上升运行，因此称"轴心文明"。

陈浩武：

冯先生对"轴心时代"做了一个全面的讲解，非常精彩。下面请唐翼明先生来谈一下，谢谢！

唐翼明：

"轴心时代""轴心文明"虽然是西方学者提出来的概念，现在基本上已经成为人文学者的共识，是我们研究人类文明史的时候一定会接触到的。"轴心时代"这个概念，由雅斯贝尔斯在黑格尔的基础上加以重新诠释之后，有一个大的进步，就是在很大程度上纠正了黑格尔的西方霸权主义思想。因为在黑格尔看来，世界是绕着耶稣在转，耶稣的诞生就是轴心，雅斯贝尔斯至少照顾到希腊、印度、中国这几个文明。认为这几个文明在同一个时代出现了很大的飞跃。虽然雅斯贝尔斯也是德国人，也是西方哲学家，但视野显然比黑格尔更宽广、更值得欣赏。

我们人类从那以后到现在 2000 余年，基本上没有脱离"轴心时代"的笼罩。有人说过，整部西方哲学史就是在给柏拉图作注释。其实中国的传统思想，中国的整个文明体系，何尝又不是给先秦诸子作注释，尤其是给孔子作注释。所以"轴心文明"的理论也适合用来观照中国文明史。但是这个理论还有一些不足之处，包括它的定义以及时限。"轴心时代"的时限，我看到的至少有三种说法，一个是公元前 1000 年，即第一个千禧年。第二种说法是公元前 800 年到公元后 200 年，这样也是 1000年。还有一种说法是公元前 600 年到公元后 100 年，共 700 年。这其实不奇怪，因为"轴心文明"本身就是一个模糊概念，历史这个东西是很难一刀切的，有时候一个模糊的概念反而比精确的概念更有用。比方说我们去人群中找一个同学，你告诉他，说要找一个大概 1 米 7 左右、比较清秀的男生，他可以找得到。你明确告诉他要找一个 1 米 73，体重 61 公斤的男生，他可能反而找不到了。所以概念有时候模糊一点是必要的。但定义的不确定同时也就证明这个问题是需要进一步认识和探讨的。我们中国的"轴心文明"时代，我看比较合适的提法，应该是从西周初年即周公的那个年代（大约公元前 1000 年）开始，一直到秦朝的建立（大约公元前 200 年）。把这一段约 800 年的时间称为中国的"轴心时代"，我认为是比较合适的。

冯天瑜：

我有一个很初步的想法，即从夏商或者从商的前期开始至周朝建立，可看作中国的"前轴心时代"，是"轴心时代"的准备阶段。从周初的周公制礼作乐，下迄战国，到秦朝建立，结束封建、进入大一统的专制帝制时代，这个历史阶段是我们中国的"轴心时代"。

陈浩武：

好，下面我们欢迎赵林教授。

赵 林：

刚才冯先生、唐先生谈到了一些基本概念问题，我就不再进一步论述了，但是我觉得这里边关于时间的概念，可能东西方确实是不一样的，它不可能是一次性形成的。雅斯贝尔斯也特别谈到了，"轴心时代"主要是针对当时三个主要文明而言的，一个是中国，一个是印度，一个是西方，这些文明在彼此隔绝的情况下都发生了非常重要的文化变革过程。那么我现在想谈的就是这个重大变革的历史内涵和文化背景的问题。

雅斯贝尔斯是个哲学家，而不是历史学家。雅斯贝尔斯在谈到"轴心时代"的时候，他更多是从观念思想，也就是观念史的角度来谈的。所以他谈的主要是在"轴心时代"人类的这三个不同地区不约而同地发生了一些重大的思想变革或精神变革。而这些精神变革的结果，一直到今天，仍然深深地影响着人类不同文明共同体的历史命运。比如说西方文明从"两希"传统的融合、更新，最后导致了基督教的产生，基督教一直到今天仍然是西方人安身立命的根本。那么同样在中国，经历了从商周一直到秦汉这段时间的变化，最后生成了以儒家伦理为主体的文化观念和价值体系，基本上成为中国人2000年来安身立命的根本。在大体相当的时间里，在印度，从婆罗门教、佛教一直到印度教，历经变革，形成了一脉相承的宗教信仰，一直到今天，印度教仍然是绝大多数印度人信仰的宗教。所以就此而言，"轴心时代"最重要的意义就在于通过一系列重要的思想变革，产生了对后来2000多年来一直具有巨大影响的一些价值体系和信仰形态。这就是雅斯贝尔斯所谈的问题。但是由于雅斯贝尔斯毕竟是一个从事哲学研究的人，他的很多观点是比较形而上的，基本上是从思想逻辑中推论出来的。当然他也大体上考察了这些不同的文明地区，表述了大体上发生的历史情况，但是我始终认为他的观点有两个比较薄弱的环节。

　　近年来，我一直对西方文明尤其是基督教文明的发生过程比较感兴趣，同时也参照了中国文化在商周至秦汉之际所发生的一些重大变化。我觉得雅斯贝尔斯的第一个薄弱环节就是，他并没有从历史学角度来说明中国、印度和西方在"轴心时代"各自具体发生了怎样的文化变革，而只是从哲学角度论述了这个时代的重要精神革命所导致的文化结果，即导致了基督教、佛教－印度教以及中国儒家伦理这样一些思想体系的出现。但是问题恰恰在于，这些过程是怎么变化、怎么发展的？这可能应该是历史学研究的问题，因为这些问题肯定不能从思辨的概念里面直接推论出来，而必须深入地进行历史研究。比如说，西方文明是如何从希伯来的犹太教传统和希腊的哲学理论中孕育出基督教的？基督教最初是如何从西亚传到西方，传到希腊罗马世界，然后怎么样一方面实现了希腊罗马的基督教化，另一方面又实现了更加深刻的基督教的希腊罗马化？这两个方面的关系，就像我们今天所面临的"中国的马克思主义化"与"马克思主义的中国化"的问题一样，是极其复杂的。这些问题是需要做一些具体的历史研究的，我觉得雅斯贝尔斯在这方面是比较欠缺的，所以我说这是一个薄弱环节。

第二个薄弱环节，或者说是一个难以解决的大问题，那就是为什么会出现"轴心时代"？这是一个大问题。因为我们知道在"轴心时代"来临之前，在旧大陆已经有了一些古老的文明形态，如两河流域文明、尼罗河流域文明、印度哈拉巴文明、中国黄河流域文明以及西方的爱琴海文明。从文明的发生来说，在距今大约 4000—5000 年前，就已经出现了最早的文明形态。从地理上看，旧大陆的几个早期文明都分布在一个狭长的纬度带上，大体上都在北回归线到北纬 35°之间。文明的发生往往是依傍一条或两条大河，以农耕作为主要的生产方式，在游牧地区是不可能产生文明的。在文化上，早期文明地区的人们都崇拜大地和母神，具有很强的生殖崇拜和母权主义的特点，与后来的文明崇拜天空、崇拜男神不一样。

我们知道希腊文明是西方最早的文明形态，但是在我们所熟悉的希腊城邦文明之前，还曾经有过一个更加古老的爱琴文明，即克里特－迈锡尼文明。这几年我去了七次克里特岛，目的就是为了考察爱琴文明。克里特文明与后来的希腊城邦文明差别非常大，它更接近于埃及和西亚文明。在东方，中国的夏商周三代文明也与秦汉以后的中国文明差别很大，"尊神事鬼"的色彩较为浓郁。在印度，在婆罗门教建立以前，曾经有一个哈拉巴文明，是由一些身材矮小的印度土著达罗毗荼人所创建，他们后来被来自西北方的雅利安语入侵者所征服，沦为社会底层。公元前 14 世纪前后，操持原始雅利安语的入侵者征服了印度河流域，开始建立了婆罗门教和种姓制度。同样，两河流域从最早的苏美尔文明，历经变化，一直到新巴比伦，最后被来自北方的波斯人所征服，开启了波斯帝国的历史。与上述的文明变更相应，地中海南岸的古埃及文明也经历了一些历史变迁。人类最早发生的这五个文明一字排开，其中四个都是依傍一条或者两条大河为生，只有爱琴海文明是海洋文明，大家只要看看地图就可以知道。

我最近在讲古希腊文明的时候，专门讲过一个观点，我认为旧大陆的这五个早期文明，由于地理环境的缘故，分别形成了两个中心。一个中心就是东亚的中国，由于崇山峻岭的阻隔，中国自古以来就与葱岭（即帕米尔高原）以西的世界基本上没有什么交往，处于比较闭塞的状态中，成为一个相对独立的中心。还有一个中心就是东地中海，包括三个文明，即西亚文明、埃及文明和希腊文明。大家看看地图就知道了，从两河流域到腓尼基，就是今天的叙利亚一带，这是西亚文明；然后是埃及文明，埃及文明主要是在尼罗河中下游地区；再然后就是爱琴海文明。这三个文明都处于东地中海世界，它们之间相对来说比较容易交往，因为跨越海洋是要比翻越高山大川容易得多，而且东地中海的航海环境比较便利。所以早在有史记载之前，这三个文明地区的人们彼此之间就多有交流和渗透。考察"轴心时代"来临之前这五个文明的基本状况，以及它们与北方蛮荒世界之间的动态关系，恐怕就是雅斯贝尔斯理论要面临的最大问题。这个问题太大了，乃至于至今还没有人可以解决。

为什么这些古老的文明在大体相同的时间里会不约而同地出现"轴心时代"的文化变革？这些不同文明地区的人们，在没有彼此交往的情况下，尤其是东边、西边和中间印度这三块地方基本上没什么文化交流的情况下，为什么会不约而同产生一批伟大的人物？例如西方出现了毕达哥拉斯、苏格拉底、柏拉图、亚里士多德，当然还包括希伯来人中间出现的以赛亚、以西结等先知；在中国出现了老子、孔子、墨子、孟子、庄子、荀子等这样一批伟大的诸子百家；在印度出现了释迦牟尼、筏驮摩那这样一些重要的宗教创教者。他们所处的时代都差不多，他们为什么会在彼此隔绝的情况下几乎同时出现呢？

这个问题长期以来让我百思不得其解，而且更要命的是关于这个问题几乎没有什么文字资料可以借鉴。但我倒是得到过一个启发，我本人虽然现在在哲学系任教，但是我曾经学了七年历史，应该还是具备一些历史学根基。我当时在读大学本科和研究生的时候，深受世界史大师吴于廑先生的一个思想的影响，那就是关于游牧民族和农耕世界的冲突及其融合的理论。

这个问题后来没有人接着进行研究，非常可惜，我觉得几乎成了绝学。当然，吴于廑先生当年也意识到这个问题很难找到资料支持，他谈到了游牧民族对农耕世界的三次大冲击，其中尤其第一次最为重要，那就是操持原始雅利安语的游牧民族对爱琴海文明、西亚文明乃至印度河流域文明这三大文明的冲击。这次大冲击涉及三个古老文明，但是它并没有越过帕米尔高原，没有影响到中国，也没有影响到地中海南岸的埃及文明。这次大冲击造成了深远的历史后果，我们发现所有受到第一次游牧民族大冲击的地区，都不约而同地在这次大冲击的尘埃落定以后，发生了重要的精神文化变革。

　　所以我们只能从这个结果来看，但是这一点并没有资料可以证实。我们发现，大家今天比较熟悉的那些民族概念，都是游牧民族对农耕世界的第一次大冲击之后的结果。比如说希腊半岛出现了阿卡亚人、多利亚人等，是第一次大冲击的结果。在意大利的各种族群，包括伊特鲁里亚人、翁布利亚人、伊里利亚人等，还有偏北一点的高卢人，他们应该都属于广义的凯尔特人这个大族类。在欧洲最西部，比如早先的爱尔兰人、英格兰的威尔士人、苏格兰的皮克特人、法国的布列塔尼人、西班牙西部的族群等，基本上都与凯尔特人有关系。他们都是在游牧民族对农耕世界第一次大冲击的过程中从东方来到西欧定居的，后来又在游牧民族对农耕世界的第二次大冲击时，被日耳曼人侵者赶到了欧洲的最西部。例如公元 5 世纪，日耳曼人越过英吉利海峡来到不列颠，这就是盎格鲁 – 撒克逊人，他们是比凯尔特人更晚来的一些族群，而凯尔特人则被赶到了不列颠的最西部。此外，还有进入伊朗高原的赫梯人、喀西特人、胡里特人，以及米底人、波斯人，等等，这些族群都是在游牧民族对农耕世界第一次大冲击时进入文明地区的。

　　这些操持原始雅利安语的游牧民族来到欧洲和伊朗高原定居之后，就逐渐与当地文明世界的农耕民族相融合，最后促进了这些古老文明的"轴心时代"的来临。同样，还有一支操持原始雅利安语的游牧民族向东南方向进入了印度河流域。这些人身材比较高大，皮肤比较白皙，他们征服了当地的那些身材矮小、肤色黝黑的达罗毗荼人，把这些建立哈拉巴文明的印度土著蔑称为"达萨"，"达萨"在雅利安语里就是没有鼻子的意思。可见这些征服者的鼻子比较高，所以他们把当地的土著叫作"没有鼻子的人"。由此可见，征服者和被征服者的身体形态完全不一样。但是这些肤色较白的征服者来到印度河流域之后，在后来的长期居住过程中，由于纬度辐射的原因，他们的肤色也开始发生变化，这是获得性遗传的结果。所以今天我们看到印度上流社会的人，他们出身于印度的高级种姓，如婆罗门、刹帝利等，他们的相貌仍然非常像欧洲人，只不过肤色比较黑了。而那些被征服的达罗毗荼人的社会地位却非常低下，他们主要生活在印度的南部地区，很多人都是传统的"贱民"后裔。所以，在游牧民族对农耕世界的第一次大冲击中，操持原始雅利安语的征服者分别向西南、正南和东南三个方向冲入农耕文明地区，摧毁了人类的第一代文明（爱琴文明、两河流域文明和印度哈拉巴文明），形成了创建第二代文明的希腊人、罗马人、米底人、波斯人、印度人，以及文明边缘地带的凯尔特人，后来的"轴心时代"就是在这些第二代文明的历史背景下发生的。

当然，我们中国没有受到操持原始雅利安语的游牧民族的冲击，但是中国也在大体相同的时间里遭受了一直操持蒙古利亚语的游牧民族的冲击。从最早的《商书》《周书》里面所讲的"鬼方"、"猃狁"、"獯鬻"，还有杀死周幽王的"犬戎"，一直到春秋战国时期形成的匈奴，这些少数民族对华夏文明的冲击，实际上就是游牧民族对农耕世界第一次大冲击在帕米尔高原以东的中国文明地区的表现，它同样也造成了一次文化大融合，导致了中国第二代文明形态（即秦汉帝国）的产生，并且使中国文明与西方文明、印度文明一样，经历了"轴心时代"的文化变革。

只有一个唯一的例外，它在大体相同的时间里没有遭受来自北方的游牧民族的大入侵，那就是古代埃及文明。埃及地处地中海南岸，由于地中海的阻隔，它在游牧民族对农耕世界的第一次大冲击中幸免于难，埃及因而成为人类文明史上的"纯系种"，保持了其文化的纯洁性。古埃及文明虽然也曾在公元前1600年前后遭受了一次短暂的希克索斯人入侵，但是希克索斯人并不是从北方来的，他们属于与埃及人具有文化同源性的闪米特－含米特文化类型，而且这些入侵者很快就被赶走了，埃及文明又重新回到了"纯洁"状态。看起来埃及当时是非常幸运的，但是从文化发展更新的角度来说，我觉得埃及的幸运恰恰也就是它的不幸。大家知道，生物学上的"纯系种"是没有生命力的，不经过不同品种的杂交，生命是不可能长期延续和发展的。古代埃及文明就是由于过分"纯洁"，所以它的文化生命力很快就开始衰竭了，逐渐蜕化为文明的"化石"。当经历了文化杂交的其他文明地区产生了第二代文明形态之后，埃及很快就成为这些新兴文明的俎上肉和盘中餐——它首先被波斯帝国的冈比西斯二世所征服，后来被希腊的亚历山大大帝所征服，然后又被罗马帝国所征服。到了公元7世纪以后，埃及地区又被信奉伊斯兰教的阿拉伯人所征服，乃至于在1000多年的时间里完全被纳入伊斯兰教文明中。时至今日，埃及人以及广义的北非民族（包括利比亚人、阿尔及利亚、突尼斯人等）都已经成为新阿拉伯人，完全被融入到伊斯兰教文明中。

我觉得，埃及今天就像它的典型文化象征一样，成为一个保持着古代文明木乃伊的历史金字塔，一个文明的"化石"而已。所以五个文明到了这个时候就只剩下四个了，而且其中有三个文明都遭受了操持原始雅利安语的游牧民族的大冲击，这些地区后来都产生了第二代文明形态，发生了"轴心时代"的文化大变革，产生了一些高级宗教，如基督教、琐罗亚斯德教和佛教–印度教等，形成了后来的基督教文明体系和佛教–印度教文明体系。在西亚地区，到了更晚一些时候，随着波斯文明的衰落和阿拉伯帝国的崛起，又出现了一个更新的高级宗教——伊斯兰教，取代了琐罗亚斯德教的主流地位，最后形成了伊斯兰教文明体系。中国虽然未曾遭到操持原始雅利安语的游牧民族的冲击，但是同样也受到了来自北方的游牧民族的大入侵，这造成了文化杂交的历史结果，产生了第二代文明形态，并且经过"轴心时代"即商周秦汉之际的文化大变革，形成了独具特色的儒家文明体系。直到今天，人类社会仍然可以大体上划分为四大文明体系，即西方基督教文明、中东伊斯兰教文明、南亚印度教文明和东亚儒家文明。这四大文明体系都是以某种高级宗教–伦理价值系统作为文化根基和精神纽带的。旧大陆文明基本上如此，深受旧大陆文明影响的其他地区也是如此。例如北美、大洋洲和南美地区基本上都属于西方基督教文明，撒哈拉沙漠以南的非洲地区正处于伊斯兰教文明和基督教文明的争夺之中。由此可见，一直延续到今天的四大文明体系都是在"轴心时代"开始孕育，在后来的历史境遇中逐渐成形的。而"轴心时代"的出现，又似乎可以从游牧世界对农耕世界的第一次大入侵以及随后而至的文化大融合中寻找根据，虽然在这方面目前还找不到充分的资料，但是我们至少可以做这样一种推测。这就是关于"轴心时代"之所以产生的一种理论解释。

陈浩武：

所谓"轴心时代"，有一个非常重要的特征，就是在原有文明上的突破。正如古希腊的"轴心文明"是对荷马诸神世界的突破，古犹太文明是对《旧约》和摩西传统的突破，古印度文明是对《吠陀》传统的突破，而在中国，则是对三代礼乐传统的突破。所以文明突破是"轴心时代"的一个重要特点。刚才赵林教授讲到埃及，我们把埃及文明称为"绝嗣文明"，为什么叫"绝嗣"？就是因为它没有在"轴心时代"实现突破，所以埃及人今天变成了阿拉伯人。世界上曾经有过多种文明，有人说达到几十上百种，其他的都慢慢地灭亡了，唯独这四种文明，即古希腊文明、古犹太文明、古印度文明和古中华文明，它们在"轴心时代"实现了自己的突破，所以它们一直保存下来，而且对今天人类社会，对今天的历史都还在产生着深刻的影响。

下面我们进入到第二个题目的讨论，也就是讨论一下"轴心文明"产生的历史条件，为什么会在那个时代出现"轴心文明"？刚才三位学者都说到一个问题，就是孔子、释迦牟尼、苏格拉底出生的年代，竟然非常接近，他们彼此之间又没有关联，为什么突然就出现了这么多伟大的人物呢？我们首先还是请冯天瑜教授谈一下。

冯天瑜：

赵林等几位先生提到的问题，非常复杂难解。关于吴于廑先生对世界文明的发展的基本看法，他认为在古代社会，游牧和农耕这两种不同生产方式影响了社会发展乃至世界格局变化；在近代则表现为重农和重商。"轴心文明"的形成，以及"轴心文明"为什么在那个时候出现，这虽然跟游牧民族的冲击所造成的农耕文明和游牧文明之间的冲突和融汇有一定关系，但同时也有其他多元因素。正如中国"轴心文明"的产生就未必与游牧文化的冲击直接相关。所谓华夏夷狄之争，在更古老的先民中早已出现。但在中国的"轴心时代"也就是春秋战国时，诸子百家虽然经常议论到这个问题，却并不具有核心重要性。上溯夏商周三代文化，恐怕也都不能说是主要受到了游牧民族的冲击所产生的，虽然确实存在相关因素的影响。

在公元前 8 世纪到公元前 2 世纪，不同文化圈的"轴心文明"何以在北纬 30°上下同时产生？雅斯贝尔斯确实没有真正解决这个问题，正如刚才赵林教授所说，因为他是哲学家或者是哲学史家，不太可能从历史学的角度做出比较完整深入的探讨。我们作为历史学工作者，倒是不妨进一步做一点探讨，我简单概括了六点：

第一点，高级农业的出现。农业文明在我们这个星球上的发展，迄今至少有 1 万多年了，"轴心时代"前后正值农业革命完成的时期。这一点非常重要。因为在农业、畜牧业产生之前，人类直接依赖天然物而生活，处在采集经济和渔猎经济阶段，而在包括畜牧业在内的农业文明发达以后，人类则对那些植物或动物进行了人工改造，使它们成为农作物和被人所掌控的牲畜，所以农业革命使得人类的历史大幅度地向前跨进了一步。需要注意，游牧文明也是农业文明的一个分支，因为他们养马也好、养牛也好，也还是属于畜牧业，不过由于他们生活无定，故而迁徙无定，长期的战争冲突也导致他们的生活方式破坏性很强，所以游牧文化中恐怕注定产生不了高水平的"轴心文明"——游牧民族中可以产生像成吉思汗这样的一代天骄，征服半个地球，却未必能产生伟大的思想家。所以，只有在以种植业为主的狭义农业下，人民拥有比较稳定的生活状态，文明才能够稳定发展，从而进入到"轴心时代"。人类的几大早期文明都广泛地使用青铜器或铁器等硬度大、延展性强的金属工具，在此基础上，人类征服自然的能力显著提高。由于生产力都较早地达到比较高的水平，所以在经济生活上完成了农业、手工业的分工，以及体力劳动和脑力劳动的分工，等到这些分工比较精密的时候，"轴心时代"出现的条件就产生了。

第二点，高水平城市的出现。公元前六世纪前后的几百年，北半球这一带高水平城市的出现，与农业革命的完成直接相关。生产水平的提高和交换的发展，导致手工业与农业的分工和城乡的分离。各种不同性质的城市（军事堡垒、政治中心、工商业中心，或兼具几者）在东地中海沿岸、南亚次大陆、东亚大陆竞相出现，如中国在战国时，仅韩国便"有城市之邑七十"（《战国策·赵策一》）。中国的"国"，其本义就是城市，到了"轴心时代"，城市不仅仅是军事中心、政治中心，也已经发展成了文化中心。这就是"轴心时代""轴心文明"产生的一个重要的、不可或缺的要素。在这个阶段，城市发展到比较高的水平，比如希腊的雅典，当时的政治家伯里克利把雅典称为"希腊的学校"，雅典同时也是巨大的图书馆，亚里士多德、希罗多德都曾长期居于此，是希腊诸哲生息之所。中国当时齐国的首都临淄，因"稷下学宫"而形成千古闻名的文化中心，淳于髡、孟轲、邹衍、彭蒙、田骈、接子、慎到、宋钘、尹文、环渊、鲁仲连、荀况曾讲学论道于此，人称"稷下先生"。其他如鲁都曲阜、魏都大梁、楚都郢、赵都邯郸、秦都雍城等，也是政治、经济、军事重镇兼文化中心，是哲人聚会、文学游说之士论辩的所在。此外，希伯来的耶路撒冷是希伯来先知们的聚集地，《圣经》即修订于此。印度的华氏城是由阿育王组织的佛经第三次结集之处。总之，城邦作为文明的集结中心，构成智者荟萃、撰写与传播典籍的处所，为"轴心文明"的产生提供了一个重要的条件。

第三点，国家制度初步成熟。与城市的日渐发达紧密相连，"轴心时代"前后各大文明圈中的国家典章制度也应运而生，这也是"轴心时代"政治环境特色所在。当时已进入社会等级截然有别的阶段，国家典章制度初具规模。印度的种姓制度日益琐细苛严，以孔雀王朝为高峰的古代国家体系在此间形成；希腊的城邦国家崛起，寡头政治（以斯巴达为代表）与民主政治（以雅典为代表）在此间并存；中国的宗法封建制度以及君主政治，在这一时段基本成形。这些国家体制对于文明的发展起了很重要的作用。同时，前国家的原始民主记忆仍然鲜活，这二者的互动关系是"轴心时代"政治环境的特色所在。

第四点，专业文化人的诞生。"轴心时代"的一大进步，是专司文化事务的人群及其创制的记载文化事迹的文籍出现，与此同时，文化传播获得较便捷的手段。

首先，由于剩余产品的日益丰富，脑力劳动与体力劳动的分离进一步明显，专职文化人脱颖而出。希伯来祭司，印度婆罗门和佛教僧侣，希腊哲人和剧作家，中国聚徒讲学、著书立说的"诸子"，便是这种以宗教活动、艺术创作或教育后生、整理典籍为职志的专业文化人。他们摆脱沉重的体力劳动的压力，从求生负担下得到解放，以"劳心"为务，专心致志，从事精神性创造，理性思考、历史反思、哲学玄想、艺术创作成为这部分人的特长和职业。

其次，民族文字及修辞方式基本成熟，印度的梵文、巴利文，希伯来和希腊的拼音文字，中国的汉字及文言文，都在这一时期定型。而且，那时候各民族也都有了载籍材料，如纸草、牛羊皮、竹简、帛等。总之，著书立说的主观条件（学者的知识积累与思维能力）和客观手段（文字、书写材料）大体齐备，学者们这时不仅产生了思想学说，而且"恐后世子孙不能知也，故书之竹帛"（《墨子·明鬼下》）。人类第一批系统的典籍因此具备了诞生的条件。

第五点，文化传播的日益发达。随着车辆、舟楫等交通工具的广泛使用，以及商业活动和战争的进行，人们逐渐走出狭窄的天地，各区间人群交往增多，文化传播的规模日盛，孤立、静态的生活格局被打破，异质文化相互碰撞、彼此融会，波澜壮阔，蔚为大观。如中国有南北之学（老庄与孔孟）的交会，有农耕文明与游牧文明的互摄（以"赵武灵王胡服骑射"为典型事例）；希伯来则躬逢巴比伦、埃及、波斯、亚述、迦南文化的聚会；印度处在本土哈拉巴文化与外来雅利安文化的碰撞，以及吠陀与反吠陀的论争之中；至于希腊文化，就像赵林教授说的，兼收埃及、巴比伦、波斯、亚述、腓尼基文化的恩泽，直接承接了埃及文化，又接续了腓尼基文化。腓尼基的拼音字母，就是被克里特岛乃至被整个爱琴海文明改造发展出来的，从而有了后来的拉丁字母，整个西方语言系统都是从这一路过来。另外，柏拉图的《理想国》也不是他一个人的空想，埃及的国家体制给他提供了很多素材。多种因素的冲突、交织与渗透，提供了文化选择、文化重组的机会，有可能形成"杂交优势"。所以在这个阶段，由于生产力的发展和交流手段的逐渐具备，文化传播、文化的交流碰撞构成了产生"轴心文明"的一个重要原因。

第六点，自由思想的充分发展。"轴心时代"是一个独断论尚未确立的时代，之前被神所支配的人们的思想得到了很大程度的解放，自由思想得到鼓励，起码没有被严厉禁止。如印度在释迦牟尼出现前后，唯物论、怀疑论、感觉论、诡辩论、虚无论等思想流派竞相涌现，许多城邦国家的统治者对哲学论争颇感兴趣，从不迫害文人学士；希腊古典时期，众哲人纷纷创立学说，群贤毕至，相与论难，而希腊诸城邦提供了这种宽松活泼的学术环境；中国的春秋战国时期，当时还没有形成专制一统的政治体制，也没有形成一家独大的思想霸权，这个时候各种思想都在发展，且与诸侯们竞相变法相关联，"求士"之风大盛，所谓"道术将为天下裂"（《庄子·天下》），诸子之学"各引一端，崇其所善，以此驰说，取合诸侯。其言虽殊，辟犹水火"（《汉书·艺文志》），儒、墨、道、法等学派蜂起，成一空前绝后的百家争鸣局面。这个是"轴心文明"产生的一个千载难逢的机会。

此外，当时的统治者都没有以哲学王自居，而是热衷于向这些士人学习。孟子到列国周游，梁惠王见了孟子就说："老夫子你不远千里来了，你何以教我。"然后孟子侃侃而谈，完全把梁惠王当小学生来教育，梁惠王居然也洗耳恭听。他说："你主张要行王道，我这人有毛病就是好货，我喜欢别人的财产。"孟子说："你好货可以，但是你不要让天下的老百姓没饭吃，如果天下老百姓都没饭吃，你的货也保不住了。所以你要行王道。"然后梁惠王就说："我还有毛病，我好色，后宫佳丽很多。"你看孟子多会说话，他不是批评梁惠王好货和好色，他说："你好色可以，但是如果因为你好色，天下的老百姓都成了鳏夫。这个时候，你后宫的佳丽就要保不住。所以要行王道，行仁政。"在这个时期，有学识的人是真正的王者之师，王者也愿意听，这也是能产生出高水平的自由发展的思想的必要条件。

着眼于后世，情况则不同了，唐宋时期很多大文人都想当帝王之师，想"得君行道"，但实际上根本无法实现。清代更是如此，像纪晓岚这么大学问的人，在乾隆皇帝面前一谈政治，马上就被呵斥，说你不过就是一个文学侍从而已。但在春秋战国时期的"轴心时代"，确实有这个条件。正是在这种思想相对自由、学术空气比较活跃的条件下，几大古文明才有可能进行独立的、富于创造性的精神劳作，在继承性的创新过程中产生了"轴心文明"。

陈浩武：

今天赵林教授和冯天瑜教授其实是在完善雅斯贝尔斯的问题。因为"轴心文明"产生的原因，雅斯贝尔斯并没有清晰的回答，赵林教授提出了这个观点，也是吴于廑教授的观点，就是游牧民族对农耕文明的大冲击导致了"轴心时代"的发生。冯老师则从历史的多维视角阐述了六个方面，我们如果把这些东西整理出来，应该是很有贡献的。

下面我们进入第三个话题：中西"轴心文明"的差异。

为什么讨论这个问题呢？我补充一个情节：前些天我跟冯天瑜教授通电话，我说，我们将于 4 月 28 号组织一个去美国的"五月花号之旅"，今年是"五月花号"的四百周年，1620 年一帮清教徒坐着五月花号到了美国，这些人的思想对于美国后来的建国产生了非常重要的影响。电话中冯老师给我提了一个问题："假如当时五月花号坐的是一些中国人，会是什么情况？"

我觉得这个问题太有趣，也太深刻了。五月花号的这些清教徒，他们在上岸之前就立了一个契约，叫"五月花号公约"，体现的是一种"公约"精神，一种自治精神。这种自治精神的源头是什么？为什么民众会有这种自治的精神？而在中国，我们现在的国民非常缺乏这种精神。

由此我们想到，中西方文明的差异，其实在"轴心时代"就已经形成了。正是由于"轴心时代"文明的差异，中西方文明才走出不同的路径。

下面我们请唐翼明教授和赵林教授分别来讲讲东方和西方，也就是"轴心时代"生长出的这两种文化，它们有哪些差异？最后再请冯老师来总结。

唐翼明：

我觉得应该由赵林老师先讲。因为"轴心文明"这个概念是西方先提出来的。我们接受了这个概念，所以我们中国人是在西方人提出的理论的语境中来看中国的轴心突破，所以我觉得他先讲比较合适。

赵　林：

首先我想接着浩武先生的话来说"五月花号"，因为这是我的研究方向之一。实际上"五月花号公约"更为重要，它是一个"约"。这个"约"的概念在西方是非常重要的，从犹太教的"旧约"到后来基督教的"新约"，强调的都是"约"，即人与神之间的契约，它构成了人与人之间的契约的根基。我觉得这个问题涉及"轴心时代"文化变革的重要内涵，西方文明在这里有一个非常重要的突破。

我先简单地对照一下中国的情况，我们中国从商周的时候开始，从商人的"尊神事鬼"和周人的"尊礼敬德"，然后再到先秦诸子百家，特别是孔孟的仁义礼智内化于心，经历了一个不断向内敛聚的过程。

周朝建立以后，建立在血缘宗亲关系之上的宗法礼仪开始取代商人的鬼神崇拜。因为周和商不是源于同一个地区的，一个来自东边，一个来自西边，他们的文化传统不一样。所以周代商祀之后，在宗法制度的基础上逐渐把"德""礼"的思想提出来，而不再是对鬼神的单纯崇拜。当然鬼神也还有，但是它已经不是最重要的了，最重要的是建立在宗法血缘关系之上的礼乐规范，实际上开始以人和人的关系来取代人和鬼神的关系。也就是说，在重要性上，鬼神虽然还是有的，但是已经无关紧要了。

到了孔孟时代，更是敬鬼神而远之，鬼神被淡化了，更多地强调人和人的伦理关系。正是由于这样一个变化，从商周之际的"尊神事鬼"到"尊礼敬德"，然后再到春秋战国时期儒家先贤把外在的礼法制度内化于人心，逐渐形成了一套自觉的伦理意识。

所以中国人从此以后只注重一个维度，即人伦的维度，这个维度落实在六合之内，人们关注的无非就是君臣、父子、兄弟、夫妻、朋友这些伦理关系。所以，中国后来的儒家知识分子以及整个社会制度都执着于这五伦之中。

从这个意义上来说，与西方基督教文明注重人与神的关系不同，中国儒家文明只注重人与人的关系，其中最重要的是父子关系和君臣关系。从父子推出君臣，从兄弟推出朋友，此外还有夫妻，都是建立在血缘宗亲的基础上。所以中国儒家知识分子基本上不关注现实世界之外的东西，所谓"六合之外，圣人存而不论"，所谓"未知生焉知死""未能事人焉能事鬼"，等等。这种现实维度的好处在于使中国人不追求那些虚无缥缈的东西，中国儒家知识分子非常清醒，始终关注现实，关注内在的道德修为和外在的经世致用。人生在世追求立德、立言、立功三不朽，追求建功立业，成己成物、内圣外王，这是中国社会精英即儒家知识分子关注的主要问题。

与此相对，西方文明在"轴心时代"发生的最重要变化就是从"两希传统"（希腊传统和希伯来传统）中产生出基督教，把关注的眼光投向六合之外的神。

我们先来看看希腊的情况。其实我觉得"希腊"这个概念是一个非常复杂的概念，"希腊"是哪个希腊？我们说希腊本身包括克里特、迈锡尼，以及后来的希腊城邦，甚至还有希腊化时期的希腊，这些时代的文化精神都不相同。我这几年研究希腊比较多，我觉得从迈锡尼时代开始，实际上就是北方的影响开始居上。我们中国有一个传统叫"以夏变夷"，"以夏变夷"就使得我们很少去关注"夷"怎么对"夏"产生影响。但是西方由于一支一支不同的北方民族入侵，它更多地造成了一种"以夷变夏"或"以夷更夏"的历史结果。比如荷马史诗中所讲述的奥林匹斯宗教，就是北方人带来的，它不是克里特文明的，克里特文明带有浓郁的埃及文化特点。

克里特人在身体形态和文化形态上都深受埃及影响，克里特男人平均身高才 1.55 米，他们肤色发黑发红，崇尚束腰之风。但后来迈锡尼时代从北方来的希腊人，他们都长得人高马大、皮肤白皙，他们带来的一批神就是奥林匹斯神。这些神话观念在迈锡尼时代开始出现，然后在"黑暗时代"广泛流行。到了城邦时代，在奥林匹斯宗教的基础上产生了希腊一系列的辉煌文化。无论是荷马史诗，无论是希腊奥林匹亚竞技会，无论是抒情诗、叙事诗，乃至雕塑、建筑、悲剧、歌舞，全都深受奥林匹斯宗教的影响。这就是北方人带来的文化产物。后来奥林匹斯宗教里面又发生了重要的变革，因为奥林匹斯宗教充满了感性朴素的色彩，具有"神人同形同性"的显著特点。希腊人一开始很虔诚，非常迷信，但是到了"轴心时代"的苏格拉底、柏拉图、亚里士多德等人那里，他们开始批判和超越这种与人同形同性的神，超越肉体的神的崇拜。苏格拉底之死就是因为两条罪名，其中之一就是指责他不信旧神，而苏格拉底自己对此也供认不讳。

所以 400 年以后，当基督教产生，一位希腊护教士就明确地指出："鼓舞苏格拉底去死的那个灵就是基督耶稣。"所以这种对奥林匹斯宗教的批判和超越实际上就是希腊在"轴心时代"所进行的最重要的文化变革。具体地说，就是用一种无形的东西，一种形而上的、精神性的神，取代了希腊早前崇拜的有血有肉的、感性的奥林匹斯诸神。可见西方文明在"轴心时代"走了一条超越的路线，追求一种形而上的东西。

在希伯来这边，最重要的一个概念就是关于弥赛亚的概念。希伯来人或古代犹太人的社会革命和现世解放意义上的弥赛亚主义，到了希腊罗马世界以后，受到希腊形而上学的影响，逐渐灵性化为道成肉身和死而复活的基督信仰，明显走上了一条超越的道路。初期基督教摆脱犹太教的母体之后，就是在希腊罗马的文化土壤中生根发芽的，最后形成了两支具有西方文化特点的高级宗教：一支是希腊正教，另一支是罗马公教，也就是我们所说的东正教和天主教，这是在两块不同的文化土壤上生长出来的。基督教在希腊罗马世界中生长发展,一方面逐渐取代了传统的希腊罗马多神教,成为西方世界的主流宗教;另一方面也打上了浓重的希腊罗马文化烙印,尤其是希腊哲学,把基督教提升到一种形而上的高度,使其发展成一套博大精深的神学理论。

犹太人的弥赛亚主义是一场社会解放运动,期盼一个复国救主的到来,他将引导人们过上一千年的幸福生活,可见它期盼的是人活着就能够进入一个幸福的乐园。基督教超越犹太教的最重要的地方就是把得救的希望从此生搬到了彼岸,从人间搬到了"天国",这一点显然是深受希腊形而上学的影响。这是一个很漫长的过程,基督教在希腊罗马世界传播的时候,开始潜移默化地受到希腊哲学的影响,不断提高自己的文化品位,融会了希腊的形而上学理想,所以基督教就逐渐演化成一个追求彼岸得救的唯灵主义宗教。

这样一种唯灵主义的理想,对于基督教在希腊罗马世界中的传播也是非常重要的,因为它感召了那些在现实生活中无法得到幸福、生活在水深火热之中同时又不能改变自己命运的弱势群体,他们是最早信仰基督教的人群。早在希腊化时代,有教养的希腊人想用高雅的哲学来改变东方低俗的宗教,结果没想到反而被东方低俗的宗教给改变了。所以到底是希腊征服了东方,还是东方征服了希腊?这件事情很难说,但是基督教到了希腊果然深受希腊哲学的影响,提高了自己的品位,把一个追求现实解放的弥赛亚运动改造成一个追求灵魂得救的基督信仰,使自己具有了超越的唯灵主义特点。

到了罗马帝国一统江山的时候,与我们秦汉帝国的大一统情况很相像。如果说希腊城邦与我们的春秋战国很相像,那么罗马帝国就与我们的秦汉帝国很类似。罗马的行省制度和秦汉的郡县制度几乎是一样的,而且也是车同轨、书同文,统一度量,也是统一的货币、统一的军事、统一的财政、统一的法律。但是西方后来的过程跟我们不一样了,罗马帝国后来崩溃了。几百年以后,到了公元4世纪末,罗马帝国就分成东、西两个罗马帝国了。不久以后西罗马帝国又遭到了日耳曼蛮族的入侵,被大卸八块,进入了分崩离析的封建社会。当时中国的南北朝时代也曾经发生了分裂，但是两三百年后又统一了；而欧洲的封建社会持续的时间很长，有 1000 多年。所以中国作为一个整体的文明，它在政治上的一个主旋律就是一统天下，而不像西方是长期分裂。这就像《三国演义》所说，"天下合久必分，分久必合"。中国是以合为主，所以它需要一个强有力的中央集权，一个强有力的中央政府。中国的社会精英（儒家知识分子）又不信鬼神，所以就只有靠一个强有力的政权来维系社会的统一和管理了。

但是西方不一样，西方到罗马帝国后期分裂了，不久以后日耳曼人来了把罗马帝国大卸八块。我们今天所说的那些西方国家，比如说法兰西、德意志、意大利等，那都是后来的概念，这些国家当年不是罗马的一个行省，就是罗马境外的蛮荒之地，后来才形成今天意义上的民族国家。而且中世纪西方社会的分裂，不仅是就国家而言，而且每个国家内部也是高度分裂的。以德国为例，中世纪的德国叫神圣罗马帝国，一直到马丁·路德搞宗教改革的时候，德意志神圣罗马帝国还分为 300 多个诸侯国，1400 多个骑士领地，完全是分崩离析的，比我们春秋战国还分裂得厉害。

然而另一方面，基督教会却随着国家的分裂而逐渐强大。基督教在罗马帝国后期就已经成为合法宗教和国教了，它在公元 313 年成为合法宗教，在公元 380 年成为国教。后来罗马帝国崩溃了，基督教却因祸得福，北方来的日耳曼人虽然摧毁了罗马帝国，但他们却接受了基督教信仰，普遍皈依了罗马天主教会。在罗马天主教的影响之下，在公元 5 世纪到 8 世纪末的"黑暗时代"，一种宗教思想开始改造刚刚进入欧洲文明世界的野蛮民族。正是在基督教信仰的影响之下，日耳曼人逐渐告别蛮荒，走向文明殿堂。所以在中世纪，上帝对于他们来说，比国家更加重要。到了中世纪中期以后，教会的权力也变得越来越大了，形成了"君权神授"的政治传统。早在公元 751 年，篡夺法兰克王位的矮子丕平就开始由罗马教皇加冕了；而公元 800 年查理称帝，也是到罗马去跪在当时的罗马教皇面前，由罗马教皇给他戴上一顶王冠，授予他一个小棍子叫权杖，罗马帝国的皇帝手里都拿着这个权杖，然后给他一个金球。这三个东西就表示你的世俗统治具有神圣性和合法性，没有这些东西，诸侯不承认你，人民也不承认你，你的江山就坐不稳。所以这样一个传统，从公元 751 年开始，一直持续到近代，连一代枭雄拿破仑，最后也还得把罗马教皇请到巴黎圣母院来为他加冕。尽管拿破仑桀骜不驯，把皇冠拿过来自己戴上，但是他毕竟还要履行这个形式，还得把罗马教皇请来。在西方，基督教的影响巨大，"君权神授"的传统根深蒂固，罗马帝国崩溃之后，王权日益衰落，教权却不断强化，最后就形成了教权高于王权的状况。所以教皇和罗马教会在相当长的时间里，从中世纪中期一直到近代早期，都高高地凌驾于王权之上。这样一个传统就导致了西方长期以来的二元权力体系，也就是在人民心中除了现实的国王以外，还有一个"天上"的国王即上帝，而上帝在人间的代表就是罗马教皇和罗马教会。到了近代以后，随着西方民主、自由精神的出现，17 世纪社会契约论思想高涨。西方人主张我们大家制定一个契约，把权力让渡出来交给一个国家或者政府的统治者，让他更好地维护我们的权利。所以国家的基础就是社会契约，这个契约是人和人定的契约，但是人和人定的契约是以人和神定的契约为前提的，宪约是以圣约为基础的。这种"约"的精神深深地埋藏在基督教的文化传统里面。

近代的加尔文教，也就是所谓的"清教徒"，对整个西方现代的宪政民主所产生的影响是极大的，他们在 16、17 世纪时就主张政教分离。很多加尔文教信徒在法国和欧洲其他地方遭到了当政者的迫害，因此他们主张国王不应该因为我们的宗教信仰不同而迫害我们，剥夺我们作为一个公民的权利。这样他们就发展出来一种政权归政权，教权归教权的理论，这个理论后来被 17 世纪的一些思想家如霍布斯、洛克等人进一步发展，形成了"君权民授""天赋人权""主权在民"的观念。

霍布斯所说的"君权民授"，和"君权神授"之间只差一个字。君权民授这种政治理论认为君主的权力来自人民。那么人民的权利又从哪里来的呢？是由上天赋予的、与生俱来的，这就叫"天赋人权"。人民的权利是上天赋予的，说到底还是来自上帝。作为一切权力的最后根据，上帝把权力赋予了人民，而不是赋予了教会，人民再把权力赋予国王。

所以"君权神授"和"君权民授"一字之差，精神实质还是一样的，只不过以前"君权神授"是由罗马教会代表神把权力交给国王，给国王加冕，授予国王皇冠、权杖等。但是到了近代，按照社会契约论的说法，"天赋人权"实际上就是上帝给予人民一些与生俱来的神圣不可侵犯的基本权利，包括生命的权利、安全的权利、追求幸福和自由的权利，以及私有财产权等等，这些权利是人之为人的根本。具有了这些权利你才是真正意义上的人，你才从一个生物学意义上的人成为一个社会学和政治学意义上的人。正是因为人从上帝那里获得了这些神圣不可侵犯的基本权利，所以他们才能够通过社会契约，把其中的一部分权利转交给国王或统治者。由此可见，"君权民授"与"君权神授"，看起来差别巨大，其内在的核心精神还是一致的，权利的最终根据都是至高无上的神或上帝，差别只在于由谁来作为中介，是由罗马教皇来授权，还是由广大的民众来授权。所以西方的传统还是这样一种二元权力结构。大家看今天的美国总统虽然是民选，但是他在就职宣誓时一定要手按着《圣经》宣誓，在美国联邦最高法院门前悬挂的是《摩西十诫》。所以有人说美国人生活在两个国度中，一个是人和人制定契约而形成的国家，还有一个是人和神制定契约而形成的教会。宪约由国家来保证，圣约由教会来维系，所以美国人是生活在两个国度中的。

因此虽然美国今天有许多流行文化出现，但它在实质上仍然是一个基督教国家，美国人的一些核心概念，比如人权、人道主义等，都是源于他们的基督教理想。美国有80%的人信仰基督教，40%的人还经常要去教堂，所以美国人认为欧洲人堕落了，因为他们信教的少了，去教堂的不多了。所以从这个意义上来说，美国可以说是从西方文化的传统中延续了二元权力结构，这一切源头都是在"轴心时代"开启的。

中国在"轴心时代"完成了向内敛聚的过程，确立了以"四端之心"为原点的文化进路。在此基础上，人生在世的一切功夫都从与生俱来的人性良知出发，由内圣到外王，由成己到达人，由格物致知正心诚意到修身齐家治国平天下。这样一条人生进路是从内到外的，因为一切都已经内在于心了，所以一切都要从自己的当下内心做起。西方文化却不一样，西方文化在"轴心时代"发生了一种超越的转化，关注的重心转向了形而上的"天国"和救赎的"神性"，对于这些超越的东西你只能期盼，所以信仰就成为最重要的东西。后来随着历史的变迁又发生了一个重要的变化，从超越的"神性"中演变出一些普遍性的原则，比如普遍的人权、普遍的理性法则等，它们仍然具有超越性。

这就是中西方文明在"轴心时代"所发生的重要变革，它们走了两条不同的道路，但是不能说哪条路好，哪条路不好。我在这里只是做了一个客观描述，并不想做价值判断，而且实事上也无法做价值判断，中西方文明由于不同的历史背景，只能各走各的路，不存在谁比谁好的问题。

最后我还想谈一点，就是刚才冯先生与唐先生谈及的黑格尔的"西方中心论"观点。我的博士论文就是关于黑格尔宗教哲学的，我觉得我要替黑格尔说几句公道话。黑格尔的观点看起来确实是"西方中心论"，甚至是"德国中心论"的。他有一个基本思想，他的四大讲演录，无论是《历史哲学讲演录》《美学讲演录》《哲学史讲演录》还是《宗教哲学讲演录》，都是从东方开始讲起，从古代开始讲起，从逻辑上最抽象的阶段开始讲起。我们一般说黑格尔的原则是逻辑与历史相统一，但是实际上黑格尔是"三统一"，除了逻辑和历史以外，还有一个地理的统一。最高的东西叫作"绝对精神"，它总是从古代开始，从抽象的东西开始，而且还是从东方开始，所以黑格尔的四大讲演录都是从旧大陆的最东边、从中国开始的。黑格尔还有一个观点，那就是在世界历史舞台上每一个时代都只能由一个民族来独领风骚，引领时代精神。一旦这个时代结束，这个民族也就退出世界历史舞台了。所以黑格尔的历史论述总是由东向西地从中国开始，然后是印度，然后是波斯，然后是埃及，然后是希腊罗马，然后是中世纪欧洲那些国家，最后到英、法、德这些西欧国家。历史哲学讲到普鲁士国家制度结束，宗教哲学讲到德国等西北欧国家的基督新教为止，哲学史讲到黑格尔自己的绝对唯心主义哲学终结。可见黑格尔最要命的就是这个问题，这就是我们经常指责的黑格尔的保守体系。他的方法（辩证法）是非常革命的，但是他的体系却太保守了，以至于革命的方法被保守的体系给闷死了。但是实际上黑格尔的体系中还是留下了一条缝隙，这条缝隙是什么呢？那就是大西洋彼岸。在英、法、德这些西欧国家的西面，就是大西洋了，在大西洋彼岸，还有美国。尽管在黑格尔时代美国尚未崛起，但是黑格尔已经睿智地意识到美国可能是绝对精神发展的下一个目标。绝对精神要突破保守的体系，必须向大西洋彼岸进发，所以黑格尔明确地表示美国是明日的希望。

后来的历史发展果然证明了黑格尔的这个预言，今天美国已经开始取代西欧成为世界上最强大的国家。那么，我们不妨顺着黑格尔的思路继续往前推进，如果按照黑格尔的方法论再往下走，大家想到了什么结果？地球是圆的，美国在中国的东方，中国在美国的西方。我们常常把美国叫作西方，其实大家看看地图，我们才是美国的西方。21世纪初，美国人率先做出了战略重心转移，美国人是最敏感的，他们最善于根据国际形势的变化来调整自己的全球战略。美国人意识到21世纪将不再是大西洋时代，而将是亚太时代，所以美国人率先把战略重心转移到亚太地区。而我们在亚太的西边，美国在东边，所以历史发展的方向整个还是向西。即使我们接着"西方中心论"的观点说，按照"西方中心论"，世界的中心最初是希腊罗马世界，即地中海世界，先是东地中海（希腊），然后到西地中海（罗马）。再往后到了中世纪，经过一千多年，向西北方向发展到了北大西洋地区。北大西洋地区包括北大西洋东边的英国、法国、荷兰、德国等，也包括北大西洋西边的美国、加拿大等等，这些国家开始相继引导世界潮流。从20世纪中叶开始，美国成为引领历史潮流者，而美国一边是大西洋，另一边是太平洋，所以美国在21世纪又做了一个战略转变，它再度把眼光投向了西方，这就是亚太地区。大西洋比地中海更西，太平洋又比大西洋更西，中国也比美国更西，而中国提出的"一带一路"国际战略还是向西。所以按照黑格尔的历史发展观，绝对精神或时代精神的发展永远都是"向西、向西"，从旧大陆最东部的中国出发，绕了一圈，最后又回到中国。然后由中国引领时代潮流，通过"一带一路"，再重新走向地中海世界。这就是我从黑格尔的保守的体系和革命的方法的矛盾中读出的更深含义。

唐翼明:

赵林教授刚才讲到西方文明的转型,也提到中国的哲学突破。所以实际上已经讲到了二者的差异,我现在想从另外一个角度来探讨中西"轴心文明"有什么共同点?

我觉得中西"轴心文明"最重要的共同点就是哲学上的突破。刚才赵林教授讲了西方的哲学突破,现在我们来看看中国的哲学突破。例如《庄子·天下篇》评论当时各派的学说,说各家都只是得古人之一体,最后他感叹说:"道术将为天下裂。"刚才冯老师也提了这个话。这就是说,古人的道术本来是一个整体,现在你讲道术的一个面,我讲道术的一个面,他讲道术的另一面。好比同一个师父的徒弟,你带一帮子人,我带一帮子人,他带另一帮子人,几帮子人打官司。原来是整体不分的道术,现在被几帮子人分成了几块,互相指责,互相攻击,"列道而议,分徒而讼"(《淮南子·俶真训》)。其实这说的就是哲学突破,突而破之,裂而议之,所以不仅西方有突破,中国也有突破。哲学上的突破是中西"轴心文明"的共同点。

作为突破,我们要问的是,它在什么基础上突破,原来是什么东西?它怎么突破?它突破到哪里去?突破以后有什么后果产生,因而使得突破成为一种跃进,一种超越,而且影响以后几乎 2000 多年的文明史?如果不回答这些问题,突破就不好谈。各个突破的基础不同,刚才陈浩武先生已经提到,以色列的文明突破《旧约》,印度突破《吠陀》,希腊突破以前的诸神世界,那么中国突破的是什么东西呢?这个问题,余英时先生在他的近著《论天人之际》中有详细的论述,他认为,中国"轴心文明"突破的是三代礼乐传统。

所以讲突破要弄清楚文化背景,突破以后达到一个什么样的新局面,主要表现在什么地方?我认为轴心突破主要表现在人的个人意识的觉醒。我觉得这个问题可以从人、时、地三个方面来讨论。冯天瑜教授谈的基本上是"时"的因素,就是各种条件的具备。如果从"地"的因素来看,我们要问为什么是北纬 35°左右这个范围?我们或许可以这样来解释,即北纬 35°左右是最适合文明发展的,因为更北的地方太冷,比如说加拿大那么大的国家，面积跟我们中国差不多，可人口才 3000 多万，很多地方都没有人烟，人都聚不到一块，这样文明就很难产生，也很难发展。又或者像蒙古这样的戈壁草原，人们靠游牧生活，好远好远才有一个蒙古包，这文明如何发展得起来？如果再往南呢，草木茂盛，随便上树就可以摘果子吃，所以热带人都比较懒，因为他吃了果子就饱了，无须努力去追求更好的生活。从"地"的因素来看，大概只能这样来解释。我觉得最难解决的是"时"的问题，为什么是这个时候而不是别的时候？我只能说偶然性很大，如果有什么必然性在里面，恐怕要请上帝来说明。有句话说："人类一思考，上帝就发笑。"人啊，你们瞎想些什么？但是有一点，这几大民族在这一个时代具备了这些条件，在这些民族实现了哲学突破、发展了"轴心文明"以后，别的民族、别的文明基本上没份了，因为这个舞台已经站满了。这倒是一个事实，所以我们看不到第五个"轴心文明"、第六个"轴心文明"。对一个民族来讲，时机非常的重要。

有人可能会问：人为什么会寻求突破，从而产生"轴心文明"？我的解释是，人是一种追求意义的动物，没有意义人活不下去。我们看许多自杀的人，并不是因为缺衣少食，大部分是找不到生命的意义。这些人往往过得不错，家庭还挺富裕的，地位还挺高的，他的问题是对生活充满了疑问，他回答不了自己这个生命到底有什么意义？我自己也问过自己这个问题，答案是颇为悲观的。坦白地讲，我会说人生其实没有意义。一个人在宇宙当中是渺小得不能再渺小的一个微粒。地球上人有70 亿，除了人还有动物，而地球在太阳系里面不过是个微粒，太阳在银河系中又不过是个微粒，银河系在宇宙中也是。从时间上看，人的寿命不过百年左右，而这个宇宙已经不知道有多少亿万年。你说人到底算什么？意义在哪里？但是人偏要追求意义，没有意义就活不下去。打个比方，人就像蜘蛛，它不能够像兽一样在地上爬，也不能像鸟一样在空中飞，它绝大部分时间要把自己挂在网上，这个网也不是现成的，是它自己织的。人的处境就有点像蜘蛛。人也需要一个网，一个意义之网，一个价值之网，没有这样的网，我们的生命就会在虚空中飘荡，就没有着落，就活不下去。而这个网也不是现成的，是需要我们自己去织的。在这一点上，人甚至还不如蜘蛛，每个蜘蛛都可以结出一张网，而人却不是每个人都能织网，只有少数伟人才有织网的能力。人类的意义之网、价值之网，是一批伟大的"蜘蛛"织出来的。"轴心文明"其实就是人类结网的时代。几个古老文明，差不多同时出现一些伟大的"蜘蛛"，各自结了一些完整的意义网、价值网，使得我们这些无力结网的普通"蜘蛛"可以挂在他们结好的网上，从而心安理得地活下去。设想如果没有孔孟老庄给中国人织网，我们到底怎么过？到底怎么活？如果不是孔孟老庄把这些问题说清楚了，而且是非常有逻辑、有说服力地说清楚了，那我们真的就会像一个没有网的蜘蛛，无处可挂，无所适从。"轴心文明"的意义，就在于这几大文明差不多同时出现了一批伟大的"蜘蛛"，结成了相对完整的意义网、价值网。下面我们来谈谈中国的轴心突破，到底突破了什么东西？

轴心突破中最核心的东西就是个人意识的形成。意识到人是一个人，意识到人在宇宙中的位置，而且努力把人和社会和宇宙打通，使我们成为一体。儒家说的"为天地立心，为生民立命，为往圣继绝学，为万世开太平"其实就是这个意思。

中国的前文明社会，或说轴心突破以前的社会，也就是我们通常讲的三皇五帝，一直到夏商。从周以后，我们进入文明社会。在中国的前文明社会，人是如何认定自己的意义，如何判定自己在宇宙当中的位置，从我们现在读到的古籍来看，人那个时候基本上没有什么个体意识，人基本上就是一个工具，至少我们现在没有任何确切的资料证明当时的人已经具有明确的个人意识。

我是一个人，而且我这个人并不比任何其他人的价值更低，哪怕你是天子，在人这一点上，我也不比你低，这个概念以前是没有的。虽然在"轴心时代"以后，也不见得大家都有了，但是至少在"轴心时代"提出了这个概念。从前中国人心目当中，上面有个天，天有天帝，简称帝，也叫上帝。这天帝是一个人格神，就是说他跟人差不多的，他还有个朝廷，叫天庭。大家看《西游记》就很清楚，天上有个玉皇大帝，玉皇大帝下面有一批官僚，跟现实中的朝廷差不多。下面就是人间社会，这个社会的头是天子，这个天子是上面的天帝任命的，这个任命叫天命。上帝说我把这个交给你，你给我好好做下去，如果做得不好，我会把天命收回来，交给另外一个人再做下去。

沟通天帝和人间社会的，是一批当时最有文化的精英，叫作巫觋。地上的王要知道天上的王的意思，例如这个仗可不可以打，就通过巫觋来问。问的方法是在龟壳或兽骨上钻几个洞，拿到火上去烤，烤出一些裂纹。然后由巫觋把这些裂纹勾连起来，据说巫觋就可以由此看出天帝的意思，然后再向地下的王报告，说这个仗可以打。这些在龟甲和兽骨上勾连起来的裂纹就是我们今天讲的甲骨文。那个时候沟通天地的人就是巫觋。

巫觋在沟通天人的时候，常常伴随着唱一些咒语，围着篝火跳舞，用来愉神，讨神的欢喜。到了"轴心时代"，周公在巫觋歌舞的基础上发展出一套礼乐，即后世所谓"制礼作乐"。这一套礼乐就不再完全是愉神的了，而是以德行为中心，提倡以德行来获得天帝的信赖，以维持天命不变。从依靠巫觋到依靠德行，这个改变是一个革命性的进步。这个进步意义在哪里呢？这意义在于，你别以为老天爷把这个天命给你，你就可以肆无忌惮地搞下去，随你怎么压迫人民都行。现在不是了，你还要注意德行，你要实行德政，你如果不实行德政，这个天命，就不会再属于你了。

为什么呢？因为后来周公以及周公以后的人对天命有了新的解释，他说"天视自我民视，天听自我民听"，就是说天帝怎么看待地上的王朝，以前是凭巫觋报告，现在却是根据老百姓的意见来判断。天帝通过百姓的意见来决定是不是继续赋予地上的王朝以天命。然后到了孔子，对于这种三代传下来的礼乐传统，又有了新的解释和改造。孔子把周公从德行方面对三代礼乐传统的解释，转到人心方面的解释，即所谓"归礼于仁"。孔子明确地说，这个天命，这个礼乐全部要建立在人性的基础上。他说："人而不仁，如礼何？人而不仁，如乐何？"如果不仁的话，礼和乐都没有意义。这又是一个革命性的进步，个体意识、个人情感从此就变得很重要了。

陈浩武：

如果说从"轴心时代"开始，中西方文明就有差异这个观点能够成立，那么我们就会继续追问，从"轴心时代"出现的这种文明差异，在什么样的路径上影响到今天？我们这个时代中西文明的差别究竟是怎样形成的？我们请冯老师做一个简单的总结。

冯天瑜：

赵林先生为黑格尔做解释，讲得有道理，黑格尔确乎多次说文明从东方升起，《历史哲学》开宗明义论此，但黑格尔以欧洲、基督教为文明轴心的思想是一目了然的。斯宾格勒、雅斯贝尔斯、汤因比则主文明多元论，是一大进步。我们今天讨论"轴心文明"问题、东西方文明关系问题，当然是在这一基点向前迈进。

另外，我接着唐先生的问题再简单谈一下。无论在中国、希腊还是印度，"轴心文明"都经历了一场重大的精神突破，尤其在人的存在意义、人的生活意义方面经历了某种类似的精神觉醒。刚才唐先生有一个很形象的说法，在"轴心时代"出现几个很伟大的蜘蛛，编织了有关"意义"的蜘蛛网。我就此略做一些引申，关于人的"意义"问题，荀子曾有一段很好的话，他说人虽然力气没有牛大，跑起来也没有马快，但人为什么能够驾驭牛马呢？因为人还有义（道义的义），明白义理是非，具备理性。荀子还说，人之所以为人，人何以能够超越在某些方面能力很强大的动物，原因是"人能群，彼不能群"，人能够建立社会。当然有些人会说，有些动物是社会动物，比如蚂蚁和蜜蜂，但动物的群体归根结底还是凭本能建立起来的，而人则是通过理性来组建了社会。这样，人就不仅是生命个体，更是一个社会人。人类之所以强大，之所以能够为万物之灵长，成为宇宙之精华，用哈姆雷特的一句戏剧台词就是："人是一件多么了不起的杰作！多么高贵的理性！多么伟大的力量！"首先人要具备个体的独立性，实现个体自由很重要，这一点也是"轴心时代"所解决的一个问题；但同时人还属于一个社会群体，否则都是单打独斗，也做不成什么事。所以我觉得，"轴心时代"无论在中国还是西方，都解决了人的意义问题，以及与之关联的，人的个体与群体的关系问题。

中国古人在群的问题上有许多思考，以群为基础建立社会。汉代以后社会的建立以儒家的"五伦说"为根基，就是君臣、父子、兄弟、夫妇、朋友。"五伦说"最初由孟子提出，也是"轴心时代"的产物，成为主宰中国两千余年的社会意识。1898 年，在"古今中西之变"的大环境下，张之洞写了一本很著名的书，叫《劝学篇》，分《内篇》和《外篇》两部分，核心思想强调"中学为体，西学为用"。内篇里面有一篇讲纲常的文字，他认为三纲（君为臣纲，父为子纲，夫为妻纲）是中国文化的精髓。但有人不同意，写了一本《劝学篇书后》来批评反驳张之洞，作者是香港的两位思想家何启、胡礼垣，我曾做了一个工作，把《劝学篇》和《劝学篇书后》做了一些对比研究，并附以注释和翻译，后来在中华书局出版了。

何启、胡礼垣明确地指出，三纲说并非先秦元典中所有，是在秦汉以后，在专制帝制下形成的观念。具体来说是在东汉章帝时的白虎观会议——这是在天子的监督下举行的一次学术会议——才开始强调三纲思想。何启、胡礼垣说得非常好，五伦说才是我们的元典精神，先秦儒家、墨家他们都强调五伦，而三纲说则实可称为"糟粕"。何以说五伦说有别于三纲说呢？三纲说表达的是垂直威权主义的社会关系，是为专制帝制服务的；而五伦说强调的是双向互动的、相互协调的关系。君义臣忠，统治者也要讲道义，"臣"才能够报之以忠心。先秦时期有很多这样的话，孟子说："君之视臣如手足，则臣视君如腹心；君之视臣如犬马，则臣视君如国人；君之视臣如土芥，则臣视君如寇仇。"认为如果国君昏暴不义，就不要去追随他。父慈子孝，当长辈的要慈爱，要爱护自己的子女；反过来，当子女的后辈要孝顺长辈。兄友弟恭，当哥哥的要友善对待自己的弟弟，同时，当弟弟的要恭敬兄长。夫义妇顺，夫妻之间也是要相互尊重，朋友之间更是讲双向原则。后来梁启超在《先秦政治思想史》中将"五伦"之精义概括为"相人偶"，即互敬互助，给古人的这一思想很高的评价。"五伦说"即使在今天看，也是很好的东西，但我们现在都没有完全能做到。

中国的"轴心文明"处在宗法封建时代，形成"周制"文明，儒道墨讲的是"五伦"的双向协和，民本主义为其旗帜。而中国的"后轴心文明"则转为"秦制"文明，儒表法里、霸王道杂之，以君主专制为核心的"三纲"说占据统治地位。中国的"轴心文明"有许多辉煌处，但为什么在后"轴心时代"被三纲说所笼罩，原因是多方面的，其中之一便是富于治民术而缺乏民治思想，尤其是缺乏民治的制度构建。在这一方面，我们要研习"轴心时代"的希腊，他们从那时开始就已经出现了民主政治的制度建设，而我们则比较缺乏。现在有些人动辄把民主制度说成是西方资产阶级的东西，其实这是不通之论，那些早在古希腊就有了，当然后来又有了更进一步的完善。民主制度本身当然还存在很多问题，但正如一位哲人所说：民主不是一个好制度，但是相比较起来是一个最不坏的制度。我很欣赏这句话。诸如此类，在西方"轴心时代"就已经产生了的东西，应值得我们学习，当然中国文化中也有许多值得西方学习之处，东西方文化应互相学习交流，取长补短。

东西方没有哪一个文化圈的"轴心文明"是完美无缺和面面俱到的，现在地球已经成了一个"地球村"，互相交流的条件更加便利，已经有些中外学者提出，现在人类文明有可能进入第二个"轴心时代"，创建第二个"轴心文明"。我对此抱持谨慎乐观的态度，虽然有这种可能，现在还相差甚远。当今社会科技和生产力高度发达，同时又带来很多严重的问题。这要靠我们以及我们的子孙后代共同努力。

我就说到这，谢谢大家。

陈浩武：

我们的四手联谈到此告一段落。今天我们讨论的整个思路是非常清晰的，即：什么叫"轴心文明"？"轴心文明"是怎么产生的？"轴心文明"在中西发展的原点上有什么区别？这些原点上的区别对今天又有什么影响？我们相信，这样的讨论是有意义的。谢谢大家！

出版后记

　　如果中国文化从夏代算起，西方文化从克里特文明算起，那么两种文化至今已有大约4000多年的历史。在这4000多年的漫长发展中，两种文化的内部汇聚了许多不同的源流传统，这些源流传统在相互磨合的过程中形成了中西文化如今呈现给我们的样子。

　　在这本书中，赵林先生将从两种文明的神话时代出发，讲述中西文化的不同源流传统以及两种文化内部不同源流传统之间的相互关系，进而分析在轴心时代以前颇为相似的两种文化在经历了轴心时代的文化变革之后，如何逐渐分化出迥异的精神特质和思考方式，相异的思考方式又如何深刻地影响了中西文化的启蒙历程。

　　随着讲述的深入，读者不仅可以了解到中西先哲的主要思想、儒家与基督教的发展历程以及两种文明的历史发展，还可以看到作者对不同时期的两种文化所做的细致比较。总而言之，这本书不局限于陈列出中西文明各个时期的文化形态与精神实质，而是抛出了更加根本性的问题：两种不同的文化形态从何产生？在它们之中，演变如何逐步酝酿？两种文化内部有哪些不同的深层逻辑？

　　我们有幸将赵林先生这本生动详实的著作带给对文化和历史感兴趣的读者，在此需要感谢所有为本书出版提供过帮助的人，也要感谢赵林老师的耐心和信任。由于编者水平有限，本书难免存在不足之处，敬请广大读者指正。

图书在版编目（CIP）数据

中西文化的精神分野：传统与更新 / 赵林著 . --
北京：九州出版社，2023.1（2023.11 重印）

ISBN 978-7-5225-1210-5

Ⅰ . ①中… Ⅱ . ①赵… Ⅲ . ①东西文化—比较文化—
研究 Ⅳ . ① G04

中国版本图书馆 CIP 数据核字 (2022) 第 184629 号

中西文化的精神分野：传统与更新

作　　者	赵 林 著
责任编辑	王文湛
出版发行	九州出版社
地　　址	北京市西城区阜外大街甲 35 号（100037）
发行电话	（010）68992190/3/5/6
网　　址	www.jiuzhoupress.com
印　　刷	河北中科印刷科技发展有限公司
开　　本	655 毫米 × 1000 毫米　　16 开
印　　张	28
字　　数	403 千字
版　　次	2023 年 1 月第 1 版
印　　次	2023 年 11 月第 3 次印刷
书　　号	ISBN 978-7-5225-1210-5
定　　价	78.00 元